기후변화에 대응하는 최선의 방법

수소경제론

● 강철구

박영사

▌▌서문

석유를 대체할 미래에너지인 '수소'는 단순히 환경을 위해 올바른 일을 하는 것에 그치는 것이 아니라 기업과 일자리를 보호해 주고 그들의 성장과 확대의 신성장동력이 될 것이다. 경제성장(economic growth)과 탄소중립(탄소배출 제로(zero))을 동시에 달성할 수 있는 최선의 방안이 될 수 있다. 바로 수소와 수소경제의 가치에 관한 얘기이다.

기후위기의 심각성을 모두가 말하고 체감하고 있으나, 획기적인 기후변화 대응은 좀처럼 보이지 않고 있다. 온실가스 감축 노력에도 불구하고 오히려 전 세계 탄소배출량은 해마다 늘어나고 있다. 최근에는 탄소중립 이슈로 국내외적으로 그 달성에 대한 압박감이 정부 및 기업 모두 상당한 수준이다. 기후변화를 극복하고 2050 탄소중립 달성을 성공적으로 이루게 하면서 경제적 번영도 이루는 환경과 경제가 상생하는 미래를 일궈 나가야 하는 경제사회 상황에 놓여 있다.

과거 20~30년 전부터 국내외적으로 온실가스 감축, 기후변화 극복을 위한 다양한 정책, 특히 화석연료에서 태양광, 풍력 등 재생에너지를 확대하는 에너지 전환에 집중해 왔다. 하지만 온실가스 감축은 요지부동이며 해마다 기후변화는 점점 더 심각해지고 있다. 기존의 탄소배출 회색산업에 대한 근본적인 혁신 없이 재생에너지 +α식 단순 기후변화 대응 정책으로는 많은 한계가 있음이 드러나고 있다. 탈탄소화(decarbonization)를 위해 경제사회 시스템 전체가 유기적으로 움직이는 획기적인 대안을 찾아 실천하지 않고서는 탄소중립형 경제구조 실현이라는 지상과제를 해결해 나갈 수 없는 상황에 처해 있다.

이러한 지상과제, 즉 기후변화를 극복하고, 2050 탄소중립도 달성하면서 동시에 우리의 삶의 터전인 경제를 지속가능하게 영위하도록 해주는 에너지정책과 경제 영역은 과연 없는 것일까?

현재로서는 이러한 영역에 가장 가깝게 다가가는 것이 수소를 기반으로 하는 경제사회 활동인 "수소경제(Hydrogen Economy)"가 아닐까 한다. 적어도 수소경제는 탄소 덩어리인 석유·석탄·천연가스라는 화석연료를 쓰지 않고 청정한 '수소'를 에너지원으로 하여 경제·사회를 운용하는 것이기에 기존 탄소경제보다 훨씬 더 '기후변화, 탄소중립, 신성장동력 미래 신산업'이라는 세 가지 명제를 동시에 포괄하여 해결책을 찾아주는 지름길을 제공할 수 있다. 기후위기 대응과 탄소중립 달성을 위해서는 태양광, 풍력 등 재생에너지 위주의 에너지 전환 수단만으로는 어렵다. 따라서 수소경제 시스템과 같이, 에너지 정책과 경제정책이 친환경구조로 함께 거대하게 움직이는 방안이 실효성 있는 대안이 될 수 있다. 물론 그레이수소 생산 과정에서 탄소가 배출되는 부작용은 속히 극복해야 할 과제이다.

　　수소경제 선점을 위해 세계 주요국이 경쟁을 벌이고 있다. 어떤 나라는 정부가 나서서 지원금을 보조하거나 기업과 파트너십을 이루어 수소허브 등 굵직한 정책을 전개하고 있다. 수소 관련 기업들도 점점 늘어나고 있으며, 수소 밸류체인(Hydrogen Value Chain) 선점을 위해 투자와 인력개발에도 직접 나서고 있다. 우리나라의 경우는 2019년 '수소경제 활성화 로드맵'이 나온 이후 세계 최초 '수소법' 제정을 위시하여 법제도 정비와 기업 지원도 진행하고 있다. 특히 수소차, 수소연료전지 등 수소활용 분야는 세계가 인정하는 기술로 나아가고 있다. 수소생산과 유통 분야는 이에 비해 아직 미흡하여 수소생태계 구축에 장애가 되고 있는 실정이다. 한 나라의 진정한 수소경제 발전은 수소생산-유통-활용의 수소밸류체인, 수소생태계가 제대로 구축되어야 가능하다. 누가 먼저 이러한 수소생태계를 조기에 굳건히 구축하느냐가 수소경제 선도국가가 되느냐 혹은 후발국으로 전락하느냐의 여부를 결정한다고 할 수 있다. 우리나라가 수소경제 선도국가가 되기 위해 정부, 기업, 시민사회 모두가 힘을 합쳐 수소생태계 구축에 더욱 매진해 나가야 한다.

　　사실 수소하면 아직 대부분의 사람들이 잘 모르고 있다. 기껏해야 수소폭탄·폭발만 떠올리는 정도로 기본지식과 정보가 미약한 것이 현실이다. 국민들이 하루빨리 수소, 수소에너지, 수소경제 원리에 대해 조금이나마 이해를 넓혀가면서, 어떤 정책이나 기술개발 적용 시 국민들의 호응과 공감대 속에 수소경제 정책이 순항할 수 있도록 해야 한다. 본서는 여기서부터 출발한 것이다. 국민과 대학 학부생을 대상으로 수소가 무엇인지 이해하는 데 도움을 주고, 나아가 경제의 한 패러다임으로 발전하고 있는 수소경제에 대해 기본지식과 정보, 정책동향, 세계의 흐름을 파악하는 데 조금이나마 기여하고자 의도한 것이다.

본서의 구성은 그간 필자가 수소, 수소경제에 대해 정책보고서 활동을 해오면서 모아둔 자료와 최근 국내외 정부 및 전문자료를 비롯하여 언론기사들까지 정리하여 집필한 것이다. 대단한 창의성이 들어 있다기보다는 수소경제의 이해, 흐름, 미래상을 이해하는 데 상식선에서 도움이 되기를 바랄 뿐이다.

본서가 엮어지도록 직간접적인 자료 제공에 기여한 경기연구원과 고재경 선임연구위원, 채희근 선임연구위원을 비롯하여 공동연구진, 정부관계자, 민간 컨설턴트, 전문가, 언론기관 등에게 진심으로 고마움을 전한다. 발간에 애써 주신 박영사 임재무 전무님을 비롯한 관계자분들에게도 감사를 드린다. 아무쪼록 우리나라의 수소경제를 꽃피우고 공감대 확산에 조금이라도 기여할 수 있기를, 특히 자라나는 대학생들에게 좋은 실용서가 되기를 바라마지 않는다. 당장의 결실은 어렵지만 우리 함께 멀리 보고 경제성장과 탄소중립의 지름길, 수소경제를 실현해 가자.

2024년 8월
저자 강철구

▌▌목차

CHAPTER

01

수소경제의 부상

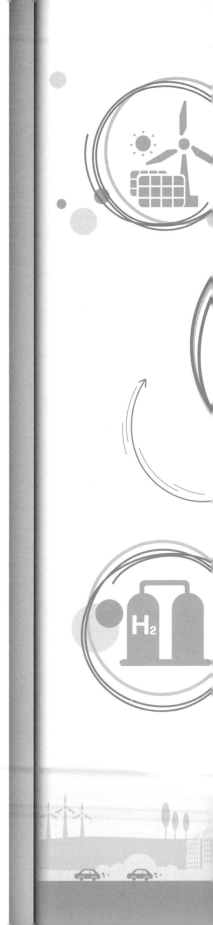

수소경제의 부상

산업혁명 이후 석유, 석탄, 천연가스에 기반한 탄소경제 시대가 지구온난화라는 기후변화 야기로 서서히 빛을 바래고 있다. 석유, 석탄, 천연가스 자원이 우리 인류의 생활과 경제적 번영에 커다란 기여를 한 것은 누구도 부인할 수 없다. 그러나 이러한 긍정적인 요소에도 불구하고 지나친 과용과 남용으로 인해 온실가스 증가를 야기하여 지구온난화, 기후변화의 끔찍한 부작용을 낳고 있어 화석연료가 이제는 정(正)의 효과보다는 우리 인류와 지구 환경에 부(負)의 영향이 더 크게 생성되어 가고 지속가능한 경제 활동과 환경, 우리의 삶을 위협하고 있다.

흔히 우리는 석유, 석탄, 천연가스 자원에 기반한 경제 운용을 탄소경제(Carbon Economy)라고 한다. 그만큼 기후변화를 일으키고 있는 주범인 이산화탄소 등의 유해물질을 배출하는 에너지 경제구조이기 때문이다. 더이상 탄소경제 의존형 세계 경제 및 사회 구조로는 인류의 삶과 우리 지구의 지속가능성을 담보할 수 없을 뿐만 아니라 경제나 기업 운영 시스템의 경쟁력을 확보할 수도 없다. 오늘날 이러한 탄소경제가 낳은 기후변화로 인해 기후재난은 물론이고 우리의 삶의 질을 현격히 떨어뜨리는 부작용이 하루가 다르게 증가하고 있다.

이제는 에너지 전환(Energy Transition)을 통해 탄소 무배출이나 최소 배출로의 세계 경제 시스템과 인간의 삶의 방식을 추구하지 않으면 안 되는 심각한 기후위기 시대에 봉착해 있다. 이러한 위기에 따라 그간 세계적으로 온 국가들이 기후변화 대응방안을 고려해 왔고 앞으로도 가일층 더 좋은 방안을 강구해 나갈 것으로 예상된다. 그 핵심 방안 중의 하나가 화석연료 사용에서 신재생에너지라는 그린에너지 사용으로의 전환, 즉 에너지 대전환이다. 에너지의 생산, 전달, 소비에 이르는 시스템 전반을 온실가스 감축, 기후위기 적응 및 관련 기반의 구축 등 일련의 활동인 기후위기 대응과 환경성·안전성·에너지안보·지속가능성을 추구하도록 전환하는 지상 최대의 과제인 에너지 전환을 현재 상당수 국가들이 애써 시도하고 있지만 기존 화석연료 산업구조에서 좀처럼 탈피, 전환하지 못하고 있는 현실이 크나큰 우려이자 난제이다.

그렇다고 인류의 삶을 송두리째 악화시키고 있는 현 탄소경제 구조의 극복 도전과제에 굴복하거나 소극성으로 일관해서는 더더욱 안 될 일이다. 예를 들어, 탄소배출의 주요 원인인 화석연료 자동차를 대체하는 전기차, 수소차가 수요 감소로 인해 제조사들이 친환경차 전환 속도를 다소 늦추려는 경향을 경계해야 하며, 오히려 수요와 공급 면에서 탄소경제 극복을 위해 더욱 확대해 나가야 한다. 현재 주요국들은 탄소경제 구조 극복 수단의 하나로 태양광, 풍력, 바이오, 소수력 등 재생에너지와 신에너지인 수소에너지의 개발과 확산에 역량을 점차 결집해 나가고 있다. 이러한 신재생에너지 자원 중에서도 기술개발과 경제성이 더욱 뒷받침된다면 화석연료에 비해 채취의 무한성을 가진 수소, 수소에너지, 수소경제에 대한 관심과 개발 및 이용 확대 노력이 점점 활력을 띨 것이다.

즉, 기후변화 극복, 탄소중립 달성, 나아가 환경도 보전하고 동시에 경제도 영위할 수 있는 궁극의 방안으로서 친환경 미래 신산업의 대표군으로 평가받는 '수소경제'에 이목이 집중되고 있다. 수소경제는 탄소경제를 극복하여 기후변화를 해결하고 이를 통해 2050 탄소중립을 보다 용이하게 달성하는 핵심 에너지 자원으로, 그리고 탄소배출 최소화나 무배출을 하면서 경제 및 기업 활동을 지속가능하게 영위할 수 있게 하는 에너지 자원으로서 충분히 그 기능을 할 수 있는 상점을 지닌 탄소경제 미래 신산업의 대표 영역이다. 수소경제(Hydrogen Economy)란 기존 석유, 석탄, 천연가스 기반 탄소를 기본적으로 배출하는 경제 활동이 아닌 탄소를 배출하지 않는 친환경 수소에너지와 수소전기(수소연료전지)를 기반으로 한 경제 및 산업 활동을 의미한다.

제러미 리프킨에 의하면 "수소경제로 전환할 경우 수입 석유에 대한 의존이 종언을 고하고 중동 등 여러 지역의 이슬람 세력과 서방 열강들 사이에서 벌어지고 있는 위험한 지정학적 게임 강도도 누그러뜨릴 수 있다. 그에 못지않게 중요한 것은 화석연료 에너지와 결별할 경우 이산화탄소 배출량이 산업혁명 이전의 배 정도로 한정되고 골머리를 앓고 있는 지구 생물권에 대한 지구온난화의 악영향도 누그러지게 될 것이다".[1]

이처럼 현재와 다가오는 미래에 수소경제 활성화를 통해 기후위기를 극복하고 탄소중립을 달성하여 지속가능한 경제, 사회, 지역 및 국가, 세계를 누리기 위한 방안으로 수소경제가 급부상하고 있다. 또한 현재 국내외적으로 관련 정책개발 및 기술연구개발 측면에서 많은 정책 역량과 투자를 통해 수소경제 활성화에 대해 기대하고 있다. 수소경제 도입 및 확산을 통한 기후변화 극복, 2050 탄소중립 달성, 새로운 친환경 미래 신산업 육성에 주요국과 기업들이 앞다퉈 경쟁을 벌이고 있다. 과거 중국 정부는 내연기관 자동차의 경우 벤츠 등 서구에 뒤처졌지만 다가올 전기차 시대에는 결코 뒤처질 수 없으며, 중국이 전기차 시대를 주도해야 한다고 하였다. 이러한 전기차 육성 국가(중국 공산당) 리더십이 현재 세계 최고의 전기차 생산국으로 발돋움할 수 있게 하였고, 나아가 이제는 수소차 등 세계 수소시장 패권까지 차지하려는 적극성을 보이고 있다. 결코 수소시장까지 중국에 지배권을 넘겨줘서는 안 될 일이다. 이러한 시점에 우리는 기후변화 위기를 극복하고, 새로운 친환경 일자리를 창출할 수 있는 탄소중립 미래 신산업으로서 오는 2050년 시장규모가 2,800조 원에 이를 것으로 예상되는 수소경제 분야를 활성화하는 데 보다 더 많은 역량을 결집할 필요가 있다. 민간의 과감한 투자와 정부의 지원으로 세계 최고가 되어 우리나라가 주역이 되는 첫 번째 에너지 혁명, 수소경제를 구현해 나갈 필요가 있다. 수소경제의 태생과 발전은 기후변화, 탄소중립, 미래 신산업 육성과 밀접한 관련성을 지니고 있어 그 상관관계를 먼저 고찰해 본다.

---

1   제러미 리프킨(글)·이진수 번역(2020) 『수소 혁명: 석유시대의 종말과 세계경제의 미래』, 민음사.

1) 기후변화의 원인과 현황

수소경제를 이해하기 위해서는 그 원인을 주로 제공한 기후변화에 대한 실상과 대응 현황을 먼저 고찰할 필요가 있다. 수소경제는 2002년 미국 제러미 리프킨 교수의 저서 『수소경제(The Hydrogen Economy)』에서 최초로 언급된 이후 그간 이목을 끌지 못하다 기후변화의 심화, 2015년 파리기후변화협약의 발효와 함께 국제 온실가스 감축 강화 움직임과 더불어 이에 대한 대응 방안의 하나로 다시 부상하게 되었다.

United Nations Statistics Division(2023)은 오늘날 기후변화 이슈는 세계 경제와 정치, 사회의 가장 심각한 문제 중 하나라고 지적하였다.[2] '기후변화'란 사람의 활동으로 인하여 온실가스(이산화탄소(CO_2), 메탄(CH_4), 아산화질소(N_2O), 수소불화탄소(HFCs), 과불화탄소(PFCs), 육불화황(SF_6) 등) 농도가 변함으로써 상당 기간 관찰되어 온 자연적인 기후변동에 추가적으로 일어나는 기후체계의 변화를 말한다. 산업혁명 이후 특히 지난 30년 동안 문제가 더 악화되어 대기, 물, 토양에 유해물질이 대량으로 배출되어 왔다. 기후변화에 관한 유엔기본협약(UNFCCC)에 따르면 기후변화는 지구 대기의 구성을 변화시키는 인간활동에 직간접적으로 기인하며, 지구온난화는 기후변화의 직접적인 결과이다. 이러한 온난화는 여러 요인으로 인해 발생하는데, 기후변화를 이해하는 데 필요한 주요 필수 요소 중 일부는 다음 그림에 나와 있다. 온실가스는 자연적으로 발생하지만 인간활동, 특히 화석연료 연소로 인해 대기 중 농도가 증가했으며 계속해서 증가하고 있다. 1800년대 이후 인간활동으로 인한 석유, 석탄, 천연가스와 같은 화석연료 연소가 기후변화의 주요 원인이 되었다. 토지와 숲을 개간하면 CO_2가 배출될 수도 있다. 폐기물 매립은 CH_4 배출의 주요 원인이며, 에너지, 산업, 운송, 건물, 농업

---

2   United Nations Statistics Division(2023). Global Set of Climate Change Statistics and Indicators: Implementation Guidelines

및 토지 이용은 GHG의 주요 배출원 중 하나이다. 기후변화는 인간의 건강, 식량 재배 능력, 주택, 안전 및 일에 영향을 미칠 수 있다.

기후변화 과정의 이해

자료: United Nations Statistics Division(2023). Global Set of Climate Change Statistics and Indicators: Implementation Guidelines에서 정리.

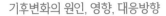

기후변화의 원인, 영향, 대응방향

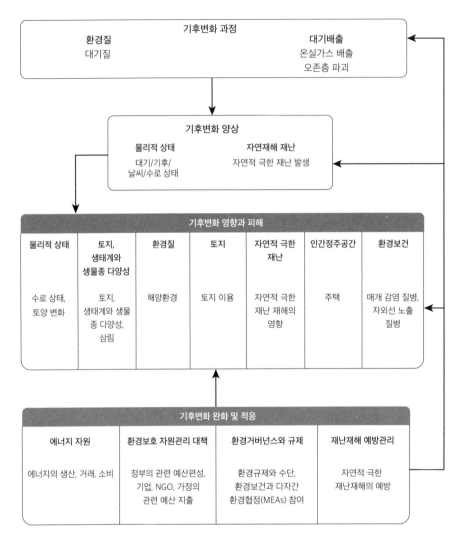

자료: United Nations Statistics Division(2023). Global Set of Climate Change Statistics and Indicators: Implementation Guidelines에서 정리.

기후변화는 인간활동에 따른 대기오염과 화산폭발 등 자연현상에 의한 온실가스가 많아져 지구의 온도가 상승하는 온난화 현상을 의미한다. 대기 중에 온실가스가 많아질수록 지구는 더 따뜻해진다. 식물와 바나는 인간활동으로 인해 발생하는 이산화탄소의 약 절반을 흡수하고 나머지는 대기로 배출한다. 최근 기후변화, 즉 지구온난화의 원인은 에너지를 얻기 위해 화석연료 사용, 토지이용 변화와 삼림벌채로 인한 나무 수 감소, 에너지 사용으로 인해 온실가스를 배출하는 농업 생산, 대기 중으로 온실가스를 배출하는 시멘트, 화학물질, 금속제조 활동 등이다. 태양 강도의 변화나 화산폭발과 같은 자연적인 요인도 지구 온도에 영향을 미칠 수 있다. 그러나 이들은 최근의 온난화에는 크게 영향을 미치지 않았다.[3]

오늘날 과학자들은 지구의 기후변화를 인류의 세계적인 문제로 간주한다. 지구의 기후는 변하고 있다는 것은 누구도 부인할 수 없는 사실이다. 지구상의 기후변화의 자연적인 원인에는 태양의 영향이 포함된다. 태양 복사열은 지구 표면을 고르지 않게 가열하여(적도 지역에서 더 강하게) 바람과 해류가 형성된다. 태양 활동이 증가하면 자기 폭풍과 온난화가 발생한다. 기후변화의 자연적 원인에는 인간활동과 관련된 인위적 요인이 추가된다. 예를 들어 여기에는 온실효과가 포함된다. 21세기 초부터 지구에 미치는 영향은 태양의 영향을 넘어섰다. 인간이 무심코 만들어내는 기후와 환경에 영향을 미치는 요인으로 Valeriy A. Yakovlv, and Gavril A. Belyaev(2023)는 다음의 5가지를 제시하였다.[4] 첫째, 연료연소이다. CO_2(이산화탄소)의 양은 지난 100년 동안 10~15% 증가했으며, 연료연소만으로 4,000억 톤의 이산화탄소가 배출되었다. 남극의 보스톡(Vostok) 및 미르니(Mirny) 관측소의 우물에서 추출한 얼음 코어는 대기 중 이산화탄소 함량이 증가하고 있으며, 이로 인해 온난화가 발생한다는 것을 보여준다. 둘째, 에어로졸이다. 자연적 및 인위적 원인으로 구분될 수 있다. 에어로졸은 일부 지역에서는 가뭄을 초래할 수 있으며, 다른 지역에서는 강설, 비, 기온 저하 등 기상 조건을 심각하게 악화시킬 수 있다. 또한 구름의 형성과 성장에도 영향을 미친다. 셋째, 시멘트 산업이다. 시멘트 생산은 CO_2 배출의 주요 원인이므로 산업공정(에너지 및 산업 부문)에서 발생하는 CO_2 배출의 약 2.5%를 차지한다. 넷째, 토지이

---

3 Valeriy A. Yakovlv, and Gavril A. Belyaev(2023). Global climate, its consequences and ways to solve the problem, E3S web of conferences 390, 04007(2023) AGRITECH-Ⅷ.

4 상게자료.

용이다. 관개, 삼림벌채, 농업은 근본적으로 환경을 변화시키고 있다. 토지이용의 변화는 대류권 열의 직접적인 원인일 뿐만 아니라 대기 수증기의 주요 원인 중 하나인 지구 표면의 특성을 변화시켜 기후에 영향을 미칠 수 있다. 지구 표면의 특성 변화가 대기의 역학적, 동적 특성을 변화시켜 다양한 불리한 기후 과정을 초래할 수 있다는 것은 놀라운 일이 아니다. 토지이용은 온도, 강수량, 증발산량과 같은 지역 기후 시스템의 특성에 영향을 미칠 수 있다. 다섯째, 소 등 가축 사육이다. 가축생산과 기후변화 사이의 관계는 처음에는 눈에 띄지 않지만 분명 존재한다. 아마존 숲의 85%가 동물 사료로 자주 사용되는 대두를 재배하기 위해 목초지와 농지를 위해 벌목되었다. 2050년에는 세계 인구가 90억 명으로 늘어날 것으로 예상되는데, 이는 인구에게 육류를 공급하려면 육류 생산이 증가해야 하며, 그에 따라 온실가스의 양도 증가해야 함을 의미한다.

온실가스 배출은 최근 수십 년 동안 급격히 증가했다. 전 세계적으로 인위적 온실가스 배출에는 화석연료 연소 및 산업공정에서 발생하는 CO_2가 주원인이다. 이러한 배출로 인해 CO_2, CH_4 및 N_2O를 포함한 여러 온실가스의 대기 농도가 증가하였다. 지구 표면 온도는 1850~1900년 이후 약 1.1℃ 증가했다. 1850~1900년과 2010~2019년 사이에 관찰된 모든 온난화가 인간에 의해 발생했다는 것이 최선의 추정임을 보여준다.[5]

5　IPCC(2023). IPCC SIXTH ASSESSMENT REPORT(AR6) "CLIMATE CHANGE 2023" SYNTHESIS REPORT.

온실가스 배출과 지구온난화의 인과관계

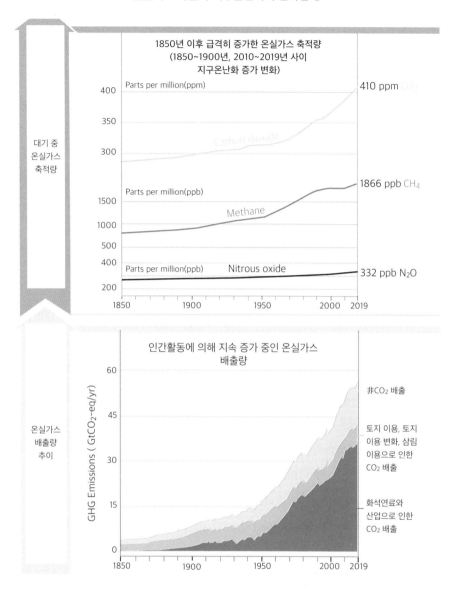

자료: IPCC(2023). IPCC SIXTH ASSESSMENT REPORT(AR6) "CLIMATE CHANGE 2023"
SYNTHESIS REPORT에서 정리.

관계부처 합동(2023)의 탄소중립·녹색성장 국가전략 및 제1차 국가기본계획에서는 기후변화의 심각성을 다음과 같이 지적하고 있다.[6] 최근(2011~2020년) 전 지구 연평균 기온은 산업화 이전(1850~1900년)보다 1.09℃ 상승하였다. 육지의 온도 상승폭(1.59℃)이 해양(0.88℃)보다 더 크게 나타났다. 1850년 이후 가장 따뜻한 8년은 모두 2015년 이후 출현하였다. 전 지구의 해수면 온도는 1901~2020년 사이에 0.91℃ 상승하였으며, 최근의 수온 증가 속도는 매우 빠르게 나타났다. 전 지구 평균 해수면 높이는 1900년대 대비 2000년대 상승 속도는 약 2.5배 이상 증가, 1901~2018년 사이 0.2m 상승하였다. 세계적인 이상기후 발생 및 피해 현황과 관련 2020년 8월 북미대륙의 평균기온이 역대 1위(데스밸리 54.4℃), 2022년 인도 중부 4월 평균 최고기온 37.78℃, 121년 만에 4월 최고기온 기록을 경신한 바 있다. 2019년 9월부터 호주 동남부에서 발생한 산불이 폭염, 장기 가뭄, 번개 등으로 악화되어 2020년 1월까지 지속, 야생동물 10억 마리가 폐사하는 사례도 있었다. 2022년 6월 말~9월 파키스탄 홍수로 1,700여 명이 사망하고, 2019년 6월 인도 가뭄으로 800여만 명의 농민 피해, 2022년 여름 유럽 전역에 500년 만의 최악의 가뭄으로 200억 달러의 경제적 피해가 발생하기도 하였다. 2022년 12월 말 미국 한파와 폭설로 64명이 사망하고, 2022년 9월 말 미국 허리케인으로 7일간 최소 150명이 사망하여 1,000억 달러의 경제적 피해가 발생하기도 하였다. 우리나라의 경우 최근 30년(1991~2020년) 연평균 기온은 과거(1912~1940년)에 비해 1.6℃ 상승하였고, 10년마다 +0.2℃로 꾸준히 상승해 왔다. 계절 길이에도 뚜렷한 변화가 나타나 여름은 20일 길어지고, 겨울은 22일 짧아졌으며, 봄과 여름 시작일이 각각 17일, 11일 단축되었다. 최근 30년은 과거에 비해 연 강수량 135.4mm 증가, 강수일수 21.2일 감소하였다. 지난 54년간(1968~2021년) 한반도 주변 수온이 연평균 0.025℃ 상승하여 같은 기간 전 지구 평균 상승 추세(0.01℃/년)보다 2.5배 빠르다. 최근 54년간 우리나라 해역의 연평균 표층수온은 1.35℃ 상승(전 지구 평균 0.52℃ 상승)하였다. 평균 해수면은 지

---

6   관계부처 합동(2023). 탄소중립·녹색성장 국가전략 및 제1차 국가 기본계획(중장기 온실가스 감축목표 포함)

난 33년(1989~2021년) 동안 매년 3.01mm씩 상승하여 총 9.9cm 상승, 최근 해수면 상승의 가속이 심화되고 있다. 최근 우리나라의 이상기후 발생 현황을 보면 2020년 최장 기간 장마(중부 54일) 발생, 2022년 초강력 태풍 힌남노로 일강수량 기록을 경신하였다(경주 212.3mm(1위 경신), 포항 342.4mm(2위 경신)). 2018년 여름철 극심한 폭염과 열대야가 발생하였고(여름철 평균기온 역대 1위, 전국평균 폭염일수 31.4일로 역대 1위), 2021년 3월(3.1.~3.2.)에 강원도 폭설로 미시령 적설량 89.8cm를 기록하였다. 기후변화, 폭염으로 인한 온열질환자가 갈수록 증가하고 있다. 2024년 5월 20일~7월 25일 사이 전국 온열질환자가 856명, 이 중 사망자는 5명이다. 2023년 같은 기간 온열질환자 98명보다 약 9배 증가하였다.

Valeriy A. Yakovlv, and Gavril A. Belyaev(2023)도 온실가스 배출과 지구 온도가 지속적으로 상승함에 따라 기후변화 현상이 더욱 심각해질 것을 아래와 같이 우려하였다.[7] 이러한 영향이 얼마나 큰지는 우리가 온실가스 배출을 줄이는 정도와 이러한 변화에 적응하는 능력에 따라 달라진다. 구체적으로 기후변화가 미치는 영향은 물 공급에 대한 위험, 국지적 홍수 및 해안 지역의 홍수, 해양 생태계 손상 및 그에 따른 어업 손실, 생물다양성 피해, 인간의 건강과 거주 가능성에 영향을 미치는 열 스트레스, 산불위험 증가, 작물 재배 조건이 변화하고 해충이 서식할 수 있는 지역이 확대됨에 따른 식량불안 발생 등이다. 선진국에서는 대부분의 온실가스 배출이 발생하고 있으며, 개발도상국이 기후변화의 가장 심각한 영향을 경험할 것으로 예상된다. 만약 국가들이 환경보호 문제를 심각하게 다루지 않는다면 2100년까지 지구 기온은 3.7~4.8℃ 상승할 수 있다. 기후학자들은 2℃ 이상의 온난화로 인해 환경에 돌이킬 수 없는 결과가 이미 올 것이라고 경고한다. 오래된 얼음이 녹는 것은 지구온난화를 나타낸다. 그린란드는 매년 2억 5천만~3억 톤의 얼음을 잃고 있다. 물이나 땅의 더 어두운 표면은 훨씬 더 빨리 가열되고 있다. 빙하가 녹고 해수의 팽창으로 인해 세계 해양의 수위는 계속 상승할 것이다(이미 매년 약 3mm씩 상승하고 있으며, 21세기 말에는 0.3~0.6m

---

7   Valeriy A. Yakovlv, and Gavril A. Belyaev(2023). Global climate, its consequences and ways to solve the problem. E3S web of conferences 390, 04007(2023) AGRITECH VIII.

이상 상승). 캐나다, 남미, 이란, 아프가니스탄, 파키스탄, 터키, 동아프리카와 같은 국가들은 극심한 가뭄에 시달리고 있으며, 서유럽 주민들은 심각한 홍수에 직면해 있다. 금세기 말에는 해안습지의 20~90%, 산호초의 70~90%가 사라질 수 있다. 또한 기후변화의 영향은 자연재해를 낳는다. 기후대는 변화하고 날씨는 극적으로 변할 것이다. 극심한 홍수, 가뭄, 강우 및 화재가 빈번하게 발생할 것이다. 일부 국가는 사람이 살 수 없게 될 수도 있다. 2100년에는 높은 습도와 높은 평균 기온으로 인해 지구의 현재 일부 지역에서는 살 수 없게 된다. 특히 위험한 국가는 사우디아라비아, 카타르, 아랍에미리트 등이다. 다양한 종류의 식물과 동물이 집단으로 죽기 시작할 것이다. 과학자들의 예측에 따르면 생태계와 생명체의 최대 30~40%가 멸종 위기에 처해 있다. 서식지가 적응하는 것보다 훨씬 빠르게 변하기 때문이다. 배고픔이 있을 것이다. 온난화는 작물 수확량에 부정적인 영향을 미친다. 이는 특히 저개발 국가(라틴 아메리카, 아시아, 아프리카)에서 두드러진다. 2080년까지 배고픈 사람의 수는 6억 명이 늘어날 수 있다. 세계 해양의 수위가 높아질 것이다. UN 분석가들이 경고한 것처럼 해안에 사는 수백만 명의 사람들이 홍수로 인해 사망할 수 있다. 방글라데시, 몰디브, 네덜란드, 러시아, 이탈리아, 미국, 독일의 일부 영토가 침수될 수 있다. 사람들은 더 자주 아프게 될 것이다. 강우량이 증가하면 수인성 질병이 말라리아처럼 퍼질 가능성이 높다. 지구가 따뜻해지면 피부암, 알레르기 등의 문제가 발생할 수도 있다.

인간이 초래한 기후변화는 이미 전 세계 모든 지역에서 폭염, 폭우, 가뭄, 열대 저기압, 농업 활동 등 많은 기상 및 기후변화에 영향을 미치고 있다고 IPCC(2023)도 지적하고 있다.[8] 1950년대 이후 대부분의 육상 지역에서 고온 극한 현상(열파 포함)이 더 자주 발생하고 더 강해졌다. 인간이 초래한 기후변화가 이러한 변화의 주요 동인이다. 해양 폭염의 빈도는 1980년대 이후 약 두 배로 증가했고, 적어도 2006년 이후 인간의 영향이 대부분의 영향에 기여했을 가능성이 매우 높다. 호우 현상의 빈도와 강도는 1950년대 이후 대부분의 육지 지역에서

---

8   IPCC(2023). IPCC SIXTH ASSESSMENT REPORT(AR6) "CLIMATE CHANGE 2023" SYNTHESIS REPORT.

증가했다. 관측 데이터는 추세 분석에 충분하며, 인간에 의한 기후변화가 주요
원인일 가능성이 높다. 인간에 의한 기후변화는 토지 증발산량 증가로 인해 일부
지역에서 농업 및 생태적 가뭄 증가에 기여했다. 다음 그림에서 기후변화의 대륙
별 영향과 인간활동 원인 정도를 보듯이 주로 북미, 유럽, 아시아 대륙의 인간활
동에 의한 혹서, 강수량, 농업, 가뭄 등의 기후변화 영향이 심각한 것으로 나타나
고 있다.

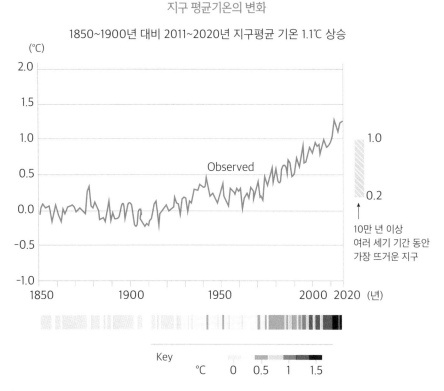

자료: IPCC(2023). IPCC SIXTH ASSESSMENT REPORT(AR6) "CLIMATE CHANGE 2023"
SYNTHESIS REPORT.

기후변화의 대륙별 영향과 인간활동 원인 정도

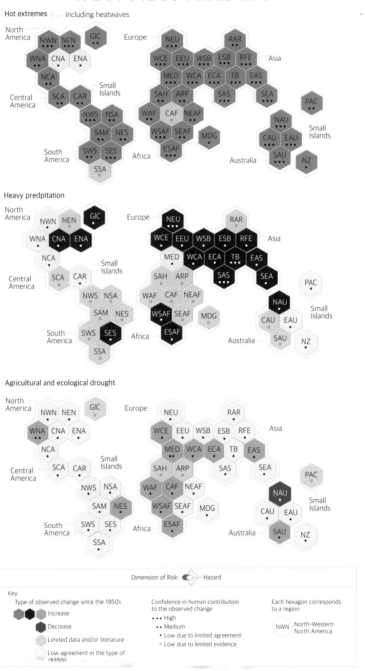

자료: IPCC(2023). IPCC SIXTH ASSESSMENT REPORT(AR6) "CLIMATE CHANGE 2023"
SYNTHESIS REPORT.

IPCC(2023)에 따르면 다양한 기후변화 위험은 단기적으로 점점 더 복잡해지고 단계적으로 이어질 것이라고 한다.[9] 많은 지역에서 폭염과 가뭄이 동시에 발생하는 등 지구온난화가 높아짐에 따라 복합 현상이 발생할 확률이 높아질 것이다. 열과 가뭄으로 인한 갑작스러운 식량생산과 노동생산성 손실로 건강 및 식량 생산에 대한 위험은 더욱 심각해질 것이다. 이는 식품 가격을 인상하고, 가계 소득을 감소시키며 건강 위험을 초래할 것이다. 특히 열대 지역에서는 적응 수준이 낮아 영양실조와 기후 관련 사망률이 증가할 것이다. 도시 확장과 식량 생산 사이의 토지사용 경쟁과 같은 비기후적 위험 동인과 상호작용할 때를 포함하여 기후변화에서 식량 시스템, 인간 거주지, 인프라 및 건강에 이르기까지 동시적이고 단계적으로 발생하는 위험은 이러한 위험을 더욱 심각하고 관리하기 어렵게 만들 것이다. 그리고 전염병, 생태계와 그 서비스의 손실은 전 세계 사람들, 특히 생태계에 직접적으로 의존하는 원주민과 지역사회의 기본 요구 사항을 충족하는 데 단계적이고 장기적인 영향을 미친다. 극단적인 기후와 기후변화로 인한 영향이 공급망, 시장, 천연자원 흐름을 통해 전파되고, 전염병과 같은 다른 위기로 인한 영향과 상호작용할 수 있기 때문에 식품, 에너지, 수자원 부문 전반에 걸쳐 발생한다. 지구온난화가 증가할 때마다 손실과 피해도 증가할 것이다. 피하는 것이 점점 더 어려워지고 가장 빈곤하고 취약한 인구 집단에 강하게 집중된다. 기후변화 적응은 효과적인 적응과 노력에도 불구하고 모든 손실과 피해를 예방하지 못한다. 소프트 및 하드 한계에 도달하기 전에 손실과 손해는 시스템, 지역에 걸쳐 불평등하게 분배된다.

---

9   IPCC(2023). IPCC SIXTH ASSESSMENT REPORT(AR6) "CLIMATE CHANGE 2023" SYNTHESIS REPORT.

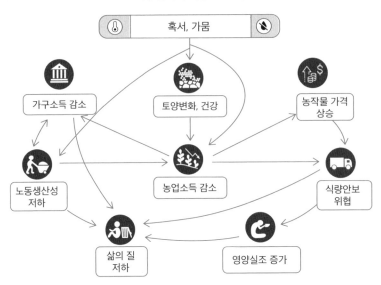

기후변화의 악순환 고리

혹서, 가뭄

가구소득 감소

토양변화, 건강

농작물 가격 상승

노동생산성 저하

농업소득 감소

식량안보 위협

삶의 질 저하

영양실조 증가

자료: IPCC(2023). IPCC SIXTH ASSESSMENT REPORT(AR6) "CLIMATE CHANGE 2023" SYNTHESIS REPORT에서 정리.

2) 기후변화 전망[10]

IPCC에 따르면 이행된 정책(~2020년)에 따른 2030년의 전 지구 온실가스 배출량은 연간 52~60GtCO₂e로 NDC(국가온실가스감축목표)에 따른 배출량(47~57GtCO₂e)을 상회할 것으로 예상된다. IEA 분석에 따르면 추가 정책없이 현 정책만 고려시 전환 부문은 현재 대비 배출량(에너지 및 산업공정) 감소, 최종 에너지 소비 부문은 증가할 전망이다. 한편 우리나라의 2050년 온실가스 배출량은 761.4백만 톤CO₂e로 전망되고 있다.

---

10 관계부처 합동(2023) 탄소중립·녹색성장 국가전략 및 제1차 국가 기본계획(중장기 온실가스 감축목표 포함).

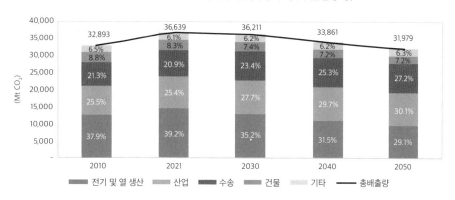

전 세계 부문별 CO$_2$ 배출량 전망(에너지 및 산업공정)

자료: 관계부처 합동(2023). 탄소중립·녹색성장 국가전략 및 제1차 국가 기본계획(중장기 온실가스 감축목표 포함).

우리나라의 온실가스 배출량 전망

(단위: 백만 톤CO$_2$e)

구분	'18	'30	'40	'50	연평균 증감율	
					'18~'40	'40~'50
전환	269.6	288.3	268.7	284.9	0.0%	0.6%
산업	260.5	304.0	306.8	304.8	0.7%	-0.1%
건물	52.1	45.5	43.5	42.2	-0.8%	-0.3%
수송	98.1	101.8	91.8	84.8	-0.3%	-0.8%
농축수산·폐기물·기타	47.4	46.2	45.7	44.8	-0.2%	-0.2%
합계	727.6	785.8	756.6	761.4	0.2%	0.1%

자료: 관계부처 합동(2023). 탄소중립·녹색성장 국가전략 및 제1차 국가 기본계획(중장기 온실가스 감축목표 포함).

21세기 후반(2081~2100년) 우리나라의 연평균 기온은 온실가스 배출 정도에 따라 2000~2019년 대비 +2.3~6.3℃ 상승할 것으로 전망된다. 전 지구의 온도 상승(1.9~5.2℃)보다 가파르게 상승할 것으로 예상된다. 폭염일수는 현재(8.8일) 대비 15.4~70.7일(최대 9배), 열대야 일수는 현재(3.2일) 대비 19.1~65.2일(최대 21배) 증가할 것으로 전망된다. 평균 강수량은 21세기 후반에 +4~16% 증가할 것으로 전망되며, 고탄소 시나리오에서 급증할 것으로 예상된다. 전 지구 평균 강수량 증가율(+5~10%)보다 많을 것으로 보인다. 호우일수, 상위 5% 강수일수 등 극한 강수현상은 고탄소 시나리오의 경우 21세기 후반기에 증가 추세가 뚜렷할 것으로 예상된다. 계절길이는 고탄소 시나리오의 경우 21세기 후반기에 겨울은 68일 짧아져서 39일간 유지되며, 여름은 73일 증가하여 170일간 유지될 것으로 전망된다. 우리나라의 주변해역 해수면 온도는 현재 추세로 온실가스가 배출되는 경우 2100년까지 약 5.6℃(4.4~6.2℃) 수온 상승이 전망된다. 해역별 해수면 온도는 서해, 동해/남해, 동중국해 순으로 상승이 전망된다. 서해 해수면 온도 상승폭은 근미래(2021~2040) 약 1.6℃, 먼 미래(2081~2100) 약 5.3℃로 전망된다. 우리나라의 주변해역 해수면은 온실가스가 현재 추세로 배출되는 시나리오에서 2100년까지 0.82m(0.79~0.86m) 상승이 예상된다.

3) 기후변화 대응방향

온난화의 주요 원인은 온실가스와 이산화탄소가 대기로 방출되는 것으로 간주되므로 이 임무를 제한하는 데 주요 노력이 집중되어야 한다. 세계 에너지 균형에서 화석 에너지원인 석탄과 석유의 비중을 줄이는 것이 중요하다. 새로운 태양광, 풍력, 바이오, 수소연료전지발전소의 건설은 대기로의 배출을 줄이는 데 큰 도움이 될 것이다. 지구의 모든 주민은 지구온난화 방지에 기여할 수 있다. 예를 들어 모든 국가의 시민은 자연광을 최대한 많이 사용하거나 전체 에너지 소비 증가를 줄일 수 있다.[11]

---

11 Valeriy A. Yakovlv, and Gavril A. Belyaev(2023). Global climate, its consequences and ways to solve the problem, E3S web of conferences 390, 04007(2023) AGRITECH-VIII.

각국은 기후변화에 대응하고자 다음과 같이 적극적인 정책방안을 수립하고 있다.[12] 2015년 파리협정 체결(2016.11. 발효)을 계기로 선진국·개도국 포함 모든 국가에 온실가스 감축 의무 부여 등 압박이 증대하고 있다. 기후위기 대응을 위한 탄소중립은 국제사회 단골 협력 의제로 국가경쟁력 및 국민의 삶의 질과 직결되는 최상위 과제로 급부상하고 있다. 2023.1월 세계경제포럼(다보스포럼) '글로벌 위험 보고서 2023'에서 선정한 향후 10년간 가장 심각한 위험 10개 중 1~4위가 기후위기와 연관되어 있다. 1위 기후변화 완화 실패, 2위 기후변화 적응 실패, 3위 자연재해 및 극단적 기상현상, 4위 생물다양성 손실 및 생태계 붕괴이다. 2022년 12월까지 133개국이 탄소중립 선언을 한 상태이다(세계 GDP의 91%, 배출량의 83% 차지). RE100 확대, ESG 경영 강화, IRA(Inflation Reduction Act) 시행, 탄소국경조정제(CBAM) 도입 등 국제사회에서는 탈탄소 경제체계 구축을 위한 노력이 전개되고 있다. 기후위기 대응과 친환경 에너지로의 전환 가속화를 위해 기존 전략을 전면 수정한 新 탄소중립 추진전략이 연이어 발표되고 있다. 유럽 RePowerEU에서는 화석에너지 퇴출과 친환경 전환 가속화를 위해 에너지 소비 절감, 공급망 다변화, 신재생에너지 보급 확대 등이 발표되었다(2022.5.). 2030년까지 총 3,000억 유로(약 400조 원) 규모를 투자하여 2027년까지 러시아산 화석에너지 의존을 탈피할 예정이다. 미국 IRA는 "더 나은 재건(BBB)" 법안을 수정하여 국민생활 안정, 기후변화 대응 명목하에 보건, 청정에너지, 조세 등 핵심분야 계획 수립(2022.8.), 총 4,330억 달러 규모, 기후변화 대응 분야에만 3,690억 달러를 지출할 계획이다. EU 그린딜 산업계획은 미국의 IRA에 대응하여 EU 탄소중립 산업 경쟁력 제고를 위한 규제완화, 재정지원, 역량강화, 공급망 확보 계획을 발표하였다(2023.2.). 탄소중립산업법 제정, 재생에너지 보조금 지급절차 간소화, 탈탄소 산업공정 촉진 보조금 상한액 상향 등을 추진하고 있다. 러－우크라 전쟁 장기화에 따른 에너지 시장 불확실성 증대로 세계는 에너지 전환과 함께 에너지 안보 확보를 위한 이중부담을 겪고 있다. 탄소중립은 지속 추진하

---

12   관계부처 합동(2023). 탄소중립·녹색성장 국가전략 및 제1차 국가 기본계획(중장기 온실가스 감축목표 포함).

되, 국가별로 에너지 수급의 안정성 확보를 위해 다시 원전 비중 확대 등 에너지 정책 재설정으로 선회하고 있다.

💡 주요국 기후변화 대응 동향

EU	• (감축목표) 2050년까지 탄소중립, 2030년까지 1990년 대비 55% 감축 • (탄소국경조정제도) 철강 등 6개 품목에 대해 탄소배출에 대한 규제('26~) • (RePowerEU) △에너지 소비절감, △공급망 다변화, △신재생e 보급 확대 등 발표 ('22.5월)
미국	• (감축목표) 2050년까지 탄소중립, 2030년까지 2005년 대비 50~52% 감축 • (인플레이션감축법) 전기차 보조금 대상을 미국내 생산기업에만 한정('22~)
영국	• (감축목표) 2050년까지 탄소중립, 2030년까지 1990년 대비 최소 68% 감축 • (원전확대) 에너지안보를 위하여 2050년까지 최대 8기 추가 건설 계획 발표('22)
일본	• (감축목표) 2050년까지 탄소중립, 2030년까지 2013년 대비 46% 감축

자료: 관계부처 합동(2023). 탄소중립·녹색성장 국가전략 및 제1차 국가 기본계획(중장기 온실가스 감축목표 포함).

기후변화 대응 온실가스 감축을 위한 국제협약인 '파리기후변화협약(Paris Agreement)'의 장기목표는 국제사회 공동의 장기목표로 산업화 이전 대비 지구 평균기온 상승을 2℃보다 상당히 낮은 수준으로 유지하는 것으로 하고, 온도 상승을 1.5℃ 이하로 제한하기 위한 노력을 추구하는 것이다.[13] (감축) 국가별 기여방안(NDC)은 스스로 정하는 방식을 채택하여 매 5년마다 상향된 목표를 제출하되 공통의 차별화된 책임을 감안하는 감축 목표를 점진적으로 채택한다. 또한 모든 국가가 장기 저탄소 개발 전략을 마련하고, 이를 2020년까지 제출하는 것을 노력하도록 요청한다. 탄소시장은 온실가스 감축목표의 효과적 달성을 위해 UN 기후변화협약 중심의 시장 이외에도 당사국간의 자발적인 협력도 인정하는 등 다양한 형태의 국제 탄소시장 메커니즘 설립에 합의한 것이다. (이행점검) 5년 단위로 파리협정 이행 전반에 대한 국제사회 공동 차원의 종합적인 이행점검(Global

---

13 관계부처 합동(2023). 탄소중립·녹색성장 국가전략 및 제1차 국가 기본계획(중장기 온실가스 감축목표 포함).

Stocktaking)을 도입하여 2023년부터 실시하고 있다. 적응은 온실가스 감축뿐 아니라 기후변화에 대한 적응의 중요성에 주목하고, 기후변화의 역효과로 인한 '손실과 피해' 문제를 별도 조항에 규정하였다. ^(재원) 개도국의 이행지원을 위한 기후재원과 관련하여 선진국의 재원공급 의무를 규정하고, 선진국 이외 국가들의 자발적 기여를 장려한다. ^(기술) 신기후체제에서 개도국이 감축 의무에 동참하는 것은 이에 필요한 기후기술 지원을 전제하고 있는 바 기술의 개발 및 이전에 관한 국가들간의 협력이 확대, 강화되도록 규정하고 있다.

기후변화 완화는 배출을 줄이거나 온실가스 흡수원을 강화하기 위한 인간의 개입이다. 여기에는 이산화탄소 제거 옵션이 포함된다. 이 영역에는 주로 신재생에너지 확대, 기후변화 완화 정책, 전략 및 계획, 기후변화 완화 기술 및 실행 등이 있다. 그리고 기후변화 적응 정책은 인간 시스템에서 피해를 완화하거나 유익한 기회를 활용하기 위해 실제 또는 예상 기후와 그 영향에 적응하는 과정 정책이다. 자연계에서 실제 기후와 그 영향에 적응하는 과정, 인간의 개입은 예상되는 기후와 그 영향에 대한 조정을 촉진할 수 있다. 이러한 적응 정책에는 주로 기후변화 적응 정책, 전략 및 계획, 위험 관리, 재난 예측 및 조기 경보 시스템, 기후변화에 대한 대중의 인식과 교육, 기후변화에 대한 지역 기반 적응, 기후변화 모니터링, 물 관리, 폐기물 관리 등이 포함될 수 있다.[14]

United Nations Statistics Division⁽²⁰²³⁾은 전 세계가 동등한 위치에서 협력할 때 기후변화에 가장 잘 대응할 수 있음을 지적했다.[15] 국제기후협약, 기후행동에 대한 국가적 야망의 증가, 대중의 인식 제고는 다양한 수준의 거버넌스에서 기후변화를 해결하기 위한 노력을 가속화하고 있다. 완화 정책은 전 세계 에너지 및 탄소 집약도를 감소시키는 데 기여했으며, 여러 국가에서는 10년 넘게 온실가스 배출 감소를 달성했다. 이제 에너지, 건물, 운송 및 산업 분야에서 저배출 또는 무배출 옵션을 사용할 수 있게 되면서 저배출 기술이 더욱 저렴해지고

---

14 United Nations Statistics Division(2023). Global Set of Climate Change Statistics and Indicators, Implementation Guidelines.

15 싱기자료.

있다. 적응 계획 및 구현 과정은 기후 위험을 줄이고 지속가능한 개발에 기여할 수 있는 효과적인 적응 옵션을 통해 다양한 이점을 창출했다. 기후변화 완화 및 적응을 위한 글로벌 금융은 상승 추세를 보였지만 수요에는 미치지 못했다. 기술 혁신 시스템을 강화하면 탄소배출 증가를 낮추고 사회적, 환경적 공동 이익을 창출할 수 있는 기회를 제공할 수 있다. 국가 상황과 기술 특성에 맞춘 정책 패키지는 탄소 저배출 혁신과 기술 확산을 지원하는 데 효과적이었다. 성공적인 저탄소 기술혁신 지원에는 교육 및 R&D와 같은 공공 정책이 포함되며, 가전 제품 성능 표준 및 건축법과 같은 인센티브와 시장 기회를 창출하는 규제 및 시장 기반 도구로 보완될 수 있다. 혁신 시스템과 기술 개발 및 이전에 대한 국제협력은 역량 구축, 지식공유, 기술 및 재정적 지원과 함께 기후변화 완화 기술, 관행 및 정책의 글로벌 확산을 가속화하고, 이를 다른 개발 목표와 일치시킬 수 있다. 대부분의 개발도상국, 특히 최빈개도국에서는 탄소 저배출 기술 채택이 뒤처져 있는데, 그 이유는 부분적으로 제한된 재정, 기술개발 및 이전, 역량 강화 등 취약한 지원 조건 때문이다. 혁신에 대한 국제협력은 지역가치 사슬에 맞춰지고 유익할 때, 파트너가 동등한 기반에서 협력할 때, 그리고 역량 구축이 노력의 필수적인 부분일 때 가장 잘 작동한다. 디지털 기술은 조정과 서비스로의 경제적 전환을 통해 에너지 효율성을 크게 향상시킬 수 있다. 그러나 사회의 디지털화는 상품과 에너지 소비 증가, 전자 폐기물 증가를 유발할 뿐만 아니라 노동시장에 부정적인 영향을 미치고 국가간 및 국가내 불평등을 악화시킬 수 있다. 디지털화에는 완화 잠재력을 높이기 위해 적절한 거버넌스와 정책이 필요하다. 효과적인 정책 패키지는 시너지 효과를 실현하고 상충 관계를 피하며 반동 효과를 줄이는 데 도움이 될 수 있다. 여기에는 효율성 목표, 성과표준, 정보제공, 탄소가격 책정, 재정 및 기술 지원이 포함될 수 있다.

② 탄소중립 달성

전 지구의 기후위기에 따라 세계 각국은 향후 25년간 탄소배출을 최소화하여 2050년경에는 탄소배출을 제로(zero)로 만드는 탄소중립을 달성하는 목표를 발표하였다. 이러한 탄소중립 정책이 성공적으로 달성되기 위해서는 경제 및 에너지 정책에서 친환경 혁신으로의 전환이 필수인데, 특히 탄소배출 화석연료 에너지 경제·산업 구조에서 친환경 에너지 경제·산업 구조로의 전환과 혁신이 매우 중요하다. 그중에서도 탄소배출 최소화나 무배출 친환경 에너지 경제·산업 구조로의 전환과 혁신에서 핵심 역할을 담당할 수 있는 것이 수소에너지 기반 경제활동인 '수소경제' 시스템이다. 이 절에서는 수소경제 활동의 주된 목표이자 동인이라고 할 수 있는 탄소중립의 의미와 국내외 정책 동향에 대해 살펴보고자 한다.

1) 탄소중립의 의미

탄소중립(Carbon Neutrality, Net Zero)이란 인간의 활동에 의한 온실가스 배출을 최대한 줄이고, 남은 온실가스는 흡수(산림 등), 제거해서 실질적인 배출량이 0(Zero)이 되는 개념이다. 즉 배출되는 탄소와 흡수되는 탄소량을 같게 해 탄소 순배출이 0이 되게 하는 것으로, 이에 탄소중립을 '넷제로(Net Zero)'라 부르기도 한다.[16] 즉 탄소중립은 탄소흡수원의 대기에서 탄소를 방출하는 것과 탄소를 흡수하는 것 사이의 균형을 유지하는 것을 의미한다. 대기에서 이산화탄소를 제거하고 저장하는 것을 탄소격리라고 한다. 탄소 순 제로 배출을 달성하기 위해서는 전 세계의 모든 온실가스 배출이 탄소격리를 통해 상쇄되어야 한다. 탄소흡수원은 방출하는 것보다 더 많은 탄소를 흡수하는 시스템이다. 주요 천연 탄소흡수원은 토양, 숲, 바다이다. 추정에 따르면 자연 흡수원은 연간 9.5~11기가톤의 CO_2를 제거(흡수, 저장)한다. 2021년 전 세계 연간 CO_2 배출량은 37.8기가톤

---

16 대한민국 정책브리핑(www.korea.kr).

에 달했다. 현재까지 지구온난화에 맞서기 위해 필요한 규모로 대기에서 탄소를 제거할 수 있는 인공 탄소 흡수원은 없다. 숲과 같은 자연 흡수원에 저장된 탄소는 산불, 토지이용 변화 또는 벌목을 통해 대기로 방출된다. 따라서 탄소를 획기적으로 줄이는 적극적인 정책이 중요하다. 탄소 상쇄 시스템, 즉 탄소중립 정책으로는 신재생에너지 개발 및 사용 확대, 에너지 효율 또는 기타 청정 저탄소 기술, 배출권거래제(ETS) 등이 있다.[17] 오늘날 탄소중립은 기업들에 있어 선택이 아닌 생존을 위한 필수과제이며, 산업경쟁력과도 직결되는 국가적 과제이다.

IEA는 급격한 탄소 저감 기술이 산업 현장에 적용되어야 한다는 것을 강조하면서 오는 2025년경에는 석탄, 석유, 천연가스에 대한 수요가 각각 90%, 75%, 55%로 줄어들 것이라고 전망했다. 또한 IEA의 2050 탄소중립 로드맵에 따르면 2025년 화석연료 보일러의 신규 판매 중단, 2030년 전세계 자동차 판매의 60% 전기차 차지, 2035년 신규 내연차량 판매 중단, 2040년 모든 석탄 및 석유화력 발전소 퇴출, 2050년 건물의 85% 이상의 탄소배출 달성을 제시하였다. 2035년 4Gt CO_2, 2050년 7.6Gt CO_2 포집을 전망하고 있다.[18]

---

17 European Parliament(2023). What is carbon neutrality and how can it be achieved by 2050?, Article 12-04-2023.

18 Deloitte. "2050 탄소중립 로드맵", 「Insights」, 2021 No.19.

IEA가 제시한 2050 탄소중립 로드맵

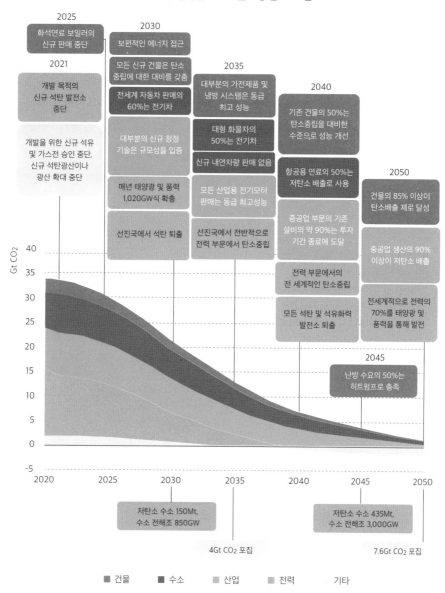

2025
화석연료 보일러의
신규 판매 중단

2021
개발 목적의
신규 석탄 발전소
중단

개발을 위한 신규 석유
및 가스전 승인 중단,
신규 석탄광산이나
광산 확대 중단

2030
보편적인 에너지 접근

모든 신규 건물은 탄소
중립에 대한 대비를 갖춤

전세계 자동차 판매의
60%는 전기차

대부분의 신규 청정
기술은 규모성을 입증

매년 태양광 및 풍력
1,020GW식 확충

선진국에서 석탄 퇴출

2035
대부분의 가전제품 및
냉방 시스템은 동급
최고 성능

대형 화물차의
50%는 전기차

신규 내연차량 판매 없음

모든 산업용 전기모터
판매는 동급 최고성능

선진국에서 전반적으로
전력 부문에서 탄소중립

전력 부문에서의
전 세계적인 탄소중립

모든 석탄 및 석유화력
발전소 퇴출

2040
기존 건물의 50%는
탄소중립을 대비한
수준으로 성능 개선

항공용 연료의 50%는
저탄소 배출로 사용

중공업 부문의 기존
설비의 약 90%는 투자
기간 종료에 도달

2050
건물의 85% 이상이
탄소배출 제로 달성

중공업 생산의 90%
이상이 저탄소 배출

전세계적으로 전력의
70%를 태양광 및
풍력을 통해 발전

2045
난방 수요의 50%는
히트펌프로 충족

저탄소 수소 150Mt,
수소 전해조 850GW

저탄소 수소 435Mt,
수소 전해조 3,000GW

4Gt CO_2 포집

7.6Gt CO_2 포집

■ 건물   ■ 수소   ■ 산업   ■ 전력   기타

자료: Deloitte. "2050 탄소중립 로드맵", 『Insights』, 2021 No.19에서 재인용.

오늘날 온실가스 감축을 통한 탄소중립 달성을 위해서는 에너지, 모빌리티, 산업 및 제조업, 식량 및 토지이용, 역배출시스템이 상호 유기적으로 이루어지고 성과를 이루어내야 한다. 에너지 분야에서 기존 재생에너지 생산용량의 빠른 확대, 모빌리티 분야에서 충전 인프라의 신속한 확대, 산업 및 제조업 분야에서 배출량이 많은 공정을 전기와 수소 등 여타 기술로 전환, 식량 및 토지사용에서 재생산 기술의 도입과 확대, 역배출 시스템에서 탄소시장을 위한 정책과 규제, 재정적 인센티브 마련 등을 적극 추진할 필요가 있다.[19]

⚡ 저탄소 시스템 개요

시스템	현재	저탄소 미래	전환을 위해 필요한 행동
에너지	대부분 전력생산이 석탄과 천연가스로 이뤄지지만 재생에너지 사용이 빠르게 늘고 있으며 재생에너지는 상당수 시장에서 이미 가장 값싼 에너지원이 되고 있다. 석유는 일일 약 1억 배럴이 생산되며, 대부분 운송 연료 및 산업 공정에 사용된다.	거의 모든 전력이 재생에너지로 생산된다. 확장된 분산 저장기술과 보다 견고하며 회복탄력성이 강하고 지능적인 전력망을 통해 불균등하지만 증대된 전력 부하를 감당할 수 있게 된다. 운송과 산업 부문이 탈탄소화되면서 석유 수요는 줄어든다.	• 화석연료 중요성 감소 • 기존 재생에너지 생산 용량의 빠른 확대 • 운반 인프라 증축 및 지능형 전력망 도입 가속화 • 대규모 및 장거리 저장 인프라 구축
모빌리티	도로 운송이 온실가스 배출의 상당 부분을 차지한다. 전기차는 현재 도로 위 차량의 1%만을 차지하고 있지만 성장 속도가 가파르다. 항공과 선박은 온실가스 배출에 큰 요인이 아니지만 배출량이 급격히 증가하고 있다.	전기 모터와 수소연료전지를 중심으로 저탄소 배출 전동장치가 지배적 위치를 차지하게 된다. 특히 중형 운송장비를 중심으로 바이오연료와 그린 수소 도입이 증가한다. 도시 모빌리티는 걷기와 자전거, 전기 마이크로모빌리티 등으로 연계 통합되고 대중교통 접근성이 크게 개선돼 개인 차량을 대체하게 된다.	• 차량 생산이 전기 및 연료전지 플랫폼으로 전환 • 충전 인프라의 신속한 확대 • 효율성, 어질리티(Agility)를 강화하기 위한 스마트 물류 및 컨트롤 타워 도입

19   Deloitte. "2050 탄소중립 로드맵", 「Insights」, 2021 No.19.

산업 및 제조업	대부분 온실가스는 생산 공정의 에너지 소비에서 발생하지만, 시멘트와 화학제품 제조에 따른 직접 발생이 특히 심각하다. 철강 등 중공업 부문의 탄소 배출량이 많은 공정은 실행 가능한 저탄소 대체방식이 거의 없다.	온실가스 배출량이 많은 중공업에서 그린 수소와 전기화 사용이 증가한다. 제조 공정에서 효율성이 개선돼 이미 진행 중인 스마트 공장 및 디지털 공급망으로의 더욱 광범위한 전환을 보충하고 가속화한다.	• 배출량이 많은 공정을 전기와 수소 등 여타 기술로 전환 • 총체적 순환 제조 방식 도입 • 폐기물 감축을 위한 적층 가공 방식 도입 및 확대
식량 및 토지 사용	축산업, 작물 태우기, 삼림 파괴 등이 온실가스를 많이 배출하며, 특히 육류와 유제품 생산이 배출 주범이다. 또 전 세계에서 생산되는 식량의 1/5이 버려진다.	식량 시스템은 재생산농업 방식과 혼농임업을 통해 순(純) 탄소 흡수원(carbon sink)이 된다. 육류 소비를 줄인 식습관으로 전환되면서 온실가스 배출이 줄고 감시 기술을 통해 폐기물도 줄어든다.	• 재생산 기술의 도입과 확대 • 대체육 개발 및 식습관 전환 • 공급망 개선, 투명성과 모니터링 강화, 규제 가이드라인 수정 등을 통한 식량 폐기물 감소
역배출 시스템	숲과 초지, 해양 등 천연 탄소 흡수계가 급격히 고갈된다. 기술적 탄소 제거는 제한적, 산발적으로 이뤄지고 비용이 많이 든다.	대기 중 온실가스를 줄이려면 강력한 탄소 포집 및 제거 시스템이 필요하다. 대규모 조림(造林)과 생태계 재건 등 천연 해법과 직접 공기포집 등 기술을 병행하는 해법이 바람직하다. 유동성이 풍부하고 제대로 기능하는 투명한 탄소 거래 시장이 진전을 가속화할 수 있다.	• 탄소 시장을 위한 정책과 규제, 재정적 인센티브 마련 • 광범위한 생태계 재건 및 보전 • 탄소 제거 신기술 발전을 위한 대규모 연구개발

자료: Deloitte. "2050 탄소중립 로드맵", 『Insights』, 2021 No.19.

2) 국내외 탄소중립 정책 동향

IPCC 6차 보고서는 2050년까지 탄소중립 목표를 달성하지 못하면 21세기 말 지구 기온상승 1.5℃ 목표 달성이 어렵다고 전망하고 있다. 유엔 '2000~2019 세계 재해 보고서'는 지난 20년 동안 전 세계에서 7,348건의 자연재해가 발생해 40억 명이 피해를 입었으며, 기후변화 영향으로 폭염과 가뭄, 홍수, 혹한, 태풍, 산불 등 극한 기상현상 발생이 증가하고 있다고 강조한다. 2020년에 발생한 코로나19는 전 세계적으로 기후위기의 심각성을 일깨우는 촉발제로 작용하였으며, 탄소중립이 글로벌 의제로 자리잡으면서 각국은 탄소중립을 위한 중간 목표인 2030 온실가스 감축목표를 상향 발표하였다. 탄소중립 달성을 위해 산업, 건물, 수송 등 모든 부문 에너지원의 전기화와 재생에너지 전력 생산이 가속화될 전망이다.[20]

💡 주요국의 2030 온실가스감축목표(NDC) 상향

국가	탄소중립 목표연도	2030 NDC	
		이전	상향
EU	2050	'90년 대비 △ 40%	'90년 대비 △ 55%
영국	2050	'90년 대비 △ 57%	'90년 대비 △ 68%
미국	2050	'25년까지 '05년 대비 △ 26~28%	'05년 대비 △ 50~52%
캐나다	2050	'05년 대비 △ 30%	'05년 대비 △ 40~45%
호주	2050	'05년 대비 △ 26~28%	'05년 대비 △ 35%
일본	2050	'13년 대비 △ 26%	'13년 대비 △ 46%
한국	2050	'17년 대비 △ 24.4%	'18년 대비 △ 40%

자료: 고재경 외(2021). 『경기도 탄소중립 추진전략과 과제』, 경기연구원에서 재인용.

미국의 경우 온실가스 감축 시나리오를 보면, 2030년까지 50% 감축, 2050년까지 95% 감축하는 계획을 추진하고 있다. 2035년까지 전력 분야 온실가스 100% 감축(2025년까지 석탄 완전 퇴출, 신재생에너지 발전 확대), 2030년까지 천연가스 수요를 재생에너지, 수소, 바이오가스로 50% 대체 및 2050년까지 80%로 대체, 2030년까지 모든 수송수단의 신규 판매 전기차, 수소차 등 전동화 75% 달성, 2030년까지 석유, 천연가스 사용량 80% 감축 등을 실행할 계획이다.[21]

---

20 가철구·고재경·이현우·권경락 외(2023) 『경기도 기후대응기금 조성 및 운용방안 연구』, 경기도·경기연구원.

21 https://www.mckinsey.com/capabilities/sustainability/our-insights/navigating-americas-net-zero-frontier-a-guide-for-business-leaders#/(2024. 3. 28. 검색).

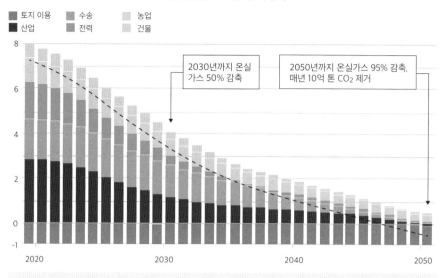

미국의 온실가스 감축 시나리오

- 토지 이용
- 산업
- 수송
- 전력
- 농업
- 건물

2030년까지 온실
가스 50% 감축

2050년까지 온실가스 95% 감축,
매년 10억 톤 CO_2 제거

주요 변화

- 2035년까지 전력분야 온실가스 100% 감축(2025년까지 석탄 완전 퇴출, 신재생에너지 발전 확대)
- 2030년까지 천연가스 수요를 재생에너지, 수소, 바이오가스로 50% 대체 및 2050년까지 80%로 대체
- 2030년까지 모든 수송수단의 신규 판매 전기차, 수소차 등 전동화 75% 달성
- 2030년까지 석유, 천연가스 사용량 80% 감축

자료: https://www.mckinsey.com/capabilities/sustainability/our-insights/navigating-americas-net-zero-frontier-a-guide-for-business-leaders#/(2024.3.28. 검색)에서 정리.

세계는 탄소중립을 위한 글로벌 규제가 강화되고 있으며, 새로운 탈탄소 경제질서를 예고하고 있는 가운데 우리나라의 경제에도 큰 영향을 미칠 전망이다. 국제 탄소중립 관련 규제가 우리나라를 비롯해 무역의존도가 높은 국가들에 수출업종의 부담이 높아질 것이다. 기후변화가 실물경제와 금융에 미치는 위험에 대한 인식이 높아지면서 공공 및 민간 부문의 탄소중립 대응이 본격화하고 있다. 일본은 '50년 신재생에너지 발전 비중 50~60% 달성 및 '35년까지 모든 승용차 전동화 계획의 「녹색성장전략」('20.12)과 「녹색성장전략」을 더욱 구체화한 「2050 탄소중립에 따른 녹색성장 전략」을 수립한 바 있다.[22] 예산, 세제, 금융, 규제개혁 및 표준화, 국제협력 등 주요 정책 요소 및 해상풍력·태양광, 수소, 차세대 열에너지, 반도체 등 14개 주요 분야별 실행계획을 포함하고 있다. 2030년 새로운 온실가스 감축목표로 '13년부터 46% 감축하는 것을 목표로 하고, 나아가 50%를 향해 도전을 지속한다는 새로운 방침을 제시하였다. 석탄 및 천연가스 최대 생산국 중 하나인 호주는 제26차 유엔기후변화협약 당사국총회(COP 26)에서 '2050년 탄소중립'에 대한 원칙적 지지를 선언하였다. 2020년 8월 미국 캘리포니아주는 2045년까지 탄소중립을 달성하기 위한 시나리오를 연구한 「Achieving Carbon Neutrality in California - Pathways Scenarios Developed for the California Air Resources Board」를 발표하였다. 텍사스주는 '수소허브 비전과 전략 로드맵'을 통해 경제성장과 탄소저감을 동시에 달성하는 수소경제 정책을 추진하고 있다. 수소생산－유통－활용의 수소생태계 구축에 진력하면서 2050년까지 탄소 2.2억 톤을 감축하고, 134조 원의 경제적 효과와 일자리 18만 개 달성을 목표로 하고 있다. 한편 탄소중립 규제 강화, 기술발전, 투자 확대로 재생에너지, 에너지효율 등 친환경시장이 빠르게 성장하면서 경제와 산업에 새로운 기회를 제공하고 있다. 기후·에너지 위기에 대한 국제 동향에 적기에 종합 대응하기 위해 국가 전체가 신속하게 기후친화적으로 사회·경제 패러다임 전환이 필요하다.[23]

22　글로벌과학기술정책정보서비스(2021). "일본, 2050년 탄소중립에 따른 녹색성상선략 말표".

23　강철구·고재경·이현우·권경락 외(2023). 『경기도 기후대응기금 조성 및 운용방안 연구』, 경기노·경기연구원.

미국 캘리포니아주 탄소배출 감축 전략

부문	전략
저탄소 연료	저탄소 연료 발전과 활용 장려, 그린수소 생산 및 활용
건물	건물 내에서 사용하는 모든 최종 사용 에너지의 전기화
수송	자동차 제조사에 대한 무배출 차량 판매량 증가 목표에 대한 규칙 제정
산업 및 농업	캘리포니아 센트럴 밸리의 지형을 활용하여 시멘트 생산 및 가열 산업에서 발생하는 탄소 포집 및 저장
전력	재생에너지원을 통한 발전(태양, 바람, 지열, 바이오매스, 소수력)
高 지구온난화 지수 (GWP) 자원	총 온실가스 배출량의 15%(2017년)를 차지하는 비연소 배출(HFCs, 메탄)을 2040년까지 2013년 대비 40% 감축
이산화탄소 제거	잔존 탄소를 제거하는 핵심적인 역할을 하는 탄소포집기술(Negative Emission Technology; NET) 활용, 조림 및 재조림을 비롯한 토지 활용과 관리를 통한 토양 내에 탄소를 격리하는(sequestration) 토지 기반 해결

자료: 고재경 외(2021). 『경기도 탄소중립 추진전략과 과제』, 경기연구원에서 재인용.

한편 영국은 2050년까지 넷제로 탄소중립 달성을 위해 2023년 기준 탄소배출량 3.7억 톤에서 25년간 매년 1,400만 톤을 줄여 2050년에는 0톤이 되게 하는 탄소중립 정책을 추진하고 있다. 영국은 1990년 이후 해마다 온실가스 배출량을 실제 감축하기 위해 석탄발전 감소, 재생에너지 확대, 수소경제 육성 등의 에너지 및 경제산업 정책을 꾸준히 추진 중에 있다. 그간 이러한 정책은 아래 그림과 같이 탄소를 줄이는 효과로 실제 크게 나타나고 있다.

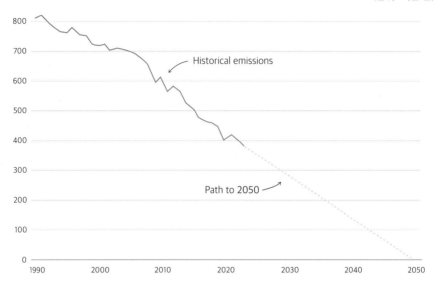

영국의 넷제로 달성 추이(탄소배출량)

(단위: 백만 톤)

Historical emissions

Path to 2050

자료: https://www.carbonbrief.org/analysis-uk-emissions-in-2023-fell-to-lowest-level-since-1879/(2024.3.22. 검색).

　　우리나라는 2020년 12월 "적응적(Adaptive) 감축에서 능동적(Proactive) 대응으로: 탄소중립·경제성장·삶의 질 향상 동시 달성"이라는 비전 아래 3대 정책 방향과 10대 과제를 담은 『2050 탄소중립 추진전략』을 수립하였다. 3대 정책 방향은 경제구조의 저탄소화, 신유망 저탄소산업 생태계 조성, 탄소중립 사회로의 공정 전환이다. 경제구조의 저탄소화를 위한 과제로는 에너지 전환 가속화, 고탄소산업 구조 혁신, 미래모빌리티로 전환, 도시·국토 저탄소화를, 新유망 저탄소산업 생태계 조성을 위한 과제로는 新유망산업 육성, 혁신 생태계 저변 구축, 순환경제 활성화를, 탄소중립 사회로의 공정전환을 위한 과제로는 취약 산업·계층 보호, 지역중심의 탄소중립 실현, 탄소중립 사회에 대한 국민인식 제고를 제시하였다.

문재인 정부의 2050 탄소중립 추진전략(2020년)

비전
"적응적(Adaptive) 감축"에서 "능동적(Proactive) 대응"으로:
탄소중립·경제성장·삶의 질 향상 동시 달성

3+1 전략 추진

3대 정책 방향	적용 경제구조의 저탄소화	기회 新유망 저탄소산업 생태계 조성	공정 탄소중립 사회로의 공정전환
10대 과제	① 에너지 전환 가속화 ② 고탄소산업 구조 혁신 ③ 미래모빌리티로 전환 ④ 도시·국토 저탄소화	① 新유망산업 육성 ② 혁신 생태계 저변 구축 ③ 순환경제 활성화	① 취약 산업·계층 보호 ② 지역 중심의 탄소중립 실현 ③ 탄소중립 사회에 대한 국민인식 제고

➕

탄소중립 제도적 기반강화	• 재정 • 녹색금융 • R&D • 국제협력 → 탄소가격 시그널 강화 + 탄소중립 분야 투자 확대 기반 구축
추진 체계	• 조직: 2050 탄소중립위원회 + 2050 탄소중립위원회 사무처 • 운용: 사회적 합의 도출 + 전략적 우선순위 설정 → 단계적 성과 확산

자료: 2050 탄소중립위원회(2021). 『2050 탄소중립 시나리오』.

　　윤석열 정부는 '탄소중립·녹색성장 국가전략 및 제1차 국가 기본계획(중장기 온실가스 감축목표 포함)'(2023.4.)을 발표하면서, 그 비전으로 '2050년까지 탄소중립을 목표로 하여 탄소중립 사회로 이행하고, 환경과 경제의 조화로운 발전 도모'를 설정하였다. 실천전략으로 부문별 온실가스 중장기 감축 정책 및 탄소중립 사회 이행 기반, 부문별 온실가스 중장기 감축 정책(37개), 탄소중립·녹색성장 사회로의 이행 기반 정책(45개)을 제시하고 있다.[24]

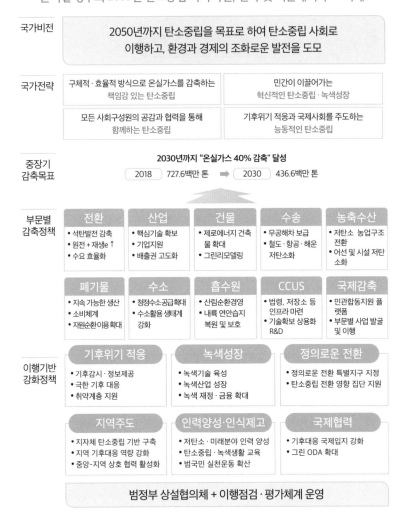

윤석열 정부의 2050년 탄소중립 국가비전, 전략 및 기본계획 주요 과제

국가비전	2050년까지 탄소중립을 목표로 하여 탄소중립 사회로 이행하고, 환경과 경제의 조화로운 발전을 도모

국가전략	구체적·효율적 방식으로 온실가스를 감축하는 책임감 있는 탄소중립	민간이 이끌어가는 혁신적인 탄소중립·녹색성장
	모든 사회구성원의 공감과 협력을 통해 함께하는 탄소중립	기후위기 적응과 국제사회를 주도하는 능동적인 탄소중립

중장기 감축목표

2030년까지 "온실가스 40% 감축" 달성

2018 727.6백만 톤 ➡ 2030 436.6백만 톤

부문별 감축정책

전환	산업	건물	수송	농축수산
• 석탄발전 감축 • 원전 + 재생e ↑ • 수요 효율화	• 핵심기술 확보 • 기업지원 • 배출권 고도화	• 제로에너지 건축물 확대 • 그린리모델링	• 무공해차 보급 • 철도·항공·해운 저탄소화	• 저탄소 농업구조 전환 • 어선 및 시설 저탄소화

폐기물	수소	흡수원	CCUS	국제감축
• 지속 가능한 생산 • 소비체계 • 자원순환이용확대	• 청정수소공급확대 • 수소활용 생태계 강화	• 산림순환경영 • 내륙 연안습지 복원 및 보호	• 법령, 저장소 등 인프라 마련 • 기술확보 상용화 R&D	• 민관합동지원 플랫폼 • 부문별 사업 발굴 및 이행

이행기반 강화정책

기후위기 적응	녹색성장	정의로운 전환
• 기후감시·정보제공 • 극한 기후 대응 • 취약계층 지원	• 녹색기술 육성 • 녹색산업 성장 • 녹색 재정·금융 확대	• 정의로운 전환 특별지구 지정 • 탄소중립 전환 영향 집단 지원

지역주도	인력양성·인식제고	국제협력
• 지자체 탄소중립 기반 구축 • 지역 기후대응 역량 강화 • 중앙-지역 상호 협력 활성화	• 저탄소·미래분야 인력 양성 • 탄소중립·녹색생활 교육 • 범국민 실천운동 확산	• 기후대응 국제입지 강화 • 그린 ODA 확대

범정부 상설협의체 + 이행점검·평가체계 운영

자료: 관계부처 합동(2023). 『탄소중립·녹색성장 국가전략 및 제1차 국가 기본계획』(중장기 온실가스 감축목표 포함).

---

24 강철구·고재경·이현우·권경락 외(2023). 『경기도 기후대응기금 조성 및 운용방안 연구』, 경기도·경기연구원.

기본계획상 부문별 온실가스 중장기 감축 정책 및 탄소중립 사회 이행 기반 요지

온실가스 감축 정책 및 탄소중립 사회 이행 기반

[부문별 온실가스 중장기 감축 정책]

① (전환) ▲탈탄소 믹스(석탄 ↓, 원전·재생e ↑), ▲재생e 기반구축(계통망, 저장체계), ▲수요효율화(ICT 활용)

② (산업) ▲저감기술 확보지원(기술혁신펀드, 보조·융자 확대), ▲배출권 고도화(배출효율 기준 할당 ↑, 유상할당 ↑)

③ (건물) ▲성능강화(제로에너지건축물, 그린리모델링), ▲효율향상(평가관리, 성능 공개)

④ (수송) ▲무공해차 확대(전기·수소차 ↑, 충전기 ↑), ▲수요관리(내연차 기준 강화, 대중교통 활성화)

⑤ (농축수산) ▲저탄소 농업구조 전환(스마트팜, 저메탄사료), ▲저탄소 어선·수산시설(LPG·하이브리드 어선)

⑥ (폐기물) ▲폐기물 감량(자원효율등급제, 일회용품 감량), ▲순환이용(고부가가치 재활용)

⑦ (흡수원) ▲산림 흡수·저장기능 강화(산림순환경영), ▲신규 흡수원(연안습지, 도시숲)

⑧ (수소) ▲핵심 기술 개발(수전해 기반 그린수소), ▲지역생태계 구축·확대(수소클러스터, 수소도시)

⑨ (CCUS) ▲제도기반 마련(CCUS법 제정·시행), ▲중점기술 R&D 추진(기술확보 및 상용화)

⑩ (국제감축) ▲이행 기반 마련(사업지침 정비, 협정 체결), ▲감축 사업 발굴(투자 및 구매)

[탄소중립 사회로의 이행 기반]

① (기후적응) ▲극한기후 대응(홍수 경보시간 단축), ▲취약계층 지원(보건복지 안전망 구축)

② (녹색성장) ▲녹색기술 육성(한국형 100대 핵심기술), ▲녹색산업 성장(저탄소 신산업 성장지원)

③ (정의로운 전환) ▲위기지역 지원(정의로운 전환 특별지구), ▲영향집단 지원(노동자 전직 훈련 지원)

④ (지역주도) ▲지역 기반구축(탄소중립 지원센터 확대), ▲지자체 역량강화(탄소중립도시 조성)

⑤ (인력양성·인식제고) ▲수요기반 신기술 인력(특성화대학원 확대), ▲실천운동 확산(참여 인센티브)

⑥ (국제협력) ▲국제 리더십 강화(능동적 양·다자협력), ▲국제감축 기여(그린 ODA 확대)

자료: 관계부처 합동(2023). 『탄소중립·녹색성장 국가전략 및 제1차 국가 기본계획』(중장기 온실가스 감축목표 포함).

⚡ 부문별 온실가스 중장기 감축 정책(37개)

부문	과제명
전환	1. 청정에너지 시스템으로의 전환 가속화
	2. 재생에너지 보급기반 구축
	3. 수요효율화 및 에너지 탄소중립 기반 구축
	4. 전력수급 체계 혁신으로 탄소중립 기여
산업	1. 탄소중립 실현 핵심기술 확보
	2. 기업 투자 부담 경감을 위한 전폭적 지원
	3. 배출권거래제 고도화
	4. 탄소중립 정무-산업계 거버넌스 및 측정기반 마련
건물	1. 신규 건축물의 에너지 성능 강화
	2. 기존 건축물에 대한 그린리모델링 추진
	3. 건물의 에너지 사용효율 향상
	4. 계획수립-공간조성 탄소중립화
수송	1. 전기·수소차 등 친환경차 보급 촉진
	2. 대중교통 활성화, 자가용 내연기관차 수요관리
	3. 내연기관 저탄소화
	4. 친환경 철도·항공·해운
농축수산	1. 저탄소 농업기술 및 친환경농업 확산을 통한 농업구조 전환
	2. 농업(재배) 분야 온실가스 배출 감축
	3. 축산분야 온실가스 배출 감축
	4. 농업분야 화석에너지 사용 축소 및 에너지 전환
	5. 농촌재생에너지 확대
	6. 수산업 활동의 에너지 사용 효율화 및 저탄소 전환
폐기물	1. 생산·유통·소비 단계 폐기물 원천감량
	2. 재활용 원료인 폐자원의 안정적 공급
	3. 고부가가치 재활용 확대

수소	1. 국내외 청정수소 생산
	2. 빈틈없는 수소 인프라 구축
	3. 수소 활용 확대
	4. 수소산업 생태계 기반 강화
흡수원	1. 산림순환경영으로 탄소 흡수·저장 기능 증진
	2. 해양 흡수원의 체계적 복원·관리 및 흡수력 규명 확대
	3. 산림흡수원의 보전·복원 및 신규 흡수원 확대
	4. 흡수원 MRV(산정·보고·검증) 체계 고도화
CCUS	1. CCUS 확대 보급을 위한 제도 기반 구축
	2. CCUS 기술개발 및 산업 인프라 구축
국제감축	1. 국제감축 사업 이행을 위한 기반 구축
	2. 부문별 국제감축 사업 추진

자료: 관계부처 합동(2023). 『탄소중립·녹색성장 국가전략 및 제1차 국가 기본계획』(중장기 온실가스 감축목표 포함).

⚡ 탄소중립 녹색성장 사회로의 이행 기반 정책(45개)

부문	과제명
기후적응	1. 기후위기 감시 체계 및 예측기술 강화
	2. 기후위기 적응정보생산 및 기술개발 촉진
	3. 홍수·가뭄에 대비한 물안보 강화
	4. 폭염·한파에 대비한 선제적 대응 기반 강화
	5. 자연재난 신속대응 체계 구축
	6. 건강피해 사전예방 강화
	7. 기후위기 대응 생활공간 조성
	8. 지속가능한 농수산 환경 구축
	9. 생태계 서비스와 건강성 증진
	10. 모든 이행주체의 적응 추진체계 강화

	11. 국민과 함께하는 적응 거버넌스 구현
	12. 기후위기 취약계층 보호기반 구축
녹색성장	1. 탄소중립·녹색성장 실현을 위한 녹색기술 개발
	2. 녹색기술 상용화 지원 확대
	3. 녹색기술 연구개발 기반 강화
	4. 低탄소 소재·부품·장비산업 육성
	5. 에너지 신산업 육성
	6. 기후위기 대응 녹색산업 육성
	7. 스마트한 융복합 녹색산업 지원
	8. 탄소중립 이행 촉진을 위한 규제 합리화 추진
	9. 탄소중립·녹색산업에 대한 금융지원 확대
	10. 금융안정을 위한 기후리스크 관리 강화
	11. 탄소중립·녹색성장 금융 활성화를 위한 인프라 구축
정의로운 전환	1. 정의로운 전환을 위한 사회적 기반 구축
	2. 산업·기업에 대한 정의로운 전환 지원
	3. 탄소중립·녹색성장 이행과정의 고용안정 지원
	4. 지역을 기반으로 한 정의로운 전환 추진
	5. 기타 선제적 지원으로 정의로운 전환 실현
지역주도	1. 지역이 주도하는 상향식 탄소중립·녹색성장을 위한 이행체계 구축
	2. 탄소중립·녹색성장 이행 가속화를 위한 지자체 역량 및 기반 강화
	3. 탄소중립·녹색성장 성과 공유·확산을 위한 중앙-지역 소통·협력 정례화
	4. 공공부문이 선도하는 지역단위 탄소중립·에너지효율화 사업 확산
인력양성·인식제고	1. 대학지원을 통한 탄소중립·녹색성장 인력양성 추진
	2. 협력모델을 활용한 인력양성 연계 강화
	3. 저탄소·미래인력 양성을 위한 훈련과정 운영
	4. 산업수요기반 맞춤형 인력양성 지원
	5. 미래 환경시민 양성을 위한 학교교육 대전환

	6. 전국민 탄소중립·녹색생활 교육 활성화
	7. 탄소중립·녹색생활 교육 기반 확립
	8. 탄소중립 인식 제고를 위한 공감대 확산 및 국민소통 체계 구축
	9. 탄소중립 생활 범국민 실천운동 추진 및 유인정책 강화
국제협력	1. 유엔 기후변화 협상에서의 우리 역할 강화
	2. 정상회의 및 양·다자 국가간 협의체 적극 대응
	3. 주요 국제기구와의 전문 분야별 협력 강화
	4. 범부처 그린 ODA 확대 추진

자료: 관계부처 합동(2023). 『탄소중립·녹색성장 국가전략 및 제1차 국가 기본계획』(중장기 온실가스 감축목표 포함).

한편 정부는 '탄소중립·녹색성장 국가전략 및 제1차 국가 기본계획'상의 '수소부문' 계획을 수립하였다. 수소부문 계획으로는 국내외 청정수소 생산, 빈틈없는 수소 인프라 구축, 수소활용 확대, 수소산업 생태계 기반 강화를 제시하였다.

💡 탄소중립 녹색성장 국가전략 및 제1차 국가 기본계획(2023.4.)의 수소부문 계획

과제명	세부내용	주관부처(협조부처)
국내외 청정수소 생산	• 탄소배출을 감축하는 그린수소 생산 기반 구축	산업부(과기부, 해수부, 환경부)
	• 탄소저장소를 확보하여 블루수소 생산체계 구축	산업부(과기부, 해수부, 환경부)
	• 기술개발·실증사업을 통한 원자력수소 생산 기반 마련	산업부
	• 시범사업을 통해 해외 청정수소 생산 본격화	산업부·외교부

빈틈없는 수소 인프라 구축	• 항만 內 수소 생산·도입 인프라 구축	해수부(산업부)
	• 수소 생산·도입 지역을 거점으로 수소배 관망 구축 확대	산업부
	• 시장 수요에 기반한 수소충전소 확대	환경부(국토부, 산업부)
수소 활용 확대	• 연료전지 및 혼소 발전 기술개발 등 수소 발전 확대	산업부(과기부, 해수부, 환경부)
	• 수소모빌리티 다양화	산업부(환경부, 국토부, 중기부, 해수부)
	• 산업분야 수소활용 기반 마련	산업부(국토부, 환경부)
수소산업 생태계 기반 강화	• 범부처 합동 R&D 추진으로 수소분야 기술 개발 표준화	과기부(산업부, 해수부, 환경부)
	• 안전기준 마련, 법령정비, 인력양성 등 수소분야 기반 구축	산업부(환경부)
	• 수소 클러스터 구축, 수소도시 등 지역별 수소 생태계 적용범위 확대	산업부(국토부, 과기부, 중기부, 환경부, 해수부)

자료: 관계부처 합동(2023). 『탄소중립 녹색성장 국가전략 및 제1차 국가 기본계획』(중장기 온실가스 감축목표 포함).

글로벌 RE100[25]에 국내 기업의 참여가 확대되면서 재생에너지 수요가 증가할 전망이다. 2024년 1월 기준 RE100에 글로벌 기업 427개가 가입해 있으며, 국내 기업은 SK 그룹을 시작으로 최근 가입한 삼성전자 등을 포함하여 36개 기업이 참여하고 있다. RE100 참여 기업은 2050년까지 재생에너지 100% 달성을 목표로 하며, 2030년 60%, 2040년 90% 이상 달성을 권고하고 있다. 2021년 국내 기업들이 RE100에 본격적으로 참여할 수 있는 기반 구축을 위해 '한국형 RE100'이 도입되었으며, 2024년 3월 말 기준 521개 기관이 가입되어 있다.[26] 탄소중립 규제가 수출장벽으로 작용하면 기업들은 재생에너지 가격경쟁력 확보를

---

25 재생에너지 100% 사용 RE100 캠페인은 영국에 본부를 두 기후변화 관련 국제 비영리단체인 The Climate Group과 글로벌 환경정보공개 시스템을 운영하고 있는 비영리자선단체 CDP가 연합하여 2014년 발족함.

26 RE100 정보플랫폼. "https://www.k-re100.or.kr/"(2024.4.16. 검색).

위해 값싼 재생에너지가 풍부한 곳으로 이동할 수밖에 없는 상황에 직면하게 될 것이다. 한편 지방자치단체의 탄소중립 노력이 확산되면서 2020년 6월 226개 지자체가 '기후위기 비상선언'을 선포하고, 7월에는 80개 광역·기초지자체가 탄소중립 지방정부 실천연대를 결성하였으며, 2021년 5월에는 '2021 P4G 서울 녹색미래 정상회의' 사전 행사에서 모든 지자체가 탄소중립을 선언하였다.[27] 탄소중립기본법에 의해 국내 광역 및 기초지자체 모두 탄소중립·녹색성장 기본계획을 수립해야 하며, 매년 목표에 대한 이행 점검이 본격화될 예정이나 아직 일부 선도 지자체를 제외하면 목표 선언 수준에 그치고 있다. 탄소중립을 위한 글로벌 목표와 각국이 제출한 감축량의 차이를 메울 주체로 지방정부의 역할이 강조되고 있다. 지방정부는 온실가스 주요 배출원인 동시에 계획, 규제, 조달 및 소비, 문제해결자, 촉진자 등의 역할을 통해 탄소중립 실행의 중요한 주체자이다. 서울시는 국내 도시로는 처음으로 2050년 탄소중립 목표를 담은 '2050 온실가스 감축 추진계획'을 도시기후리더십그룹(C40)에 제출하였다. 강원도는 국가보다 앞서 2040년 탄소중립 달성을 목표를 설정하였고, 광주광역시는 2045년 탄소중립 에너지자립 도시를 목표로 설정하였다. 경기도는 2022년부터 친환경·저탄소 분야 기업 발굴·투자를 통한 경기도형 녹색금융 실천 및 탄소중립 산업 생태계 육성을 위해 탄소중립펀드를 운용하고 있다. 5년간 1,200억 원 규모 이상 탄소중립펀드를 조성할 계획이며 2022년에는 300억 원이 조성되었다. 2022~2034년간 탄소중립펀드 조성 및 녹색유망기업을 발굴·육성할 계획이다. 전라남도는 2050년 탄소중립을 위한 비전 선포('21.3.) 및 주력산업 탄소중립계획 발표('21.5.)하면서 4대 핵심전략 추진을 통해 '30년 30.5% 감축, '50년 탄소중립을 달성할 계획이다('30년까지 102개 사업에 75조 3천억 원 투입). 기초 지자체로서 충남 당진시는 기후변화대응 저탄소발전전략 수립('20.12.)을 통해 '30년 온실가스 50% 감축('17년 대비) 및 2050년 탄소중립을 위한 5대 전략, 10대 과제를 도출하였다.[28]

27　Partnering for Green Growth and the Global Goals 2030.

28　강철구·고재경·이허우·권경라 외(2023), 『경기도 기후대응기금 조성 및 운용방안 연구』, 경기도·경기연구원.

국내 주요 지자체의 탄소중립 정책 현황

구분	목표	주요내용
서울	2050년 탄소중립 도시 달성	• 2050 온실가스 감축 추진계획 수립 및 국내 최초 도시기후리더십그룹(C40) 제출('20.12.) • 2005년 대비 2030년까지 온실가스 40%, 2040년까지 70% 감축, 2050년 탄소중립 달성
경기	2050년 탄소중립	• 탄소중립 산업 생태계 육성 탄소중립펀드 운용 • 녹색유망기업 발굴·육성
광주	2045년 탄소중립 에너지자립 도시	• 광주형 인공지능(AI)-그린뉴딜 비전 발표('20.7.) • 3대 전략, 8대 핵심과제 추진을 통해 2045년까지 823만 6천 톤 감축 달성('45년까지 33조 5천억 원 투입) • 2030년 기업용 RE100, 2035 광주 RE100, 2045 에너지자립 추진
제주	2050년 탄소중립	• 2030 탄소없는 섬 제주 계획 수립('12.5.)·보완('19.6.) • 2030년 신재생에너지로 도내 전력수요 100% 대응 • 친환경 전기차로 도내 등록차량 50만 대 중 37.7만 대(75%) 대체
충남	2050년 온실가스 순배출 제로 달성	• 충남형 2050 탄소중립 비전과 전략 발표('21.9.8.) • 2035년까지 2018년 기준 대비 50% 감축목표 • 2050년 석탄발전소 전면 폐쇄, 2040년까지 재생에너지 40% 달성 • 노후석탄화력 조기폐쇄 추진, 탄소중립을 위해 전국 최초로 탈석탄 금고 도입
충북	2050년 온실가스 순배출량 제로시대 달성	• 2050 탄소중립 실현 추진계획 발표('21.4.) • 3대 전략과 10대 핵심과제 추진('30년까지 17조 2,941억 원 투자) • 2017년 기준 순배출량인 22,912천 톤 이상을 감축하여 '50년 순배출량 제로 달성
강원	2040년 탄소제로 달성	• 강원도 2040 탄소중립 추진전략 기본계획 발표('21.2.) • 2040년 온실가스 배출전망치(BAU)인 순배출량 3,440만 톤 이상 감축 계획 • 4대전략 12개 실천과제 도출을 통한 이행방안 제시로 2040 탄소중립 조기 달성
전남	2050 탄소중립	• 2050년 탄소중립을 위한 비전 선포('21.3.) 및 주력산업 탄소중립계획 발표('21.5.) • 4대 핵심전략 추진을 통해 '30년 30.5% 감축, '50년 탄소중립 달성('30년까지 102개 사업에 75조 3천억 원 투입) • 산업부문은 4대 전략, 12개 실행과제를 통해 '30년까지 25% 감축, '50년까지 80% 감축 달성('30년에서 20개 사업에 7,220억 원 투입)

당진시	2050년 탄소중립 사회	• 당진시 기후변화대응 저탄소발전전략 수립('20.12.) • 2030년 온실가스 50% 감축('17년 대비) 및 2050년 탄소중립을 위한 5대 전략, 10대 과제 도출
화성시	2050년 탄소중립	• 화성형 그린뉴딜 종합계획('20.7.) 및 화성형 그린뉴딜 추진계획 발표('21.1.) • 2030년까지 연 45만 톤 감축('04년 기준 10%) • 2030년까지 일자리 약 10만 개 창출 • 친환경 발전량 연 42만 MWh('25), 97만 MWh('30)
대덕구	2050년까지 net zero(탈탄소) 사회로의 진입	• 대덕e 시작하는 그린뉴딜 기본계획 수립('20.10.) • 2030년 온실가스 37% 감축('19년 대비), 일자리 약 7,655개 창출('21~'22) • 2030년까지 신재생(친환경)에너지 보급률 30% 이상

자료: 고재경 외(2021). 『경기도 탄소중립 추진전략과 과제』, 경기연구원.

③ 친환경 미래 신산업(신성장동력) 발굴과 육성

　　기후위기 시대 기후변화를 극복하면서 탄소중립 목표를 효과적으로 달성하기 위해서는 '수소경제'와 같은 다양한 친환경 미래 신산업의 신성장동력을 적극 발굴·육성해 나가야 한다. 신성장동력으로서 친환경 미래 신산업이란 탄소중립을 위한 환경보전을 획기적으로 달성하면서 에너지 전환과 경제 및 산업성장을 도모하는 산업군을 의미한다. 쉽게 말해 환경과 경제의 조화를 실질적으로 이룰 수 있는 지속가능한 경제와 발전의 핵심 수단인 것이다. 온실가스 감축을 통한 기후변화 극복과 성공적인 탄소중립 달성을 위한 돌파구는 과학기술의 혁신과 친환경 미래 신산업을 육성 발전시키는 데서 출발한다. 친환경 미래 신산업의 육성 발전은 기후변화 대응과 탄소중립 달성에도 크게 기여하는 동시에 그 자체가 하나의 미래 산업으로서 녹색성장, 새로운 녹색일자리, 국가경쟁력을 확대 강화시킬 수 있기 때문에 적극 발굴·육성해 나가야 한다. 이러한 산업군에는 대표적으로 수소산업이 포함될 수 있다. 또한 태양광, 풍력, 바이오 등 재생에너지산업이나 친환경 자동차, 이차전지 신업군, 탄소포집저장활용 기술산업(CCUS), 폐기물자원화 산업기술 등도 탄소중립 친환경 미래 신산업으로서 기후변화도 극복하고 산업도 살리는 대표주자 산업이라고 할 수 있다. 이처럼 친환경 미래 신산업은 탄소중립에도 크게 기여하지만 국가경쟁력 강화와 직결된 새로운 경제산업 성장의 기회 역할도 한다. 이 절에서는 탄소중립 달성과 신성장동력을 위한 친환경 미래 신산업 발굴·육성이 갖는 의미와 정책 동향을 살펴본다.

관계부처 합동(2021)은 석탄화력을 대체하는 고효율 태양광 발전 기술, 탄소배출을 제로로 하는 수소환원제철 기술, 친환경 에너지원을 통한 그린수소 공급 기술 등 새로운 기술혁신에 의해 산업구조 변경(고탄소 → 저탄소), 전원믹스 변경(무탄소 전원 중심) 등 탄소중립 대전환 시대가 전개되고 있다면서 다음과 같이 나아가야 할 방향을 제시하고 있다.[29] 국제에너지기구(IEA)는 글로벌 에너지부문의 2050년 탄소중립을 위한 로드맵을 제시하면서, 핵심열쇠로 탄소중립 산업 및 기술혁신을 강조하고 있다. 탄소중립 이슈는 기존 산업의 변화와 함께 새로운 산업성장 기회를 제공한다. 산업성장 기회와 관련 기존 선점 분야는 초격차 확보로 미래시장을 선점하고, 미래산업 생태계를 완성 선도할 新산업 서비스를 지속 발굴하여야 한다. 또한 석유 기반 소재에서 벗어나 친환경 고부가 바이오 소재 개발, 탄소중립 핵심기반으로서 친환경 모빌리티 성장 핵심 경쟁력 이차전지 기술력 확보, 디지털 전환＋탄소중립 시장 선점 차세대 반도체 육성, 위기를 기회로 저탄소 엔지니어링 친환경 공정 EPC(설계 조달 건설) 수출, 탄소중립 최후의 보루인 탄소포집저장활용(CCUS)을 기후대응 신산업으로 육성, 수소 생산 저장운송 활용 시장 선도 수소경제 인프라 조성, 자동차 선박 등 운송 분야의 친환경 동력원 전환(전기 수소 등), 중소 중견 맞춤전략 확보로 소외없는 전산업 탄소중립, 친환경 저탄소 기술을 보유한 그린 중소 벤처기업 집중 육성 등 친환경 미래 신산업군을 집중 육성해 나가야 한다.

---

29   관계부처 합동(2021). 탄소중립 산업 대전환 비전과 전략.

탄소중립 기회 신산업 예시

저탄소 소부장		그린 플랜트		친환경 인프라
• 바이오 소재 • 차세대 이차전지 • 차세대 반도체	**+**	• 친환경공정 EPC • CCUS 서비스	**+**	• 수소 인프라 • 친환경 모빌리티

※ CCUS(Carbon Capture Utilization and Storage)는 탄소포집저장 기술과 탄소활용 기술 분야로 나뉘는데, 발전, 수소, 시멘트, 석유화학, 기타 산업활동 등에서 배출되는 이산화탄소를 감축하기 위한 수단으로서, 배출되는 탄소를 포집·저장하여 다른 용도로 활용하거나 육상·해저 등 저장소에 탄소를 저장하여 영구 격리 내지 필요시 다시 활용하는 것을 의미함.

자료: 관계부처 합동(2021). 탄소중립 산업 대전환 비전과 전략.

환경규제 강화와 청정연료 수요 증가로 세계 수소시장이 크게 성장할 것이다. 세계 수소발전(發電) 시장 규모는 연평균 6.4% 성장하여 2030년 약 2,255억 5,000만 달러 규모로 확대될 전망이며, 수소연료전지 시장의 성장은 수소산업 전체 규모를 빠르게 성장시키는 동력으로 작용할 것이다.[30]

기존 탄소중심 산업 패러다임 전환 및 저탄소 산업의 경쟁력을 강화하기 위해서는 온실가스 감축과 기후변화 완화에 기여하는 혁신기술인 '기후기술'(Climate Technology) 개발이 반드시 필요하다. 특히 기후기술은 산업에서의 탄소배출을 획기적으로 감소시킬 수 있다. 기술개발의 가속화와 함께 기후기술 관련 시장이 커질 전망이다. 주요국은 기후기술의 확보와 상용화를 위해 지원폭의 확대 및 가속화에 힘쓰고 있다. 미국의 '일자리 창출 및 기후위기 대응을 위한 미국 혁신계획'(American Innovation Effort to Create Jobs and Tackle the Climate Crisis, '21.2.)에서는 탄소중립 건물, 1/10 비용저감한 에너지저장시스템, 최첨단 에너지시스템 관리기술, 저비용/저탄소 차량 및 교통시스템, 저탄소 항공기 및 선박 연료, 온실가스 효과없는 냉매, 공조, 히트펌프, 철강, 콘크리트, 화학 공정 저탄소화, 無탄소배출 수소, CO_2 토양 저장기술, CO_2 직접 포집 기술(DAC) 등

---

[30] 이슬기 외(2022) 「미래전략산업 브리프 Future Strategic Industry Brief」, 2022년 5·6월 제25호, 산업연구원.

10대 기후혁신 기술을 선정하였다.[31] 한편 IPCC 제6차 평가보고서 제3실무그룹 보고서(완화)에서 탄소중립 10대 핵심기술을 다음과 같이 제시하였다.

💡 IPCC 제3실무그룹 보고서의 탄소중립 10대 핵심기술 제시

구분	기술		내용
에너지 전환	태양광· 풍력	태양광	• 태양광 발전은 국가별 저배출 전략 및 감축목표, 감축 시나리오의 핵심 구성요소로 포함되고 있음(챕터 4, 16) • 범분야적으로 활용이 가능한 저탄소 에너지 기술로(챕터 12), 기술력 수준과 가격 경쟁력 측면에서 선두주자로, 현 세기 내 요구되는 에너지량을 능가하는 잠재력을 지님(챕터 6, 15) • 물 부족에 대한 영향이 적어 물-에너지-식량 넥서스 차원에서 장기적으로 물 사용량을 감축할 수 있는 기술로 기대가 됨(챕터 17) • 건물에 설치하여 건물의 에너지 소비 및 온실가스 배출 감축이 가능함(챕터 9) • 국제협력 이니셔티브로 다양한 국가들이 감축역량을 증대하기 위하여 태양광 발전을 활용하고 있음(예: ETIP PV, 챕터 16)
		풍력	• 범분야적으로 활용이 가능한 저탄소 에너지 기술로(챕터 12), 가격 경쟁력이 확보되었으나 환경 및 사회적 영향에서의 심각성이 높을 수 있음(챕터 6, 17) • 풍력 발전은 대용량 터빈을 사용하고, 회전 날개(rotor)의 직경과 허브의 높이를 키워 발전량을 증대하고 비용을 절감할 수 있음(챕터 6) • 물 부족에 대한 영향이 적어 물-에너지-식량 넥서스(nexus) 차원에서 장기적으로 물 사용량을 감축할 수 있는 기술로 기대가 됨(챕터 17)
	수소		• 저탄소 전력망을 위한 에너지 저장기술로 수소의 잠재력이 높을 것으로 분석되나 생산 및 저장·운반에 대한 장애요인을 극복해야 함(챕터 6) • 생산 측면에서 배출량 감축을 위해서는 그린수소와 블루수소를 활용하여야 함(챕터 6) • 저장·운반 측면에서 합성 탄화수소(SHC), 액상 유기물 수소 저장체(LOHC), 암모니아 등 다양한 기술들이 연구되고 있으며, 특히 암모니아가 강조되고 있음(챕터 6) • 수송부문에서 트럭 및 철도에서 발생하는 배출량은 저탄소 전력 및 서탄소 수소로 구동할 시 현저히 저감될 수 있음(챕터 10)

---

31 딜로이트(2022). "기후기술과 수소경제의 미래", 『Deloitte Insights』, 2022 No.24.

	바이오에너지	• 성장 추세에 있는 기술로, 화석연료 대체 옵션이 제한적인 부문 등에서 유용함. 다만 규모 확대를 위해서는 고급기술이 필요함(챕터 6) • CO_2 제로/네거티브를 위한 급전(dispatchable) 에너지원으로 활용 가능함 • CCS 설비와 함께 BECCS로 전력생산 및 네거티브 배출 달성 가능함(챕터 6) • 수송부문의 탈탄소화 차원에서 대체연료로 바이오연료를 활용 가능함(챕터 10) • 산업부문의 탈탄소화를 위해 액체연료 및 고온의 열을 바이오매스로부터 공급받는 것으로 전환 가능함(챕터 6, 11)
산업 저탄소 화	철강·시멘트	• 생산공정에서의 탄소 집약도는 최적가용기술(BAT)이 발전됨에 따라 개선되고 있으나, 추가적인 감축을 위해 혁신적인 신기술이 필요함(챕터 11) • 활용 가능한 감축 기술은 CCS, 수소환원제철, 합성연료 등이 있으며, 특히 시멘트 산업에서 CCS 기술이 중요함(챕터 11) • 전기화와 CCUS의 경우, 아직 기술 수준이 초기단계에 머물러 있음(챕터 11)
	석유화학	• 석유화학 부문은 CCS를 활용하여야 함(챕터 6) • 기존 원료를 대체하기 위해 바이오 기반 화학합성 기술, 미생물 활용 기술, 단백질 생명공학 기술 등이 중요해짐(챕터 7)
	산업공정 고도화	• 철강, 화학, 시멘트 등 에너지 집약 산업에서의 기술(특히 BAT) 적용을 통해 에너지 효율성을 향상시키는 것이 중요함(챕터 11) • 산업공정의 에너지 효율성 개선을 위하여 디지털화와 폐열 활용 기술(Waste Heat To Power(WHP) 기술 등)의 역할이 중요함(챕터 11)
에너지 효율	수송효율	• 완화 수단으로 전기 모빌리티(EV)의 역할이 중요하며(챕터 6, 8, 10), 관련 인프라(충전 설비 등) 구축이 중요함(챕터 10) • 내연기관의 효율 개선 및 대체연료(천연가스, 바이오 연료 등) 기술을 통해 기존 기술이 EV 등의 신기술과 양립 가능함
	건물효율	• 냉난방 및 건물 외피 열효율 향상, 정보통신기술 등을 활용해 에너지 고효율 건물 신축 및 기존 건물의 심층 개조를 통해 효율 향상 및 비용 절감이 가능함(챕터 9) • 탄소중립 건물 기술은 Sufficiency(에너지를 필요로 하지 않음)-Efficiency(에너지 효율 향상)-Renewables(재생에너지로 기후 영향에 대한 회복탄력성 증대)를 의미하는 SER 프레임워크로 표현할 수 있음(챕터 9) • 3D 프린팅과 같은 기술로 더 빠르고 저렴하며 지속가능한 건축을 가능하게 할 수 있음(챕터 9)

	디지털화	• AI, IoT, 빅데이터 등 정보통신기술(ICT)이 범분야적 에너지 효율 개선에 활용되나 디지털화로 에너지 수요가 증가할 수 있어 적절한 관리가 필요함(챕터 9, 11, 17) • 온실가스 감축에 다양한 이해관계자들의 정보 공유 및 소통이 중요하며, 디지털화는 이를 가능하게 해줌(챕터 11)
CCUS	탄소포집·저장·활용(CCUS)	• 기존 화석연료·수소 설비에 CCS를 부착하여 저탄소 에너지 생산이 가능함(챕터 6) • 화석연료 발전소의 폐쇄 추세를 고려할 시 화석연료 발전 설비에 CCS를 활용하는 것보다 BECCS가 매력적일 수 있음(챕터 6) • 시멘트 산업에서 CCS 기술이 특히 중요함(챕터 11) • CO_2 제거(CDR) 기술로(BECCS, DACCS) 잔여 배출량 상쇄 가능함(챕터 6, 12) • 저배출 기술에 대한 공공 RD&D로 CCUS 기술개발 필요함(챕터 16) • 대규모 공급 중심 기술로, 기술적 위험성과 사회환경 영향에 대한 우려가 있음(챕터 5). 물 사용이 많을 수 있어 물 관리 기술이 중요함(챕터 3, 6, 17)

자료: 오채운 외(2023). IPCC 제6차 평가보고서 종합보고서 기반, 기후기술 대응 시사점: 탄소중립 10대 핵심기술을 중심으로, 『NIGT FOCUS』, 2023 Vol.1 No.1, 국가녹색기술연구소.

우리나라도 친환경 미래 신산업 기후기술의 발전을 위해 10대 핵심기술을 선정·육성하고 있다. 정부는 '기술혁신으로 2050 대한민국 탄소중립 견인'을 목표로 범부처 협업을 통해 핵심기술 개발에서 상용화로 이어지는 지원을 강화하고 있다. 주요국과 우리나라는 탄소중립의 목표설정 단계를 지나 이행 단계로의 과정에 있다. 이 과정에서 기후기술이 필수적임을 인식하고, 이를 발전시키기 위한 지원을 확대하고 있다. 기술정책에는 수소, 수송관련 모빌리티 기술에 대한 투자가 공통적으로 포함되어 있다.[32] 한편 우리나라는 2022년 국내 여건을 고려하여 탄소감축 기여도, 탄소감축 비용효과 실현가능성을 검토하여 한국형 탄소중립 100대 핵심기술을 선정한 바 있다.

---

32 딜로이트(2022). "기후기술과 수소경제의 미래", 『Deloitte Insights』, 2022 No.24.

한국형 탄소중립 100대 핵심기술 리스트(안)

분야	탄소중립 100대 핵심기술(안)	분야	탄소중립 100대 핵심기술(안)
태양광	• 초고효율 태양전지 기술 • 사용처 다변형 태양광 시스템 기술 • 폐태양광 재활용 기술	철강	• 탄소저감형 고로 및 전로 기술 • 순산로 고로 기술 • 초고속 전기로 공정 기술 • 저탄소 신열원재 활용 기술 • 수소환원제철 제조 기술 • 수소환원제철 기반 新 전기로 기술 • 철강 부산물 고부가 업사이클링 기술 • 철강 부생가스 CCUS 기술
풍력	• 초대형 풍력터빈 기술 • 해상풍력 부유체 기술 • 해상풍력 발전 운영 및 관리 기술 • 수직축 방식의 부유식 풍력발전 기술		
수소 공급	• 수전해 수소 생산 기술 • 수소 저장 및 운송 기술 • 해외수소 저장 및 운송 기술	석유 화학	• 전기 가열로 시스템 기술 • 부생가스(메탄) 고부가전환 기술 • 바이오 올레핀 생산 및 응용 기술 • 바이오 PEF 생산 및 응용 기술 • 바이오 폴리올 생산 및 응용 기술 • 목질계 원료 활용 및 응용 기술 • 바이오 아크릴산 생산 및 응용기술 • 혼합 플라스틱 분류 및 전처리 기술 • 폐플라스틱 열분해 기술 • 폐플라스틱 가스화 기술 • 폐플라스틱 해중합 기술 • 연료유의 기초화학연료 전환 기술 • 저에너지 화학반응 공정 기술 • 저에너지 분리소재 공정 기술 • 석유화학 공정 스마트 플랫폼 기술
무탄소 신전원	• 수소 혼소 방식의 가스 발전 기술 • 수소 전소 방식의 가스 발전 기술 • 미분탄 보일러 암모니아 혼소 기술 • 유동층 보일러 암모니아 혼소 기술 • 초고효율 연료전지 복합발전 기술 • 고효율 연료전지 열병합 시스템 기술		
전력 저장	• 단주기 에너지 저장 시스템 기술 • 장주기 에너지 저장 시스템 기술 • 사용 후 배터리 ESS 시스템 기술		
전력망	• 지능형 송배전 시스템 기술 • 실시간 전력거래 플랫폼 기술 • 분산전원 및 유연자원 통합 운영 기술	시멘트	• 비탄산염 원료 전처리 기술 • 비탄산염 원료 소성 기술 • 비탄산염 공정 및 품질 제어 기술 • 비탄산염 원료 사용비율 극대화 기술 • 저온 소성 원료 대체 기술 • OPC 內 혼합재 함량 증대 기술 • 신규 혼합재 및 시멘트 기술
에너지 통합 시스템	• 히트펌프 기술 • 태양열 기술 • 전력-열-수소 하이브리드 시스템 기술 • 열에너지 네트워크 기술		

제로
에너지
건물
	• 초단열 외피자재 및 설비 기술
	• 그린 리모델링 기술
	• 건축물 냉동공조 기기 효율화 기술
	• 건축물 에너지 시스템 효율화 기술
	• 신재생에너지 이용 ESS 융합 기술
	• 연료전지 기반 융합 시스템 기술
	• 미활용 에너지 활용 기술
	• 건물에너지 데이터 통합 시스템 기술
	• 건물에너지 스마트 연계제어 기술
		산업
		일반
			• 화석연료 대체 전기화 기술(보일
			  러 등)
			• 수소, 암모니아 바이오 매스 연료 활
			  용 기술
			• 高GWP(온난화지수) 공정가스 대
			  체 기술
			• 바이오매스 유래 섬유 제조 기술
			• 유리제조 공정 내 컬릿 비율 확대
			  기술
			• 전동기 및 전력변환기 효율화 기술
			• 배출가스 친환경 처리 기술

CCUS	• 연소 후 포집 기술 • 산업공정 포집 기술 • 연소 중 포집 기술 • 직접 공기 포집 기술 • 육해상 저장소 탐사 및 평가 기술 • 저장소 설비 설계·구축 기술 • 저장소 CO$_2$ 주입 및 운영 기술 • 저장소 누출탐지 등 모니터링 기술 • 화학적 전환 기술 • 생물학적 전환 기술 • 광물 탄산화 기술	친환경 자동차	• 차세대 이차전지 기술 • 구동 모터 성능 향상 기술 • 전력변환장치 고도화(SiC 전력반 도체) 기술 • 유선 충전 시간 단축 기술 • 연료전지 시스템 내구성 향상 기술

무탄소
선박
	• 무탄소 연료 활용 내연기관 기술
	• 선박용 연료전지 및 배터리 시스템
	  기술
	• 전기 모터 추진 시스템 기술
	• 무탄소 연료 후처리 및 효율 향상
	  기술
		환경	• 폐기물 발생저감 대체소재 기술
			• 토양 탄소저장 및 탄소흡수원 등
			  국토복원 기술
			• 기후변화 영향분석·리스크 저감
			  기술
			• 폐자원으로부터 금속자원 회수 기술
			• 블루카본(해조류, 염생습지 등) 증
			  진 기술

		원자력	• 소형모듈형원자로(SMR) 기술 • 선진 원자력시스템 기술 • 원자력 폐기물 관리 기술

자료: 관계부처 합동(2022). 탄소중립 녹색성장 기술 혁신 전략.

　　세계 주요국의 기후기술 지원책을 보면 수소에 공통적으로 투자하고 있다. 다양한 기후기술 중 수소에너지에 주력하는 이유는 탄소중립과 에너지안보를 동시에 가능케 하기 때문이다. 우리나라는 수소를 국가 전략 기술로 지정하고, 국가 차원의 로드맵 아래 활용분야를 중심으로 경쟁력을 제고하기 위해 2019년 1월 '수소경제 활성화 로드맵'을 발표하였다. 로드맵에는 세계 최고 수준의 수소경제 선도국가로 도약한다는 비전이 제시되어 있다. 수소의 상용화를 위해서는 수소기술의 공통 표준, 규정 및 인증 개발 등의 과제가 산재해 있지만 친환경 미래 신산업으로서의 수소경제는 발전가능성이 무궁무진하다.[33]

④ 기후위기 대응, 친환경 미래 신산업 육성과 수소경제의 필요성

오늘날 경제 및 산업발전은 과거 수십 년과는 판이하게 다르게 환경문제를 무시하거나 중시하지 않으면 시장에서 도태되어 경쟁력을 잃어 지속성을 담보할 수 없다. 이러한 배경에는 지나친 화석연료 사용에 따른 기후변화 악화가 중심에 자리잡고 있다. 다시 말해 기후변화를 부추기거나 야기하는 데 일조하는 산업군과 기술은 더 이상 시장에서 살아남기 어렵다. 모든 정부와 기업들의 경제 및 산업 정책이 기후변화 극복과 탄소중립이라는 지상과제를 해결하면서 성장을 추구하는 데 의무감을 가진 채 임할 수밖에 없는 경제사회 구조에 놓여 있다. 그만큼 현재나 향후의 경제 및 산업 정책과 활동은 기후변화 더 나아가 탄소중립이라는 이슈 해결에 솔루션을 다함께 제시하지 않으면 안 되는 위기 상황과 도전과제에 직면해 있다.

기후변화 대응과 탄소중립을 적극 달성하면서 경제성장을 통한 국가 및 지역, 기업 발전을 가져올 수 있는 산업과 기술은 과연 존재하지 않는 것인가에 우리 모두의 관심이 집중되고 있는 것이 현실이다. 이러한 물음에 조금이라도 빨리 긍정적 해결책을 제시하고, 실천하는 국가와 정부, 기업이 생존하고 경쟁력을 확보할 수 있는 경제 지형에 둘러싸여 있는 것이 세계 시장 형태이다. 기후변화 극복과 탄소중립 달성에 기여하면서 제품을 잘 생산 판매하는 기업이 세계 경제 무역 시장으로부터 인정을 받고, 이를 토대로 경쟁력을 조기에 더 확보하는 시대가 각 기업이 처한 현재와 미래 경제 및 산업 환경이자 과제이다.

산업혁명 이후 세계경제 기반을 주도해 왔던 화석연료 기반 탄소경제는 더

---

33 딜로이트(2022). "기후기술과 수소경제의 미래", 『Deloitte Insights』, 2022 No.24.

이상 경쟁력이 없으며, 시장에서 수십 년 내로 퇴출될 것이 분명하다. 석유 등 부존자원 고갈의 이유도 있지만 무엇보다 기후변화와 각종 국내외적 탄소배출 규제 강화가 이를 더 이상 용납하지 않는다는 것이다. 기업들은 시장에서 생존을 위해서도 그렇지만 오늘날 환경보전, 기업윤리, 기업이미지 등 사회적 가치 실현이라는 'ESG'라는 경영 요소도 매우 중요하게 작용하기 때문에 기후변화를 악화시키고, 탄소중립을 저해하는 화석연료 기반 경제활동을 스스로 멀리하는 경영을 강화, 확산시켜 갈 수밖에 없다. 이러한 상황에서 각국 정부와 국내외 기업들은 친환경 기조 정책과 경영을 지속적으로 발표, 실천해 나가는 데 부심하고 있다. 어떤 정부와 기업은 친환경 기업 경영에 선도적 역할을 하면서 수범적 사례를 보이며, 온실가스 감축 기여와 환경을 보전하는 가운데 제품 생산 판매 활동도 성공적으로 영위해 가고 있다. 이러한 기업 활동이 많이 확산되도록 기업 스스로 노력해 나가고, 무엇보다 정부가 다양한 실질적인 지원 정책을 적극 개발, 시행해 나가는 것이 중요한 시점이다.

기후변화 대응에 기여하면서 탄소중립 달성에 효과적인 산업군은 다양하게 나타날 수 있고, 무엇이든 그 발굴·개발 대상이 될 수 있다. 앞서 살펴 본 바와 같이 신재생에너지, 바이오 소재, 차세대 이차전지, 차세대 반도체, 친환경공정 EPC, CCUS 서비스, 친환경 모빌리티, 기존 산업의 친환경 전환 경영 등으로 다양하게 출현할 수 있다. 어떤 산업과 기술이 탄소중립 친환경 미래 신산업이냐하는 것은 일반적으로 정해져 있지 않다고 할 수 있다. 즉 그 어떤 산업이나 기술, 나아가 활동이든 그 목표와 지향점, 실제 내보이는 활동들이 기후변화 예방과 극복, 2050 탄소중립 달성에 기여하는 동시에 미래 산업군 개념에 해당한다면 그것이 모두 친환경 미래 신산업인 것이다. 즉 탄소배출을 최소로 내지는 무배출을 하면서 미래 성장산업의 가치를 지닌 채 이를 실천, 활동하는 것은 모두 해당한다고 할 수 있다.

이러한 범주 중에서도 특히 기후변화의 주범 석유, 석탄, 천연가스 등 화석연료 에너지와 대척점에 있는 수소에너지 기반 경제 및 산업 활동은 탄소를 배출하지 않는 대표적인 친환경 미래 신산업이나 기술에 해당하는 것이다. 즉 에너지 전환과 친환경 경제사회 운영 수단의 핵심 역할을 수행할 수 있다. 수소연료는 온실가스, 탄소를 배출하는 화석연료를 대체하여 산업활동을 할 수 있게 하는 요체이기 때문이다. 수소연료는 그 생산과정만 탄소무배출 친환경적으로 이루어진다면 기존 화석연료를 전면 대체하여 기후변화 대응과 탄소중립에 크게 기여할 수 있는 에너지이다. 수소생산-저장·운송-활용이라는 수소생태계 전반 운용, 즉 수소경제는 대표적인 친환경 미래 신산업이다. 이러한 수소경제 시스템을 현재 여러 국가나 기업들이 앞다퉈 육성하고 있지만 우리나라나 기업들이 더욱더 많은 지원과 기술개발을 통해 더 경쟁력을 확보하고 육성해 나갈 필요가 있다. 수소경제는 탄소중립 달성과 동시에 미래 경제성장을 확실히 담보할 수 있는 신성장동력으로서 큰 역할을 할 수 있기 때문에 그 어떤 산업 못지않게 적극 발전시켜 나가야 할 산업이다.

수소경제의 메커니즘

자료: 필자 작성(2024).

CHAPTER

02

수소경제의 운용 원리

수소경제의 운용 원리

1 수소, 수소에너지

수소(H₂)는 원자번호 1번, 원소기호 H의 원자이며, 색, 맛, 냄새가 거의 없고 아주 가볍기 때문에 멀리 확산해 나가는 특징이 있다. 연소하더라도 공해물질을 내뿜지 않아 석유, 석탄, 천연가스를 대체할 무공해 에너지원으로 평가된다. 수소는 우주의 75%를 차지하며 크기가 작고 가벼운 것이 특징이며, 1839년 수소와 산소를 반응시켜 전류를 생산한 것이 시초, 에너지 생산 후 물만 배출하므로 친환경적이다. 다만 화합물 형태로 존재하므로 가공이 필요하다. 수소는 에너지원이 아니라 에너지 운반체(Carrier)이다. 이는 수소의 잠재적인 역할이 전기의 역할과 유사하다는 것을 의미한다. 에너지원이 수소로 변환될 수 있는 다양한 방법, 수소를 저장하고 유통할 수 있는 다양한 방법, 수소를 사용할 수 있는 다양한 응용 분야가 있다. 수소의 장점은 다양한 에너지 투입과 사용 시점에서 이산화탄소 배출없이 다양한 에너지관련 작업을 수행할 수 있는 유연성에 있다. 이러한 유연성은 전기와 수소 가치 사슬 간의 상호연결이 잘 계획된 경우 에너지 네

트워크의 전반적인 보안을 강화할 수 있는 잠재력을 또한 가지고 있다.[1]

국내 수소기업을 영위하고 있는 1,800여 개 업체를 대상으로 설문조사한 결과, '수소'하면 떠오르는 것으로 친환경 > 수소전기차 > 미래에너지 > 연료전지 순으로 응답할 만큼 수소의 우수한 '친환경성'을 인식할 수 있다. 한편으로 수소차가 수소, 수소경제와 상통한다는 의미가 있어, 수소에 대한 좋은 이미지 형성과 수소경제 발전 기반 육성 차원에서 신차개발과 충전인프라 확충을 통해 수소와 시민들이 더 친숙하게 되도록 수소승용차는 물론 수소버스 등 '수소전기차'를 시중에 더욱 보급 확대할 필요가 있다.

'수소'하면 떠오르는 것

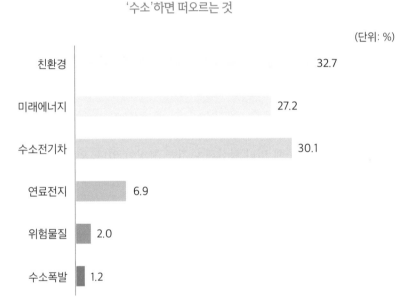

(단위: %)

자료: 산업통상자원부·H2KOREA(2023). 『수소산업실태조사(2022년 기준)』.

IEA(2022)는 글로벌 에너지 위기는 에너지 안보 요구와 기후목표를 일치시키는 정책의 필요성을 다음과 같이 강조하고 있다.[2] 수소는 최종 용도에서 화석

---

1   IEA(2023). Hydrogen patents for a clean energy future: A global trend analysis of innovation along hydrogen value chains.

2   IEA(2022). Global Hydrogen Review.

연료를 대체하거나 화석 기반 수소 생산을 재생가능한 수소로 전환함으로써 화석연료에 대한 의존도를 줄임으로써 에너지 안보에 기여할 수 있다. 국제 수소 시장의 발전은 잠재적인 에너지 공급업체의 다양성을 추가로 증가시켜 특히 에너지 수입국의 에너지 안보를 강화할 수 있게 한다. 수소의 추진력은 계속해서 강해지고 있다. 수소는 순 제로 온실가스 배출 약속을 실현하기 위한 핵심 옵션으로 인식되고 있다. 업계에서는 CCUS를 통해 물 전기분해 또는 화석연료로부터 수소를 생산하기 위한 대규모 프로젝트에 투자하고 있다. 러시아의 우크라이나 침공으로 촉발된 글로벌 에너지 위기는 그 기세를 더욱 가속화했다. 특히 유럽의 많은 정부는 화석연료에 대한 의존도를 줄이는 방법으로 저배출 수소를 적극 검토하고 있다. 이는 분명 탈탄소화 목표에 기여하는 동시에 에너지 안보를 강화할 수 있는 기회를 제공한다. 수소는 발표된 각국 정부의 기후 약속을 지원하고, 에너지 안보를 강화하는 데 중요한 역할을 한다. 이러한 역할을 시의적절하게 수행하려면 향후 10년 내 대규모의 변화가 필요하다. 이용가능한 수소 기술의 배치와 아직 개발 중인 기술의 혁신을 가속화해 나가야 한다.

제러미 리프킨은 "수소는 산소와의 화학적 반응으로 열과 전기를 생산한 이후 생성되는 부산물이 물(H_2O)밖에 없어 환경친화적인 자원이라고 할 수 있다. 이러한 특성으로 수소는 꽤 오랜 시간 동안 미래 에너지 패러다임을 바꿀 이상적인 에너지원으로 손꼽혀왔으나 수소를 활용하기 위해서는 높은 기술력이 필요해 폭넓은 상용화가 지연되었고, 특정 산업 영역에서만 일부 사용되는 데 그쳤다. 그러나 최근 10여 년간 연료전지발전시스템의 고도화와 수소전기차의 상용화로 수소의 활용 범위가 크게 확대되면서 수소에 대한 기대가 다시 한번 고조되고 있다. 수소는 도처에 존재한다. 따라서 희귀 자원은 아니다. 그러나 주변에서 수소를 추출해 전력 생산에 이용하려면 인간의 독창성이 뒤따라야 한다. 수소의 추출, 저장, 이용에 시간, 노동, 기술, 자본이 들어간다. 하지만 수소에너지 생산비가 계속 떨어지면서 공유 자산으로서 수소의 지위는 날로 높아질 것이다. 수소는 화석연료와 달리 세계에 골고루 분포해 있는 데다 공급량도 무한하다. 앞으로 100년 안에 무한한 양의 수소를 생산하는 데 드는 비용이 거의 없는 시대가 도래할 수도 있다."고 하였다.[3] 수소는 화석연료 에너지를 대체할 수 있는 미래 에너지 자원이다. 코로나19 팬데믹 이후 주요국의 경제재건 정책으로 수소산업이 채택되면서 정부와 기업이 앞다퉈 수소경제로의 이행을 추진하고 있다. 수소 경제의 핵심은 석유 등 화석연료 기반 에너지 시스템을 수소에너지로 전환하는 것인데, 수소 중심의 에너지 시스템을 구축하면 환경, 에너지, 사회 및 경제 분야 등에서 나타나는 여러가지 문제를 효과적으로 해결할 수 있을 것이다.[4]

수소는 다목적 에너지 전달체 및 원재료로서 현재 세계적으로 매년 약 1억 3천만 톤을 생산하고 있다. 수소 생산은 화석연료, 폐자원·바이오매스, 물 등의 원료로부터 열화학반응, 전기분해 등의 방법을 통해 만들어 낸다. 최근에는 천연수소 채굴 가능성도 보인다. 현재 생산되는 대부분의 수소는 탄소를 배출하는 부생수소와 개질 방식을 통해 만들어진다. 수소의 종류는 CO_2 배출유무와 생산방식에 따라 크게 그레이수소, 청정수소로 나뉘는데 총 10가지류에 이른다. 그레이수소는 수소 정제, 개질, 추출 과정에서 이산화탄소를 배출하는 수소를 의미하고, 청정수소는 그레이수소와 다르게 생산과정에서 이산화탄소를 소량 또는 전혀 배출하지 않는 수소를 의미한다. 그레이수소 종류로는 석탄, 갈탄 등의 가스화를 통해 수소를 추출하는 방식으로 생산 과정에서 CO_2가 가장 많이 발생하는 브라운수소, 석유정제나 제철 공정에서 발생하는 부생수소, 메탄이 주성분인 천연가스를 개질(Reforming)하여 추출하는 개질수소, 암모니아나 폐기물 바이오가스를 CCS(탄소포집저장) 없이 정제(Refining)하여 추출하는 정제수소, 석탄화력발전 등 화석연료로 생산한 전기를 이용, 물을 전기분해하여 수소를 추출하는 수전해수소가 있다. 청정수소의 종류로는 개질수소 생산 과정에서 발생하는 CO_2를 대기로 배출하지 않고 포집·저장·활용(CCUS)하여 생산하는 블루수소, 암모니아나 폐기물 바이오가스를 기반으로 탄소무배출로 수소를 추출하는 정제수소, 물을 전기분해하여 수소를 생산하는 과정에서 필요한 전기를 모두 태양광, 풍력,

---

3   제러미 리프킨(글)·이진수 번역(2020). 『수소 혁명: 석유시대의 종말과 세계경제의 미래』 민음사.
4   삼정KPMG 경제연구원(2021). "수소생산에서 활용까지 수소경제에서 찾는 기회", 『Samjong INSIGHT』 Vol.79.

바이오, 소수력, 지열 등 친환경 재생에너지를 사용하여 생산하는 탄소무배출의 그린수소, 소형원자로(SMR) 에너지를 사용하여 수소를 생산하는 핑크수소, 또한 대륙충돌로 인해 지구 맨틀 상부에 널리 분포되어 있는 철 성분이 풍부한 감람석이 고온고압에서 물과 반응해 사문석이 되는 과정에서 고순도의 자연적인 수소가 만들어지는 천연수소(화이트수소)가 있다. 천연수소는 추정 매장량이 5조 톤에 이른다고 한다. 이는 전 세계 연간 현재의 수소 소비량 1억 톤을 기준으로 할 경우 5만 년을 쓸 수 있는 엄청난 규모이다. 천연수소가 경제성이 있는 것으로 판명되면 저렴한 청정수소의 대량 생산으로 수소생태계의 판도를 바꾸어 수소경제의 발전을 획기적으로 가져올 수 있을 것이다. 수소 강국은 현재 그린수소의 기술개발과 생산, 공급 집적화 단지개발에 경쟁적으로 나서고 있다. 그레이수소처럼 수소를 생산하는 과정에서 탄소를 여전히 배출하기 때문에 탈탄소 세계로의 전환에 탄소배출제로인 그린수소 생산 공급 확대에 사활을 걸고 있다.[5]

💡 CO_2 배출과 생산방식에 따른 수소의 종류

CO_2 배출 유무	종류	생산방식
그레이수소 (CO_2 배출)	브라운수소	석탄, 갈탄 등의 가스화를 통해 수소를 추출하는 방식으로 생산 과정에서 CO_2가 가장 많이 발생
	부생수소	석유정제나 제철 공정에서 발생하는 수소
	개질수소	메탄이 주성분인 천연가스를 개질(Reforming)하여 추출
	정제수소	암모니아나 폐기물 바이오가스를 CCS(탄소포집저장) 없이 정제(Refining)하여 추출
	수전해수소	석탄화력발전 등 화석연료로 생산한 전기를 이용, 물을 전기분해하여 수소 추출
청정수소 (CO_2 소량 또는 無배출)	블루수소	개질수소 생산 과정에서 발생하는 CO_2를 대기로 배출하지 않고 포집·저장·활용(CCUS)하여 수소 생산
	정제수소	암모니아나 폐기물 바이오가스 기반 탄소무배출(CCS 기술 활용 등) 수소 추출

---

5   강철구·채희근·전소영(2023), 『경기도 수소경제 클러스터 조성 방안 연구』, 경기연구원.

그린수소	물을 전기분해하여 수소를 생산하는 과정에서 필요한 전기를 모두 태양광, 풍력, 바이오, 소수력 등 친환경 재생에너지를 사용하여 생산하는 탄소무배출 수소
핑크수소	소형원자로(SMR) 에너지를 사용하여 수소 생산
천연수소 (화이트수소)	대륙충돌로 인해 지구 맨틀 상부에 널리 분포되어 있는 철 성분이 풍부한 감람석이 고온고압에서 물과 반응해 사문석이 되는 과정에서 고순도의 자연적인 수소가 생성, 지하 매장

자료: 필자 작성(2024).

원료, 공정, 탄소배출량에 따른 수소의 종류

구분	원료	공정	결과물	탄소배출량 (kg/kgH$_2$)
브라운	석탄, 갈탄	가스화	$H_2 + CO_2$(방출)	10 이상
그레이	천연가스	증기 개질	$H_2 + CO_2$(방출)	9.2~11.1
블루	천연가스	증기 개질 + CCUS	$H_2 + CO_2$(포집/저장)	1.2~3.9
그린	재생에너지	전기분해	$H_2 + O_2$	0.3~1.0
핑크	원자력 전기 + 열	전기분해	$H_2 + O_2$	소량

자료: 장현숙 외(2023). "수소산업 경쟁력 강화를 위한 정책 연구: ① 친환경 수소생산을 위한 주요국 정책 비교", 『TRADE FOCUS』, 2023년 12호, 한국무역협회 국제무역통상연구원.

수소생산 방식별 원리 및 특징

구분	추출(개질)	부생수소	수전해
원리	천연가스, 물 → 추출 → H_2, CO_2	석유 코크스 나프타 → 화학공정 → H_2, 목적물질	신재생에너지, 물 → 수전해 → H_2, O_2
특징	• 기존 에너지 활용 가능 • CO_2 발생	• 현재 가장 저렴한 방법 • 분리·정제로 생산	• 탄소 제로 수소 생산 방법 • 현재는 고비용

자료: 수소융합얼라이언스추진단(2020). "수소에너지 수소 경제 30문30답"

청정수소(블루수소, 그린수소) 생산과정

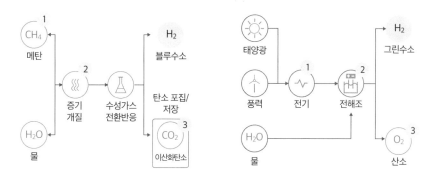

자료: 딜로이트 고객산업본부(2021). "2050 탄소중립 로드맵", 『Deloitte Insights』, No.19.

화석연료 사용 현황과 수소의 잠재력

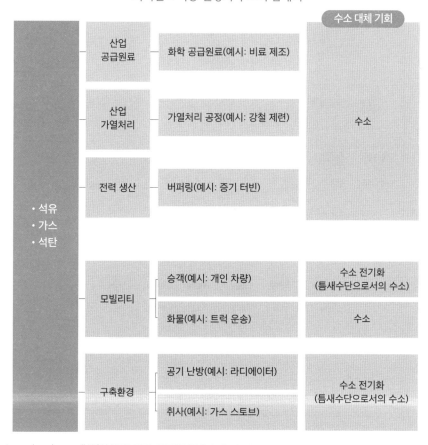

자료: 딜로이트 고객산업본부(2021). "2050 탄소중립 로드맵", 『Deloitte Insights』, No.19.

수소생산 공급망

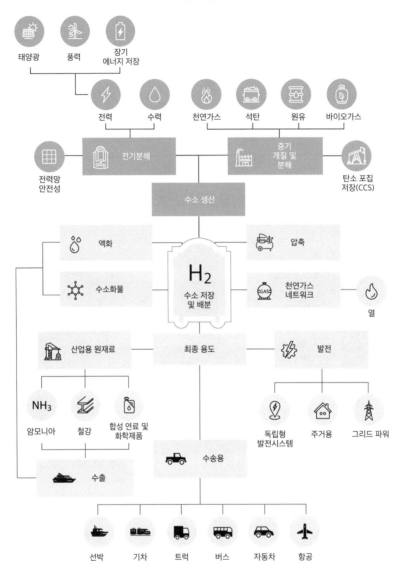

자료: 호주 NSW주 기획산업환경부(2021). 『뉴사우스웨일즈(NWS) 수소 전략』.

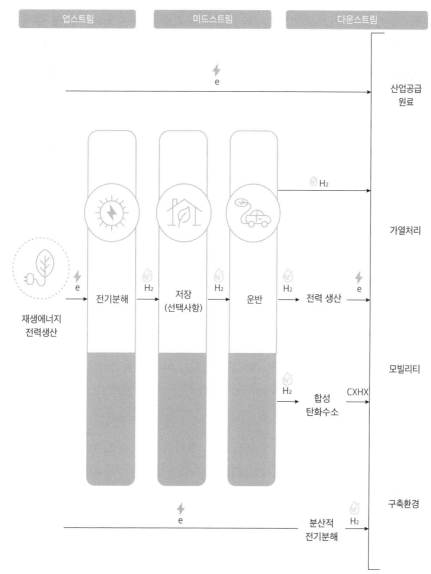

재생에너지 가치사슬과 수소의 역할

자료: Deloitte(2021). "2050 탄소중립 로드맵", 『Deloitte Insights』, 2021 No.19에서 재인용.

　　수소는 탄소중립 달성에 필수적인 요소이다. 오늘날 수소가 완전한 탈탄소 미래를 실현할 수 있는 수단 중 하나라는 데는 거의 보편적인 공감대가 형성되어 있다. 청정에너지 목표를 달성하기 위한 수소 확대에 대한 기대는 계속 증가하고 있다.[6] 다만 호주 NSW주 기획산업환경부(2021)는 수소에너지의 성공 열쇠는 보편화되어 있는 기존 화석연료와의 경쟁력 우위를 위한 수소생산-유통-활용 관련 비용절감에 근본적으로 달려 있다고 하였다.[7] 수소의 이점은 새로운 자산을 기존 인프라와 연결할 수 있다는 것인데, 천연가스 및 석유 운송 및 저장과 같은 기존 인프라와 연결할 수 있다. 세계적으로 탈탄소화가 진행 중에 있으며, 이로 인해 기후위기 극복과 탈탄소화 정책에 커다란 기회를 맞이하고 있다. 수소는 산업부문 탈탄소화의 동력이 될 것이며, 대규모 배출 산업체들을 변화시켜 글로벌 경제에서 청정에너지로 자리를 차지할 것이다. 수소는 탄소중립으로 나아가는 여정상 직면하게 될 가장 큰 난관들을 극복하는 데도 핵심 역할을 담당할 수 있다.

수소의 잠재적인 가치를 인정하는 것은 단순히 환경을 위해 올바른 일을 하는 것에 그치는 것이 아니라 기업과 일자리를 보호할뿐만 아니라 그들의 성장과 확대의 신성장동력이 될 것이다. 수소는 원유, 석탄, 바이오매스, 천연가스처럼 안정적으로 저장·수송이 가능하기 때문에 매력적인 에너지 전환의 핵심 대안이다. 수소는 저탄소 화학 에너지 전달체로 이러한 부문에서 사용되고 있는 다수의 화석 기반 에너지 전달체를 대체할 수 있기 때문에 탄소배출 감소가 어려운 부문의 탈탄소화에 훌륭한 선택이 될 수 있다. 지구온난화에 대처하기 위한 가장 효과적인 방법 중 하나는 탄소에 기반한 하부경제 구조인 에너지 시스템을 수소 중심으로 전환시키는 것이다. 수소는 전기, 열에너지 등 최종 에너지로의 변환이 가능할 뿐만 아니라 전기와 달리 대용량 장기간 저장이 가능한 만큼 글로벌 관점의 시공간적 에너지 분배 시스템에 획기적인 변화를 일으킬 수 있는 잠재력을 갖고 있다.[8] 기술개발에 따른 비용효율이 실현되면 그린수소를 통해 기존 수소 공급원료 대체 등 5개 주요 경제부문에서 탈탄소화가 가능하다.[9]

---

6   IEA(2023). *Hydrogen patents for a clean energy future: A global trend analysis of innovation along hydrogen value chains.*

7   호주 NSW주 기획산업환경부(2021), 『뉴사우스웨일즈(NWS) 수소 전략』.

8   딜로이트 고객산업본부(2023). 『수소경제 실현을 위한 딜로이트의 솔루션 제안 Hydrogen: Making it Happen』 Deloitte Insights.

9   딜로이트 고객산업본부(2021). "2050 탄소중립 로드맵", 『Deloitte Insights』, No.19.

재생가능한 전력 및 바이오 연료와 같은 다른 기술과 함께 사용하면 수소는 최악의 온실가스 배출원을 포함하여 전체 산업에서 탈탄소화할 수 있는 잠재력을 가지고 있다. McKinsey 분석에 따르면 수소는 2050년까지 연간 전 세계 탄소배출량 감소의 20% 이상에 기여할 수 있다.[10] 또한 수소경제를 주도하는 국내 17개 기업 수소기업협의체 '코리아 H2 비즈니스 서밋'은 국내 2030년 탄소배출 총 감축량의 10% 이상, 2050년 탄소배출 총 감축량의 25% 이상이 수소를 통해 달성될 수 있도록 노력하겠다고 선언한 바 있다.[11] 이처럼 향후 탄소중립 달성에 대한 수소의 잠재적 기여는 정부, 조직, 기업에서 지속 나타날 것이다. 2023년 5월 기준 전 세계적으로 1,000개 이상의 대규모 수소 프로젝트가 발표되었거나 진행 중에 있다.[12]

 그린수소의 탈탄소화 기능

부문	응용
기존 수소 공급원료 대체	산업 수요를 충족하기 위해 이미 대규모 탄소 배출 방법으로 생산된 막대한 양의 수소를 대체할 수 있다.
전력 생산 및 전력망 재균형	• 발전 연료로서 간헐적으로 필요한 재생에너지의 부하 균형을 맞추는 데 도움이 되고, 특히 계절성 수요를 맞추는 데 용이하다. 또 배터리 저장보다 오랜 기간 활용이 가능하다. • 군 시설, 공공안전 시설, 외진 곳 등 전력망이 닿지 않는 오프그리드(off-grid) 지역에 1차 전력 및 냉난방 에너지를 제공할 수 있다. • 일부 현대식 가스터빈은 이미 수소와 천연가스를 각각 최대 30% 및 70% 연소해 가동된다. 설비 개보수를 통해 수소 비용을 100%로 끌어올려 탄소 제로를 달성할 수 있다. • 기존 원자력 발전소에서 천연가스 보일러보다 높은 품질의 증기를 낮은 비용으로 생산해 숨낮은 산업공정에 사용할 수 있다. 이를 통해 신뢰할 수 있는 청정 전력을 제공할 수 있을 뿐 아니라 현지에서 수소를 하나의 상품으로 판매할 수 있다.

10 https://www.mckinsey.com/capabilities/sustainability/our-insights/five-charts-on-hydrogens-role-in-a-net-zero-future(2024.3.24. 검색).

11 https://www.businesspost.co.kr/BP?command=article_view&num=345000(2024.3.28. 검색).

12 McKinsey & Company(2023). What is hydrogen energy?, 『McKinsey Explainers』.

운송	연료전지 자동차도 그린수소의 기대되는 주요 활용 부문이다. 장거리 트럭, 중장비, 승용차, 밴, 미니버스, 열차, 선박, 항공기, 하역기계 등 다양한 운송수단에 연료전지 기술을 적용함으로써 고효율과 탄소 저감을 동시에 달성할 수 있다.
건물	• 가스 공급 시스템의 탈탄소화 압력이 높아지는 가운데 재생에너지로 그린수소를 생산한다면 이 문제를 해결할 수 있다. • 미국의 경우 온수 및 난방에 수소와 천연가스를 혼합 사용하면 최종 사용자가 최소한의 비용으로 또는 설비 업그레이드를 하지 않아도 건물 탈탄소화가 가능해진다. • 한겨울 난방 수요가 정점인 시기에 난방 펌프를 대체할 수 있다. 지역난방 방식 등으로 난방 연료와 전력 공급을 통합해 건축물 기후 통제가 가능해진다. • 자가 수소연료전지를 설치하면 난방과 전력을 모두 공급할 수 있다.
산업공정	• 대규모 탈탄소화를 위해 가장 손쉬운 수소 활용 방법은 산업 공정에서 기존 수소 생산에 사용하던 저탄소 공급원을 바꾸는 것이다. 이미 제조과정에서 수소를 사용하고 있었다면 시설 개조가 전혀 필요하지 않기 때문이다. • 산업공정의 탈탄소화 가열처리 에너지원이 될 수 있다. 특히 전기로 가동하기 힘든 500℃ 이상의 고온 및 100~500℃ 중온 가열처리 시설에 유용하다.

자료: 딜로이트 고객산업본부(2021). "2050 탄소중립 로드맵", 『Deloitte Insights』 No.19.

한편 수소를 운반체로 한 수소에너지란 수소가 산소와 백금 등 촉매제를 통해 화학적 결합에 의해 전기를 발생시킬 수 있는데, 이를 수소에너지라고 할 수 있다. 흔히 수소활용 부분에서 함께 통용될 수 있는 개념이 수소에너지이다. 예를 들어 수소에너지를 이용하여 수소차 운행, 수소연료전지발전을 운영할 수 있는 것이다. 이처럼 전력 생산이 가능한 수소에너지는 기존 화석연료를 대체할 수 있는 무한 친환경 에너지로 평가할 수 있다. 수소에너지는 우리 세계에 전력을 공급하는 더 깨끗한 방법을 대표할 수 있는 화석연료의 대안이다.[13] 제러미 리프킨에 따르면 "현재 인류 문명이 맞닥뜨린 가장 중요한 문제는 새 에너지 체계를 찾아 화석연료 대신 이용하면서 점증하는 21세기 인구의 욕구까지 충족시키느냐 못하느냐 하는 점인데, 이에 대한 주된 해결방안 중의 하나가 바로 수소에너지라고 할 수 있다".[14]

---

13   McKinsey & Company(2023) What is hydrogen energy?, 『McKinsey Explainers』.

14   제러미 리프킨(글) · 이진수 번역(2020). 『수소 혁명: 석유시대의 종말과 세계경제의 미래』 민음사.

수소에너지(수소전기) 발생 원리

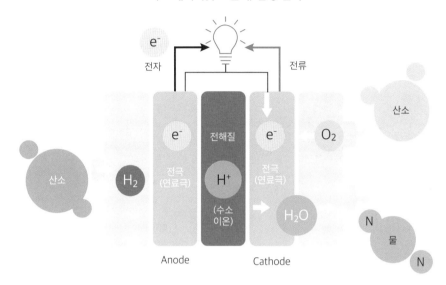

자료: 한국전력(2023). 연료전지발전 자료.

수소연료전지발전소 전경

자료: 전기신문. "https://www.electimes.com/news/articleView.html?idxno=224765"(2024.2.21. 검색).

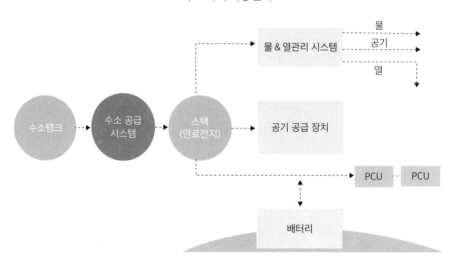

수소차의 작동원리

자료: 딜로이트(2022). "기후기술과 수소경제의 미래", 『Deloitte Insights』, 2022 No.24.

삼정KPMG 경제연구원(2021)은 수소에너지에 주목해야 하는 이유로 크게 다음 4가지를 제시하였다.[15] 첫째, 수소에너지는 특정 국가 또는 지역에 집중적으로 매장되어 있는 화석에너지와 달리 지역적 편중이 없는 보편적인 에너지원이다. 활용에 대한 기술적 난이도는 높지만 현재 화석연료의 대부분을 수입하는 우리나라에서는 국내 생산이 가능한 수소를 활용하여 에너지원을 다각화하면 해외 에너지 의존도를 낮춰 에너지 안보를 강화할 수 있다. 둘째, 수소는 산소와 반응하여 열과 전기를 만든 후 부산물로 물(H_2O)을 남기는 친환경 에너지이다. 수송 및 발전 등 다양한 분야에서 활용되어 탄소저감으로 탄소비용을 줄이고, 태양광 및 풍력과 같이 기후에 따른 간헐성과 변동성, 지역간 편차 등의 재생에너지의 근본적 한계를 보완해주는 보완재의 역할을 함으로써 재생에너지 활용도를 높일 수 있다. 실제로 노르웨이 Utsira 섬에서 가동중인 풍력이 간헐성으로 인해 전력생산이 수요에 비해 부족할 경우 이를 대체하여 인근 수소연료전지발전으로 생산한 전기를 주민들에게 공급 해결하고 있는 사례를 볼 수 있다. '에너지 전환'

---

15 삼정KPMG 경제연구원(2021). "수소생산에서 활용까지 수소 경제에서 찾는 기회", 『Samjong INSIGHT』, Vol.79.

이라는 큰 목표를 달성하는 데 수소가 미래에너지로서의 재생에너지 확산을 보완하고 촉진하는 역할을 할 것으로 기대된다. 셋째, 가장 흔히 사용하는 에너지 운반체인 전기와 비교하면 저장하기 쉽다는 것은 수소가 갖는 큰 장점이다. 현재 기체 상태로 수소를 압축해 저장하는 기술이 상용화된 상황이며, 부피를 800배나 줄일 수 있는 액화수소 저장 기술도 빠르게 발전하고 있다. 이러한 저장 용이성은 유통뿐만 아니라 수소충전소 등 인프라 구축에도 이점이 있다. 실제로 기체수소 충전소는 부지 약 200평이 필요하지만, 액화수소 충전소는 3분의 1 정도인 약 80평이면 충분하다. 이 때문에 도시 내에 설치하기 용이하여 인프라 구축에 유리한 것으로 평가된다. 넷째, 수소에너지는 전후방 파급효과가 큰 미래 성장동력 아이템으로서 차량을 중심으로 한 수송분야에서부터 전기, 열 등 전반적인 에너지 산업에 걸쳐 다양한 미래산업을 창출할 수 있다. 수송부문에서는 승용차부터 상용차, 열차, 선박, 항공기, 드론, 건설기계 등 모든 운송 분야에 수소가 활용되어 새로운 산업 생태계를 창출할 수 있다. 한편 에너지 부문에서는 친환경적이면서 고효율 방식으로 전기와 열을 생산하는 수소연료전지가 분산형 전원의 대표적 기술로 떠오르고 있다.

한편 산업통상자원부는 수소의 안전성에 대해 다음과 같이 언급하고 있다.[16] 우리가 한 가지 반드시 인식할 것은 수소하면 폭발한다는 불안감이 존재하는데 현실은 그렇지 않다는 점이다. 수소폭탄을 연상하기 때문인데, 이는 삼중수소 등 요건을 복잡하게 갖추어야 가능할 수 있는 것이다. 시중에 생산·활용되고 있는 수소는 폭발 위험이 거의 제로에 가까울 정도로 안전한 수소이다. 기술의 발달로 수소안전 기술이 보장되기 때문에 수소는 안전하다는 인식을 국민들이 가져도 큰 무리가 없다. 현재 우리나라는 국회 수소충전소 등 200여 개의 시중 수소충전소가 다년간 사고없이 안전하게 운영되고 있음을 볼 수 있다. 수소는 석유화학, 정유, 반도체, 식품 등 산업현장에서 수십 년간 사용해온 가스로서 이미 안전관리 노하우가 축적된 분야이다. 과학적으로 폭발(explosion)은 물리적,

---

16 "세계 최고수준의 수소경제 선도국가로 도약 - 정부, 「수소경제 활성화 로드맵」 발표", 산업통상자원부 보도자료(2019.1.16.).

화학적 폭발로 구분되는데 물리적 폭발은 고압에 의한 저장용기 균열 등에서 발생한다. 수소차의 수소저장용기는 에펠탑 무게(7,300톤)도 견딜 수 있는 수준으로서 파열, 화염, 총격, 낙하 등 17개 안전성 시험 실시에서 인정을 받았으며, 철보다 10배 강한 탄소섬유 강화 플라스틱으로 제조, 수심 7,000m에서도 안전하다. 화학적 폭발은 연소 반응으로 누출 → 가스구름 → 발화원의 3요소가 충족되었을 경우 발생한다. 시중 공급되는 수소는 가장 가벼운 기체로(공기보다 14배 가벼움) 누출 시 빠르게 확산되어 가스구름이 생성되기 어렵고, 공기중에 쉽게 희석되어 3요소 충족이 어려워 폭발하지 않는다. 한국산업안전공단 MSDS(Material Safety Data Sheets), 미국화학공학회 DIPPR(Design Institute for Physical Property) 전문기관에 따르면 수소의 종합적인 위험도 분석(자연발화온도, 독성, 불꽃온도, 연소속도 등) 결과 도시가스보다 위험도가 낮다.

종합적 위험도 평가: 가솔린 〉 프로판 〉 메탄 〉 수소

주요 평가요소	가솔린	LPG(프로판)	도시가스(메탄)	수소
자연발화온도	4	3	2	1
연료 독성	4	3	2	1
불꽃 온도	4	2	1	3
연소 속도	1	2	3	4
상대적 위험도(수소 = 1)	1.44	1.22	1.03	1

자료: "세계 최고수준의 수소경제 선도국가로 도약 - 정부, 「수소경제 활성화 로드맵」 발표", 산업통상자원부 보도자료(2019.1.16.).

1) 수소경제의 개념

친환경 신성장동력 발굴, 산업경쟁력 제고, 탄소중립 달성의 핵심역할을 수행하는 분야가 수소경제이다. 수소경제는 수소에너지 기반 친환경 경제산업구조로서 석유, 석탄, 천연가스 등 화석연료에너지 기반 탄소경제산업구조를 대체할 수 있다는 기대로 급격히 부상하고 있다. 수소경제(Hydrogen Economy)란 수소를 주요 에너지원으로 사용하여 국가경제, 사회전반, 국민생활 등에 영향을 끼쳐 경제산업활동과 친환경에너지의 원천이 되는 경제를 일컫는다. 석유·석탄·천연가스 등 화석연료를 사용하지 않고 수소를 사용하여 전력을 생산·이용하고, 상품을 제조·생산하며, 각종 사회생활에 필요한 에너지원으로 활용하는 친환경 경제산업구조 시스템이라고 수소경제를 이해할 수 있다. 쉽게 말해 수소경제는 수소가 에너지의 원천이 되는 경제 사회를 의미한다.[17] 현재는 우리가 사용하는 대부분의 에너지가 석유 등 화석연료, 즉 탄소기반의 에너지이지만 다가오는 수소경제사회에서는 수소에너지가 중심이 되는 것이 수소경제이다. 탄소중립 달성과 강화되는 환경규제 대응, 탄소배출 상쇄를 위해 화석연료 대체로서 등장한 수소, 수소에너지는 단순히 친환경에너지로서의 사용을 넘어 탄소경제 산업구조를 친환경 경제산업구조로 전환하는 데 있어 핵심수단으로 평가되고 있다. 수소경제는 경제산업구조를 지배하는 새로운 패러다임으로 정착되고 있는데, 탄소중립 달성의 핵심 역할을 할 수 있으며, 2050년 이후 주요 에너지원으로서 세계경제 시스템을 지배할 것으로 전문가들은 예상하고 있다.[18] 일찍이 미래학자 제러

---

[17] 「수소경제 육성 및 수소 안전관리에 관한 법률」에서 정의한 "수소경제"란 수소의 생산 및 활용이 국가, 사회 및 국민생활 전반에 근본적 변화를 선도하여 새로운 경제성장을 견인하고 수소를 주요한 에너지원으로 사용하는 경제산업구조를 말한다. "수소산업"이란 수소의 생산·저장·운송·충전·판매 및 연료전지, 수소가스터빈 등 수소를 활용하는 장비와 이에 사용되는 제품·부품·소재 및 장비의 제조 등 수소와 관련한 산업을 말한다.

[18] 강철구·채희근·전소영(2023). 『경기도 수소경제 클러스터 조성 방안 연구』, 경기연구원.

미 리프킨은 석유(Oil)시대가 종말하고, 이를 수소(Hydrogen)가 대체하는 수소경제 시대가 도래할 것이라고 예언한 바 있다.[19]

전 세계는 2020년 아무도 예상하지 못한 COVID-19 팬데믹으로 기존의 모든 규범들이 재편되는 뉴노멀 시대로 갑작스레 전환되었다. 현재까지도 인류의 생존과 우리의 일상에 지대한 영향을 끼치고 있다. 기후변화는 우리의 삶의 질에 영향을 미칠 뿐만 아니라 인류의 생존과 직결되는 문제로 반드시 해결해야 하는 과제이다. 전 세계는 한계치에 다다른 기후변화를 더 이상 방치할 수 없다는 전 지구적인 공감대를 형성하면서 탄소시대의 일몰과 수소시대로의 전환을 추진중에 있다. 탄소배출 가능성, 기술개발 및 시장 경쟁력 한계 등으로 수소경제의 가능성과 한계에 대한 논란은 있지만 본격적인 수소산업화의 길을 걷고 있다. 수소경제(Hydrogen Economy)의 개념은 1970년 텍사스 A&M 대학 존 벅크리스(John Bockris) 교수가 제너럴 모터스(General Motors)의 기술센터에서 주최한 한 강연에서 처음 사용하였다. 그는 강연에서 수소가 석유를 대체하고 에너지 수요를 충족시키는 '에너지 시스템 및 경제'의 도래를 처음 예언했다. 이후 2002년 펜실베이니아대 교수 제러미 리프킨(Jeremy Ri fkin)이 그의 저서 '수소경제(The Hydrogen Economy)'에서 석유 중심의 경제체제가 수소 중심으로 전환된다는 의미로 제시되었다. 그는 에너지 공급부터 수요까지 전 영역에서 기존 화석연료를 대신하여 수소를 에너지 유통수단으로 사용하는 경제시스템을 수소경제로 정의했다.[20]

쉽게 말해 기업들의 활동 관점에서 수소경제를 정의해 보면, 예를 들어 수소생산-유통-활용 분야에서 SK가 수소를 생산하고, 효성이 수소저장탱크를 제조하며, 현대자동차가 넥쏘 수소차를 제조·판매하거나 두산이 수소연료전지발전소를 건설하는 등 이러한 일련의 경제 활동이 곧 수소경제라고 이해할 수 있다. 수소경제 정책은 정부가 산업현장에서 기업의 수소경제 활동을 다양한 정책수단으로 지원·육성하는 활동이나 기업의 자체 수소경제 육성 경영전략을 의미한다.

---

19 제러미 리프킨(글)·이진수 번역(2020). 수소 혁명: 석유시대의 종말과 세계경제의 미래, 민음사.
20 딜로이트(2022). "기후기술과 수소경제의 미래", 『Deloitte Insights』, 2022 No.24.

기업활동을 통해 본 수소경제 개념의 이해

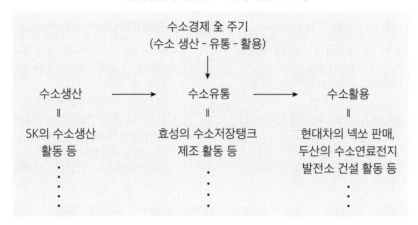

자료: 필자 작성(2024).

연도별 수소경제의 정의

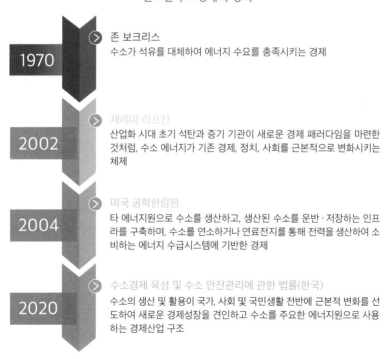

1970
존 보크리스
수소가 석유를 대체하여 에너지 수요를 충족시키는 경제

2002
제레미 리프킨
산업화 시대 초기 석탄과 증기 기관이 새로운 경제 패러다임을 마련한 것처럼, 수소 에너지가 기존 경제, 정치, 사회를 근본적으로 변화시키는 체제

2004
미국 공학한림원
타 에너지원으로 수소를 생산하고, 생산된 수소를 운반·저장하는 인프라를 구축하며, 수소를 연소하거나 연료전지를 통해 전력을 생산하여 소비하는 에너지 수급시스템에 기반한 경제

2020
수소경제 육성 및 수소 안전관리에 관한 법률(한국)
수소의 생산 및 활용이 국가, 사회 및 국민생활 전반에 근본적 변화를 선도하여 새로운 경제성장을 견인하고 수소를 주요한 에너지원으로 사용하는 경제산업 구조

자료: 삼정KPMG 경제연구원(2021). "수소생산에서 활용까지 수소경제에서 찾는 기회", 『Samjong INSIGHT』, Vol.79에서 재인용.

탄소경제(carbon economy)	수소경제(hydrogen economy)
• 석유·석탄·천연가스 화석연료 에너지 기반 경제, 탄소중립 한계 • 기후변화, 환경오염 유발 탄소배출 경제 • 유한 에너지자원 이용 경제 • 수입 의존 에너지자립 불가능 • 주민수용성이 낮은 대규모 투자 중앙집중형 에너지 수급(석탄화력발전소 등)	• 수소에너지 기반 경제, 탄소중립 가능 • 기후변화, 환경오염 영향이 없는 무공해 에너지 경제 • 무한 에너지자원 이용 경제 • 국내 생산 에너지자립 가능, 기술만 있으면 생산·활용 가능 • 주민수용성이 높은 소규모 투자 분산형 에너지 수급(수소연료전지발전 등)

(경제사회 구조)

자료: 강철구·김군수(2021). 『파주시 수소경제 활성화 방안 연구』, 경기연구원에서 재정리.

현재 미국, 독일, 일본, 중국, 호주, 영국, 한국 등 세계 주요국은 수소경제 선점을 위한 글로벌 경쟁을 치열하게 벌이고 있다. 기후위기 대응을 위해 탄소중립이 글로벌 뉴노멀로 정착되고 있으며, 탄소중립 핵심수단으로 재생에너지와 수소가 부상하고 있는데, 이를 선점하기 위해 막대한 투자와 R&D 사업을 전개하고 있다.[21] 세계는 석탄, 석유, 천연가스의 화석연료에서 태양광, 풍력, 바이오, 소수력, 수소 등 신재생에너지로의 전환을 서두르고 있는데, 특히 수소가 그 핵심 역할을 할 수 있고 해야 한다는 것이 전문가들의 견해이다. 오늘날 기후위기 시대 탄소중립 핵심수단, 산업구조 고도화, 전력계통 안정화, 에너지안보 강화가 특히 필요한데, 수소경제가 이러한 요건을 적극 충족할 수 있기 때문에 수소경제와 그 육성이 필요하다. 또한 기후위기 대응과 탄소중립을 위해 추진 중인 재생에너지 사용 확산 국제 캠페인인 RE100만으로는 한계가 있기 때문에 태양광, 풍력, 바이오, 소수력 재생에너지 사용 운동에 더하여 원전, 수소, CCUS를 포함하는 한국 주도의 '무탄소에너지(CFE) 이니셔티브'를 추가로 추진하자는 자발적 국제 캠페인도 국내외로 전개되고 있는 중이다. 무탄소에너지(CFE) 이니셔티브에 특히 '수소'가 향후 핵심 역할을 수행할 수 있을 것으로 보이며, 이를 위해 수소경제의 그 확대가 더욱 필요하다.

---

21 강철구·채희근·전소영(2023). 『경기도 수소경제 클러스터 조성 방안 연구』, 경기연구원.

💡 수소경제의 필요성

구분	주요 내용
① 탄소중립 핵심수단	온실가스·미세먼지 등 유해물질 無배출 친환경 에너지, 탄소국경세 등 국제 탄소규제 대응 → 지속가능발전목표(SDGs) 달성과 지속가능한 발전 실현
② 산업구조 고도화	에너지 생산-전달-소비 전주기 활용 → 신산업 및 일자리 창출과 전통산업의 재도약 기회 제공
③ 전력계통 안정화	수소 기반 에너지저장 및 유연발전을 통해 재생에너지 변동성 저감 → 계통 유연성 확보와 안정화에 기여
④ 에너지안보 강화	국산기술로 신규에너지원 확보와 산업부문 화석연료 소비 대체 → 에너지 수입 의존도 경감

자료: 관계부처 합동(2021). 제1차 수소경제 이행 기본계획.

 탄소배출 제로(zero)화는 배출저감 유도, 산업경쟁력 확보, 수용가능성과 경제성, 신뢰성의 구성 요건을 충분히 충족할 때 성공적으로 나아갈 수 있다. 즉 기존 화석연료 중심의 탄소경제에서 재생에너지, 친환경에너지, 친환경산업으로의 전환을 통한 탄소배출 제로(zero)화는 온실가스 배출 저감 유도, 국가, 지역, 기업이 탄소배출 제로화 과정에서의 지속적인 경쟁력 확보와 편익 보장의 산업경쟁력 확보, 에너지, 물자, 기타 제품이 기존 전통적인 것들과 비교해 수요자들에게 수용가능성이 있어야 한다. 또한 비용과 가격 경쟁력 구비라는 수용가능성과 경제성, 에너지, 물자, 기타 제품이 탄소배출 제로화 과정에서 안전하게 공급되고, 에너지 시스템의 지속성 보유라는 신뢰성 등을 충족해야만 성공적인 결과를 담보할 수 있다. 이러한 결과를 유도하는 데 가장 최적 수단 중의 하나가 수소경제라고 할 수 있다. 수소경제는 탄소배출 제로화 과정에서 배출저감 유도, 산업경쟁력 확보, 수용가능성과 경제성, 신뢰성의 구성 요건을 충분히 충족할 수 있기 때문에 향후 더 많은 도입과 활성화가 필요하다.[22]

---

22 https://www.mckinsey.com/capabilities/sustainability/our-insights/an-affordable-reliable-
    competitive-path-to-net-zero(2024.3.26. 검색).

성공적인 탄소배출 제로(zero)화의 구성 요건

배출 저감
온실가스 배출 저감 유도

수용가능성과 경제성
에너지, 물자, 기타 제품이 기존 전통적인 것들과 비교해 수요자들에게 수용가능성이 있어야 하며, 비용과 가격 경쟁력 구비

산업경쟁력 확보
국가, 지역, 기업이 탄소배출 제로화 과정에서의 지속적인 경쟁력 확보와 편익 보장

신뢰성
에너지, 물자, 기타 제품이 탄소배출 제로화 과정에서의 안전하게 공급되고, 에너지 시스템의 지속성 보유

자료: https://www.mckinsey.com/capabilities/sustainability/our-insights/an-affordable-reliable-competitive-path-to-net-zero(2024.3.26. 검색)에서 정리.

　한편으로 수소경제의 필요성을 경제성장과 온실가스 배출량 상관관계에서 살펴보면, 아래 표에서 보는 바와 같이 그간 한국을 비롯 주요국과 세계는 경제성장(GDP)이 진행될수록 온실가스 배출량도 그에 비례하여 줄어들지 않고 함께 증가하고 있음을 알 수 있다. 앞으로는 경제성장이 커지더라도 온실가스 배출량은 반대로 줄어들게 하는 정책이 요구된다. 경제성장 증대, 온실가스 배출 감축이라는 정책 목표를 가능하게 하는 방안 중의 하나가 수소경제라고 할 수 있다. 이러한 정책 목표 달성을 위해 우리나라를 비롯 세계 각국은 수소경제를 적극 도입하고 활성화해 나갈 필요가 있다. 탄소경제와는 달리 수소경제는 경제성장을 하더라도 친환경 에너지 사용, 친환경 경제사회 구조를 지향하기 때문에, 일석이조 즉 경제성장 도모와 온실가스 배출 감소를 동시에 달성하는 데 확실히 기여할 것이다. 우리나라는 지금까지의 아래 표와 그림 흐름과는 다르게 앞으로 소위 경제성장 지표는 우상향, 온실가스 배출량 지표는 우하향을 지향하도록 하는 데 수소경제를 적극 활용할 필요가 있다.

세계, 주요국의 경제성장(GDP)과 온실가스 배출량 추이 비교

	연도	1980	1990	2000	2005	2010	2015	2020
미국	GDP(억 달러)	30,000	60,000	110,000	130,000	145,000	180,000	209,300
	온실가스 배출량(억 톤)	45	46	59	60	62	65	70
	연도	2000	2005	2009	2015	2020		
일본	GDP(억 달러)	46,675	45,522	50,648	44,000	50,000		
	온실가스 배출량(억 톤)	13.5	13.8	12.5	13.2	13.5		
	연도	1990	2000	2010	2020			
중국	GDP(억 달러)	3,980	12,149	66,300	147,300			
	온실가스 배출량(억 톤)	23	30	64	90			
	연도	1990	2000	2005	2010	2015	2020	
한국	GDP(억 달러)	2,834	5,118	7,913	10,071	15,000	16,000	
	온실가스 배출량(억 톤)	2.9	5	5.9	6.6	6.9	6.6	
	연도	1980	1990	2000	2005	2010	2015	2020
영국	GDP(억 달러)	5,640	10,000	16,660	25,450	24,910	29,350	27,050
	온실가스 배출량(억 톤)	8.7	8.1	7.3	6.9	5.8	5.0	3.8
	연도	2000	2005	2010	2015	2019	2021	2023
세계	GDP(조 달러)	32	48	66	74	88	94	105
	온실가스 배출량(억 톤)	225	250	320	355	356	348	374

자료: 세계은행. GDP 자료; IEA. 온실가스 배출량 자료를 토대로 작성.

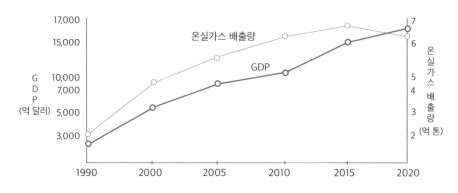

우리나라의 경제성장(GDP)과 온실가스 배출량 추이 비교(순비례)

연도	1990	2000	2005	2010	2015	2020
GDP(억 달러)	2,834	5,118	7,913	10,071	15,000	16,000
온실가스 배출량(억 톤)	2.9	5	5.9	6.6	6.9	6.6

자료: 세계은행. GDP 자료; IEA. 온실가스 배출량 자료를 토대로 작성.

한편 영국만은 1990년 이후 2020년까지 경제규모가 82% 성장하는 동안 온실가스 배출은 53%나 줄어드는 사례를 볼 수 있다. 탈탄소경제의 가능성을 보여주고 있다. 영국은 그간 석탄사용량을 대폭 줄이고, 석탄발전 비중을 2012년 42%에서 2022년 1%로 줄이는 정책과 신재생에너지 보급 확대 정책을 적극 추진해 온 결과이다. 경제성장을 도모하되 탄소는 줄일 수 있다는 교훈을 영국을 통해서 발견할 수 있으며, 우리나라를 비롯 다른 국가들도 영국처럼 탄소배출을 줄이는 경제성장 정책을 획기적으로 도입해 나가야 할 것이다. 향후 수소경제가 이러한 탈탄소경제의 가능성을 높이기 위해 반드시 필요하며, 충분히 그 기능을 더 발휘할 수 있을 것으로 보인다.

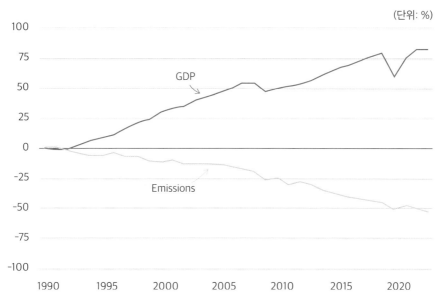

영국의 경제성장(GDP) 증가율과 탄소배출량(Emissions) 감소율 추이(역비례)

(단위: %)

자료: https://www.carbonbrief.org/analysis-uk-emissions-in-2023-fell-to-lowest-level-since-1879/(2024.3.22. 검색).

수소경제는 생산-유통-활용 수소밸류체인(Hydrogen Value Chain) 생태계를 효과적으로 구축할 때 시너지 발휘, 경쟁력 확보에 유리하다. 수소생산은 부생수소, 개질수소, 블루수소, 수전해수소를 통해 생산 내지 조달을 한다. 수소유통은 튜브트레일러, 파이프라인, 탱크로리를 통해 저장·운송하는 단계이다. 수소소비 및 활용은 수소차 등 모빌리티, 수소충전소, 연료전지발전 등이 포함된다.[23]

---

23 강철구·채희근·전소영(2023). 『경기도 수소경제 클러스터 조성 방안 연구』, 경기연구원.

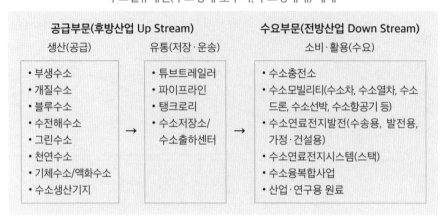

수소밸류체인(수소경제 全주기, 수소생태계) 체계

자료: 강철구·김군수(2021). 『파주시 수소경제 활성화 방안 연구』. 경기연구원.

수소경제의 장점은 환경적 측면에서 탈탄소화와 온실가스 감축, 기후위기 대응 용이, 경제적 측면에서 신성장동력 구축과 녹색일자리 창출, 사회적 측면에서 환경과 경제 조화 사회 구축, 환경비용 절감, 에너지 자립 등을 들 수 있다.

수소경제의 장점

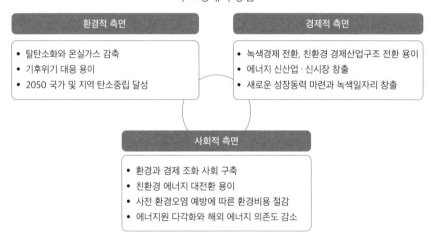

자료: 고재경·강철구 외(2022). 『접경지역 DMZ 탄소중립 추진전략』. 10개 접경지역시장군수협의회.

한편 수소경제 추진에 따른 문제점으로는 에너지 대전환 차원에서 이루어지는 수소경제의 육성은 초기 국가 재정의 많은 소요, 그레이수소 생산 과정 등 탄소발자국(foot print)에서 수소경제의 실질적 온실가스 감축 기여 의문, 수소폭발 위험성에 따른 주민수용성 거래비용 증대 등이 지적되고 있는데, 향후 이러한 문제점을 극복해야만 더욱 수소경제를 활성화할 수 있다. 특히 수소경제 추진과정에서 불확실한 시장, 초기 높은 투자 및 운영 비용, 효율성과 신뢰성, 안전성을 극복하는 것이 큰 관건이다.[24]

💡 수소경제의 도전과제와 극복방안

도전과제		극복방안
불확실한 시장		산업제휴 강화
초기 높은 투자비용		국가의 로드맵 수립과 자금 지원
높은 운영비용	→	규모의 경제
효율성 및 신뢰성		성숙도를 위한 파일럿 사업 추진
안전성		홍보, 법제도 수립

자료: HPA·HPC(2023). The Hamburg Hydrogen Hub – Experience and Lessons Learned for Cluster Development around Ports, Workshop Kerala, 22.

2) 수소경제 시스템

시장경쟁 측면에서 탄소경제는 자원개발과 에너지 확보 경쟁이 치열한 반면 수소경제는 기술경쟁력 확보와 규모의 경제가 주로 관건이다. 오늘날 탄소중립을 선언하고, 이행해 나가는 과정에서 수소경제로의 전환은 중요한 정책적 수단이다. 그러나 현재 수소는 경제성의 이유로 대부분 정유, 석유화학, 제철 등의 공정에서 부산물로 생산되거나 천연가스 개질을 통해 생산되고 있어, 탄소경제에서 완전히 벗어났다고 볼 수 없다. 전기분해를 통해 수소를 얻는다고 하더라도 화력발전을 통한 전력을 사용한다면 이 또한 탄소경제에서 수소경제로의 전환

---

24 강철구·채희근·전소영(2023). 『경기도 수소경제 클러스터 조성 방안 연구』, 경기연구원.

을 설명하기에는 한계가 있다. 최근 진행되고 있는 수소경제로의 전환은 궁극적으로 재생에너지를 활용해 수전해 수소를 생산하는 것이고, 일부 산유국에 집중된 화석연료의 공급 체인에서 벗어나 혁신기술을 통해 에너지 공급과 수요 전체 영역에서 수소를 주요 에너지 유통수단으로 사용하는 것이다. 각국의 탄소중립 선언으로 친환경에너지인 수소가 각광받고 있다. 주요국은 수소경제로의 이행을 천명하고 있으며, 수소의 생산, 저장·운송, 충전, 활용을 아우르는 것인 수소경제 시스템 즉 수소생태계 조성과 활성화를 위한 정책을 적극 추진하고 있다. 각각의 원료로부터 수소가 생산되면 기체, 액체, 고체, 액상 화합물 형식으로 저장되고 이를 튜브트레일러나 파이프라인, 탱크로리(액체 저장 탱크)를 통해 충전소 또는 최종 활용처로 운송한다. 수소, 수소에너지는 수송용, 산업용, 건물용, 발전용, 가정용 등 다양한 분야에서 소비·활용되고 있다.[25]

---

25 삼정KPMG 경제연구원(2021). "수소생산에서 활용까지 수소경제에서 찾는 기회", 『Samjong INSIGHT』, Vol.79.

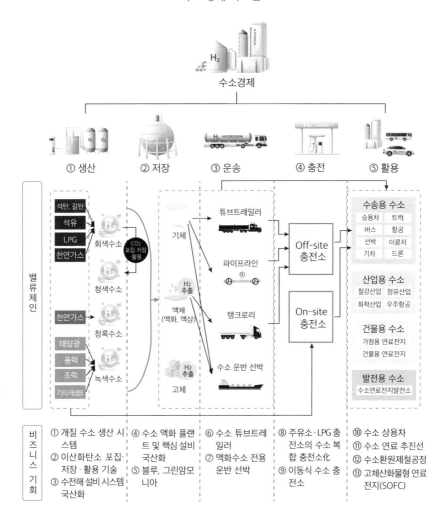

수소경제 시스템

① 생산　② 저장　③ 운송　④ 충전　⑤ 활용

자료: 삼정KPMG 경제연구원(2021). "수소생산에서 활용까지 수소경제에서 찾는 기회", 『Samjong INSIGHT』, Vol.79.

　　수소는 전력 생산 등 전력 시스템뿐 아니라 산업 원료 및 공정, 모빌리티, 건물 난방, 취사의 영역까지 기회가 창출되고 있다. 재생에너지 전력이 상업화, 그린수소 생산 전해조 비용도 낮아지는 등 수소경제 실현 여건이 무르익고 있다. 수소경제의 잠재력이 현실화되고, 장래에 수요와 공급이 폭발적으로 증가할 전망에 따라 이미 주요 선진국들은 민관협력을 통해 수소에 대한 정책적 지원과 연구개발 투자 등 글로벌 수소경제 선점을 위한 다양한 노력을 적극 기울이고 있다. 수소경제는 큰 틀에서 생산(추출, 수전해, 부생수소 등), 저장 및 운송(장거리 운송인프라, 액화저장 등), 활용(수소 모빌리티, 연료전지 등) 부문으로 구분되며, 각 단계별로 주요 수소경제 선도국들은 다양한 정책 지원과 더불어 실증사업을 추진하고 있다.[26]

수소경제가 주목받는 배경은 세계적으로 나타나는 전례없는 이상기후 현상으로 인류의 생존이 위협받고 있기 때문이다. 당장 기후위기에 대한 체감도가 높아졌고, 세계 시민들의 인식도 '기후문제 해결을 위해서라도 하루빨리 에너지 전환이 이뤄져야 한다'는 것을 당위론으로 받아들이기 시작했다. 기후위기를 근본적으로 벗어나기 위해서는 '탈탄소경제'로의 전환 밖에는 대안이 없다. 탄소배출 저감과 에너지 전환 추진에 있어 재생에너지와 수소에너지를 그 대안으로 꼽는다. 그러나 재생에너지는 간헐성 등 근본적인 한계로 인해 생산량을 제어할 수 없고, 재생에너지로 생산한 전력은 저장과 수송이 용이하지 않다. 또한 신규 원전도 부지확보 등 주민수용성 어려움과 1기 건설에 14년이라는 장기간 소요로 전력 확보가 쉽지 않은 문제를 안고 있다. 결국 수소만이 근본적인 해결책이 된다. 각국 정부에서도 '탄소제로 시대'를 위해 내놓은 에너지 정책은 언제나 '수소'가 중심이다. 현재 세계는 경기회복 둔화에 에너지 공급 리스크까지 이중고를 겪고 있다. 수소경제는 이를 타개하는 해결책으로 부상하고 있다. 수소는 생산, 저장 및 운송, 활용 등 공급망 전반에 걸쳐 관련산업을 활성화시킬 수 있으며, 에너지 전환 과정에서 에너지공급 리스크를 해소할 수 있다. 특히 수소경제는 산업 자체가 가지는 전후방 파급 효과로 투자촉진과 새로운 양질의 일자리 창출이 가능한 국가 미래 성장산업으로의 기대가 매우 크다. 민간부문에서도 수소경제의 全 밸류체인에 걸쳐 비즈니스 기회를 적극 모색하고 있다.[27]

---

26 딜로이트(2022) "기후기술과 수소경제의 미래", 『Deloitte Insights』, 2022 No.24.
27 상게자료.

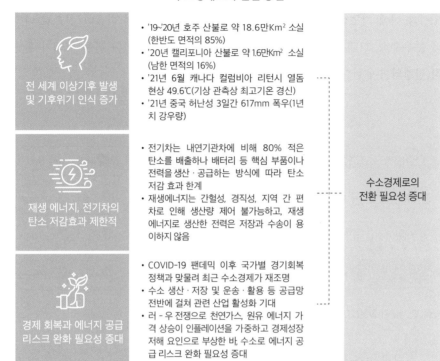

수소경제로의 전환 동인

전 세계 이상기후 발생 및 기후위기 인식 증가	• '19~'20년 호주 산불로 약 18.6만Km² 소실 (한반도 면적의 85%) • '20년 캘리포니아 산불로 약 1.6만Km² 소실 (남한 면적의 16%) • '21년 6월 캐나다 컬럼비아 리턴시 열돔 현상 49.6℃(기상 관측상 최고기온 경신) • '21년 중국 허난성 3일간 617mm 폭우(1년치 강우량)
재생 에너지, 전기차의 탄소 저감효과 제한적	• 전기차는 내연기관차에 비해 80% 적은 탄소를 배출하나 배터리 등 핵심 부품이나 전력을 생산·공급하는 방식에 따라 탄소 저감 효과 한계 • 재생에너지는 간헐성, 경직성, 지역 간 편차로 인해 생산량 제어 불가능하고, 재생 에너지로 생산한 전력은 저장과 수송이 용이하지 않음
경제 회복과 에너지 공급 리스크 완화 필요성 증대	• COVID-19 팬데믹 이후 국가별 경기회복 정책과 맞물려 최근 수소경제가 재조명 • 수소 생산·저장 및 운송·활용 등 공급망 전반에 걸쳐 관련 산업 활성화 기대 • 러-우 전쟁으로 천연가스, 원유 에너지 가격 상승이 인플레이션을 가중하고 경제성장 저해 요인으로 부상한 바, 수소로 에너지 공급 리스크 완화 필요성 증대

수소경제로의 전환 필요성 증대

자료: 딜로이트(2022). "기후기술과 수소경제의 미래", 『Deloitte Insights』, 2022 No.24에서 재인용.

(1) 수소의 생산

앞서 언급한 바와 같이 수소는 생산과정에서의 이산화탄소 배출량에 따라 그레이수소, 블루수소, 그린수소 등의 세종류로 구분된다. '그레이수소'는 생산과정에서 이산화탄소가 배출되는 것으로, 이는 다시 천연가스를 고온, 고압에서 분해해 얻는 개질(추출)수소와 석유화학 공정이나 철강생산 시 부산물로 나오는 부생수소로 나뉜다. 그레이수소 생산시 배출된 탄소를 포집, 저장해 온실가스 배출을 억제한 수소를 '블루수소'라고 한다. '그린수소'는 순수하게 재생에너지 전력을 이용해 물을 전기분해(수전해)하여 생산한 수소로 온실가스가 배출되지 않으나 생산비용이 상대적으로 매우 높은 것이 단점이다. 현재 전 세계적으로 생산되는 수소의 약 96%는 그레이수소로 실질적인 탄소배출량 감축을 위해서는 그린수소, 혹은 블루수소 기반 경제로의 진환이 매우 필요한 상황이나. 우리나라의 수소차 및 발전용 수소연료전지의 기술 수준은 높으나 대규모 재생에너지단지의 조성과 이에 기초한 그린수소 생산기술(수전해 기술)은 아직 미흡한 것으로 나타나 블루수소, 그린수소와 같은 순수한 청정에너지원의 생산과 활용 확대가 활발히 진행되어야 한다.[28]

수소생산 기술 방식

자료: 관계부처 합동(2022). 수소기술 미래전략.

수전해 수소생산은 전기를 이용해 물로 수소를 생산하는 기술이며, 현재 선도국 중심으로 알칼라인, PEM 수전해 기술 위주 상용화가 완료된 상태이다. 전세계 수소의 생산은 부생, 개질과 같은 그레이수소에서 블루수소, 그린수소와 같은 청정수소 생산체제로 서서히 넘어가고 있는 단계이다. 청정수소에 대한 정부 지원정책과 기술개발을 통해 생산비용을 낮추고 수요가 급증하게 되면 청정수소 생산량은 빠르게 증가할 것으로 보인다.

28　딜로이트(2022). "기후기술과 수소경제의 미래", 『Deloitte Insights』, 2022 No.24.

💡 수전해 수소생산 기술 유형

구분	알칼라인 수전해	PEM(고분자전해질) 수전해
원리	전기분해 후 수산화 이온(OH-)이 분리막을 통과하여 수소극에서 수소(H_2) 포집	전기분해 후 수소 이온(H+)이 고분자 전해질막을 통과하여 수소극에서 포집
장점	• 낮은 온도(100℃ 이하)에서 수소 생산 • 시스템 가격이 저렴 • 시스템 대용량화가 용이	• 낮은 온도(100℃ 이하)에서 수소 생산 • 재생에너지의 변동성에 신속 대응 가능 • 수소차단성이 우수하여 안전성 유리
구조		

자료: 관계부처 합동(2022). 수소기술 미래전략.

수소생산시설 현장

부생수소 생산(당진 현대제철소)

개질수소 생산(평택)

블루수소 생산(보령(예정))

그린수소 생산(성남)

자료: 필자 편집 작성(2024).

(2) 수소의 저장 및 운송

수소는 상온에서 기체로 존재하며 액체, 액상 등의 방식으로도 저장 및 운송이 가능하다. 수소경제 활성화를 위해서는 무엇보다 안전성 확보가 중요한데, 특히 수소의 저장 및 운송 분야에서 안전성 확보를 위한 다양한 기술개발이 진행되고 있다. 현재는 파이프라인을 통해 인근 석유화학단지에서 수소를 공급받거나 중장거리의 경우 고압의 기체를 튜브트레일러에 압축하여 운송하는 기체 상태의 저장 및 운송 방식이 주로 활용되고 있다. 수소가 극저온에서 액화될 경우 부피가 기체수소 대비 1/800 수준으로 감소하여 대량 저장 및 공급에 용이하다. 향후에는 액체 및 액상 방식으로 수소를 저장하고 탱크로리 및 선박을 통해 대량 운송하는 방식이 확대될 것으로 보인다.[29]

액화된 수소는 대기압 수준에서 저장할 수 있기 때문에 저장 용기의 안전성 부분에서 기체수소를 저장하는 것보다 안전하다. 화학적 방식은 수소에 다른 물질을 첨가하여 액상 유기 화합물(LOHC) 또는 암모니아로 변환하는 것이다. 대표적인 LOHC의 예로는 수소에 톨루엔을 첨가하여 메틸시클로헥산으로 변환, 저장하는 방식이 있다. 암모니아는 수소와 질소의 결합으로 이루어지기 때문에 수소와 질소를 화학적으로 반응시키면 암모니아로 변환된다. 수소운송 방법은 수소의 물리적 상태와 밀접하게 연관된다. 기체 상태의 수소는 튜브트레일러 또는 파이프라인을 통해 운송한다. 수소 튜브트레일러는 장거리 수송에 적합하고, 파이프라인은 단거리 또는 특정지역 내 수송에 적합하다. 파이프라인의 경우 지하에 수소 운송 배관이 설치되어야 하기 때문에 초기 구축 비용이 높다는 특징이 있다. 액체 상태의 수소는 모두 탱크로리를 통해 운송한다. 운송되는 수소는 최종 활용처로 바로 수송되기도 하지만 일부는 수소충전소로 운송하여 활용하게 된다.[30]

---

29 딜로이트(2022). "기후기술과 수소경제의 미래", 『Deloitte Insights』, 2022 No.24.

30 삼정KPMG 경제연구원(2021). "수소생산에서 활용까지 수소경제에서 찾는 기회", 『Samjong INSIGHT』, Vol.79.

수소충전 유형

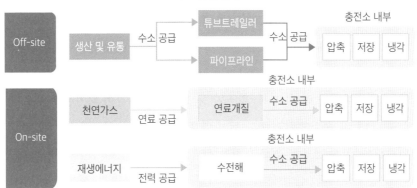

자료: 삼정KPMG 경제연구원(2021). "수소생산에서 활용까지 수소경제에서 찾는 기회", 『Samjong INSIGHT』, Vol.79에서 재인용.

수소저장 · 운송시설 현황

수소 튜브트레일러

액화수소 탱크로리

수소 파이프라인

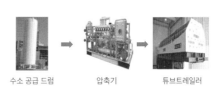

수소출하센터

자료: 필자 편집 작성(2024).

(3) 수소의 활용

수소는 현재 수소차와 연료전지를 중심으로 성장하고 있다. 수소차의 경우 전기차 대비 높은 에너지 밀도, 짧은 충전시간, 완충 후 긴 주행거리 등의 장점을 바탕으로 장거리 운행 상용차 중심의 성장이 예상된다. 연료전지의 경우 모빌리티 및 발전 분야에서 선박, 드론, 항공기 등 모빌리티 시장이 다양한 분야로 확대되고, 타 산업내 수소활용도 또한 점차 증대될 전망이다. 수소를 기반으로 생산된 암모니아, 합성 등유를 원료로 하는 선박 및 항공 시장이 전 세계적으로 주목을 받고 있으며, 철강 산업에서는 코크스를 대체하는 환원제, 석유화학산업에서 나프타의 원료 등 타 산업 내 수소활용도가 점차 높아지며 탄소배출 저감 효과를 기대하고 있다.[31]

수소의 활용은 크게 수송용 수소, 산업용 수소, 건물용 수소, 발전용 수소로 나눈다. 수송용 수소는 수소를 사용하여 발생시킨 전기 에너지를 동력원으로 하는 이동 수단에 쓰이는데 수소차뿐 아니라 버스나 트럭과 같은 상용차, 기차, 선박, 비행기, 드론 등과 같은 다양한 분야에 활용된다. 산업용 수소는 철강, 화학, 정유, 우주 산업 등에서 산업용 원료나 연료 등으로 사용되는 수소를 의미한다. 철강 산업에서는 탄소중립을 위해 철강 제련 과정에서 필요한 환원제를 수소로 대체하는 수소환원제철 기술을 개발 중이다. 인공위성이나 행성 탐사선과 같은 대형 우주 발사체의 경우 액화수소를 추진 연료로 사용한다. 건물용 수소는 가정 또는 공공 기관이나 상업용 건물의 연료전지에 사용되는 수소를 의미한다. '신에너지 및 재생에너지 개발·이용·보급 촉진법'을 토대로 한 신재생에너지 공급 의무화 제도를 통해 국내 상업용 건물에 대한 수소 공급 수요가 증가하고 있다. 이는 태양광, 지열, 풍력 등을 대체할 에너지 공급원으로 연료전지 설치가 급증하고 있기 때문이다. 발전용 수소는 발전사 또는 발전 사업을 통해 열과 전기를 대용량으로 생산하기 위한 원료로서 사용되는 수소이다. 발전용 수소에 대한 수요

---

31 딜로이트(2022). "기후기술과 수소경제의 미래", 『Deloitte Insights』, 2022 No.24,

는 지속적으로 증가하고 있는데 이는 친환경 에너지원을 사용해야 한다는 정책 측면의 규제 및 발전 효율을 개선하고자 하는 의지에 기인한다.[32]

수소연료전지 발전의 장점

친환경	운용 안정성	공간 효율성	연비 효율성	분산 발전
무공해 · 저소음 친환경 에너지원	24시간 365일 발전	설치면적 대비 높은 발전량	에너지 손실 최소화	필요한 곳 설치 전기 생산

자료: SK 뉴스룸. "https://news.skecoplant.com/plant-tomorrow/9349/"(2024.3.7. 검색).

수소활용 분야의 주요 비즈니스 기회 선별 관점

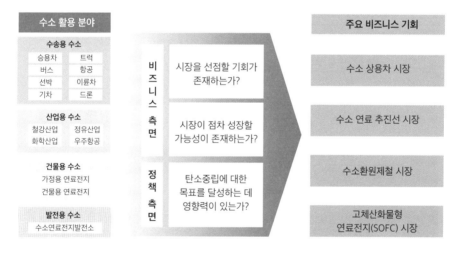

자료: 삼정KPMG 경제연구원(2021). "수소생산에서 활용까지 수소경제에서 찾는 기회", 『Samjong INSIGHT』, Vol.79에서 재인용.

---

32 삼정KPMG 경제연구원(2021). "수소생산에서 활용까지 수소경제에서 찾는 기회", 『Samjong INSIGHT』, Vol.79.

⚡ 수소연료전지의 종류

구분	저온형 연료전지			고온형 연료전지	
	인산형 (PAFC)	고분자전해 질형 (PEMFC)	알칼리형 (AFC)	용융탄산염형 (MCFC)	고체산화물형 (SOFC)
전해질	인산염	이온교환막	수산화칼륨	용융탄산염	세라믹
운전 온도	150~250℃	50~100℃	0~230℃	550~700℃	550~1,000℃
전기 화학적 반응 효율	45~55%	40~60%	60~70%	45~55%	40~60%
주용도	중형건물 분산전원 (200kW)	수소전기차, 가정용·건물용, 소규모 분산 발전(1~10kW)	우주발사체 전원	중대형 건물 복합 발전, 열병합 발전 (100kW~MW)	소·중·대용량 복합 발전, 열병합 발전(1kW~MW)
특징	수소의 불순물인 일산화탄소(CO)에 대한 내구성이 높음, 열병합 대응 가능	저온작동, 고출력밀도	이산화탄소에 민감, 순수한 수소와 산소 사용 필요	내부개질 가능, 열병합 대응 가능	내부개질 가능, 복합 발전 대응 가능

자료: 삼정KPMG 경제연구원(2021). "수소생산에서 활용까지 수소경제에서 찾는 기회", 『Samjong INSIGHT』, Vol.79에서 재인용.

각종 수소활용 사례

넥쏘 수소차

제철소

| 가정용 수소보일러 | 수소연료전지발전소 |

자료: 필자 편집 작성(2024).

3) 국내외 수소경제 현황과 전망[33]

(1) 수소경제 현황

전 세계적으로 2021년 기준 수소공급량은 9천만 톤, 2022년 8월 기준 청정 수소는 5천 3백만 톤을 공급하였다. 수소 공급량 9천만 톤 중 99%가 그레이수소 로 공급되었다. 그레이수소는 화석연료를 기반으로 생산되며, 주로 암모니아 생 산(37%), 메탄올 생산(15%), 원유정제(42%)에 사용되고 있다. 그린 및 블루 청정 수소 생산량은 최근 빠르게 증가하고 있으며, 2022년 8월 기준 발표된 프로젝트 들은 4천 4백만 톤의 신재생에너지 기반의 수전해 생산 그린수소와 화석연료 개 질 및 탄소포집저장(CCUS)을 통해 생산되는 9백만 톤의 블루수소로 구성되고 있 다. 대부분의 수소생산 프로젝트는 유럽, 중동, 미국 및 호주에서 추진 중이다. 블루수소 프로젝트 투자 발표는 영국(530만 톤, 전체 블루수소 생산량의 60%), 미국 (190만 톤, 20%), 캐나다(90만 톤, 10%) 등으로 기존 생산 플랜트와 광구가 밀집한 지역을 중심으로 발표되고 있으며, 중동과 노르웨이에서 앞으로 많은 블루수소 프로젝트가 발주될 것으로 전망된다. 대부분의 그린수소 프로젝트는 유럽(1,300 만 톤, 총 그린수소 생산량의 30%), 중동(900만 톤, 20%), 호주(800만 톤, 19%)를 중심으 로 투자가 진행되고 있으며, 이 국가들은 풍부하고 저렴한 재생에너지 생산능력

---

33 강철구·체희근·전소영(2023). 『경기도 수소경제 클러스터 조성 방안 연구』, 경기연구원: 딜로이 트 고객산업본부(2023). "수소경제 실현을 위한 딜로이트의 솔루션 제안 Hydrogen: Making it Happen", 『Deloitte Insights』를 토대로 정리함.

을 보유하고 있다는 점이 특징이다. 지역별로 자연 환경적인 특징과 현지 규제 여건 등에 영향을 받으며 점차 생산 역량의 개선이 나타나고 있지만 종합적으로 기 발표된 수소 생산프로젝트가 모두 현실화된다고 하더라도 여전히 미래 수요를 감당하지 못할 것으로 보인다. IEA 'Net Zero by 2050' 시나리오에 따르면 2030년까지 현재 발표된 생산량의 3배가 더 필요할 것으로 추정된다.

💡 국가별 운영 및 발표(계획)된 청정수소 공급량(2022년 8월 기준)

(단위: 백만 톤/년)

국가별	그린수소	블루수소
유럽	13.2	5.9
미국	2.9	1.9
캐나다	0.2	0.9
중국	2.5	
인도	2.0	
중동	9.0	
호주	8.1	0.2
일본	0.05	
한국	0.3	0.3
동남아	0.3	
아프리카	5.0	
남미	3.0	
합계	46.6	9.2

자료: 딜로이트 고객산업본부(2023). "수소경제 실현을 위한 딜로이트의 솔루션 제안 Hydrogen: Making it Happen", 『Deloitte Insights』를 토대로 작성.

2023년 5월 기준 전 세계 수소차는 8만여 대 보급, 수소충전소는 약 817개소가 운영되고 있다. 수소활용 분야 밸류체인으로서 수소차는 한국이 3.4만 대로 가장 많이 보급되어 있다. 다음으로 미국, 중국, 일본, 유럽 순으로 수소차가 보급되어 있으며, 전 세계 수소차는 2027년까지 100만 대가 보급될 것으로 전망하고 있다.

💡 국가별 수소차 보급 현황(2021~2022년 신규 기준)

(단위: 대)

구분	2021년		2022년		2021년 대비 증가율
	판매대수	점유율	판매대수	점유율	
한국	8,557	49%	13,166	58%	54%
미국	3,347	19%	2,707	12%	-19%
일본	2,471	14%	861	4%	-65%
중국	1,772	10%	4,882	21%	176%
유럽	770	4%	921	4%	20%
기타	725	4%	249	1%	-66%
합계	17,642	100%	22,786	100%	29%

자료: H2리서치(2023). "2021-2022년 세계 수소차 판매 현황".

전 세계 수소충전소는 817개소 중 한국이 175개소로 가장 많이 구축되어 있다. 다음으로 일본 165개소, 중국 125개소, 독일 105개소, 미국 90개소, 프랑스 42개소, 영국 17개소 순으로 운영 중이다.

⚡ 국가별 수소충전소 운영 현황(2023년 5월 기준)

연번	국가	수소충전소 운영(개소)
	합계	817
1	한국	175
2	일본	165
3	중국	125
3	독일	105

4	미국	90
5	프랑스	42
6	영국	17
7	덴마크	10
8	네덜란드	15
9	스위스	15
10	스페인	8
11	오스트리아	8
12	캐나다	7
13	벨기에	6
14	스웨덴	5
15	호주	4
16	노르웨이	4
17	체코	3
18	아이슬란드	2
19	포르투갈	1
20	이스라엘	1
21	헝가리	1
22	폴란드	1
23	슬로베니아	1
24	라트비아	1
25	콜롬비아	1
26	코스타리카	1
27	인도	1
28	바레인	1
29	브루나이	1

자료: H2stations.org. "H2stations.org"(2023.6.30. 검색)(獨 에너지 컨설팅社 Ludwig Bölkow-Systemtechnik GmbH 운영 정보사이트); 박상혁 국회의원(2023). "OECD 국가별 수소충전소 현황(산업통상자원부 요구시료)".

전 세계 지역단위 중에서는 미국의 캘리포니아주가 58개소로 가장 많은 수소충전소를 운영 중이다. 또한 건설 중인 수소충전소 7개소, 인허가 중인 수소충전소 23개소, 계획 중인 수소충전소 7개소이다. 캘리포니아주의 대도시 로스엔젤레스와 샌프란시스코 내에 대부분의 수소충전소가 설치되어 운영 중이다.

미국 캘리포니아주 수소충전소 설치 현황

로스엔젤레스 수소충전소   샌프란시스코 수소충전소

자료: HYDROGEN FUEL CELL PARTNERSHIP. "https://h2fcp.org/stationmap".(2023.6.30. 검색).

프랑스 Air Liquide, 독일 Linde, 일본 도요타와 혼다, 한국 현대자동차 등이 세계 수소기술 특허 출원을 선도하고 있다. 수소생산 분야 기술 특허는 프랑스 Air Liquide, 독일 Linde, 일본 파나소닉, 프랑스 CEA, 미국 Air Products가 주도하고 있다. 수소생산 특허기술 건수는 프랑스 Air Liquide 218건, 독일 Linde 203건, 일본 파나소닉 133건, 프랑스 CEA 119건에 이른다. 수소유통 분야 기술 특허는 일본 도요타, 프랑스 Air Liquide, 독일 Linde가 선도하고 있다. 수소유통 특허기술 건수는 일본 도요타 164건, 프랑스 Air Liquide 144건, 독일 Linde 127건에 이른다. 수소활용 분야 기술 특허는 일본 도요타, 한국 현대자동차, 일본 혼다가 주도하고 있다. 수소활용 특허기술 건수는 일본 도요타 530건, 한국 현대자동차 319건, 일본 혼다 200건에 이른다.

세계 주요 기업의 수소기술 특허출원 건수 현황(2011~2020년)

(단위: 건)

구분	Production		Storage, distribution and transformation		End-use application	
	Established technologies	Motivated by climate	Established technologies	Motivated by climate	Established technologies	Motivated by climate
Top 4 - Eastablished						
Air Liquide(FR)	174	44	94	50	18	21
Linde(DE)	155	48	87	40	9	23
Air Products(US)	61	20	30	13	2	8
BASF(DE)	34	34	23	11	2	13
Top 4 - Motivated by Climate						
Toyota(JP)	12	48	114	50	2	528
Hyundai(KR)	1	16	44	14		319
Honda(JP)	7	48	48	16		200
Panasonic(JP)	5	128	2	1		6
Top 3 - Research						
CEA(FR)	10	109	21	11	1	7
IFPEN(FR)	48	30	4	8	1	30
CNRS(FR)	3	30	4	12	1	7

자료: IEA(2023). Hydrogen patents for a clean energy future: A global trend analysis of innovation along hydrogen value chains.

우리나라의 수소경제 현황은 수소차 보급 1위 등 수소활용 분야는 뒤지지 않으나 수소 생산-유통 분야는 주요국에 비해 현재 미흡하다. 2022년 기준 국내 수소분야 매출액은 총 12,499,494백만 원이며, 이 중 수소생산 2,688,619백만 원, 수소유통 1,108,846백만 원, 수소활용 8,090,684백만 원, 수소 관련 서비스 611,345백만 원이다. 수소활용 분야 매출액이 전체의 65%로 가장 많이 차지하고 있다. 수소산업 종사자 수는 총 34,380명이며, 이 중 수소생산 6,172명, 수소유통 3,381명, 수소활용 21,703명, 수소 관련 서비스 3,124명이다. 수소활용 분야 종사자 수가 전체의 63%로 가장 많이 차지한다. 수소업체 수 비중은 수소생산 12.8%, 수소유통 25.8%, 수소활용 46.6%, 수소관련 서비스 14.8%로서 역시 수소활용 분야 수소기업이 가장 많다.

💡 2022년 국내 수소산업 생태계 현황

대분류	업체 수 비중 (%)	기업규모(%)				수소분야 매출액 (백만 원)	수소분야 투자액 (백만 원)	수소산업 종사자 수 (명)
		대기업	중견 기업	중소 기업	기타			
수소 생산	12.8	14.0	14.0	71.7	0.3	2,688,619	1,503,186	6,172
수소 유통	25.8	2.5	5.8	88.8	2.8	1,108,846	106,358	3,381
수소 활용	46.6	12.1	19.3	63.3	5.3	8,090,684	1,799,939	21,703
수소 관련 서비스	14.8	5.8	9.8	54.5	29.9	611,345	737,373	3,124
전체						12,499,494	4,146,856	34,380

자료: 수소경제 종합정보포털. "https://h2hub.or.kr/main/stat/stat_abroad_ecosystem.do"(2024.4.17. 검색).

2022년 기준 국내 수소 생산량은 총 209만 9,011톤인데, 부생방식 64%, 제조방식 36%로서 블루 및 그린 청정수소 생산은 거의 없는 실정이다. 2018년 192만 3,942톤, 2019년 196만 2,427톤, 2020년 197만 8,632톤으로 2024년 4월 기준 사실상 수소생산이 제자리걸음이다. 권역별로는 경상권이 826,524톤 41%로 가장 많고, 다음으로 전라권 658,171톤, 중부권 309,378톤 순이며, 수도권은 229,405톤 생산으로 인구나 산업 수에 비해 매우 적은 11.3%에 불과하다.

🔆 국내 수소 생산량(생산방식별)

연도	생산방식(톤)		
	제조방식	부생방식	합계
2022	737,597	1,361,414	2,099,011

자료: 수소경제 종합정보포털. "https://h2hub.or.kr/main/stat/stat_product_method.do"(2024.3.12. 검색).

🔆 국내 수소 생산량(권역별)

연도	권역(톤)					
	강원권	수도권	중부권	경상권	전라권	합계
2021	8,221	229,405	309,378	826,524	658,171	2,031,699

자료: 수소경제 종합정보포털. "https://h2hub.or.kr/main/stat/stat_product_method.do"(2023.6.27. 검색).

2024년 3월 기준 전국 수소생산기지는 가동 중인 곳이 9곳, 구축 예정이 9곳으로 수도권은 평택에 기존 1곳, 구축 예정 1곳 등 2곳이다. 운영중인 경기 평택의 수소생산기지는 2,350톤/년, 3,300Nm³/h(7.1톤/일)으로 단일 규모로는 가장 큰 규모 생산시설이다. 수전해 기반 수소생산기지는 전북 부안 등 4곳에 구축 예정이며, 탄소포집형 수소생산기지는 충북 청주에 990톤/년(3톤/일) 구축 예정이다.

🔆 국내 수소생산기지 구축 현황(2024.3. 기준)

구분	지역	설치시기	생산량	운영기관
소규모 생산기지	경남 창원	2021.4.	330톤/년, 460Nm³/h(1톤/일)	제이엔케이히터(주)
	강원 삼척	2022.9.	429톤/년(330일), 600Nm³/h(1.2톤/일)	디에이치투에너지(주)
	경기 평택	2022.7.	2,350톤/년, 3,300Nm³/h(7.1톤/일)	한국가스기술공사

	대전 동구	2023.3.	430톤/년 600Nm³/h(1.2톤/일)	대전도시공사
	부산 기장	2023.3.	430톤/년, 600Nm³/h(1.2톤/일)	한국가스기술공사
	인천 중구	2023.3.	430톤/년, 600Nm³/h(1.2톤/일)	인천그린에너지
	전북 완주	구축 예정	720톤/년, 600Nm³/h(2톤/일)	한국가스공사
중대규모 생산기지	광주 광산	구축 예정	1,420톤/년, 2,000Nm³/h(4.3톤/일)	한국가스공사
	경남 창원	구축 예정	3,560톤/년, 5,000Nm³/h(10.8톤/일)	한국가스공사
	경기 평택	구축 예정	5,340톤/년, 7,500Nm³/h(16.2톤/일)	한국가스공사
수전해 기반 수소생산기지	전북 부안	구축 예정	330톤/년, 466Nm³/h(1톤/일)	전북테크노파크
	강원 평창	구축 예정	330톤/년, 466Nm³/h(1톤/일)	한국가스공사
	강원 동해	구축 예정	330톤/년, 466Nm³/h(1톤/일)	미정
	충남 보령	구축 예정	330톤/년, 466Nm³/h(1톤/일)	미정
탄소포집형 생산기지	충북 청주	구축 예정	990톤/년(3톤/일)	JNK 히터

자료: 수소경제 종합정보포털. "https://h2hub.or.kr/main/stat/stat_product_method.do"(2024.4.17.
검색).

　　국내 수소유통 분야 수소경제 현황으로서 수소출하센터는 충남 당진, 전남 여수에 각 1개 운영 중이며, 울산 남구, 충남 서산에 추가 구축할 예정이다.

💡 국내 수소출하센터 구축 현황(2024.3. 기준)

지역	구축시기	출하량	운영기관
충남 당진	2021.5.	2,000톤/년	하이넷
전남 여수	2022.8.	2,560톤/년	덕양에너젠
울산 남구	구축 예정	4,950톤/년	린데수소에너지
충남 서산	구축 예정	5,250톤/년	롯데 – 에어리퀴드에너하이

자료: 수소경제 종합정보포털. "https://h2hub.or.kr/main/stat/stat_product_base.do"(2024.4.17. 검색).

2021년 기준 대부분의 수소운송 수단인 수소 튜브트레일러는 전국 917대가 운행 중이며, 경상권에 397대로 가장 많고, 수도권은 174대 정도이다.

💡 2021년 국내 운송설비 현황(권역별) - 수소튜브트레일러

구분	강원권	수도권	중부권	경상권	전라권
200bar(대)	8	174	279	397	59
400bar(대)	0	0	0	0	0
합계(대)	8	174	279	397	59

자료: 수소경제 종합정보포털. "https://h2hub.or.kr/main/stat/stat_distribute_area_tube.do"(2023.6.27. 검색).

향후 수소 밸류체인 구축과 수소경제 활성화의 중요한 인프라 중 하나인 수소배관은 전국적으로 총 257.355km가 설치 운영되고 있는데, 경상권이 132.285km로 가장 많이 설치되어 있고, 경기도를 포함한 수도권은 겨우 34.448km에 그치고 있다.

2022년 국내 운송설비 현황(권역별) - 수소배관

구분	강원권	수도권	중부권	경상권	전라권	합계
배관 길이(km)	0	34.448	21.88	132.285	68.742	257.355

자료: 수소경제 종합정보포털. "https://h2hub.or.kr/main/stat/stat_distribute_area_pipe.do"(2024.4.17. 검색).

2023년 5월 기준 우리나라가 가장 강점을 보이고 있는 수소활용소비 분야인 수소차는 국내 총 32,168대가 보급 운행 중이다. 이 중 경기도에 7,014대로 가장 많고, 다음으로 서울 3,057대, 울산 2,727대, 강원 2,652대, 경남 2,613대 순으로 보급되어 있다.

⚡ 전국 시·도별 수소차 보급 현황(2023.5. 기준)

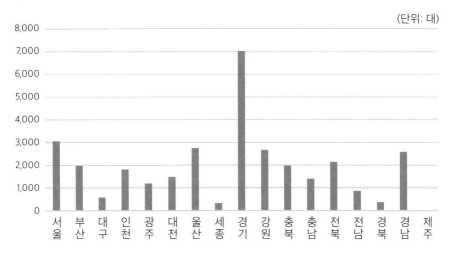

(단위: 대)

서울	부산	대구	인천	광주	대전	울산	세종	경기
3,057	1,991	582	1,795	1,213	1,470	2,727	321	7,014

강원	충북	충남	전북	전남	경북	경남	제주	계
2,652	1,944	1,405	2,136	901	333	2,613	14	32,168

자료: 국토교통부(2023). 『국토교통 통계누리』.

2023년 5월 기준 국내 운영 중인 수소충전소는 충전기 기준으로 244기(충전소 기준 175개소)이며, 경기도가 42기(27개소)로 가장 많다. 다음으로 경남 23기, 충남 22기, 울산, 충북 각 21기 순으로 운영 중이다. 경기도는 2021년부터 크게 증가하는 경향을 보이고 있다. 2024년 1월 기준 국내 수소충전소는 모두 285기이다.

전국 시·도별 연도별 수소충전소 설치 현황(2023.5. 기준)

(단위: 기, 누적)

구분	'15년	'16년	'17년	'18년	'19년	'20년	'21년	'22년	'23년 5월
합계	8	8	10	14	36	70	170	229	244
서울시	-	-	-	-	1	4	11	14	14
부산시	-	-	-	-	2	2	5	9	9
대구시	1	1	1	1	1	1	4	6	6
인천시	1	1	1	1	2	3	7	10	13
광주시	1	1	1	2	3	5	8	10	10
대전시	-	-	-	-	1	3	10	13	14
울산시	-	-	1	3	8	12	18	21	21
세종시	-	-	-	-	-	1	2	3	3
경기도	4	4	4	4	8	11	32	41	42
강원도	-	-	-	-	-	2	8	14	14
충북도	-	-	-	-	1	5	13	21	21
충남도	1	1	1	1	2	6	18	19	22
전북도	-	-	-	-	-	5	11	16	17
전남도	-	-	-	-	1	2	4	6	6
경북도	-	-	-	-	1	1	3	6	7
경남도	-	-	1	2	5	7	16	20	23
제주도	-	-	-	-	-	-	-	-	2

자료: 박상혁 국회의원(2023). 2015년 이후 현도별 지내에 실치된 수소충전기 대수(산업통상자원부 유구자료)".

2023년 3월 기준 국내 수소연료전지 발전량은 총 882MW로 원전 0.6기에 해당하는 규모이다. 경기도가 256MW로 가장 많으며, 다음으로 인천 227MW, 서울 68MW, 충남 64MW 순으로 발전량을 보이고 있다. 2024년 1월에 수소연료전지 발전량이 1,000MW에 이르고 있다.

전국 시·도별 수소연료전지 발전량 현황(2023.3. 기준)

(단위: MW)

서울	부산	대구	인천	광주	대전	울산	세종	경기
68	42	1	227	21	7	36	5	256
강원	충북	충남	전북	전남	경북	경남	제주	계
34	40	64	21	50	4	5	0	882

자료: 전력거래소(2023). "전력통계정보시스템".

전국 시·도별 수소생산기지, 수소출하센터, 수소차, 수소충전소, 수소연료전지 발전량 현황
(2023.3. 기준)

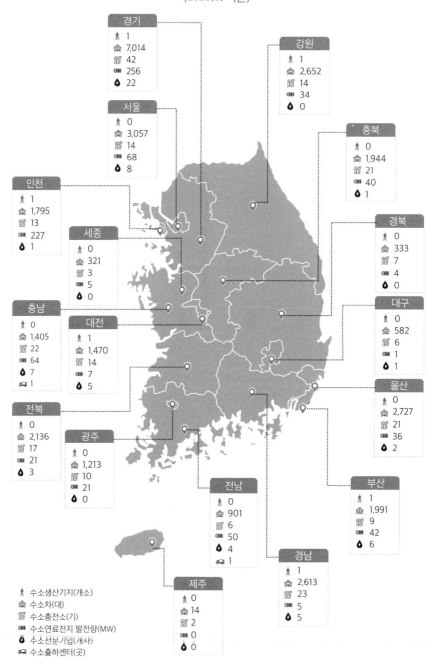

경기
- 🗼 1
- 🚗 7,014
- 🏭 42
- ▭ 256
- ♦ 22

강원
- 🗼 1
- 🚗 2,652
- 🏭 14
- ▭ 34
- ♦ 0

서울
- 🗼 0
- 🚗 3,057
- 🏭 14
- ▭ 68
- ♦ 8

충북
- 🗼 0
- 🚗 1,944
- 🏭 21
- ▭ 40
- ♦ 1

인천
- 🗼 1
- 🚗 1,795
- 🏭 13
- ▭ 227
- ♦ 1

세종
- 🗼 0
- 🚗 321
- 🏭 3
- ▭ 5
- ♦ 0

경북
- 🗼 0
- 🚗 333
- 🏭 7
- ▭ 4
- ♦ 0

충남
- 🗼 0
- 🚗 1,405
- 🏭 22
- ▭ 64
- ♦ 7
- 🚙 1

대전
- 🗼 1
- 🚗 1,470
- 🏭 14
- ▭ 7
- ♦ 5

대구
- 🗼 0
- 🚗 582
- 🏭 6
- ▭ 1
- ♦ 1

전북
- 🗼 0
- 🚗 2,136
- 🏭 17
- ▭ 21
- ♦ 3

울산
- 🗼 0
- 🚗 2,727
- 🏭 21
- ▭ 36
- ♦ 2

광주
- 🗼 0
- 🚗 1,213
- 🏭 10
- ▭ 21
- ♦ 0

전남
- 🗼 0
- 🚗 901
- 🏭 6
- ▭ 50
- ♦ 4
- 🚙 1

부산
- 🗼 1
- 🚗 1,991
- 🏭 9
- ▭ 42
- ♦ 6

경남
- 🗼 1
- 🚗 2,613
- 🏭 23
- ▭ 5
- ♦ 5

제주
- 🗼 0
- 🚗 14
- 🏭 2
- ▭ 0
- ♦ 0

🗼 수소생산기지(개소)
🚗 수소차(대)
🏭 수소충전소(기)
▭ 수소연료전지 발전량(MW)
♦ 수소선분기업(개사)
🚙 수소출하센터(곳)

자료: 강철구·재희근·전소영(2023). 『경기도 수소경제 클러스터 조성 방안 연구』, 경기연구원.

전국 권역별 수소생산량, 수소튜브트레일러, 수소배관 현황(2021년 기준)

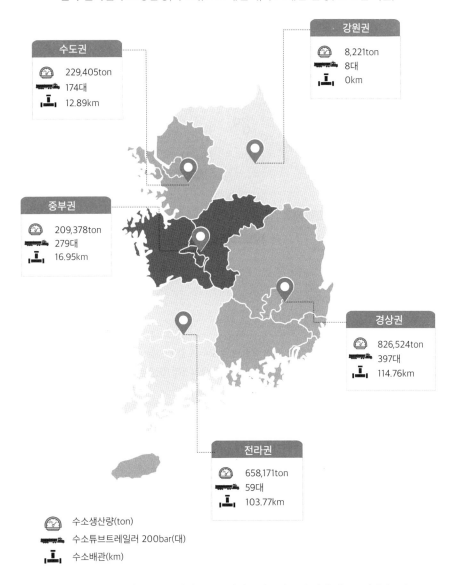

강원권
8,221ton
8대
0km

수도권
229,405ton
174대
12.89km

중부권
209,378ton
279대
16.95km

경상권
826,524ton
397대
114.76km

전라권
658,171ton
59대
103.77km

수소생산량(ton)
수소튜브트레일러 200bar(대)
수소배관(km)

자료: 강철구·채희근·전소영(2023). 『경기도 수소경제 클러스터 조성 방안 연구』, 경기연구원.

세계 수소경제 주요지표 현황(2022년 기준)

유럽
- 19.1백만 톤/년
- 1,691대
- 245개소
- 1,190건

중국
- 2.5백만 톤/년
- 6,654대
- 125개소
- 0건

한국
- 0.6백만 톤/년
- 21,723대
- 175개소
- 394건

북미
- 5.9백만 톤/년
- 6,054대
- 97개소
- 134건

아프리카
- 5.0백만 톤/년
- 0대
- 0개소
- 0건

중동·인도
- 11.1백만 톤/년
- 0대
- 2개소
- 0건

동남아
- 0.3백만 톤/년
- 0대
- 2개소
- 0건

호주
- 8.3백만 톤/년
- 0대
- 4개소
- 0건

일본
- 0.05백만 톤/년
- 3,332대
- 165개소
- 1,215건

남미
- 3.0백만 톤/년
- 0대
- 2개소
- 0건

🔷 청정수소 공급량(백만 톤/년, 2022년 8월 기준)
🔷 수소차 보급대수(대, 2021년, 2022년 신규 기준)
🔷 수소충전소 운영(개소, 2023년 5월 기준)
🔷 주요기업 수소기술 특허건수(건, 2011~2020년)

주: 청정수소 공급량은 현재 공급량 및 계획 목표량을 모두 포함한 것임.
자료: 강철구·채희근·전소영(2023). 『경기도 수소경제 클러스터 조성 방안 연구』, 경기연구원.

한편 수소경제의 트렌드 변화를 보면 글로벌 수소경제가 도입기를 지나 성장초기 단계에 진입하였다. 러-우 사태發 에너지 공급망 위기로 천연가스 등 전통 에너지에서 新에너지인 수소 활용이 가속화될 것으로 전망된다. EU는 2030년 수소 소비량 목표를 4배로 대폭 상향(500 → 2,000만 톤, '22.3.), 2027년까지 간선도로 100km마다 수소충전소 설치를 의무화하고 있다('22.10.). 글로벌 기업들은 수소 생태계 확장을 위한 대규모 투자를 추진하고 있다. 에어버스, 에어리퀴드 등이 참여하는 2.6조 원 규모 수소펀드(Hy24) 조성, 투자를 하고 있으며, 수소경제 이행을 위한 대규모 청정수소 생산도 본격화하고 있다. 세계 주요국은 그레이수소 대비 온실가스 배출 수준이 낮은 청정수소 생산에 대한 집중 지원을 하고 있다. 미국은 IRA법 내 청정수소생산 세액공제($0.6-3/kg·H₄) 지원 근거를 마련하였다(2022.8.). 영국은 청정수소 제조 프로젝트 자금 지원을 발표하였다(2.4억 파운드 늑 3,880억 원, 2022.4.). 국가별 여건에 따라 다양한 청정수소 생산방식을 활용하면서 생산설비 용량도 대폭 확대할 계획이며, 2030년 저탄소수소생산 용량 목표를 확대할 계획이다. 프랑스는 영국 원전에 2MW 규모의 수전해를 실증 중으로, '35년까지 550MW 규모로 확대 계획이다. 자국 내 수소 생산·소비에서 국가 간 거래가 가시화하고 있다. 수소수출 국가(호주, 중동, 남미 등)와 수소활용 국가(EU, 일본, 한국 등) 간 수소거래 필요성이 발생함에 따라 국제 거래가 본격화하고 있다. 독일은 국제수소거래시장 "H2Global"을 설립하였고('21.6.), 사우디아라비아는 세계 최대 수소 수출국을 목표로 하고 있다. 국가 간 장거리·대용량 저장 및 운송을 위한 노력을 활발히 전개하고 있다. 일본은 세계 최초 액화수소 운반선을 실증하였다(호주 → 일본, '22.2.). EU는 노르웨이–독일 간 수소 파이프라인을 설치하였다('22.3.).

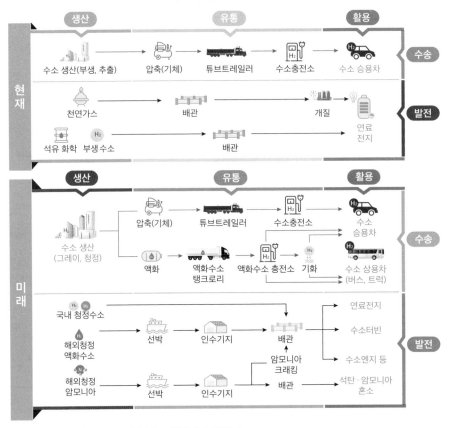

수소경제 트렌드 변화

자료: 관계부처 합동(2022). 청정수소 생태계 조성방안.

(2) 수소경제 전망

IEA 분석에 따르면 2050년 청정수소 생산량은 4.5억 톤으로 예상되며, 이 중 수전해수소 생산량은 3억 톤, 블루수소 생산량은 1.5억 톤이 될 것으로 전망된다.[34] 전체 수소시장 규모는 2조 달러(딜로이트는 2,800조 원 예상), 기술개발과 생산 경쟁강화로 인해 수소 생산단가는 절반으로 인하될 것으로 예상된다. 또한 2050년경에는 세계 그레이수소 생산은 전무하고, 모두 청정수소로만 공급될 것으로 IEA는 전망하고 있다. 현재는 대부분 생산과정에서 탄소가 배출되는 그레

---

34 IEA(2023). Hydrogen patents for a clean energy future: A global trend analysis of innovation along hydrogen value chains.

이수소 방식으로 생산되고 있으며, 그린수소 생산기술이 상용화되고 있는 단계이다. 또한 2050년 청정수소 수요량은 4.5억 톤으로 예상되는 가운데 산업용·수송용·수소투입 제품생산용 각 1.2억 톤, 연료전지발전용 0.8억 톤, 빌딩용·석유정제용 각 0.2억 톤의 활용 소비가 예상된다.

청정수소 수요공급량 전망

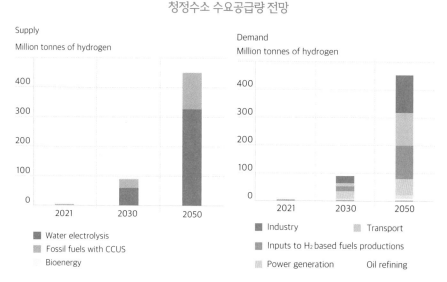

자료: IEA(2023). Hydrogen patents for a clean energy future: A global trend analysis of innovation along hydrogen value chains.

세계 수소 생산시장 규모는 2020년 1,296억 달러에서 연평균 9.2% 성장해 2025년에는 약 2,014억 달러에 이르고 생산량은 꾸준히 증가할 것으로 예상된다.[35] 아시아-태평양 지역이 가장 높은 성장률(연평균 10.0%)을 기록하며 2025년 935억 달러를 차지할 것으로 예상한다.

---

35 장현숙 외(2023). "수소산업 경쟁력 강화를 위한 정책 연구: ① 친환경 수소생산을 위한 주요국 정책 비교", 『TRADE FOCUS』, 2023년 12호, 한국무역협회 국제무역통상연구원.

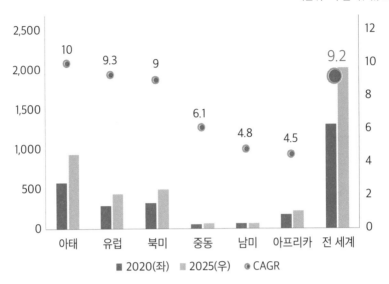

세계 지역별 수소 생산시장 추이

(단위: 억 달러(좌), %(우))

자료: 장현숙 외(2023). "수소산업 경쟁력 강화를 위한 정책 연구: ① 친환경 수소생산을 위한 주요국
정책 비교", 『TRADE FOCUS』, 2023년 12호, 한국무역협회 국제무역통상연구원에서 재인용.

　　주요국들의 생산시장은 연평균 두 자릿수에 가까운 성장률(2020~2025년)이 전망돼 높은 시장 성장성이 기대된다. 중국은 2020년 기준 글로벌 1위 수소 생산시장(274억 달러, 세계시장 점유율 21.1%)을 보유하고 있으며 시장규모는 2025년 약 427억 달러에 달할 전망이다. 미국은 2020년 기준 글로벌 2위 수소생산시장(232억 달러, 점유율 17.9%)으로서 2025년 359억 달러 규모로 성장할 것으로 예상된다. 풍부한 천연가스 생산량으로 수소생산 원료 중 천연가스를 가장 많이 활용하며, 수전해 수소생산시 원자력(13.7%)을 주원료로 활용한다. 일본은 2020년 74억 달러의 생산시장 규모(점유율 9.1%)로서 2025년 약 119억 달러로 성장할 전망이다. 독일은 2020년 약 60억 달러의 생산 시장 규모(점유율 4.7%)에서 2025년 약 95억 달러로 성장할 전망이다. 호주는 2020년 약 44억 달러의 생산시장(점유율 3.4%)에서 2025년에는 71억 달러 규모로 성장할 전망이다. 개질수소 생산이 주를 이루나 수전해 수소 생산단가 하락을 위해 인프라를 확충 중이다.[36]

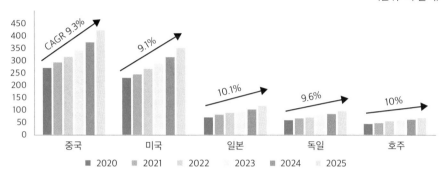

주요국 수소 생산시장 추이

(단위: 억 달러)

자료: 장현숙 외(2023). "수소산업 경쟁력 강화를 위한 정책 연구: ① 친환경 수소생산을 위한 주요국 정책 비교", 『TRADE FOCUS』, 2023년 12호, 한국무역협회 국제무역통상연구원에서 재인용.

그리고 수전해 설비의 급격한 성장과 함께 점차 그린수소 중심으로 글로벌 수소 생산량이 대폭 확대되며, 2030년대 중반 그린수소가 에너지 시장의 주류로 등극할 것으로 전망되는 가운데, 세계 수전해 설치용량은 2030년 연간 85GW에 이를 것으로 예상된다.[37]

---

36 장현숙 외(2023). "수소산업 경쟁력 강화를 위한 정책 연구: ① 친환경 수소생산을 위한 주요국 정책 비교", 『TRADE FOCUS』, 2023년 12호, 한국무역협회 국제무역통상연구원.

37 상기지료.

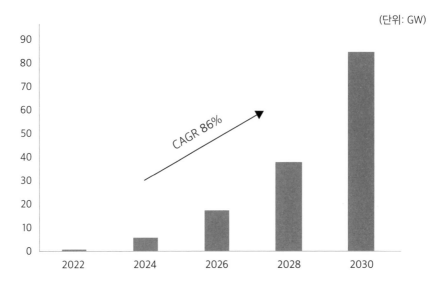

세계 연간 수전해 설치 용량

(단위: GW)

자료: 장현숙 외(2023). "수소산업 경쟁력 강화를 위한 정책 연구: ① 친환경 수소생산을 위한 주요국 정책 비교", 『TRADE FOCUS』, 2023년 12호, 한국무역협회 국제무역통상연구원.

　　세계 수소 저장시장 규모는 2021년 147억 달러에서 연평균 4.4% 성장해 2030년에는 약 217억 달러에 이르고, 저장시장의 성장이 운송시장의 성장을 견인할 것으로 전망된다. 액화수소 저장 기술 등이 상용화될시 저장 기술을 연계한 인프라 투자가 활성화되어 수소 운송시장은 2050년 5,660억 달러까지 성장할 것으로 예상된다.[38]

---

38 임지훈 외(2023). "수소산업 경쟁력 강화를 위한 정책 연구: ② 수소 저장·운송 산업 육성 현황과 정책과제", 『TRADE FOCUS』, 2023년 14호, 한국무역협회 국제무역통상연구원.

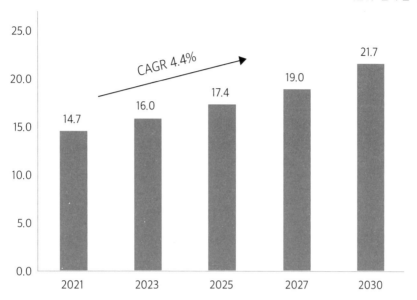

세계 수소 저장시장 추이

(단위: 십억 달러)

자료: 임지훈 외(2023). "수소산업 경쟁력 강화를 위한 정책 연구: ② 수소 저장 운송 산업 육성 현황과
정책과제", 『TRADE FOCUS』, 2023년 14호, 한국무역협회 국제무역통상연구원에서 재인용.

세계 수소활용시장 규모는 2050년 약 1조 달러(1,338조 원) 규모 시장이 형성되어 전체 수소 시장에서 약 50%를 차지하고, 수송수단, 산업, 발전 부문에서 고른 수요 분포를 보일 것으로 전망된다. 가장 큰 비중을 차지하는 영역은 차량, 선박 등 수송수단 부문으로 연간 약 7,000억 달러 규모의 시장이 형성될 것으로 예상된다. 연료전지를 활용한 발전 및 난방 부문도 연간 약 3,160억 달러 규모 시장이 형성되어 수송수단 부문 다음으로 큰 시장을 형성할 것으로 전망되며, 수소환원제철방식 확산에 따라 철강 부문도 연간 140억 달러 시장 규모가 형성될 것으로 전망된다.[39]

종합적으로 세계 수소시장 규모를 2050년 기준으로 추정해 보면 약 20,610

---

39 황준석 외(2023). "수소산업 경쟁력 강화를 위한 정책 연구: ③ 주요국 수소 활용 정책 비교 및 개선방안", 『TRADE FOCUS』, 2023년 16호, 한국무역협회 국제무역통상연구원.

억 달러(2,759조 원)에 이를 것으로 전망된다. 수소밸류체인별로는 생산분야 4,190억 달러, 저장·운송분야 6,130억 달러, 활용분야 10,290억 달러에 이를 것으로 예상된다.[40] BloombergNEF의 전망[41]에 따르면 2050년에는 청정수소의 생산단가가 현재의 1kg당 2.5~4.6달러에서 0.8~1.6달러 수준까지 하락할 것으로 보고 있어, 가격경쟁력을 확보하여 수소경제를 활성화하는 데 큰 도움이 될 것으로 보인다. 수소 생산단가 1kg당 3달러(4,000원) 수준을 경제성 확보 기준으로 보고 있는 만큼 2030년경에는 수소경제의 본격화를 충분히 예상할 수 있다.

☀ 2050 세계 수소시장 규모 전망

생산		저장·운송		활용	
4,190억 달러		6,130억 달러		10,290억 달러	
그린수소(수전해)	210	액화시설 및 수출 터미널	3,030	지상교통수단	6,370
		수입터미널	1,480		
블루수소인프라 (SMR+CCU)	870	파이프라인	720	선박	620
		수소충전소	470	철강	140
원료매출	3,110	수소선박(운송)	360	발전·난방	3,160
		트럭 및 트레일러	70		

자료: 황준석 외(2023). "수소산업 경쟁력 강화를 위한 정책 연구: ③ 주요국 수소 활용 정책 비교 및 개선방안", 『TRADE FOCUS』, 2023년 16호, 한국무역협회 국제무역통상연구원.

---

40 황준석 외(2023). "수소산업 경쟁력 강화를 위한 정책 연구: ③ 수요국 수소 활용 정책 비교 및 개선방안", 『TRADE FOCUS』, 2023년 16호, 한국무역협회 국제무역통상연구원.

41 BloombergNEF(2020). Hydrogen Economy Outlook.

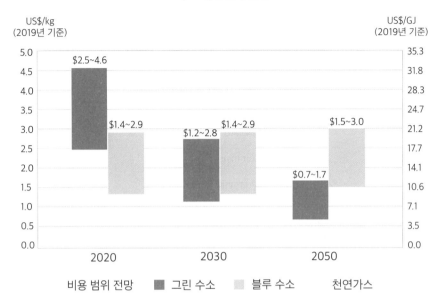

수소 생산단가 전망

비용 범위 전망 ■ 그린 수소   ■ 블루 수소   □ 천연가스

자료: Eric Vennix 외(2021). "2050 탄소중립 로드맵 - 실행 가능한 수소경제 창조", 『딜로이트 인사이트』, 19호: pp.99-146에서 재인용.

큐와이리서치 코리아(QYResearch Korea, 2023)에 따르면 수소연료전지(Fuel Cell)의 글로벌 시장규모는 2022년 52.81억 달러를 기록하면서 향후 6년간 연평균 29.2% 성장하여 2028년 245.9억 달러 규모에 도달할 것으로 전망된다. 2022년 수소연료전지 제조 판매 매출액 기준 글로벌 1위 기업은 미국의 플러그파워, 2위는 한국의 현대모비스, 3위는 일본의 도요타로 집계되었다. 한국의 현대모비스는 2021년에는 4위였으나 매출이 증가하여 일본의 파나소닉, 도시바 ESS를 앞섰다. 현대모비스의 수소연료전지사업은 2024년부터 현대자동차로 이관되어 그룹 차원에서 본격 추진되고 있다. 국내 연료전지 기업으로는 현대모비스 외에도 두산퓨얼셀, 하이엑시엄, 에스퓨얼셀, 범한퓨얼셀, 미코파워, STX에너지솔루션, 에이치앤파워, 한국퓨얼셀, 가온셀 등 다수 기업이 수소연료전지 사업에 진출해 있다.

글로벌 수소연료전지 제조 판매 TOP 7 기업(2022년 매출 기준)

순위	기업명	본사/생산국
1	Plug Power	일본
2	Hyundai Mobis	한국
3	Toyota	일본
4	Ballard	캐나다
5	Cummins	미국
6	Panasonic	일본
7	Cemt	중국

자료: QYResearch(2023). MEA & PEM Fuel Cell - Global Market Share and Ranking, Overall Sales and Demand Forecast 2024~2030.

세계 수소시장 변화 전망

단계	준비기 (2020~2025)	수소 시장형성 (2025~2030)	수소 생산 경제성 확보 (2030~2040)	수소경제 실현 시작 (2040~2050)
주요 시장 변화	• 경제성 확인 목적의 시범 프로젝트 • 기존 수소 내수 수요의 탈탄소화 초점 • 수전해설비 시장 성장/확산 시작 • EU 선도하에 국가 차원 수소전략 수립	• 평균 그린수소 프로젝트 • 규모 100MW 도달 • 추진 중 블루수소 프로젝트 가동 시작 • 기존 수요의 탈탄소화 목적이나 상업화된 규모에 도달 예상 • 새로운 수소 애플리케이션 프로젝트 추진사례 확산 • 수소환원제철 가동	• 그린수소 생산원가 $2/kg으로 하락 • 국가 간 수소 공급계약 체결 및 실행 • EU 외 지역에서의 확산 시작 • 수소-천연가스 혼합으로의 전환 준비 • 새로운 수소생산기술 시범프로젝트 스케일로 전개	• 현재 상업화 근접한 end-use 시장으로 확대 • 중국/미국이 다수 점유하는 시장으로 성장 • 그린수소 생산원가 달성

자료: 딜로이트(2022). "기후기술과 수소경제의 미래", 『Deloitte Insights』, 2022 No.24.

CHAPTER
03

수소경제 정책동향

CHAPTER
03

수소경제 정책동향[1]

1 해외 수소경제 정책동향

　　수소경제 동참 국가가 확산 중이며, 주요 국가들은 수소경제 목표 또는 지원을 상향하고 있다. 정부 차원의 수소경제 로드맵 발표 국가가 신흥국으로도 확장되며 점점 증가하였고, 사우디아라비아 등 산유국들도 수소 생산·수출에 유리해 적극적인 편이다. IEA에 따르면 지금까지 수소경제 관련 중앙정부 로드맵을 발표한 국가는 2022년 기준 30여 개국이다. Hydrogen Council에 따르면 수소경제 로드맵을 신규 발표 또는 추가한 건수는 2020년 11건, 2021년 24건, 2022년 15건에 이른다. 2020년 EU의 수소전략 발표 이후 2022년 3월 중국은 중앙정부 차원의 수소 종합 로드맵 수소에너지산업 중장기 발전계획('21~'35)을 발표했으며, 미국은 2023년 6월 국가 청정수소 전략 및 로드맵을 개정 발표하면서 정부 차원에서 본격적으로 수소경제 구축에 나서고 있다.

　　정부 로드맵 발표 국가가 초기 EU 중심에서 아시아, 북미, 남미, 중동, 아프

1　　강철구·채희근·전소영(2023). 『경기도 수소경제 클러스터 조성 방안 연구』, 경기연구원; 강철구·왕광익(2024). 『경기도 개발사업지구 수소에너지(수소도시) 도입 방안 연구』, 경기연구원에서 발췌 정리함.

리카 등으로 확산되면서 글로벌 수소경제 구축 전략이 구체화되고 있다. 호주, 중동, 북아프리카, 미국, 동남아 등 기존 산유국들도 지리적으로 천연가스를 활용한 블루수소와 재생에너지를 활용한 그린수소 모두 생산 경쟁력이 높기 때문에 장기적인 대전환 전략에 동참하고 있으며, 원유, 천연가스에 이은 수소 수출국으로의 도약을 기대하고 있다. 에너지 안보가 대두되며 유럽은 수소 보급 목표를 상향하고, 미국은 정책 지원을 확대하는 등 수소경제 육성 정책이 강화되고 있다. 러우전쟁을 계기로 유럽은 2022년 5월 에너지 및 핵심 산업 안보 향상을 위한 'REPowerEU'를 발표, 2030년까지 수소 공급 및 활용 목표를 두 배 상향하였다. 2023년 7월 독일 연립정부는 기존 '국가수소전략'의 목표치를 상향 개정하였다. 미국은 2022년 8월 「인플레이션감축법(IRA)」을 발표하면서 청정수소 생산시설 구축에 대한 정부 지원을 확대하였고, 2023년 6월에는 각종 신규 지원책을 추가하며 기존 '국가 청정수소 전략 및 로드맵'을 보완해 발표하였다. 일본은 2023년 5월 2017년 제정한 '수소기본전략'을 개정·발표하면서 중장기 수소·암모니아 공급 목표를 상향하였다.

청정수소 기준과 생산 전략들이 수립되면서 수소생산 확대가 본격 시작하고 있다. 논란이었던 주요 국가들의 청정수소 기준(생산 시 온실가스 배출 기준)이 확정되고, 수소생산 전략들이 더욱 구체화되고 있어 수소생산 인프라 확대가 본격화될 전망이다. 대부분의 수소생산 전략은 블루수소의 마중물 역할과 장기 그린수소 위주에 초점을 두고 있다. 장기적으로 그린수소 위주의 전략이 타당하나 여전히 그린수소의 생산 비용이 비싸고 기술 향상과 투자가 더 필요하며, 지리적으로 재생에너지 및 그린수소 생산 효율이 낮은 지역들도 있기 때문에 천연가스를 활용한 블루수소도 중요한 마중물 역할을 할 전망이다. 그린수소 잠재 경쟁력이 높은 지역은 중동, 아프리카, 호주, 미국, 남미 일부, 동남아 일부, 중국 서부등인데 원유, 가스, 석탄 생산국가가 많다. 미국, 중동, 북아프리카, 호주 등은 그린수소는 물론 인프라와 경제성 등 현실적인 측면에서 블루수소에도 투자를 확대하고 있으며, 중국은 석탄과 천연가스를 활용한 블루수소에 가장 적극적인 투자국이다. 반면 EU는 그린수소 위주의 투자를 진행하고 있다. 블루수소의 생산 비용은 원재료인 천연가스 가격에 따라 결정되는데, 현재 수소의 주요 생산국인 중국, 호주, 중동에서는 그린수소 생산 비용이 블루수소에 비해 2~3배 비싸다. 호주의 수소생산은 천연가스에서 블루수소 생산이 2026년에 시작되어 2050년까지 총 공급의 20%까지 증가할 것으로 예상된다.

에너지 전문 분석기관인 BNEF는 2033년 그린수소가 블루수소보다 더 저렴해지고, 2040년에는 그레이수소보다 낮아질 것으로 예측하고 있다. 다만 블루수소의 경우 생산－수송에 이르기까지 엄격한 온실가스 배출 기준 적용 예정이어서 철저한 사전 준비가 필요하다. 청정수소로 인증받기 위한 온실가스 배출량 기준은 EU의 경우 $3.38kgCO_2eq/kgH_2$, 일본의 경우 4kg, 미국의 경우 2023년에 기존 4kg에서 2kg으로 강화하였고, 국내의 경우 연구진들이 4kg으로 제시하였다. 블루수소 생산 시 생산－수송에 이르기까지 엄격한 온실가스 배출 기준이 적용될 전망이어서 철저한 사전 준비가 필요하다. 수소의 생산과 활용에 있어 각 국가별 상황 특성을 반영해 조금씩 다른 육성 전략을 수립하여 사업을 진행하고 있다.

💡 주요 국가별 수소경제 로드맵의 핵심 내용과 특징

구분		EU	독일	미국	중국	일본	한국
수소에너지 비중		2050년 23% 이상	-	2050년 17% 이상	2050년 10% 이상	-	2050년 20%
생산	주요 추진 종류	그린	그린	블루, 그린	블루, 그린	블루, 그린	블루, 그린
	주요 공급 전략	생산+수입	생산+수입	생산+수출	생산+수입	생산+수입	생산+수입
	~'30년	1천만 톤 생산, 2천만 톤 수입	50만 톤 생산 (전해조 10GW)	1천만 톤 생산	그린수소 전해조 35GW 구축 (수요 3,500만 톤)	300만 톤 공급(수입 포함)	그레이 94만, 그린 25만, 블루 75만 톤 생산, 수입 196만 톤(50%)
	~'50년	-	-	5천만 톤 생산	그린수소 전해조 500GW 구축 (수요 6,000만 톤)	2천만 톤 공급(수입 포함)	그린 300만, 블루 200만 톤 생산, 수입 2,290만 톤 (82%)
저장·운송		대규모 천연가스 파이프라인 적극 활용 & 액화 수송			근거리 기체수송, 장거리 액화수송		
활용		산업공정에 우선 활용, 대형 상용차, 합성 바이오연료(이퓨얼) 원료 등에 활용(발전용은 소극적)			발전용/건물용, 수송용, 산업공정 등 다양한 분야에 활용(EU와 미국에 비해 발전용과 차량용에 더 적극 활용)		
거점 구축 전략		생산이나 활용에 유리한 지역 위주				생산이나 수입에 유리한 지역 위주	
기술 육성 전략		역내 핵심기술 확보	전 밸류체인에 걸친 제조업 및 기술 헤게모니 선도 유지	전 밸류체인에 걸친 제조업 및 기술 헤게모니 추격	전 밸류체인에 걸친 제조업 및 기술 헤게모니 선도 유지	전 밸류체인에 걸친 제조업 및 기술 헤게모니 추격	

자료: 각 국가별 수소경제 로드맵 자료들을 토대로 작성함.

공통적으로는 주요 국가 대부분 우선 거점 위주의 인프라 구축 전략을 추진하고 있다. 운송에는 기체와 액화 모두 활용되지만 천연가스 파이프라인이 최대한 이용될 전망이며, 상온 액화 운송에 유리한 암모니아 방식이 부상하고 있다. 초기 효율적인 수소경제 육성을 위해 주요 국가들 대부분 대규모 생산/수입/활용에 유리한 우선 거점(허브) 위주로 인프라를 먼저 구축하는 전략을 선택하고 있다. 운송 전략 측면에서는 거점 위주로 근거리 기체 수송과 원거리 액화 수송 방식을 채택하고 있으며, EU와 미국은 역내에서 기존 대규모 천연가스 파이프라인을 최대한 활용해 혼류 운송을 계획 중이며, 대규모 수입·수출이 예상되는 국가들은 항만 지역에 액화 수송을 위한 인프라 구축을 진행하고 있다. 수소의 액화 및 운송에 높은 비용이 소요되기 때문에 상온 액화 운송에 유리한 암모니아 형태로 활용하는 방식이 부상하고 있다. 암모니아는 LPG와 물성이 유사하다. 공통적으로 수소 승용차보다는 상용차(트럭, 버스, 지게차 등)에 주력, 국가 간 수소의 안정적 공급망 확보 경쟁이 치열하다. 승용차 분야에서는 배터리전기차의 대중화가 빠르게 진행되고 있어 후발 주자인 수소차가 침투하기 점점 어려워지고 있다. 그러나 배터리의 한계로 인해 중량이 크고 장거리·장시간 운행이 불가피한 대형 상용차(트럭, 버스, 건설기계), 지게차 등의 분야는 수소차가 경쟁력이 있다. 또한 배터리 전동화가 어려운 선박, 항공 등에도 장기적으로 경쟁력이 있다. 에너지 안보와 초기 수소경제 구축 선도 차원에서 국가간 협력 강화를 통한 수소의 안정적인 공급망 확보 경쟁이 치열하다. 수소시대에도 유럽, 중국, 일본, 한국, 대만 등의 산업 국가들은 다량의 수소 수입이 불가피하기 때문에 경제성 높은 수소의 안정적인 확보가 매우 중요하다. 중동, 아프리카, 호주, 동남아, 남미 지역 등에서의 국가 간 수소 확보 경쟁이 치열할 것으로 예상되며 국가 차원에서의 자원 외교 경쟁이 이미 시작되었다. 글로벌 수소 프로젝트 증가 추세 지속, 특히 생산과 수송 인프라 구축에 집중하고 있다. 탄소감축 노력 강화, 정책 지원 확대, 기술 향상 등으로 전 세계적으로 수소경제 투자 증가세 지속, 특히 생산과 수송 인프라 등 공급에 집중적으로 투자하고 있다.

수소경제 관련 직접투자 증가세 추이

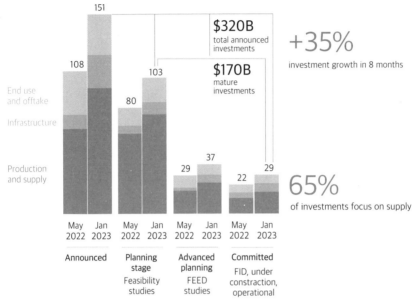

Direct hydrogen investments until 2030, $B

자료: Hydrogen Council(2023). Hydrogen Insights 2023.

지금까지 발표된 프로젝트를 근거로 한 전 세계 수소생산 능력 전망

Cumulative production capacity announced, Mt p.a.

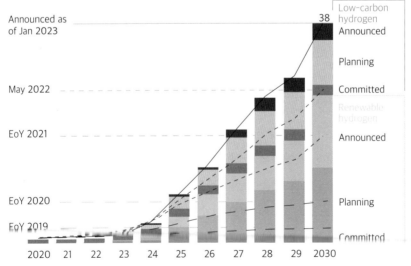

자료. Hydrogen Council(2023). Hydrogen Insights 2023.

독일은 그린수소 생산을 목표로 생산비용 절감을 위해 전력 부과금을 면제(3.723¢/kWh)하고, 수소공급이 가능한 33개국을 대상으로 그린수소 수입 전략을 수립했다. 미국은 자국내 수소시장 활성화를 목표로 약 95억 달러(인프라 법), 225억 달러(IRA) 규모의 보조금을 활용해 기술 개발과 생산단가 절감(kg당 60¢ − $3 세액 공제)을 위해 힘쓰고 있다. 일본은 수소사회 실현을 위해 2027년부터 15년간 화석연료와의 발전단가 차이를 지원할 예정이며, 호주·사우디아라비아 등 해외로부터 수소를 수입하는 정책을 병행 추진 중이다. 중국과 호주는 각각 세계 1위 수소 생산국가 유지와 수소 수출 1위 국가를 유지하기 위한 중장기 전략들을 추진하고 있다.[2]

⚡ 수소생산을 위한 주요국 정책 비교

구분	독일	미국	일본	중국	한국
대표 정책	• 국가수소전략 (Die Nationale Wasserstoff strategie, '20.6.)	• 수소경제 로드 맵(Roadmap to a US Hydrogen Economy, '20.3.) • 청정수소 전략 로드 맵(Clean Hydrogen Strategy Roadmap, '23.6.)	• 국가수소전략(水素基本戦略, '17.9. 제정, '23.6. 개정) • 수소·연료전지산업로드맵(水素·燃料電池戦略ロードマップ, '19.3.)	• 수소에너지산업을 위한 중장기 전략(氢能产业发展中长期规划 2021~2035년, '22.3.)	• 수소경제 로드 맵('19.1.) • 수소경제 이행 기본계획('21.11.)
종류	그린	그린, 블루, 그레이	그린, 블루, 그레이	그린, 블루, 그레이	그린, 블루, 그레이
전략	생산+수입	생산	생산+수입	생산	생산+수입
청정 수소 생산 목표 (연간)	• 50만 톤 그린수소 생산(~'30)	• 청정수소(그린, 블루) 1,000만 톤 생산(~'30)('40년 2,000만 톤, '50년 5,000만 톤)	• 청정수소 42만 톤 도입(~'30)(생산량 아닌 도입량만 제시)	• 그린수소 10~20 만톤(~'25)	• 그린수소 25만 톤, 블루수소 75만 톤(~'30) • 그린수소 300만 톤, 블루수소 200만 톤(~'50)

---

2   장현숙 외(2023). "수소산업 경쟁력 강화를 위한 정책 연구: ① 친환경 수소생산을 위한 주요국 정책 비교", 『TRADE FOCUS』, 2023년 12호, 한국무역협회 국제무역통상연구원.

기업 지원책	• 중소기업 해외 생산플랜트 건 설 지원 • 그린수소 생산 관련 세금 감면	• 수소생산 세액공제	• 법인세 감면 • 화석연료와의 발전 단가 차이 보조금 지원	• 핵심기술 연구 개발 지원	• 수전해 기술개 발 지원 • 생산기지구축 지원
예산	213.6억 유로 (~'30)	• (인프라 법) 95억 달러 • (IRA) 225억 달러 (~'32)	6,996억 엔 (~'30, 약 65억 달러)	-	2.6조 원('20)
이행 점검	연도별 이행평가	연도별 이행평가	비정기적 시행	-	-
협의체	• 수소내각위원 회(국가) • 국가수소위원 회(민관)	• 기관 간 실무그룹 (국가) • 연료전지·수소연 합(민간)	• 수소분과위원회 (민관) • 수소밸류체인추진 협의회(민간)	• 중국수소에너지 연맹(민관)	• 수소경제위원회 (민관) • 수소융합얼라이 언스(민관)
특징	• 해외수입 시 해 당국의 지속가 능성 고려 • 원천기술 보유	• 수소프로젝트 다수 진행 • 생산단가 절감 주력	• 세계 최초 국가전 략 수립	• 청정수소 정의 규정	• 세계 최초 수소 법 제정

주: 국내의 장기 수소 지원 예산은 발표되지 않음.
자료: 장현숙 외(2023). "수소산업 경쟁력 강화를 위한 정책 연구: ① 친환경 수소생산을 위한 주요국
정책 비교", 『TRADE FOCUS』, 2023년 12호, 한국무역협회 국제무역통상연구원.

독일은 예견되는 폭발적인 수소 수요에 대비하기 위해 국내외 수소 유통 인
프라를 적극적으로 확대 중이다. 인접국과의 수소 유통 프로젝트를 통해 EU 역
내 수소 파이프라인을 1,800km까지 확충할 계획이며, 역외로는 자국 기업의 우
수한 수소 기술력을 바탕으로 사우디, 호주 등 수소 수출국과의 R&D 협력을 통
한 공급망 네트워크를 구축 중이다. 미국은 우수한 수소 저장 기초 연구를 바탕
으로 액화수소 저장 기술개발에 주력하고 있으며, 세계 최대 길이의 파이프라인
(2,600km)을 통해 국내 유통에 주력할 계획이다. 일본은 2030년까지 글로벌 수
소 공급망 구축을 목표로 장거리 수소 저장 및 운송 기술 고도화 전략을 추진 중
이다. 해외 수소 수입을 목적으로 한 수소 저장 기술과 운송기술 개발 및 실증사
업이 민관 합동으로 추진 중이며 호주와 긴밀한 협력관계를 맺고 있다. 호주는

수소 기술개발 및 운송 국제협력에 가장 적극적인 국가로, 수소 수출국으로 발돋움하기 위한 협력 체계를 구축 중이다. 중국은 수소 저장, 운송 기술개발 맹아기로서, 지역 차원에서의 정책적 노력이 산업 성장을 견인 중이다. 국내 수소 정책은 저장/운송에 필요한 핵심기술 개발, 기술개발 기반 국내 수소 유통 및 해외 수소 수입 인프라 확대로 크게 분류되어 추진 중이다.[3]

💡 수소 저장/운송 주요국 정책 비교 분석

구분		독일	미국	일본	호주	중국	한국
수소 저장방식		• 기체, 액화, 액상 수소 병행 추진	• 기체, 액화 수소 개발 주력 • 저비용, 고밀도 액화 수소 저장 시스템 실증	• 수입용 액화, 액상 수소 개발 주력 • 수소 저장 시스템의 대형화, 고효율	• 수출용 액화, 액상 수소 개발 주력	• 고압기체수소 저장 기술 보편화	• 기체, 액화, 액상 수소 개발을 병행 추진(~'30) • 액화수소 저장 기술 개발에 주력할 계획임을 발표('23)
국내 수소 운송 (주력 수단)		• 파이프라인 • 튜브트레일러	• 파이프라인	• 지상용 액화 탱크	• 파이프라인	• 육상용 튜브 트레일러, 파이프라인	• 파이프라인 • 육상용 튜브 트레일러 • 액화탱크 트레일러 용기 개발 병행
국외 수소 운송	운송 방식	• 인접국 수소 파이프라인 배관망 구축 • 자국 내 수입 터미널	• 자국 내 수출 터미널을 구축 계획	• 자국 내 수입 터미널을 구축 계획	• 자국 내 수출 터미널을 구축 계획	• 자국내수입 터미널 구축 계획	• 조선산업과 연계한 수소 전용 운반선 구축
	주력 운반체	• 암모니아, 액화수소 형태 수입 실증 중	• 암모니아, 액화수소 기술 실증	• 암모니아, 액화, 액상 수소 기술 실증	• 암모니아, 액화, 액상 수소 기술 실증	• 암모니아, 액화, 액상 수소기술실증	• 액화수소 상용화 전까지는 암모니아 형태로 주로 수입 계획(~'30) • 수소 항만 인프라 구축

---

3   임지훈 외(2023). "수소산업 경쟁력 강화를 위한 정책 연구; ② 수소 저장·운송 산업 육성 현황과 정책과제", 『TRADE FOCUS』, 2023년 14호, 한국무역협회 국제무역통상연구원.

수소 수입 주요 협력국	• 호주, 사우디	• 자국 내 소비 위주	• 호주, 브루나이, 사우디	• 수소 순수출 국가 목표	• 자국내소비 위주	• UAE, 말련, 사우디
국제협력 프로젝트명	• H$_2$GLOBAL('21) • HyGATE('20) • HySUPPLY('20)	-	• SPERA('15) • HySTRA('17) • CO$_2$ Zero('20)	• HESC('21)	• 자국내소비 위주	• H$_2$ STAR
저장, 운송기술 특허점유율 (2011~2020)/ RTA 지수	• 14%(EU 전체 수치)/1.3	• 23%/0.8	• 22%/1.2	-	• 1%/1.2	• 5%/0.6
저장/운송 기술 수준	• 고압기체 운송 기술 상용화 도달 • 자체 액화 상용화기술 보유	• 배관망/액화수소 운송(육상) 기술 상용화 도달	• 고압 기체 저장 운송 상용화 도달 • 액화, 액상 해상 운송 기술 개발 선두 중	• 해외국과 협력을 통한 기술개발 중	• 경쟁국 대비 낮은 기술력	• 고압 기체 저장 운송 기술 상용화 도달 • 액화, 액상기술은 초기단계
저장 운송 대표 지원사업 및 지원규모	• TransHyDE flagship project (8,280만 달러) • HyGATE (470만 유로) • HySUPPLY (170만 유로)	• H$_2$@Scale (1,300만 달러) • HyBlend (1,500만 달러)	• 대규모 수소 공급망 구축 프로젝트 (200억 엔)	• ARENA R&D 연구 프로젝트 지원(950만 달러) • HyGATE(80만 호주 달러)	구체적인 지원금이 명시되지 않음	• H$_2$ STAR 프로젝트 • 저장/운송 지원 예산('22년 535억 원)
기타 저장소	• 대규모 소금 동굴 조성	• 대규모 소금 동굴 조성	-	• 검토 중	-	• 시도된 바 있으나 추가 연구 필요

자료: 임지훈 외(2023). "수소산업 경쟁력 강화를 위한 정책 연구: ② 수소 저장 운송 산업 육성 현황과 정책과제", 『TRADE FOCUS』, 2023년 14호, 한국무역협회 국제무역통상연구원.

주요국 정부들도 국가별 특성에 맞춰 수소활용 제고 정책을 펼치고 있다. 독일은 '산업의 탈탄소화' 자금지원 프로그램 및 탄소차액거래계약제도(CCfD)를 통해 산업부문의 수소활용도 제고 정책을 중점적으로 추진하고 있다. 미국은 운송부문 탈탄소화를 위해 트럭, 버스 등 수소상용차를 활용하는 정책을 추진하고 있으며, 산업부문에서도 수소환원제철, 수소를 활용한 암모니아 생산 프로젝트 등에 자금을 지원하고 있다. 일본은 2030년 전원 구성 중 1%를 수소와 암모니아를 충당하는 목표를 제시하고, 국내외 연료전지 수요를 확충해 시장을 선도하기 위한 산업전략을 표방한 바 있다. 중국은 전 분야에 걸쳐 다양한 시범응용사업을 추진하고 있으며, 다른 국가와 다르게 수소차량 구매보조금을 제시하고 시범도시군에 인센티브를 지급하는 방식을 시행하고 있다. 우리나라는 수송수단 종류 다양화와 보급 확대 전략을 지속 추진하고 있으며, 발전부문에서도 연료전지를 활용한 수소발전을 확대해 분산자원 역할을 강화하고 혼소 발전을 확대하는 정책이 추진되고 있다. 또한 산업부문에서는 철강, 석유화학, 시멘트 등 온실가스 다배출 산업 중심으로 수소활용 기반을 마련하는 정책을 추진하고 있다.[4]

💡 수소활용 부문 국내 정책의 주요 내용

정책명	주요 내용
수소경제 활성화 로드맵(2019.1.17.)	• 2040년 수소차 620만 대(내수 290만 대, 수출 330만 대) 생산, 수소버스 4만 대, 수소택시 8만 대, 수소트럭 3만 대 보급 목표 • 2040년 수소충전소 1,200개소 구축 • 연료전지 발전용 15GW, 가정·건물용 2.1GW 보급

수소경제 표준화 전략 로드맵 (2019.4.3.)	• 2030년까지 수소모빌리티 부문 국제표준 2030년까지 총 8건 이상* 제안 및 KS인증 총 20건 이상** 품목 목표 제시
	  * 수소충전소 안전 모니터링, 건설기계/드론/선박용 연료전지 안전 등
	  ** 수소충전소, 드론/선박용 연료전지 등
	• 2030년까지 수소 에너지 부문 국제표준 총 4건 이상 제안 및 KS인증 총 10건 이상 품목 목표

미래자동차 산업 발전 전략 (2019.10.15.)	수소차 부문 친환경 기술력과 국내 보급을 가속화해 세계 시장 적극 선점

수소 인프라 및 충전소 구축방안 (2019.10.22.)	세계시장 선점을 위한 선제적 인프라 구축, 제도정비 전략 제시
	• 친환경차 세계시장 선도: 전기 및 수소차 보급 세계 1위 국가, 세계시장 점유율 10% 달성 목표 제시
	  - 2030년 전기 및 수소차 판매 비중 연간 신차 판매비중 33%(2019년 2.6% 대비 13배 증대 목표)
	  - 가격, 성능 혁신, 차종 다변화 등 통해 글로벌경쟁력 확보
	  - 보조금 및 세제지원 통해 수소차 국내 보급 확대
	  - 충전인프라 구축(2030년 660기로 단계적 확충 목표)
	  - 수소차 및 충전소 분야 국내개발 기술, 부품을 국제표준에 적극 반영해 글로벌 시장에서 유리한 고지 선점
	• 산업생태계 대전환 지원: 부품기업의 미래차 전환 가속화 지원, 핵심소재 및 부품 자립도 제고

4   황준석 외(2023), "수소산업 경쟁력 강화를 위한 정책 연구: ③ 주요국 수소 활용 정책 비교 및 개선방안", 『TRADE FOCUS』, 2023년 16호, 한국무역협회 국제무역통상연구원.

수소 기술개발 로드맵 (2019.10.31.)	• (수송수단) 승용차/상용차용 연료전지시스템 기반 플랫폼 기술 개발 및 응용 통해 다양한 수송수단에 적용, 독점성 높은 부품의 국산화 추진 • (발전) 발전용 연료전지시스템의 경제성 확보를 통해 설치비와 발전단가를 절감하고, 수입의존도가 높은 주요 소재, 부품의 국산화 및 고도화 추진
수소차·수소충전소 추진성과 및 향후 계획(2020.7.1.)	• 2030년까지 수소차 85만 대 보급 　- 승용차 보급 지속 확대 및 중장거리 버스, 중대형 화물차 등으로 차종 확대 　- 보조금 등 재정지원 연장, 강화 　- 충전정보 실시간 제공 등 이용자 편의 제고 • 충전소 안전관리 강화, 주민홍보 등 통해 수소안전에 대한 신뢰성을 제고해 신속 설치 도모 　- 설치부지 미리 확보, 안전진단 강화, 충전소 안전성 주민 체감형 정책홍보 등 • 2030년 수소충전소 660기 확충 　- 온실가스 배출을 최소화하는 블루, 그린수소 충전소 확충 　- 핵심부품 국산화 등을 통한 경제성 확보

자료: 황준석 외(2023). "수소산업 경쟁력 강화를 위한 정책 연구: ③ 주요국 수소 활용 정책 비교 및 개선방안", 『TRADE FOCUS』, 2023년 16호, 한국무역협회 국제무역통상연구원.

1) EU

(1) EU 수소경제 육성 정책의 특징

EU는 탄소중립과 에너지안보를 모두 고려하여 재생에너지와 수소의 역할을 강조하며, 보급 목표를 상향시키고 지원책을 점점 강화하고 있다. 또한 실효성을 위해 범 EU 차원의 수소경제 구축과 회원국들의 공조도 강조하고 있다. 2023년 상반기 기준 27개 EU 회원국 가운데 17개국이 국가수소전략을 발표한 바 있다. 청정수소(저탄소수소+그린수소)에 저탄소수소로 블루수소와 핑크수소를 모두 포함시키고 있다. 다만 수소생산 1kg당 온실가스 배출 3.38kg 이하로 제한하고 있다. 블루수소 생산 플랜트는 기존 석탄 및 가스 발전소를 활용화할 계획이다. 수소경제 기반을 위해 생산역량 강화(그린수소 전해조, 블루수소 개질기/CCS), 파이프라인 및 액화 운송 저장, 해외 생산 협력 등의 인프라 구축에 우선 투자하는 전략을 추진하고 있다. 기존에 있던 천연가스 파이프라인을 최대한 활용한 혼합 우소 시즌 여구 중이기도 하다.

수소활용 측면에서는 발전용보다 탄소 감축 효과가 더 높은 바이오연료(이퓨얼), 산업용(화학, 철강 등), 내연 상용차용 등에 수소를 우선 적용할 계획이니.

EU 권역에서의 자체 수소 생산과 더불어 중동, 아프리카 등 인접국가에서도 수입도 병행하여 추진, 2030년까지 필요 수소의 50%는 수입할 계획이다. EU는 태양광, 풍력 등 재생에너지를 선제적으로 많이 구축했지만 지리·환경적으로 중동·아프리카보다 블루수소와 그린수소 모두 경제성이 낮다. 2030년까지 EU 내에서 40GW, 인접 국가에서 40GW의 그린수소 생산을 위한 전해조를 개발·구축할 계획으로 민관 모두 해외 투자에 적극적으로 나서고 있다. 기존 북아프리카 천연가스 파이프라인 활용 및 추가 증설을 추진할 계획이다.

(2) EU의 수소경제 정책 수립 개요와 최근 정책 동향

탄소중립 정책의 기본 뼈대는 2019년 발표한 'EU Green Deal'에서 출발했으며, 수소경제는 2020년 'EU 수소 전략(EU Hydrogen Strategy)'이 기본이다. 「유럽기후법」에서 상향된 탄소배출 감축량 목표(기존 1990년 대비 45%에서 55%로 확대)를 실현하기 위한 입법안 패키지 'Fit for 55'를 2021년 7월에 발표, 패키지에는 재생에너지 및 수소활용 확대 계획이 포함되어 있다. 러우전쟁을 계기로 2022년 5월 에너지 및 핵심 산업 안보를 위해 'REPowerEU'를 발표, 2030년까지 수소 공급·활용 목표 기존 대비 두 배로 상향하였다.

2023년 2월 그린딜 산업계획(Green Deal Industrial Plan)을 제안, 후속으로 2023년 3월 「탄소중립산업법(Net−Zero Industry Act)」 및 「핵심원자재법(Critical Raw Material Act)」을 발표하면서 녹색산업의 규제완화, 기술개발 지원, 공급 안정성 확보를 통해 핵심기술과 자원의 역내 경쟁력 강화를 추진하고 있다. 2023년 3월 EU는 2030년까지 에너지 소비 중 재생에너지 비중을 32%에서 42.5%로 높이기로 한 계획을 회원국 전체와 잠정 합의하면서 운송, 산업, 건물 냉난방 등 분야별 재생에너지 목표도 설정, 재생에너지 목표 중 일정 부분을 '재생가능한 수소'로 충당하도록 의무화하면서 수소 역할을 확대하고 있다. 수소경제 육성 가속화를 위해 2023년 3월 EU 집행위원회(EC)는 지역 수소 생산 또는 활용 거점인 '수소밸리(Hydrogen Valley)' 수를 2030년까지 현재 대비 두배로 늘리는 연구개발 협력 합의문을 발표한 바 있다.

유럽의 수소밸리 구축 지역(향후 두 배 상향)

구분	항목
오스트리아	린츠
벨기에	토른호우트
덴마크	호브로
프랑스	론알프, 노르망디, 부르고뉴프랑슈콩테, 프랑스령 기아나
독일	뮌헨, 만하임, 하이데, 함부르크, 올덴부르크
이탈리아	볼차노, 브레시아
네덜란드	북네덜란드 주, 남네덜란드 주, 제일란트
포르투갈	시네스
루마니아	콘스탄자
슬로바키아	코시체
스페인	마요르카, 바스크 주, 카스티야 이 레온 주
영국	노스웨스트잉글랜드 지역, 오크니 제도

자료: "EU, 수소 밸리 확대를 위한 공동 선언문 발표", S&T GPS(2023.3.2.).

　　2023년 3월, EC는 2035년부터 내연기관차 신규 등록을 금지하기로 한 계획을 독일의 반발로 이퓨얼(e-Fuel)을 사용하는 내연기관차의 경우는 예외를 인정하기로 합의, 향후 수소의 활용 가치가 더욱 커질 것으로 보인다. 이퓨얼은 수소를 이산화탄소와 질소 등과 합성해 가솔린, 디젤, 메탄올 등 기존 화석연료와 동일한 물성을 지니도록 만든 합성연료, 자동차 운행 중에는 이산화탄소가 배출되지만 이퓨얼 생산 과정에서 이산화탄소를 추가하기 때문에 순환 이론적 관점에서는 탄소 제로가 가능하다. 이미 전기차가 대중화 초기 단계에 접어들고 있어 자동차에서는 과도기적 조치에 불과하다는 비판이 크지만 배터리의 중량 한계로 전동화하기 어려운 대형 자동차나 선박, 항공기에는 유용할 것으로 전망하고 있다.

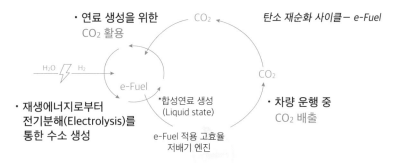

이퓨얼 자동차 연료의 순환적 탄소제로 개념

• 연료 생성을 위한 CO₂ 활용

CO_2

탄소 재순화 사이클 — e-Fuel

H_2O ⚡ H_2

e-Fuel

CO_2

• 재생에너지로부터 전기분해(Electrolysis)를 통한 수소 생성

*합성연료 생성 (Liquid state)

e-Fuel 적용 고효율 저배기 엔진

• 차량 운행 중 CO₂ 배출

탄소의 순환을 통해 net CO₂ 배출량 = 0 달성 목표

주: 수소(H_2) + 이산화탄소(CO_2) = 인공 화석연료($CnHn$)
자료: e-Fuel 연구회(2022). 『재생합성연료(e-Fuel) 연구보고서』.

(3) EU의 주요 녹색정책과 수소 관련 내용

① EU 수소전략(Hydrogen Strategy)(2020.7.)

2020~2024년 수전해 생산설비 최소 6GW 설치 및 수소 최대 100만 톤 생산, 2025~2030년 최소 40GW 설치 및 수소 최대 1,000만 톤 생산, 2030~2050년 성숙 단계의 기술 확보 및 탈탄소화가 어려운 모든 부문에 수소를 사용하는 것이다. 산업분야에서는 원유 정제 과정 연료, 암모니아/메탄올/바이오연료 생산, 철강 제조, 운송 분야에서는 광역 버스, 택시, 일부 철도 네트워크 등 전기화가 어려운 분야에 우선 적용할 계획이다. 주요 거점 지역의 수소밸리(Hydrogen Valley) 육성을 통해 청정수소의 생산, 저장·운송 및 최종 사용이 유기적으로 작동하는 지역 내 종합 가치사슬을 구축한다.

EU 수소전략(Hydrogen Strategy)의 주요 내용(2020.7.)

2020~2024년	2025~2030년	2030~2050년
• EU 내 6GW 이상 규모의 수 진해장치 설치 지원 • 100만 톤의 재생수소 생산	• 통합에너지시스템에서 수소의 중요성 제고 • 40GW 이상의 수전해장치 및 1,000만 톤의 재생수소 생산	탈탄소화가 어려운 모든 분야에서 광범위한 재생수소 사용

자료: 안성배 외(2020). "주요국 수소전략의 추진 방향과 시사점", 『KIEP 오늘의 세계경제』 Vol.20(20), 대외경제정책연구원.

② Fit for 55(2021.7.)

수소와 직간접적으로 연관 있는 부분은 2030년까지 재생에너지원 사용 비중 목표를 기존 32%에서 40%로 확대, 항공기의 바이오연료 사용 의무 단계적 확대, 2035년 이후 내연기관차 판매 금지, 전기차와 수소차 충전소 확대 목표 상향 등이다. 바이오연료(이퓨얼 등)와 같은 지속가능한 항공연료(SAF)를 혼합비율을 2030년 5%, 2035년 20%, 2040년 32%, 2050년 63%로 의무화한다. 전기차 충전소는 고속도로 60km 간격으로, 수소차 충전소 150km 간격으로 설치를 확대할 계획이다.

③ REPowerEU(2022.5.)

2020년 '수소전략(Hydrogen Strategy)'에서는 2030년까지 1천만 톤의 수소를 활용 계획이었으나 2022년 5월 'REPowerEU'에서는 2천만 톤으로 상향하였다 (1천만 톤은 유럽내에서 생산, 1천만 톤은 해외에서 수입).

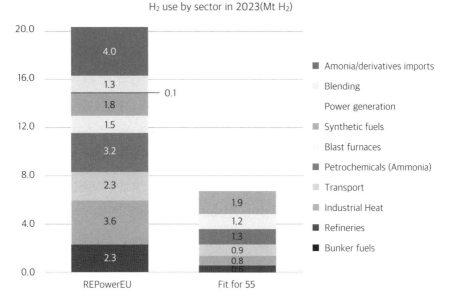

REPowerEU(2022.5.) 발표에서 2030 수소활용 목표치(두 배 상향)

H₂ use by sector in 2023(Mt H₂)

자료: EC(2022). IMPLEMENTING THE REPOWER EU ACTION PLAN: INVESTMENT NEEDS, HYDROGEN ACCELERATOR AND ACHIEVING THE BIO-METHANE TARGETS.

2) 독일

(1) 독일 수소경제 육성 정책의 특징

독일은 EU 내 적극적인 탄소 감축 정책과 수소경제 구축 전략을 주도하고 있으며, 독일은 자국의 환경 및 에너지 현실과 세계 최고 수준의 화학/기계 기술을 보유하고 있어 수소경제의 육성이 여러모로 필요하다고 판단하였다. 이미 태양광 설치 비중이 높아 이를 활용한 그린수소 구축에 유리하다. 러우전쟁으로 인한 러시아산 천연가스 도입 차질로 에너지 안보 대비 차원에서 수소에너지 활용 계획을 확대하고 있다. 산업국가 특성상 에너지 소비가 많고 탄소 감축 노력이 더 필요하다. 또한 태양광, 풍력 등 재생에너지는 불규칙성 때문에 기저발전과 잉여 에너지 저장과 활용이 필요한데, 현재의 기술로는 수소가 유일한 해결책일 수 있다. 다만 향후 내수 수요에 비해 수소 생산이 부족해 상당수는 해외로부터 수입이 불가피할 것으로 예상하고 있다. 따라서 중동, 아프리카, 호주 등과의 협력을 통한 안정적인 수소 확보 노력도 적극적이다.

저위도 국가들보다 재생에너지 효율이 낮아 그린수소 생산 효율성도 떨어지고, 원자력에 대해 국내 여론이 비판적이며, 산업국가 특성상 전력 소비가 많을 수밖에 없어 수소가 부족할 전망이다. 국가전략을 통해 과도기 블루수소와 재생에너지를 이용한 그린수소만이 지속가능하다고 언급하며, EU의 청정수소 개념 확대안에 대해 반대 의사를 꾸준히 표명하고 있다. 재정지원은 대부분 그린수소에 집중하고 있다. 참고로 EU는 청정수소 개념에 블루수소(온실가스 배출 3.38kg 이하), 그린수소, 핑크수소(원자력 활용) 모두 포함하고 있다. 수소를 운송, 난방, 전력, 합성연료, 산업 등 전 분야에서 활용하고, 발전용보다는 탄소 감축 효과가 더 높은 대형 상용차용, 바이오연료(이퓨얼), 산업용(화학, 제철) 등에 수소를 우선 활용할 계획이다. 기존의 기계와 화학 기술 헤게모니를 활용해 수소의 생산, 운송/유통, 활용 전 부분에 걸쳐 기술을 선도해 차세대 산업으로 육성한다는 전략으로 관련 기술과 설비 투자에 적극적으로 정책 지원, 현재 많은 분야에서 선도 기술 보유 중이다. 독일은 미국, 일본과 더불어 세계 최고 수준의 화학 및 기계 기술을 보유하고 있어 수소경제의 생산/저장운송/활용 분야에서도 상당히 유리하다. 실제로 수소경제 전반에 걸쳐 기술 선도국 지위를 보유하고 있다.

(2) 독일의 수소경제 정책수립 개요와 최근 정책 동향

독일은 EU 수소전략과 궤를 같이 하면서 별도로 2020년 자국의 「The National Hydrogen Strategy」를 수립하고 세부 이행 계획을 제시하고 있다. 수소전략 발표 이전부터 국내 싱크탱크를 활용해 수소 로드맵을 준비했으며, 2007년부터 '수소연료전지 국가혁신프로그램(NIP)'을 시행하고 있다. 독일의 연방정부는 정부 기관 및 기업, 연구소와 민간단체 전문가 등으로 국가수소위원회를 구성하였다. 2023년 3월 재생에너지 지침을 개정하여, 2030년까지 재생에너지 비중 29% 이상 달성(수송부문 온실가스 배출량 14.5% 감축)하고, 2030년까지 산업부문 수소 42%에 그린수소 활용, 2035년까지는 60% 목표를 달성하도록 하였다. 2023년 7월 독일 연립정부는 기존 '국가수소전략'의 목표치를 상향 개정하였다. 2030년까지 자체 전기분해를 통해 수소 생산능력 목표치를 기존 5GW에서

10GW로 두 배 늘렸다(이는 수요량의 30~50%를 충당하는 데 그칠 것으로 전망되면서 별도의 국가 수소 수입 계획을 마련한다는 방침). 수소충전소 네트워크와 재생연료 보조금에 대한 계획을 수립하여, 자동차, 난방, 화학, 철강, 발전, 항공, 선박 등 모든 부분에서 수소를 활용할 계획이다.

 독일의 국가수소전략 주요 개정 사항(2023.7.)

구분	주요 내용
수전해 설비 목표	기존 5GW에서 10GW로 2배 상향
파이프라인 확보	2028년까지 수소 전용 파이프라인 1,800km 이상 확보
수전해 설비 국가 입찰	2028년까지 매년 500MW 수전해 설비 국가 입찰
수소차 및 충전소	2030년까지 수소차 180만 대, 충전소 1,000개소 보급 목표

자료: The Federal Government(2023). *National Hydrogen Strategy Update*를 토대로 작성함.

2023년 7월 수소 처리를 위한 수입 터미널 사용을 가속화하는 LNG 가속법(LNGAA)의 수정을 가능하게 하는 법률 초안이 통과되었다. 향후 육상 기반 LNG 인프라의 기후 중립 준비와 러브민의 부유식 LNG 터미널을 무크란 항구로 이전하는 최종 결정에 초점을 맞추고 있다. 수소 수입을 주로 북아프리카 가스 파이프라인을 이용할 계획이며, 일부는 기존 LNG 터미널을 활용해 선박을 통해 수입할 예정이다.

3) 미국

(1) 미국 수소경제 육성 정책의 특징

미국은 풍부한 천연가스 및 탄소 저장 가능 공간(폐유정 및 폐가스전 등)을 활용한 블루수소 생산과 높은 재생에너지(태양광, 풍력 등) 효율 및 넓은 국토를 활용한 그린수소 생산 모두 경쟁력이 높아 수소경제 구축에 매우 유리하다. 유리한 입지 조건으로 블루수소와 그린수소 생산을 모두 추구하며, 생산된 수소는 주로 국내 소비에 활용하고 일부는 수출 계획, 넓은 국토로 인해 천연가스 파이프라인을 최대한 활용하고, 지역 허브 육성을 통해 인프라를 확대하는 전략을 추진하고 있다. 풍부한 에너지 자원으로 인해 발전용보다는 대형 상용차용, 바이오연료(이퓨얼), 산업용(화학, 제철) 등에 우선 수소를 활용하는 선택과 집중 전략을 추진 중이다. 수소 생산, 운송/유통, 활용 전 부분에 걸쳐 기술과 경제성을 선도해 원유-천연가스에 이어 수소경제도 헤게모니를 이어간다는 전략으로 관련 기술과 설비 투자에 적극적으로 정책을 지원하고 있다.

(2) 미국 수소경제 정책수립의 개요와 최근 정책 동향

DOE(에너지부)를 주무부처로 2020년 수소경제 로드맵을 발표, 이후 이를 점점 더 세분화·구체화시키고 있으며 지원도 확대하고 있다. 본격적인 정부 주도의 수소경제 추진 정책은 2011년 DOE(Department of Energy)의 수소와 연료전지 프로그램(Hydrogen and Fuel Cells Program)으로부터 출발하였다. 그 틀에서 각 하위 기관들의 세부전략을 수립하기 시작하였다. DOE는 2020년 3월 정부 로드맵인 'Road map to a US Hydrogen Economy'를 처음 발표하면서 생산, 운송, 저장, 활용으로 구분해 중장기 목표와 전략 수립 이후 2022년 9월에는 청정수소를 중심으로 한 국가청정수소 전략 및 로드맵(U.S. National Clean Hydrogen Strategy and Roadmap) 초안을 추가 발표하였다. 2022년 8월에는 「IRA(Inflation Reduction Act)」이 발표되면서 청정수소 생산시설 구축에 대한 정부 지원을 확대하였고, 2023년 6월에는 IRA 등 관련 신규 기인책을 추가하며 기존 '국가 청정수소 전략 및 로드맵'을 보완하여 발표한 바 있다.

IRA에 따르면 미국 내 신규 청정수소 생산시설에 생산 세액공제(Production Tax Credit)와 투자 세액공제(Investment Tax Credit)가 적용된다. 생산 세액공제는 수소 1kg당 최대 3달러, 투자 세액공제는 최대 30%까지 세액공제 혜택, 아울러 탄소포집·저장(CCS)에 대한 세액공제와 현금 지원을 CO_2 1톤당 최대 85달러 수준으로 인상하는 내용을 포함하고 있어 그린수소뿐만 아니라 CCS를 활용한 블루수소 생산 분야도 정부가 지원하고 있다. 2023년 6월에 발표한 '국가 청정수소 전략 및 로드맵'은 초안('22.9.)과 전체적인 골자는 거의 동일하고, 새로운 지원책의 반영과 수소 생산/운송/저장/활용이 향후 탈탄소화 목표에 기여할 수 있는지 등을 검토한다.

(3) 미국의 '국가 청정수소 전략 및 로드맵(2023.6.)' 주요 내용

'2035년까지 무탄소 전력 100%, 2050년까지 온실가스 순배출량 제로' 목표에 청정수소가 중요한 역할, 청정수소 경제성 확보 및 공급 확대, 수소활용 분야에 있어서는 효율적인 분야 우선 적용 등 전략적 선택과 집중을 강조하고 있다. 탄소감축 최종 목표의 10%를 수소가 담당하며, 수소의 생산/저장/운송/활용 전 밸류체인에 걸쳐 기반을 구축해 우선 수소경제 초석을 다지는 것이 1단계 목표이며, 이를 위해 선택과 집중을 통해 제한된 자원을 효율적으로 사용하는 전략을 추진하고 있다. 2020년 DOE는 수소·연료전지 개발 및 연구를 위해 DOE 각 부서에 27억 달러의 예산을 편성하였다.

2021년 11월 「초당적 인프라법(Bipartisan Infrastructure Law)」의 통과로 향후 5년간 총 95억 달러의 예산을 확보하였다(청정수소 허브 구축에 80억 달러, 그린수소 수전해기술 개발에 10억 달러, 청정수소 제조 및 재활용 이니셔티브에 5억 달러 편성). 2022년 「인플레이션감축법(IRA)」에 따라 청정수소 생산자들에게 2032년까지 최대 총 225억 달러 혜택을 제공하고 있다(kg당 60센트 − 3달러 세액공제 혜택).

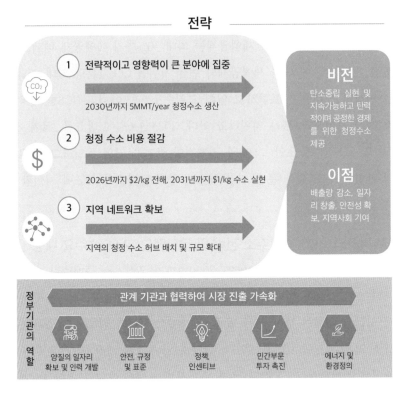

미국 '국가 청정수소 전략 및 로드맵'의 핵심 내용(2023.6.)

자료: 과학기술정보통신부 한국과학기술기획평가원 정보통신기획평가원(2023). 『과학기술&ICT 정책 기술 동향』, No.242.

미국은 청정수소의 경제성 확보 및 공급 확대를 통한 기반 마련을 추진하고 있다. 2020년 기준 5~7달러/kg 수준인 그린수소 생산비용을 2026~2029년 2달러/kg, 2030~2035년까지 1달러/kg로 절감해 화석연료 수준의 경제성을 확보할 계획이며, 경제성을 확보할 때까지는 정부 지원으로 생산을 독려하고 있다. 풍부한 천연가스를 활용하기 위해 유럽과 달리 그린수소 외에 블루수소도 포함하여 정부 지원, 블루수소의 탄소포집저장(CCS) 설비에도 별도 지원하고 있다. 청정수소 기준을 수소 1kg 생산 당 온실가스 배출량 4kg에서 2kg으로 상향, 청정수소 생산목표 2030년 1천만 톤, 2040년 2천만 톤, 2050년 5천만 톤으로 설정하였다.

또한 지역 허브 중심의 생산 및 운송 네트워크을 구축하고 있다. 대량 최종 사용 인접 지역에서의 생산을 확대하고 허브를 구축하여 운송 및 인프라 비용을 절감하고 지역에 혜택을 제공하는 종합적인 생태계 조성을 위해 5년간 청정수소 지역 허브 구축에 80억 달러 예산을 투입하고 있다. 가스 파이프라인과 액화수송(탱크로리)을 모두 활용해 운송 네트워크 구축 계획, 수소 파이프라인 운송은 상당수를 기존 천연가스 파이프라인을 활용할 계획이다.

미국의 수소생산 허브 및 운송 네트워크 구축 계획

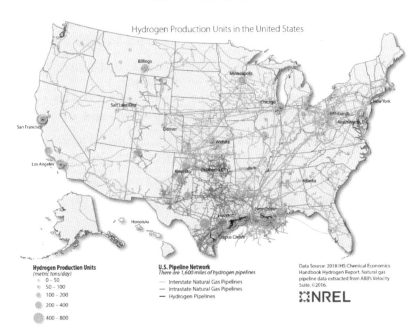

자료: USDA(2023). U.S. National Clean Hydrogen Strategy and Roadmap.

※ QR 코드로 원본 그림을 확인할 수 있습니다.

한편 수소는 배출 탄소 감축이 어려운 분야에 우선 활용할 계획이다. 초기 고가 소량의 수소 공급이 불가피하기 때문에 특히 전기화하기 어려운 산업부문 및 대형 운송 분야 등의 탄소배출을 줄이기 위한 청정수소의 사용에 중점을 두고 있다. 대략 지게차, 대형 버스/트럭, 비이오연료(이큐원), 수소환원제철용, 최학용, 전력용, 열에너지 순으로 활용할 계획이다. 발전용에 많이 우선 사용하려는 국내 정책과 다소 다르다.

💡 미국의 '국가 청정수소 전략 및 로드맵'의 수소활용 분야 전략(2023.6.)

구분	주요 내용
산업 응용 분야	• 산업에서 발생하는 탄소 배출량의 절반 이상이 산업 공정에 필요한 열과 전력을 생산하기 위해 화석 연료를 직접 연소하여 발생하며, 이러한 공정의 탈탄소화를 위하여 청정수소 사용 • 특히 암모니아와 메탄올 제조 등의 화학 분야, 제철 분야에서의 청정 수소 사용을 통해 각각 90% 이상, 40~70%의 온실가스 배출량 감축 가능
운송 분야	• 운송 분야는 미국 온실가스 배출량의 33%를 차지하며(2019년 기준), 이 중 51%가 경상용차(light-duty vehicles)에서 발생 • 수소 및 연료 전지를 광산 장비, 페리, 철도 등 장거리 주행, 빠른 연료 공급, 크고 무거운 화물 적재가 필요한 운송 분야의 탈탄소화를 위하여 사용
전력 응용 분야	수소는 장기 에너지 저장, 전력 발전 및 그리드 서비스를 위하여 다양한 활용성을 가지며, 다른 부문의 원료 또는 연료로써 추가적인 수익원 제공
정부 기관 전반의 수소 응용 분야	상업 시장 외에도 정부 기관은 비상 상황에서 연방 시설에 필요한 에너지 및 수자원 복구, 군사 기지 등의 백업 전력 등 기타 중요 상황의 초기 실증 등을 위하여 수소 사용 촉진

자료: 과학기술정보통신부·한국과학기술기획평가원·정보통신기획평가원(2023). 『과학기술&ICT 정책·기술 동향』, No.242.

미국의 '국가 청정수소 전략 및 로드맵'의 세부 활용 분야별 매력도

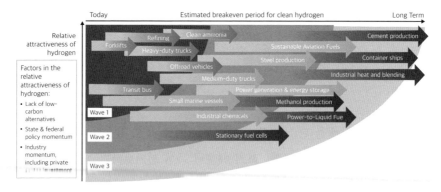

자료: USDA(2023). U.S. National Clean Hydrogen Strategy and Roadmap.

4) 일본

(1) 일본 수소경제 육성 정책의 특징

일본은 에너지 및 전력 공급에 약점이 많아 탄소중립을 위한 수소경제 구축에 적극적이다. 후쿠시마 원전 사태로 인한 원자력 증산의 한계, 낮은 재생에너지 효율, 산업 국가로 인한 높은 전력 수요 등으로 에너지 다변화 수요가 높다. 일본도 한국과 상황과 환경이 비슷해 미래 수소경제에 거는 기대가 크며, 먼저 수소경제 구축에 나선 일본의 정책과 사례를 유심히 살펴볼 필요가 있다. 일본은 미국, 유럽, 중국 등 산업 경쟁 국가들에 비해 수소 생산 및 공급 환경이 불리한데 이는 높은 수소 생산 비용 격차와 규모의 경제가 주 요인이다. 유럽은 재생에너지 도입에서 앞서있고, 재생에너지 전기가 풍부하며 파이프라인 네트워크를 통해 북아프리카로부터의 수입과 유럽 내 유통이 가능하다.

일본 경제산업성에 따르면 2050년 기준 가격은 1kg당 2.85불 수준으로 미국의 2.3배, 유럽의 1.65불, 중국의 1.85불보다도 높을 것으로 전망된다. 우선 수소의 가격경쟁력과 공급량 확보에 초점을 두고 있으며, 일본 자체 생산 확대와 해외 수소 공급망 개발을 통한 수입 전략을 병행하고 있다. 호주, 동남아, 중동 국가들과 선제적으로 협력해 국제 수소 공급망 확보를 추진하고 있다. 일본의 수소 활용 전략은 전력, 교통, 주거, 중공업 및 정유 등 광범위한 최종적 사용 접근 방식을 갖고 있다. 일본은 독일과 마찬가지로 높은 기계 및 화학 기반 기술을 바탕으로 수소의 생산/유통/활용 등 전 밸류체인에 걸쳐 기술/제품의 선도 및 수출을 도모하고 있다.

(2) 일본 수소경제 정책의 개요와 최근 정책 동향

일본의 수소정책은 2017년에 발표한 '수소기본전략'이 기본 뼈대이며, 이후 2018년 '제5차 에너지 기본계획', 2019년 '수소·연료전지 전략 로드맵' 등을 발표하며, 수소가격 목표, 기반기술 성능 목표, 실행방안 등을 구체화하였다. 일본 정부는 2023년 4월 기시다총리 주재로 재생에너지·수소 관계 각료회의를 개최하여 수소기본전략의 개정(안)을 발표하였다. 이를 통해 수소 공급 및 활용 목표를 상향하고, 수소의 안전과 안정적 공급 등을 도모하고 있다.

💡 일본의 수소기본전략 내용 요약(2017)

분야	2025년까지 수소 이용의 확대	2020년 후반~2030년대 대규모 수소공급망 도입	미래지향적 목표 CO₂ free 수소사회
저비용 수소 이용의 실현	• 수소 생산전략: 해외 미이용 에너지+CCS(탄소포집) 기술 수소 수입, 국내 재생전력 수소 생산	• 2030년 국제 수소공급망 도입 연간 30만 톤 수소 수입 • 수소가격: 30엔/Nm³	• 수소가격: 20엔/Nm³ • 환경가치 포함 • 기존 에너지원과 동등한 수준의 가격경쟁력 실현
국제 수소공급망	• 국제수소공급망 전략: 효율적인 수소 저장·운송 기술 개발 • 액화수소: 2020년대 실증연구·운전 • 유기 하이드라이드: 2020년 기반기술 확립, 2025년 공급망 상용화 • 암모니아: 2020년 중반 활용 시작	• 액화수소: 2030년경 공급망 상용화	• 설비의 대형화·고효율화 • 수소공급망의 가격 절감을 위한 기반기술 개발 지속
재생에너지 추출수소 활용 확대	수전해장치 세계 최고 가격경쟁력 확보(5만 엔/kW)	• 재생전력 수소생산 기술 확립 • 2032년 상용화 목표	–
수소발전	• 2020년 수소전기 발전 • 발전효율(26% → 27%)	• 2030년 상용화 • 비용: 17엔/kWh(상용단계) • 발전용량 100만kW 정도	• 비용: 12엔/kWh • 가스화력발전 대체 • 발전용량 15~30GW
수소연료 전지차	• FCEV: 2020년 4만 대 → 2025년 20만 대 • 수소충전소: 2020년 160개소 → 2025년 320개소 • 수소버스: 2020년 100대	• FCEV: 2030년 80만 대, 자립화 • 수소충전소: 2020년대 후반 자립화, 2030년 900개소 상당 • 수소버스: 2030년 1,200대, 자립화 • 지게차: 2030년 1만 대, 해외시장 수출	• 수익성 향상으로 주유소 대체 • 가격경쟁력 통한 가솔린자동차 대체 • 대형차량 수소화 ※ 트럭, 철도, 선박

| 연료전지 | • 에네팜: Ene-farm
 - 2020년 자급화
 - PEFC: 80만 엔
 - SOFC: 100만 엔
• 산업용 연료전지: 발전 효율, 내구성 향상 | • 에네팜: 2030년 530만 대 | 순차적으로 CO_2 free 수소 활용 |
| 산업공정 열 이용 | 전략 - (카본프리) 수소 이용을 목표 | | |

자료: 안성배 외(2020). "주요국 수소전략의 추진 방향과 시사점", 『KIEP 오늘의 세계경제』 Vol.20(20), 대외경제정책연구원.

(3) 2023년 4월 일본 수소기본전략 개정안의 주요 내용

수소·암모니아 공급량 목표의 상향, 장기 목표 수소 가격의 설정, 그린수소의 안정적 공급을 위한 국내외 전해조 설치량 확대, 수소·암모니아 공급망 확보를 위한 공공 및 민간 투자 유치, 수소 공급망 구축 및 인프라개발에 보조금 지급, 수소 안전 전략 등이 수소기본전략 개정안의 주요 골자이다. 개정안을 통해 수소 및 암모니아 공급을 2030년까지 200만 톤에서 300만 톤으로, 2040년까지 1,200만 톤으로, 2050년까지 2,000만 톤으로 상향하였다.

 일본의 '수소기본전략' 주요 개정 사항(2023.4.)

구분	주요 내용
수소암모니아 공급 목표	수소 및 암모니아 공급을 2030년까지 200만 톤에서 300만 톤으로, 2040년까지 1,200만 톤으로, 2050년까지 2,000만 톤으로 상향함
수소 공급 단가	수소 공급 단가를 Nm³당 100엔에서 2030년까지 Nm³당 30엔으로, 2050년까지 Nm³당 20엔으로 낮출 계획임
국내외 수전해 설비 구축	2030년까지 일본 기업이 생산하는 수전해 설비를 전 세계적으로 약 15GW로 확대하고, 향후 15년 동안 15조엔 이상의 목표를 설정. 수소 공급망 구축과 인프라 개발에 보조금을 지급함
청정수소 기준	청정수소의 기준을 1kg당 탄소 배출량 3.4kg으로 정의되며, 암모니아의 임계값은 암모니아 1kg당 탄소 배출량 0.84kg으로 정의함
수소 안전 전략	수소 에너지의 안전성을 강조하며 수소 안전 전략(Hydrogen Safety Strategy)을 규정해 기존 안전 규정을 개선함

자료: 일본 경제산업성(2023). 『수소기본전략』을 토대로 작성함.

5) 중국

(1) 중국 수소경제 육성 정책의 특징

중국은 석유에너지의 약점을 지닌 최대 탄소배출 국가로서 탄소감축을 위한 수소활용 의지가 매우 크며, 실제로 현재 전 세계에서 가장 많이 수소를 생산하고 있다. 중국에서는 2010년부터 산업부문에서 수소에 대한 수요가 지속적으로 증가하고 있으며, 현재 세계 최대 생산국이자 소비국이다. IEA에 따르면 중국의 수소 소비량은 2021년 기준 약 2,800만 톤이며, 이는 세계 전체 수소 소비량의 약 30%에 달한다(2위는 미국으로 1,200만 톤). 중국은 생산에 있어 우선 현실적으로 자국내의 풍부한 석탄을 이용해 블루수소 생산을 늘리고, 중장기적인 관점에서 풍부한 재생에너지를 기반으로 그린수소도 확장한다는 전략이며, 다른 주요 국가들과 달리 석탄활용에 적극적이다. 현재 중국에서는 주로 석탄을 이용해서 그레이 및 블루 수소를 생산하고 있는데, 중국의 수소생산은 대부분 석유화학 공정에서 나오는 부생수소나 석탄개질에 의한 것으로 총생산량에서 석탄개질 수소가 57%, 천연가스개질 수소가 22%, 부생수소가 18% 수준이며, 수전해를 통해 생산한 그린수소는 아직 1.5% 수준이다.

현재 중국의 수소 생산비용은 석탄개질 수소와 부생수소는 kg당 약 10~12위안이며, 그린수소는 kg당 20~25위안으로 그린수소가 두 배 이상 비싼 수준이다. 중국은 블루수소를 위한 CCUS(탄소포집저장활용) 기술에 적극 투자 중이다. 중국 역시 유럽과 미국처럼 수소의 생산-저장/운송-활용 밸류체인에 걸친 수소경제 구축을 추진하고 있는데, 다만 탄소다배출 산업이 많기 때문에 유럽과 미국보다 산업, 발전, 자동차 등 활용분야 투자에 더 적극적인 편이다. 중국 경제에서 중요한 역할을 차지하고 있는 시멘트, 철강, 화학 등을 포함한 핵심 산업부문과 석탄화력 및 가스화력 발전부문에서의 탄소 배출량 저감이 절실하다.

지리적 여건상 장거리 트럭/버스 이용이 많아 일찌감치 수소차 개발에 투자, 중국의 수소차 누적 보급 대수는 2022년 기준 12,306대 수준으로 한국과 미국에 이어 세계 3위 수준이며, 수소충전소는 125개소를 운영 중이다. '중국 제조 2025' 계획에서 2030년까지 수소연료 차량 100만대, 수소충전소 1,000개소 설립을 목표로 제시하여 주요 지역에서 수소차 시범사업을 추진 중이다. 유럽, 미국과 유사하게 먼저 생산이나 대규모 활용에 유리한 지역을 중심으로 거점을 구축해 중장기 관점에서 수소경제를 전역으로 확대하는 전략을 추진 중이다. 베이징, 상하이, 간쑤성, 산둥성, 동북3성, 신장자치구, 쓰촨성, 광동성 등이 주요 지역이다. 주로 동부지역 거점은 풍력을 활용한 수소의 생산과 산업 및 교통 분야 등의 대규모 수소의 활용이 가능한 지역, 서부지역 거점은 태양광·풍력을 활용한 그린수소의 생산에 특화된 지역으로 집중 육성하고 있다. 현재 중국 내 상당수 지역들에서 그린수소생산플랜트 건설업체에 태양광을 이용한 수전해수소 생산, 즉 그린수소생산시설 건설 요구가 봇물을 이루고 있다고 한다.

중국의 지역별 수소경제 거점 현황

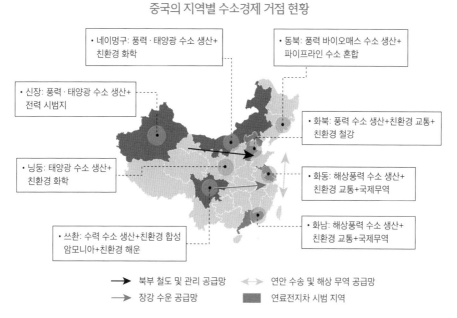

• 네이멍구: 풍력·태양광 수소 생산+ 친환경 화학
• 동북: 풍력 바이오매스 수소 생산+ 파이프라인 수소 혼합
• 신장: 풍력·태양광 수소 생산+ 전력 시범지
• 화북: 풍력 수소 생산+친환경 교통+ 친환경 철강
• 닝둥: 태양광 수소 생산+ 친환경 화학
• 화동: 해상풍력 수소 생산+ 친환경 교통+국제무역
• 쓰촨: 수력 수소 생산+친환경 합성 암모니아+친환경 해운
• 화남: 해상풍력 수소 생산+ 친환경 교통+국제무역

➡ 북부 철도 및 관리 공급망   ⟷ 연안 수송 및 해상 무역 공급망
➡ 장강 수운 공급망   ◼ 연료전지차 시범 지역

자료: 김재덕(2023). "중국 수소에너지 발전 현황과 시사점", 『중국산업경제 브리프』, 통권 104호, 산업연구원.

중국의 수소파이프라인 건설 계획

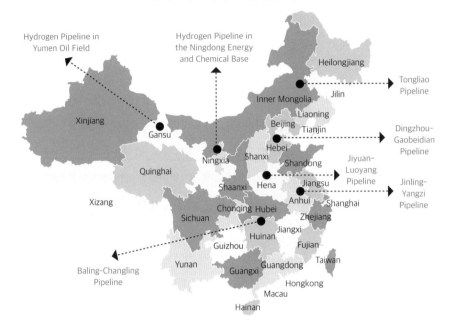

자료: Xiaohan Gong & Rainer Quitzow(2022). KAS-CUHK-IASS Webinar on "China in the Emerging Hydrogen Economy"에서 재인용.

중국의 수소산업 발전계획은 베이징 수소산업발전실시계획(2021~2025), 베이징 수소연료전지 자동차산업 발전 계획(2020~2025), 상하이 수소연료전지 자동차산업 발전 중장기 계획(2022~2035), 상하이시 정부 새로운 자동차산업 발전 가속화 계획(2021~2025), 랴오닝성 수소산업 발전 계획(2021~2025)을 비롯 다양하게 지역 단위에서 추진되고 있다.

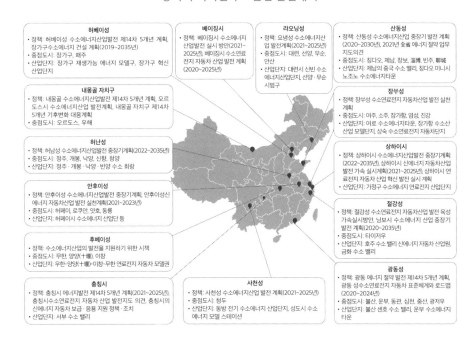

중국의 지역별 수소산업 발전계획

허베이성
- 정책: 허베이성 수소에너지산업발전 제14차 5개년 계획, 장가구수소에너지 건설 계획(2019~2035년)
- 중점도시: 장가구, 패주
- 산업단지: 장가구 재생가능 에너지 모델구, 장가구 혁신 산업단지

내몽골 자치구
- 정책: 내몽골 수소에너지산업발전 제14차 5개년 계획, 오르도스시 수소에너지산업 발전계획, 내몽골 자치구 제14차 5개년 기후변화 대응계획
- 중점도시: 오르도스, 우해

허난성
- 정책: 허남성 수소에너지산업발전 중장기계획(2022~2035년)
- 중점도시: 정주, 개봉, 낙양, 신향, 청양
- 산업단지: 정주·개봉·낙양·신양 수소 회랑

안후이성
- 정책: 안후이성 수소에너지산업발전 중장기계획, 안후이성신에너지 자동차산업 실천계획(2021~2023년)
- 중점도시: 허페이 루쿠안, 앗호, 동룡
- 산업단지: 허페이시 수소에너지 산업단 등

후베이성
- 정책: 수소에너지산업의 발전을 지원하기 위한 시책
- 중점도시: 무한, 양양(十堰), 이창
- 산업단지: 우한-양양(十堰)-이창-무한 연료전지 자동차 모델권

충칭시
- 정책: 충칭시 에너지발전 제14차 5개년 계획(2021~2025년), 충칭시수소연료전지 자동차 산업 발전도시 의견, 충칭시의 신에너지 자동차 보급·응용 지원 정책·조치
- 산업단지: 서부 수소 밸리

베이징시
- 정책: 베이징시 수소에너지산업발전 실시 방안(2021~2025년), 베이징시 수소연료전지 자동차 산업 발전 계획(2020~2025년)

라오닝성
- 정책: 요녕성 수소에너지산업 발전계획(2021~2025년)
- 중점도시: 대련, 선양, 무순, 안산
- 산업단지: 대련시 신빈 수소에너지산업단지, 선양·무순 시범구

사천성
- 정책: 사천성 수소에너지산업 발전 계획(2021~2025년)
- 중점도시: 청두
- 산업단지: 동방 전기 수소에너지 산업단지, 성도시 수소에너지 모델 스테이션

산동성
- 정책: 산동성 수소에너지산업 중장기 발전 계획(2020~2030년), 2021년 全省 에너지 절약 업무 지도의견
- 중점도시: 칭다오, 제남, 창보, 淄博, 빈주, 聊城
- 산업단지: 제남의 중국 수소 밸리, 칭다오 미니시 노조노 수소에너지타운

장쑤성
- 정책: 장쑤성 수소연료전지 자동차산업 발전 실천 계획
- 중점도시: 여주, 소주, 장가항, 염성, 진강
- 산업단지: 여로 수소에너지타운, 장가항 수소산업 모델단지, 상숙 수소연료전지 자동차단지

상하이시
- 정책: 상하이시 수소에너지산업발전 중장기계획(2022~2035년), 상하이시 신에너지 자동차산업 발전 가속 실시계획(2021~2025년), 상하이시 연료전지 자동차 산업 혁신 발전 실시 계획
- 산업단지: 가정구 수소에너지 연료전지 산업단지

절강성
- 정책: 절강성 수소연료전지 자동차산업 발전 육성 가속실시방안, 닝보시 수소에너지 산업 중장기 발전 계획(2020~2035년)
- 중점도시: 타이저우
- 산업단지: 호주 수소 밸리 신에너지 자동차 산업원, 금화 수소 밸리

광동성
- 정책: 광동 에너지 절약 발전 제14차 5개년 계획, 광동 성수소연료전지 자동차 표준체계와 로드맵(2020~2024년)
- 중점도시: 불산, 운부, 동관, 심천, 중산, 광저우
- 산업단지: 불산 센호 수소 밸리, 운부 수소에너지 타운

자료: 국립연구개발법인 신공정연구소·산업기술종합개발기구 북경사무소(2023). 중국 물 및 물산업 동향에서 재인용.

중국은 수소충전소를 상당수 운영 중인데, 주로 베이징, 상하이, 광동성에 많이 집중되어 있다. 수소연료전지발전소는 주로 북경, 산동성, 상해시, 해남 등지에 많이 건설되어 있다.

중국의 수소충전소 운영 현황

베이징 & 허베이
- 호쿠기 후쿠다 수소충전소(베이징 창평)
- 수소과 기원 수소충전소(베이징 대흥)
- 장가구치 수소충전소(장가구치)
- 여명가스 수소충전소(랑보시)

내몽골 자치구
우해화공원구 수소충전소(우해시)

랴오닝성
- 동제-신원 수소충전소(대련)
- 사요 요강 수소충전소(신 하마)

산동성
- 淄博能源 수소충전소(淄博)
- 전주 수소충전소(덕주)
- 격한 尔川 수소충전소(청도)

허난성
우통 수소충전소(정주시)

상하이
- 상하이 안정 수소충전소
- 가정강교 수소충전소
- 상하이 신력 수소충전소
- 역쪽 금산화공구 수소충전소

후베이성과 사천성
- 동풍 수소충전소(도쿄시)
- 우한중우 수소충전소(무한시)
- 니시토구 수소충전소(성도시)

장쑤성
- 미나미도리 백응 수소충전소(요시키)
- 도요타 수소충전소(소주시)
- 동화항성 수소충전소(소주시)

광동성
- 니시키코운안 수소충전소(운부시)
- 운부라정 수소충전소(운부시)
- 미즈키 수소충전소(불산 남해)
- 금강로 수소충전소(불산삼수)
- 나카야마 사로 수소충전소(나카야마시)
- 하코다다리 수소충전소(심천)
- 개태북 가솔린·수소충전소(광저우시)
- 동치수소충전소(광저우시)
- 동관 능원 사다 수소충전소(동관시)

자료: 국립연구개발법인 신공정연구소·산업기술종합개발기구 북경사무소(2023). 중국 물 및 물산업 동향에서 재인용.

중국의 수소연료전지발전소 분포 현황

베이징·허베이성 장가구·천진

산동성(칭다오, 쯔보)

장강델타지역 상하이시, 장쑤성(쑤저우, 루가오, 창수, 난징, 장가항, 샤오시), 절강성(가흥, 닝샤, 보, 항저우, 저우산)

후베이성 우한시

쓰촨성 청두

광동성(푸산, 주하이, 윈푸, 광저우, 심천)

자료: 국립연구개발법인 신공정연구소·산업기술종합개발기구 북경사무소(2023). 중국 물 및 물산업 동향에서 재인용.

(2) 중국 수소경제 정책의 개요와 최근 정책 동향

중국이 수소에너지를 본격적으로 키우기 위해 관련정책을 내놓은 것은 2019년 '13.5 규획'부터이며 꾸준히 정부 정책에서 언급되었다. 2021년부터 2025년까지 중국의 5개년 경제계획을 결정하는 '14.5 규획(14차 5개년 규획)'에서도 신에너지산업으로서 수소차, 연료전지, 수소생산 계획 등이 언급되고 있다. 2019년 3월, 전국인민대표대회에서 수소설비 및 충전소 건설 추진을 업무보고에 포함시키면서 정부 차원의 수소산업 육성을 본격화하고 있다. 2020년 초 국가발전개혁위원회 등은 녹색생산과 소비법규정책 구축에 관한 의견을 통해 2021년까지 수소산업 등 신에너지산업을 집중 육성하겠다고 발표하였다. 2022년 3월 국가발전개혁위원회(NDRC)와 국가에너지국은 중앙정부 차원의 최초 수소경제 로드맵인 '수소에너지산업 중장기 발전계획('21~'35)'을 발표한 바 있다.

중국이 중앙정부 차원에서 최초로 공표한 수소산업관련 종합적인 발전계획으로 일부 지방정부에서 추진되던 수소발전전략을 중앙정부 차원에서 전면적으로 지원한다는 의미이다. 석탄과 풍부한 재생에너지(태양광, 풍력 등) 자원을 활용해 블루 및 그린수소를 생산하고 있다. 생산/저장/운송/활용(발전, 자동차, 산업) 전 밸류체인에 걸쳐 수소경제사회 구축 목표를 추진 중이다. 중국은 현재 글로벌 시장을 주도하고 있는 전기차, 태양광, 배터리에 이어 수소 분야에서도 세계 1등을 위해 강력한 수소경제 정책을 추진 중이다. 재생에너지 투자에 이어 또 하나의 친환경 에너지원으로 수소 분야를 키우고 있다. 그린수소 대량 생산을 통한 수소경제 생태계 구축에 힘를 쏟고 있다.

(3) 수소에너지산업 중장기 발전계획(2022.3.)의 주요 내용

'수소발전계획'의 세부 내용은 우선 수소에너지의 생산, 저장·운송, 활용의 각 단계별로 발전계획과 수소의 안정 및 공공서비스 확대를 위한 계획을 제시하였다. 핵심 내용은 수소에너지 및 산업의 혁신 시스템 구축, 수소에너지 인프라 건설, 수소에너지의 안정적인 시범 응용사업 추진, 수소에너지 관련 정책과 제도를 완비한다는 계획이다. 2025년까지 수소연료전지차(FCEV) 보유량을 5만 대, 그린수소 연간 생산량을 10~20만 톤까지 끌어올리고, 이산화탄소 연간 배출량은 100~200만 톤 낮출 계획이며, 2030년까지 완전한 수소에너지 산업기술 혁신 체계와 그린수소 공급체계를 구축, 2035년까지 다양한 수소에너지 활용 생태계를 구축해 수소에너지의 소비를 끌어올릴 계획이다.

수소에너지 시범 및 응용사업을 추진하여 수소자동차 등 교통 분야에 시범사업을 적극적으로 추진하고, 수소에너지의 저장 및 분산형 발전설비를 추진한다. 공업분야에 수소에너지 활용 확대를 위해 대규모 집적발전과 수소에너지 운송 및 충전 설비의 건설 확대 및 관련 산업의 상업화 응용을 지원한다. 풍부한 중서부 재생에너지를 주축으로 원자력, 수소/암모니아 등을 통한 탄소중립을 추구하고, 현재 120여 개의 수전해 그린수소 생산 프로젝트를 진행하고 있는데 대부분 '25년까지 완공 계획이다. 2021년 말 기준, 글로벌 수전해기기 생산 능력의 절반은 중국에 위치하고 있다.

중국의 수소산업 중장기 목표(2022.3.)

연도	현황 2019년	단기 목표 2020~2025년	중기 목표 2026~2035년	장기 목표 2036~2050년
수소에너지비율(%)	2.7	4	5.9	10
산업가치액(억 위안)	3,000	10,000	50,000	120,000
수소가스충전소(개)	23	200	1,500	10,000
수소연료전지차(만 대)	0.2	5	130	500
수소연료전지차충전소(개)	200	1,000	5,000	20,000
연료전지시스템(만 세트)	1	6	150	550

자료: 중국 정부(2022). 『수소에너지 산업발전보고서』.

 중국의 수소연료전지발전량 목표(2022.3.)

연도	2025년	2030년	2040년	2050년
비중	3%	10%	45%	70%
설비 규모	10GW	35GW 이상	200GW 이상	500GW 이상

자료: 중국 정부(2022). 『수소에너지 산업발전보고서』.

 중국의 수소에너지산업 중장기 발전계획(2022.3.)

구분	내용
개요	현재 중국의 연간 3,300만 톤의 수소생산 중 80%는 석탄 천연가스를 차지하는 구조에서 혁신적 개혁
목표	운송, 저장, 활용 등 포괄적인 수소산업을 구축하여 2035년까지 에너지 소비에서 그린 수소 비율을 현저히 개선
기본원칙	수요 중심의 수소 사회를 구축하여 제품 및 애플리케이션 혁신, 비즈니스 모델 혁신 주도
	신재생에너지를 통한 수소 생산 및 발전에 주점을 두고 화석에너지를 통한 수소 생산을 엄격하게 통제
	자원과 시장 수요에 기반한 수소 프로젝트의 합리적인 배치, 맹목적 저가 프로젝트 남발 방지
	수소 보관, 운송 시스템 구축 및 수소 출전 네트워크 시스템 구축

타임라인	2025년	수소밸류체인 형성기, 수소에너지 산업 발전을 위한 비교적 완전한 시스템과 정책 환경 형성
		부생수소, 신재생에너지 수소 공급 체계 구축
		50,000대의 수소연료전지차 보급 및 다수의 수소충전소 설립
		연간 10~20만 톤의 그린/저탄소 수소 생산 체계 확립
		연간 100~200만 톤의 탄소배출 감량
	2030년	수소밸류체인 완성기, 그린수소 위주의 산업체계 완성
		바이오 에너지를 활용한 수소 생산 및 보급
	2035년	교통, 에너지 저장산업, 산업용 수소 등 모든 산업영역에서 수소 적용
		그린수소 사용 비중 현저히 증가

자료: 유진투자증권(2022). "수소산업".

6) 호주

세계 최고의 수소 생산 및 수출 지역 중 하나로 부상하고 있는 국가가 호주이다. 풍부한 천연가스와 높은 재생에너지 잠재력을 활용해 대규모 수소생산기지를 구축해 최대 수요지인 동북아시아, 유럽 등으로 수출할 계획이다. 2019년 국가수소전략을 통해 기술 중심의 투자 확대로 2030년까지 수소 1kg당 A\$2 미만 달성을 목표, A\$ 200억을 투자할 계획이다. 8개 주 정부, 2030년까지 재생에너지 발전목표 30~100% 및 가스관에 혼소 10% 달성을 위해 개별 수소전략 수립 및 프로젝트 지원을 확대하고 있다. 에너지 생산·공급 기업 중심으로 자체 인프라를 활용한 수소 공급망 구축 프로젝트에 정부 투자, 중소·중견·해외 기업들이 참여하고 있다.

수소 허브 및 클러스터 형성기로 수소 관련 다수의 프로젝트를 진행하고 있다. 제조기반 부족으로 수소 전체 밸류체인상 전해조, 배터리, 연료전지, 수소차량 등 기기, 설비는 해외 기업에 의존하고 있다. 2020년 기준, 호주 전체 전력 중 화석연료 발전 비중은 약 72%로 여전히 높은 비율을 차지하고 있다. 호주의 재생에너지 발전비율은 2025년 50%까지 증가할 것으로 예상되며, 2020년 기준의 2배 속도로 태양광, 풍력 에너지 발전량 증가시 2040년까지 화력발전 제로 달성이 선망된다.

2030년까지 약 50만 톤(A$ 22억의 가치)의 수소를 아시아 국가로 수출할 수 있을 것으로 기대한다. 특히 일본, 한국, 싱가포르, 대만과 협력체계를 구축하고, 국제 수소인증 수립 계획을 세우는 등 수출 대상국의 동향을 주시하고 있다. 2050년에는 호주 전체 수소 생산량의 75%를 수출할 것으로 전망된다. 그린수소 생산에는 원재료로 정제수가 필요한데 수자원이 풍부한 해안지역 중 수소생산시설 구축 가능지역은 전 국토의 약 3%로 추정된다.

⚡ 호주의 수소전략

개요	
비전	2030년까지 모든 호주인들에게 혜택이 될 수 있도록 깨끗하고 혁신적이면서 안전하고 경쟁력 있는 수소산업 구축(Our vision is to build a clean, innovative, safe and competitive hydrogen industry that benefits all Australians)
목표	2030년까지 글로벌 수소경제의 주요국으로 성장(We aim to grow our hydrogen industry and position Australia as a major player by 2030 through)
전략	• 기술적 불확실성 감소 • 국내 공급 체인 및 생산 역량 강화 • 수소의 상업화를 가속화
실행 방안	국내 수요를 촉진할 최적의 허브에 수소 사용을 우선적으로 집중시킴으로써 수소 수출 역량을 강화하고 수소산업 경쟁력 확보 • Prioritising hydrogen to reduce emissions • Partnering internationally to supply hydrogen • Certifying hydrogen production • Creating regional hydrogen export hubs • Progressing the hydrogen industry
투입액	A$ 1억 4,600만(2015~2019년)
실행 단계	
기간	토대 및 실증 → 2025년 → 대규모 시장 활성화
활동	• 우선순위의 실험·시도·실증 프로젝트 진척 • 공급체인 인프라 필요사항 평가 • 실증 규모의 수소허브 구축 • 유망한 수소 허브를 위한 공급 체인 개발 • 수소 에너지에 대한 국내외 시장 파악 • 수소 인프라 및 수출산업의 규모 확장 • 수소 수출 및 활용을 위한 프로젝트 지원 • 공익성과 안전성 강화

지원	• 기술혁신 유도 • 인센티브 제공 • 지속적인 투자 • 지역사회와 공조 • 국제협력 증진 • 인프라 평가·투자 • 그린수소 활용 확대 • 장기적인 지원

자료: 예광호(2021). 『호주 수소경제 동향 및 우리기업 협력 방향』, Kotra.

한편 호주는 세계적으로 수소산업이 가장 앞서가는 국가답게 중앙정부, 지방정부, 수소기업체, 대학이 협력하여 각 주별로 수소경제 밸류체인 구축을 선도하고 있다. 아래 주(州)별 주요 수소 프로젝트에서 보듯이 호주와 각 주는 수소 생산-저장·운송-활용 밸류체인을 지역별, 수소기업별로 지역여건을 살려 다양하고 체계적으로 추진하고 있다.[5]

💡 호주 주(州)별 주요 수소 프로젝트 추진 현황

지역	프로젝트명	완공시기 (목표)	투입규모	파트너사	주요 내용
뉴사우스 웨일스주	Tallawarra B Project	2023년	총 A$ 8,300만 투입 (연방정부 A$ 500만, NSW주 정부 A$ 7,800만)	Energy Australia 외	혼합(천연가스+ 수소) 연료전지 발전소
	Port Kembla Hydrogen Refueling Facility	2022년	총 A$ 200만(NSW주 정부 A$ 50만 지원 등)	Coregas 외	수소 모빌리티
	The Western Sydney Green Gas Project	2021년	총 A$ 1,400만 (Jemena A$ 810만, ARENA A$ 590만)	Jemena 외	P2G
	Hunter Hydrogen Network	2022년 시공	총 A$ 20억	Energy Estate 외	수소 생산, 수 소모빌리티, 수소 수출

---

5   강철구·김군수(2021). 『파주시 수소경제 활성화 방안 연구』, 경기연구원.

빅토리아주	Latrobe Valley Hydrogen Energy Supply Chain	2030년	총 A$ 5억 * 연방정부 A$ 5,000만, VIC주 정부 A$ 5,000 만, 일본 정부 A$ 1억 6,600만, 일본기업 A$ 2억 3,000만	가와사키 중공업 외	수소 생산, 운송, 수출 공급망 구축
	Australian Hydrogen Centre	2030년	총 A$ 415만(ARENA A$ 128만 등)	Australian Gas Networks 외	가스망을 통한 수소 공급
	Victorian Hydrogen Hub	2022년	총 A$ 1,000만(VIC주 정부, Swinburn University)	CSIRO	수소 기술 연구
퀸즐랜드주	Hydrogen Park Gladstone	2022년	총 A$ 420만(QLD주 정부 A$ 178만 Hydrogen Industry Development Fund 투자 등)	AGIG 외	그린수소 생산 (연간 7.3톤), P2G
	Pinkenba Renewable Hydrogen Production and Refueling Project	2022년	총 A$ 417만(BOC A$ 320만, ARENA A$ 95만 등)	BOC, 현대 자동차 외	그린수소 생산 (연간 28톤), 수소 모빌리티
	Townsville Green Liquid Hydrogen Export Project	2021년	미공개	Origin Energy 외	액화그린수소 수출(300MW 수전해 연간 액 화수소 생산량 36,500톤 예상)
	Townsville SunHQ Hydrogen Hub	2023년	QLD주 정부 A$ 5백만 Hydrogen Industry Development Fund 투자 등	Ark Energy, Sun Metals 외	그린수소 생산 및 활용(1MW PEM 전해조, 연간 140톤 생산목표)

	프로젝트명	시작연도	규모/투자	주관	내용
서호주	Asian Renewable Energy Hub	-	A$ 500억 예상. 그린 수소 26GW(내수용 3GW, 수출용 23GW), 연간 100 TWh 생산	Inter-Continental Energy 외	P2G, 그린 수소 생산, 그린 암모니아 수출
서호주	Agnew Renewable Energy Microgrid	2020년	총 A$ 1억 1160만 (ARENA A$ 1,350만 투자 등)	Agnew Gold Mining Company 외	마이크로그리드(56MW)
서호주	Christmas Creek Renewable Hydrogen Mobility Project	2022년	총 A$ 3,200만(WA주 정부 A$ 200만 Renewable Hydrogen Fund 투자) - 1,400kW 전해조, 연 65.7톤 생산	Fortescue Metals Group 외	수소 모빌리티
서호주	Hybrid PV-Battery-Hydrogen System for Microgrids	-	사업성 검토에 WA주 정부 A$ 75,000(Renewable Hydrogen Fund) 투자	Murdoch University 외	마이크로 그리드
남호주	Hydrogen Park South Australia(HyP SA)	2021년	총 A$ 1,630만 (Australian Gas Networks A$ 1,140만, SA주 정부 A$ 490만)	Australian Gas Infrastructure Group(AGIG) 외	가스망을 통한 수소 공급
남호주	Eyre Peninsula Gateway Project	2022년	총 A$ 2억4,000만 (SA주 정부 A$ 3,700만 등) - 연간 그린 암모니아 4만 톤 생산	The Hydrogen Utility(H₂U) 외	그린 암모니아, 수소 생산, 운송
남호주	Crystal Brook Energy Park	-	총 A$ 5억(SA주 정부 A$500만 grant, A$ 2,000만 loan)	Neoen Australia	풍력·태양광 에너지 및 저장 장치, 그린 수소 생산
수도준주	Renewable Hydrogen Refueling Pilot	-	전해조 및 충전소에 약 A$ 5,500만 - 일일 수소 생산 21kg	ACT 정부, 현대자동차 외	수소 모빌리티

태즈매니아	Bell Bay Advanced Manufacturing Zone	2022년 시공	총 A\$ 60억(NERA A\$ 10만 등)	Origin, Fortescue Metals Group 외	수소 생산, 저장, 수출
	Westcoast Renewable Project Tasmania	2030년	총 A\$ 5,000만	Westcoast Renewable Energy (WCRE)	수소 생산

자료: 예광호(2021). 『호주 수소경제 동향 및 우리기업 협력 방향』, Kotra에서 정리함.

7) 중동·아프리카

세계 최고의 수소 생산·수출 잠재력을 보유해 최대 수출 지역으로 부상이 기대되는 지역이 중동·아프리카이다. 풍부한 천연가스와 높은 재생에너지 잠재력을 활용해 대규모 수소 생산 기지를 구축하여 최대 수요지인 유럽, 아시아 등으로 대규모 수출이 기대된다. 중동·북아프리카 지역은 풍부한 천연가스와 탄소 저장이 가능한 폐유정을 활용(CCS)하여 블루수소를 생산하기 용이하고, 태양광과 풍력 등의 저렴한 재생에너지를 바탕으로 그린수소 생산 경쟁력도 높다. 실제로 다수의 해외업체들이 활발히 투자 계획 또는 진행 중이다.

특히 향후 많은 수요가 예상되는 유럽과 지리적으로 가까워 가스 파이프라인과 액상 암모니아 형태 등으로 수출하기도 좋은 여건이다. 실제로 유럽은 이 지역 국가들을 대상으로 수소산업에 투자 중이다. 중동 지역은 이미 유럽과 액화천연가스 교역이 활발하고, 풍부한 인프라가 구축되어 향후 액화 수소·암모니아의 수출에 활용 가능하다.

모로코─스페인, 알제리─리비아─이탈리아 등은 이미 천연가스 수송 파이프라인이 연결되어 수소 수출에 활용 가능하며, 액화천연가스 추진선을 수용하기 위한 항구 인프라가 잘 구축되어 미래의 수소 추진 선박을 수용할 준비도 완료하였다. 요르고 차치마르카키스(Jorgo Chatzimarkakis) 하이드로젠유럽(Hydrogen Europe) 사무총장은 국제신재생에너지기구(IRENA)가 주최한 온라인 행사에서 "2030년까지 EU 요구사항인 수소 2천만 톤을 생산하려면 그린수소 진해조 용량이 향후 8년 동안 100배 증가하여 약 320~400GW가 되어야 하며, 그 중 많은 부분이 중동·북아프리카 지역에 설치될 것이다."라고 언급하였다.

PwC에 따르면 글로벌 그린수소 수요가 2050년까지 5.3억 톤으로 추산되며, 2050년까지 약 104억 배럴(현재 전 세계 석유 생산량의 37%)의 석유 수요를 대체할 것으로 전망된다. 딜로이트는 글로벌 수소생산 시장이 2030년 1.7억 톤에서 2050년 6억 톤으로 확대되며, 2050년까지 중동·북아프리카·북미·호주가 전 세계 생산량의 45%를 차지하고 총 수소 무역량의 90%를 차지할 것으로 전망하고 있다. 또한 딜로이트는 한국·일본은 2050년까지 주로 수소 수입에 의존하고, 중국·인도·유럽은 자체 생산능력을 갖추지만 생산량이 턱없이 부족해 다량 수입할 것으로 예상한 바 있다. 다만 그린수소의 원재료는 정제수인데, 담수가 부족한 중동·아프리카는 상당 부분 해수 활용이 불가피한 만큼 정제 비용까지 고려해야 한다. 그린수소의 원재료는 정제된 물(H_2O)인데, 바닷물을 활용하는 경우 정제 비용까지 고려해서 다른 지역들과 생산 경제성 경쟁을 해야 한다. 바닷물을 그대로 이용하는 연구는 아직 초기단계이기도 하다. 재생에너지를 사용한 그린수소는 핵심 원재료가 정제된 물, 그린수소 1톤을 생산하기 위해서는 9톤의 정제수가 필요하며, 이 정제수를 얻기 위해서는 물을 물리적 또는 화학적으로 처리해야 하기 때문에 더 많은 물과 비용이 소요된다.

따라서 물이 부족한 중동·아프리카 국가들은 바닷물을 이용하기 위해 해변 지역에서 프로젝트를 진행하는 경우가 많으며, 해수는 담수보다 더 많은 정제 비용이 소요된다. 다행히 중동·아프리카 국가들은 재생에너지 경쟁력이 높아 정제 비용을 감안해도 개발 잠재력이 높다는 평가이며, 태양광 효율이 높은 지역들은 물 부족 지역이 많아 경쟁 측면에서 크게 특별히 불리하지 않을 수 있다. 다만 세부적으로 보면 프로젝트 부지는 원활한 물 공급·정제·운송을 위한 입지 조건과 인프라가 종합적으로 고려되어야 한다. 바닷물을 그대로 사용하는 연구도 초기 단계이지만 진행 중이며 점차 가속화될 것으로 예상, 장기적으로 관련 비용이 축소되며 상용화도 늘어날 전망이다. 미국도 최근 그린수소 생산을 위한 물 부족 문제가 주요 쟁점으로 떠오르고 있다. 그럼에도 불구하고 전 세계적으로 바닷물을 이용한 그린수소 생산 연구가 가속화될 것으로 기대된다.

UAE는 중동 지역에서 재생에너지 개발을 가장 적극적으로 추진하는 국가이다. UAE 정부는 'Hydrogen Leadership Roadmap'에서 2030년까지 세계 저탄소 수소시장 점유율 25%의 달성을 목표로 하고 있다. 현재 DEWA 그린수소 시범 프로젝트와 Masdar 그린수소 시범 프로젝트를 포함한 6개의 주요 수소 프로젝트를 진행 중이다. 사우디아라비아 정부는 2021년 10월 탄소중립화 달성 및 재생에너지 발전을 목표로 하는 중동 그린 이니셔티브(Middle East Green Initiative)를 출범시켰으며, 그린수소와 블루수소 프로젝트를 동시에 추진하고 있다. 2019년부터는 100% 태양광, 수소 등 신재생에너지로만 운영 예정인 네옴(Neom) 시티를 건설 중이다. 또한 석유에 대한 경제 의존도를 낮추고, 신재생에너지를 통한 자원 수출의 다각화 및 세계 수소 시장의 선점을 목표로 여러나라와도 적극 협력하고 있다.

2 국내 수소경제 정책동향

1) 국내 수소경제 정책의 개요와 최근 정책 동향

국내 수소정책은 2019년 1월에 발표한 '수소경제 활성화 로드맵'이 기본 뼈대이다. 같은 해 6월 '제3차 에너지 기본계획'에서 수소를 주요 에너지원으로 위상을 새롭게 정립하고 재생에너지와 연계하는 계획을 발표한 바 있다. '수소경제 활성화 로드맵'의 주요 내용은 2040년 수소차 620만대 생산 및 수소충전소 1,200개소 구축, 2040년 수소 공급량 526만 톤/연 및 가격 3,000원/kg 달성, 2040년까지 발전용 연료전지 15GW(수출 7GW 포함) 구축 등이다. 2020년 2월 「수소경제 육성 및 수소 안전관리에 관한 법률」(일명 수소법)을 제정하면서 수소산업 기반 조성을 위한 각종 법적 근거를 마련하였다.

우리나라의 수소경제 활성화 로드맵(2019.1.)의 주요 내용

○ 수소경제 활성화 국가비전(요약)

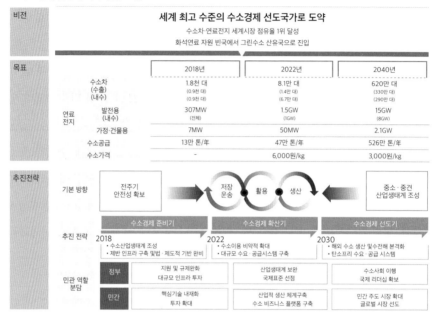

비전	**세계 최고 수준의 수소경제 선도국가로 도약**		
	수소차·연료전지 세계시장 점유율 1위 달성		
	화석연료 자원 빈국에서 그린수소 산유국으로 진입		

목표

		2018년	2022년	2040년
	수소차 (수출)(내수)	1.8천 대 (0.9천 대)(0.9천 대)	8.1만 대 (1.4만 대)(6.7만 대)	620만 대 (330만 대)(290만 대)
연료전지	발전용 (내수)	307MW (전체)	1.5GW (1GW)	15GW (8GW)
	가정·건물용	7MW	50MW	2.1GW
	수소공급	13만 톤/年	47만 톤/年	526만 톤/年
	수소가격	-	6,000원/kg	3,000원/kg

추진전략

기본 방향: 전주기 안전성 확보 / 저장·운송 ↔ 활용 ↔ 생산 / 중소·중견 산업생태계 조성

추진 전략
- 수소경제 준비기 | 수소경제 확산기 | 수소경제 선도기
- 2018 · 수소산업생태계 조성 · 제반 인프라 구축 및 법·제도적 기반 완비
- 2022 · 수소이용 비약적 확대 · 대규모 수요·공급시스템 구축
- 2030 · 해외 수소 생산 및 수전해 본격화 · 탄소프리 수요·공급 시스템

민관 역할 분담

정부	지원 및 규제완화 대규모 인프라 투자	산업생태계 보완 국제표준 선점	수소사회 이행 국제 리더십 확보
민간	핵심기술 내재화 투자 확대	산업적 생산 체계구축 수소 비즈니스 플랫폼 구축	민간 주도 시장 확대 글로벌 시장 선도

○ 수소경제 활성화 추진전략(요약)

강점이 있는 수소차·연료전지를 양대 축으로 수소 경제 선도

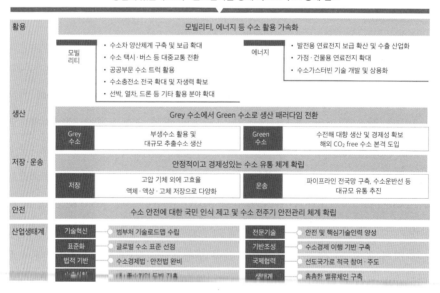

활용 — 모빌리티, 에너지 등 수소 활용 가속화

모빌리티	· 수소차 양산체계 구축 및 보급 확대 · 수소 택시·버스 등 대중교통 전환 · 공공부문 수소 트럭 활용 · 수소충전소 전국 확대 및 자생력 확보 · 선박, 열차, 드론 등 기타 활용 분야 확대	에너지	· 발전용 연료전지 보급 확산 및 수출 산업화 · 가정·건물용 연료전지 확대 · 수소가스터빈 기술 개발 및 상용화

생산 — Grey 수소에서 Green 수소로 생산 패러다임 전환

Grey 수소	부생수소 활용 및 대규모 추출수소 생산	Green 수소	수전해 대향 생산 및 경제성 확보 해외 CO₂ free 수소 본격 도입

저장·운송 — 안정적이고 경제성있는 수소 유통 체계 확립

저장	고압 기체 외에 고효율 액체·액상·고체 저장으로 다양화	운송	파이프라인 전국망 구축, 수소운반선 등 대규모 유통 추진

안전 — 수소 안전에 대한 국민 인식 제고 및 수소 전주기 안전관리 체계 확립

산업생태계

기술혁신	● 범부처 기술로드맵 수립	전문기술	● 안전 및 핵심기술인력 양성
표준화	● 글로벌 수소 표준 선점	기반조성	● 수소경제 이행 기반 구축
법적 기반	● 수소경제법·안전법 완비	국제협력	● 선도국가로 적극 참여·주도
기술실증	● 대규모 실증 및 설비 기축	생태계	● 촘촘한 밸류체인 구축

자료: 산업통상자원부(2019). 『수소경제 활성화 로드맵』.

2020년 7월 국가 수소정책 컨트롤타워인 '수소경제위원회'를 설립하여 수소경제의 국가전략 수립, 수소경제 이행 기본계획 수립 등의 업무를 수행하고 있다. 2021년 11월 최초의 법정 기본계획인 '제1차 수소경제 이행 기본계획'을 수립하여 시행하고 있다. 주요 내용은 2050년 수소 수요(27.9백만 톤)의 100%를 청정수소로 공급, 수소로 화석연료발전 전환, 버스·선박·드론 등 수소모빌리티 다양화, 철강·화학 등 산업공정 연료·원료를 수소로 대체하는 것 등이다. 2022년 11월 제5차 수소경제위원회 개최, 정권교체 이후에도 수소경제 육성 의지가 지속되고 있다. 2030년까지 수소상용차 3만 대 보급, 2030년까지 액화수소충전소 70개소 보급, 2036년 청정수소 발전 비중 7.1%를 목표로 하고 있다.

2023년 1월 '제10차 전력수급기본계획'을 발표, 기존 9차 계획과 비교해 재생에너지는 하향하고 원전은 확대하는 변화가 있었지만 수소·암모니아를 활용한 발전계획은 상향되었다. 수소연료전지 계획은 기존과 유사하지만 수소·암모니아 혼소 발전계획을 추가해 결과적으로 수소·암모니아를 활용한 발전계획은 대폭 상향되었다. 청정수소의무화발전(CHPS)을 2024년부터 시행할 예정이다. 이를 위해 2023년 6월 세계 최초로 수소발전 입찰 시장을 개설하였으며, 입찰 경쟁률은 6:1을 기록하였다. 2024년 5월에는 한국과 일본이 수소시장 활성화를 위한 양국 협력 강화를 모색하는 '한일수소협력대화' 가동을 발표하였으며, 6월에는 정부의 '5대 글로벌 TOP 전략연구단 지원사업'으로 이차전지, 첨단바이오, 원자력, 반도체와 함께 '수소' 분야를 선정하였다.

국내 수소경제 정책 이력

월	주요 정책	주요 내용
2019년		
1	수소경제 활성화 로드맵	국내 최초의 정부 종합 로드맵 • 수소모빌리티: 2040년 수소차 620만 대 생산 및 수소충전소 1,200개소 구축 • 수소 생산: 2040년 그린수소 확대로 공급량 526만 톤/연, 가격 3,000원/kg 달성 • 발전용 연료전지 : 2040년 15GW(내수 8GW)
6	제3차 에너지 기본계획 발표 (5년 주기)	2040년 재생에너지 발전비중을 기존 30%에서 35%로 확대. 수소는 주요 에너지원으로서 위상을 새롭게 정립하고 재생에너지와 연계
10	수소 인프라 및 수소충전소 구축방안 발표	수소경제 활성화 로드맵 구체화
10	수소 기술개발 로드맵 발표	수소경제 활성화 로드맵 구체화
10	수소시범도시 추진전략 발표	당해 수소 시범도시 3개 지정, 2030년 전국 지자체의 10%를 수소도시로 조성. 2040년 30%를 수소도시로 조성
12	수소 안전관리 종합대책 발표	수소안전관리 종합대책, 수소 밸류체인별 전주기 제도개선
2020년		
2	「수소경제 육성 및 수소 안전관리에 관한 법률」 제정	수소산업 기반조성을 위한 각종 법적 근거 확보
7	수소경제위원회 출범	수소경제위원회는 국무총리를 위원장으로 8개 관계부처 장관과 산업계·학계·시민단체 등 분야별 민간 전문가로 구성된 수소경제 컨트롤타워. 수소경제 국가전략 수립, 수소경제이행 기본계획 수립 등이 주요 업무
12	2050 탄소중립 추진전략 발표	재생에너지 중심의 전력 공급체제로 전환하며, 안정적 전력공급을 위해 ESS, 수소 등 보조 발전원 활용 병행. 수소·전기차 생산 보급 확대, 기술개발인프라 확충, 저탄소신산업육성(재생에너지, 2차전지, 수소, 바이오연료, CCUS 등)
12	제9차 전력수급 기본계획 발표	석탄 발전 대폭 감축, 재생에너지 대폭 확대, 원전 축소, 수소연료전지 발전 육성

12	제5차 신재생에너지 기본계획 발표 (5년 주기)	기존 신재생에너지 기본계획에서 고려가 부족했던 전력계통, 재생에너지 수요, 신에너지(수소) 등의 내용을 대폭 보완

2021년

2	「수소법」 시행	2020년 제정된 「수소법」 시행으로 하위법령 본격 제정 시작
3	제3차 수소경제위원회	SK·현대차·POSCO 등 민간 43조 원 수소경제 투자, 수소산업 클러스터 예타 신청(5개 지역), 수도권 수소충전소 대폭 확충, 작년보다 40% 증가한 8,244억 원 예산 지원
11	제1차 수소경제 이행 기본계획 수립·발표	수소 관련 최초 "법정 기본계획"으로 청정수소경제 청사진 확립 • 2050년 수소 수요(27.9백만 톤)의 100%를 청정수소로 공급 • 수소로 화석연료발전 전환, 버스·선박·드론 등 수소모빌리티 다양화, 철강·화학 등 산업공정 연료·원료 수소로 대체

2022년

11	제5차 수소경제위원회	2030년가지 수소상용차 3만 대 보급, 2030년까지 액화수소충전소 70개소 보급, 2036년 청정수소 발전 비중 7.1% 목표

2023년

1	제10차 전력수급 기본계획 발표	재생에너지는 기존 목표 하향 조정, 원전은 확대, 수소암모니아 활용 발전 목표는 상향
4	국가핵심기술에 수소분야 신설	수소연료전지 기술 2개 신규 추가
5	수소안전관리 로드맵 2.0 발표	청정수소 생태계 조성을 위한 선제적인 안전기준 개발, 세계 1등 수소산업 육성을 위한 규제혁신 추진, 안전과 산업의 균형발전을 위한 안전관리 역량 강화
6	세계 최초 수소발전 입찰시장 개설	한전, 구역 전기사업자는 수소법에 의거해 수소 발전량을 일정 부분 구매해야 하며, 공급자인 수소 발전사업자는 경쟁 입찰을 통해 수소 발전량을 공급(※ 8월 발표한 첫 입찰의 경쟁률 결과는 6:1), 청정수소 발전 입찰시장 2024년 6월 운영

자료: 수소경제 종합정보포털. "https://h2hub.or.kr/main/info/policy-industry-techinfo.do"(2023.8.15. 검색); 관계부처 합동(2019). 수소경제 활성화 로드맵; 국무조정실(2022). "제5차 수소경제위원회 회의 자료"를 토대로 작성함.

2) 국내 주요 수소경제 정책의 내용

(1) 제1차 수소경제 이행 기본계획(2021.11.)

수소사용량 2030년까지 390만 톤, 2050년까지 2,700만 톤, 청정수소 비중 2030년 50%, 2050년 100%, 2050년 청정수소 자급률 2030년 25%, 2050년 50% 이상 등의 비전을 제시하였다. 4대 전략으로 ① 국내외 청정수소 생산 주도, ② 빈틈없는 인프라 구축, ③ 모든 일상에서 수소 활용, ④ 생태계 기반 강화 방안을 제시하였다. 이를 통해 2050년까지 최종에너지의 33%, 발전량의 23.8%를 수소에너지로 구현하고, 2억 톤 이상의 온실가스 감축효과를 달성할 것으로 기대한다.

제1차 수소경제 이행 기본계획의 수립 방향(2021.11.)

분야	구분	주요 내용
생산 측면	현황	부생·추출수소 중심 공급 인프라를 확충하고, 그린수소 생산에 필요한 수전해 설비규모 확대를 위한 실증 추진
	한계	부생·추출수소 중심으로 수소 공급은 확대되고 있으나, 그린·블루수소 생산·도입을 위한 인프라는 여전히 부족
	개선	대규모 수전해 기술 확보를 통해 그린수소 중심으로 공급체계를 전환하고, 양자·다자협력 활성화로 해외도입 방안 마련
저장운송 측면	현황	3년간('18~'20) 세계 최고 속도로 수소충전소 보급을 확대하고 있으며, 민간 참여 활성화 및 안전 관련 제도 정비
	한계	충전소 안전에 대한 우려 해소, 운영비 경감 등을 통해 보급을 가속화하고, 효율적인 운송수단 확보에 집중 필요
	개선	액화수소 등 효율적 저장·운송 수단을 상용화하고, 용도별 안전기준, 인·검증 체계를 마련하여 안전성 확보
활용 측면	현황	수소경제 활성화 로드맵 발표('19.1.) 이후 현재까지 수소차, 연료전지 보급은 세계 최고 수준의 성장세 기록
	한계	활용처가 수소차, 연료전지 발전에 집중되어, 수요 견인 및 규모의 경제에 의한 시너지 효과(온실가스 감축, 단가저감) 창출 한계
	개선	세계 최고 기술의 초격차를 유지하되, 발전·산업부문 수소활용 확대 및 수소모빌리티 다양화로 신규 수요 창출

기반조성	현황	세계 최초 수소법 제정('20.2)을 통한 체계적 지원으로 수소산업으로의 기업·지역 참여 활성화 및 민간투자 대폭 확대
	한계	활용분야·중소기업 중심 생태계의 수소 전주기 확장을 위해서는 전문기업 및 인력 육성과 수소에 대한 대국민 인식 전환 필요
	개선	수소분야 R&D 투자와 전문기업·인력양성을 강화하고, 대국민 인식 전환을 위한 수용성 제고방안 마련

자료: H2KOREA(2021). 『제1차 수소경제 이행 기본계획』.

🔅 제1차 수소경제 이행 기본계획 주요 추진과제(2021.11.)

분야	구분	주요 내용
국내생산 블루수소	그린수소	• MW급 실증을 통해 대규모 생산 기반 구축 • '30년 25만 톤, 생산단가 3,500원/kg. '50년 300만 톤, 2,500원/kg
	블루수소	• 신규 클러스터를 추가하고, 생산 기반 마련 착수('25) • '30년 75만 톤, '50년 300만 톤 달성 • 국내 저장소 확대 및 해외 저장소 발굴
해외 수소 도입 및 개발		• 잠재적 수소 생산·수출 대상 타당성 검토 후 우선 협력국가 선정 (블루수소 중동, 그린수소 호주 등) • 국내 자본·기술을 활용한 해외 재생에너지 및 청정수소 생산 개발
해외 도입 인프라 구축		• 정부 주도 암모니아 운송선 건조 검토('25~) • 석탄-암모니아 혼소발전 등을 위해 석탄 수입터미널 개·보수를 통한 전환 또는 중앙집중형 신규 인수기지 구축 검토('27)
수소 유통 인프라 구축		항만도시·발전소·산업단지 중심으로 수소 유통 인프라 구축(~2028년 항만도시 2개소, ~2030년 항만도시 9개소, 석탄발전소 13개소, ~2040년 항만도시 14개소, LNG발전소, 산업단지 등 활용)
수소 액화 변환		민간 중심으로 LNG 인수기지 유휴부지, 규제 샌드박스 등을 활용하여 액화플랜트 조기 구축
암모니아		'25년까지 암모니아-수소 변환 기술 확보. '26년 이후 유통·활용
수소 배관망 구축		• 수소생산·도입지역을 거점으로 지역 배관망 구축 • LNG 배관 수소 혼입 실증 등을 통해 수소공급 확대
수소충전소 확대		• 충전소 보급: 지역별 균형 배치 후 수요지 중심으로 집중 보완 • 융복합 충전: 기존 주유소·LPG충전소에 수소충전기 병행 설치

	연료전지	• 수요창출·분산·유연성 등 유형별 지원 • '30년 수소 353만 톤/발전량 48TWh, '50년 1350만 톤/288TWh
활용 부문 확대	혼소	• 석탄+암모니아: '30년까지 암모니아 20% 혼소 후 혼소비율 확대 • LNG+수소: LNG 터빈에 수소 50% 혼소 후 혼소비율 확대
	수소차	• 수소차 보급 확산: 차종 다양화·생산능력·경제성 확보 • (승용차)'25년까지 상업적 양산 수준인 연 10만 대 생산 추진 • (상용차)수소트럭·광역버스 등으로 '25년 연 2천 대(내연차 수준) (버스지원: 모빌리티 펀드 조성, 구매·연료비 보조 등) • (특수차) 청소차, 지게차, 공항견인차 등 • (다양한 모빌리티) 선박, 항공, 트램 등으로 확대
	산업 공정	• 수소산단 조성: 신규·노후 산단 중심으로 수소연료 사용 유도 • 철강: 수소환원제철 공정으로 전환(실증 후 '30년 이후 상용화) • 석유화학: 연료·원료를 수소로 대체(실증 후 '30년 이후 상용화) • 시멘트: 연료를 석탄에서 수소로 대체 (실증 후 '30년 이후 상용화)

클러스터·도시·
규제특구 확산
		• 수소 클러스터 조성: 인천, 전북, 강원, 경북, 울산
		• 수소도시: 수소도시법 제정을 통해 수소도시 확산
		  - 울산, 안산, 전주·완주 등 3개 시범도시 조성
		  - 제도마련 및 종합계획 수립을 통해 수소도시 확산 추진('22~)
		• 규제자유특구 지정: 울산, 강원, 충남, 충북, 부산

자료: H2KOREA(2021). 『제1차 수소경제 이행 기본계획』.

(2) 제5차 수소경제위원회 주요 발표 내용(2022.11.)

2030년까지 2022년 기준 211대인 수소 상용차를 3만 대로 늘리고, 액화수소충전소를 0개소에서 70개소로 확대, 이와 함께 0%인 청정수소 발전 비중을 2036년까지 7.1%로 늘릴 계획이다. 수소 수요 증가에 대비해 연 4만 톤 규모로 세계 최대 수준의 액화수소 플랜트를 짓고, 2030년까지 석탄발전소 밀집 지역에 연 400만 톤급 암모니아 인수기지를, 액화천연가스(LNG) 발전소 밀집 지역에 연 10만 톤급 액화수소 인수기지 및 수소 전용 배관망을 조성할 계획이다.

청정수소 시장 촉진을 위한 제도 기반을 마련하기 위해 수소발전 입찰시장을 열고, 전력수급기본계획·국가온실가스 감축목표를 고려해 수소 발전량을 입찰에 붙인다. 수소발전 입찰량은 2025~2028년 누적으로 일반수소 5,200GWh, 청정수소 9,500GWh 등 수소발전 전력 구매량을 총 1만4,700GWh까지 확대할 계획이다. 수소 50%, 암모니아 20% 이상 혼소를 위해 2027년까지 기술개발과 실증을 완료하고 '28년부터 단계적으로 혼소발전을 확산시킬 계획이다.

2025년까지 수소환원제철 전환의 기초기술을 개발하고, 2030년까지 석유화학 설비에 투입되는 연료의 전부 또는 일부를 수소로 전환한다. 트럭의 구매보조금을 확대하고, 지자체 대상 수소버스·충전소 구축 지원 시범사업, 경찰버스의 수소버스 전환, 수소버스 취득세 감면 및 고속도로 통행료 감면 연장 등을 추진한다. 수소 유형별(그린, 블루) 해외 청정수소 생산시설 구축 시범 사업을 추진하고 금융, 타당성조사 등 신에너지 안보를 위한 지원체계도 마련하며, 2026년까지 친환경 암모니아 추진-운반선, 2029년까지 액화수소 운반선 건조를 통해 청정수소·암모니아의 해상운송을 실현할 계획이다.

수소기업 발굴 및 지원 강화를 통해 2030년까지 수소전문기업을 600개 육성하는 한편 기술력을 갖춘 스타트업과 수소로 업종을 전환한 기업도 예비로 지원한다. 지역별 특화된 클러스터 조성과 함께 수소 전문인력 양성, 기술지원 전문기관 신설로 수소산업의 저변을 확장한다. 글로벌 경쟁력을 확보할 수 있는 5대 유망분야(수소모빌리티, 발전용 연료전지, 수전해 시스템, 액화수소 운송선, 수소충전소는 실증 및 트랙레코드) 확보를 통한 수출상품화를 적극 지원하여 해외시장을 선점할 계획이다.

제5차 수소경제위원회 주요 내용(2022.11.)

청정수소 생태계 조성방안 목표

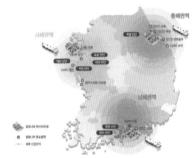

암모니아 인수거점(발전용)   수소 전용 배관 구축 계획

자료: 산업통상자원부 내부자료(2022).

(3) 제10차 전력수급기본계획 주요 발표 내용(2023.1.)

원전은 기존 계획을 상향 조정하고 재생에너지는 기존 계획을 하향 조정했으나 수소·암모니아 활용 발전계획을 상향하였다. 수소연료전지 계획은 기존과 유사했으나 기존 LNG와 석탄 발전에 수소·암모니아 혼소를 추가하여 실질적으로는 수소·암모니아 활용 발전계획을 추진한다. 한편 산업통상자원부는 수소생산 과정에서 온실가스 배출량 상한선을 규정한 '청정수소 인증제'를 2024년 3월부터 시범 시행하고 있다. 청정수소로 인증받기 위한 온실가스 배출량 기준은 $4kgCO_2eq/kgH_2$이다. 미국의 청정수소 배출량 기준은 2kg, EU는 3.38kg, 일본은 3.4kg이며, 미국은 2023년에 4kg에서 2kg으로 기준을 강화하였다. 청정수소 인증제가 본격 시행되면 블루수소 생산이 더욱 본격화될 전망이다.

💡 제10차 전력수급기본계획(2023.1.)의 전원별 발전량 및 비중 전망

연도	구분	원자력	석탄	LNG	신재생	수소연료 전지	수소·암모 니아 혼소	기타	계
2030	발전량 (GW)	201.7	122.5	142.4	134.1	16.0	13	8.1	621.8
	비중 (%)	32.4	19.7	22.9	21.6	2.6	2.1	1.3	100.0
2036	발전량 (GW)	230.7	95.9	62.3	204.4	24.2	47.4	26.6	667.3
	비중 (%)	34.6	14.4	9.3	30.6	3.6	7.1	4.0	100.0

※ 수소·암모니아 혼소 발전량 전망
- 2030년 연료량: (수소) 30만 톤, (암모니아) 296만 톤
- 2030년 발전량: (수소) 6.1TWh, (암모니아) 6.9TWh
- 2036년 발전량: (수소) 26.5TWh, (암모니아) 20.9TWh
- 혼소대상: (수소) LNG, (암모니아) 석탄

자료: 산업통상자원부 내부자료(2022).

3) 시사점

국내외 수소경제 정책은 더욱 강화되고 실행 전략들이 진전되고 있어, 수소경제 성장이 본격화될 전망이다. 최근 에너지안보가 강조되며 주요 국가들은 수소경제 목표를 상향하고 있다. 수소경제 구축 동참 국가들도 증가세, 수소는 산유국들도 잠재력이 높아 수소경제 공감대 확산이 용이하다. 중동, 아프리카, 동남아 등 블루 및 그린수소 잠재력이 높은 신흥국들도 수소에 거는 기대가 높다. 수소 관련 프로젝트 증가 추세, 특히 수소경제의 가장 기초인 생산부문 위주로 증가하면서 유럽, 미국, 중국 모두 수소 생산 및 운송 인프라 기반 구축에 우선 투자 중이며, 우리나라와 상황이 비슷해 다량의 수입이 필요한 일본은 해외 수입 기반 구축에 적극 투자하고 있음을 알 수 있다.

장기적으로 그린수소를 추구하지만 국내 현실에서는 블루수소와 해외 수입을 상당부분 활용할 수밖에 없으며, 정부 정책도 이를 고려하고 있다. 그린수소

위주의 생산 전략을 추구하지만 현실적으로 실행에 시간이 필요하고, 경제성과 운송 인프라도 미흡하기 때문에 상당 기간 이미 구축된 LNG 기반으로 한 블루수소의 생산과 해외 수입을 당분간은 의존, 활용할 수밖에 없다. 다른 나라와 비교해 상대적으로 블루수소와 그린수소 모두 생산 경제성이 낮으나 에너지안보 측면에서 일정 부분 국내 자체 생산량 확보가 필요하다.

　국내 수소의 활용 현실에서는 발전용, 산업용, 수송용에 다양하게 활용될 전망이며, 특히 재생에너지에 여유가 있는 유럽, 미국과 달리 발전용에 많이 활용될 전망이다. 재생에너지의 낮은 효율과 지연, 원자력 확대의 한계 등의 국내 발전 에너지 여건에서는 유럽, 미국과 달리 수소연료전지 발전에 적극적일 수밖에 없으며 정부 정책도 이를 반영하고 있다. 국내 탄소감축 목표는 물론 향후 유럽과 미국 등의 탄소국경조정제도와 RE100 등에 대응하기 위해 화력발전 의존도를 낮추는 에너지의 대전환이 시급한 과제이다. EU는 생산 과정에서 탄소를 다배출하는 수입 제품 및 부품·원자재에 대해 탄소세를 부여하는 탄소국경조정제도를 2026년부터 본격 시작할 예정이며, 적용 품목도 단계적으로 확대해 나갈 계획인데, 본격 시행 시 유럽 수출 경쟁력이 크게 악화될 수 있다. 중국은 전기차, 태양광, 배터리에 이어 차세대 성장동력을 위한 국가비전으로 수소경제를 적극 육성하고 있다. 수소 분야의 경제성이 확보되고 규모의 경제가 형성될 경우 가장 앞서갈 나라가 중국이다. 향후 중국에 뒤지지 않기 위해 보다 적극적인 우리나라의 수소경제 정책 추진이 요구된다. 우리나라는 화력발전 의존도가 높고 산업단지들이 많아 화력발전의 전환 또는 수소 혼소 확대는 물론 수소연료전지 발전 구축 확대가 매우 시급하다.

　해외의 경우 블루수소 생산 플랜트는 기존 석탄 및 가스 발전소를 적극 활용할 계획이다. 해외사례를 보면 수소의 원활한 생산·수입·공급과 더불어 최종 활용에 유리한 지역 위주로 클러스터를 구축하고 있다. 대부분 대규모 수소·암모니아의 원활한 공급과 더불어 최종 활용까지 유리한 지역에 구축되고 있다. 국내의 경우 그린수소의 생산이 단기간 쉽지 않고, 경제성과 운송 인프라도 미흡하기 때문에 블루수소 생산과 해외수입을 당분간 활용할 수밖에 없지만 현재 우리나라가 취약한 그린수소를 비롯 청정수소 생산에도 적극 대응하는 정책이 요구된다.

③ 국내외 수소경제 클러스터 계획 및 추진 사례

　흔히 경제산업 부문에서 국가나 지방정부가 신속하고 효과적인 추진과 성과 및 확산을 위해 집적이익의 일환인 집적단지 개념으로 특화단지, 테크노밸리, 허브, 클러스터[6], 경제자유구역 유형의 산업입지 정책을 추진하는 사례가 많다. 수소경제나 산업 부문에서도 미국 등 주요국들이 수소분야 선점을 위해 현재 수소 허브, 수소 클러스터, 수소특화단지의 조성이라는 이름으로 집적단지 정책 추진에 적극성을 보이고 있다. 수소집적단지는 유사한 수소기업들이 한데 모여 판로, 기술, 혁신 등 관련 정보를 쉽게 교류하면서 인프라 공유도 하고, 때로는 경쟁과 협력을 통하여 규모의 경제에 따른 低비용 高생산성을 유도할 수 있으며, 지원 입장인 중앙 및 지방정부에서도 신속한 지원과 파급효과를 도모할 수 있는 장점을 지닌다.

　수소 허브나 수소 클러스터의 조성은 세 가지, 즉 공급 주도형 집적단지, 수요 주도형 집적단지, 공급-수요 양측면 집적단지형으로 나눌 수 있다. 이러한 정책 유형들의 선택은 국가나 지방정부의 정책 추진 성격이나 기업들의 선택, 나아가 당해 지역이 가진 여건 및 특성에 따라 어느 것이 가장 효과적인 것인지에 기준을 두어 다양하게 선택할 수 있을 것이다. 현재 호주의 경우는 해안지대를 거점으로 전국적으로 수출형 그린수소 생산 거점 확보를 위해 공급 주도형 수소 허브를 수십 개 추진하고 있으며, 미국의 경우는 공급 주도형 또는 공급-수요 연계형 주(州) 지역별 수소 허브(Hydrogen Hub)를 연방 예산 70억 달러(9조 2천억 원)를 지원하여 민간자본과 함께 7개를 전국 단위로 구축 중에 있다.

6　클러스터(cluster)란 집적이익을 위해 상호 연결된 기업 및 관련기관의 집합체를 의미함.

국내의 경우도 산업통상자원부가 울산 등 전국 5개 시·도에 수소 생산, 유통, 활용 밸류체인별로 나누어 수소 클러스터 조성(지원규모 1.3조 원)을 추진 중이다. 또한 2024년부터 지방자치단체의 공모 심사를 거쳐 밸류체인 집합 성격의 수소특화단지 조성을 계획하고 있기도 하다. 수소경제 활성화의 주요 정책수단 중의 하나인 클러스터 조성 방안과 활성화를 위해 국내외 대표 수소집적단지 정책 추진사례 동향에 대해 살펴보도록 한다.

1) 해외 사례

(1) 미국 지역청정수소허브(Regional Clean Hydrogen Hubs) 조성

지역청정수소허브(H_2허브)는 최대 70억 달러 투입, 미국 전역에 걸쳐 7개의 지역청정수소허브를 구축하는 연방 에너지부 주관 사업이다.[7] 연방정부 70억 달러, 민간사업자 400억 달러 총 약 500억 달러(68조 원)를 투입, 전국 7개 주요 거점에 블루수소, 핑크수소, 그린수소의 청정수소를 생산할 예정이다. 이를 통해 청정수소생산은 물론 양질의 탄소중립 미래 신산업 일자리 창출을 도모할 계획이다. 총 22개 지역의 공모 심사를 거친 결과 펜실베이니아, 델라웨어, 뉴저지 3개 주가 참여하는 Mid-Atlantic Clean Hydrogen Hub(MACH2) 등 7개 지역이 최종 선정되었다(2023.10.13. 백악관 직접 발표).

2021년 통과된 「초당적 인프라법(Bipartisan Infrastructure Law)」을 통해 2022년 11월 편성되어 지원되는 대규모 80억 달러 규모의 일환으로 추진되는 지역청정수소허브 구축 사업은 미국 전역의 지역사회가 청정에너지 투자로 양질의 일자리, 에너지 안보 개선의 혜택을 누릴 수 있도록 돕는 중심 동력(Central Driver)이 될 것이다. 이같은 청정수소허브는 수소 생산자, 소비자, 지역의 수소 사용을 가속화하기 위한 연결 인프라 사용을 촉진하기 위해 네트워크를 구축하는 것이다. 이를 통해 엄청난 양의 수소에너지를 전달하거나 저장할 수 있다.

H_2허브는 특히 중공업(철강 및 시멘트 생산) 및 중장비 운송과 같이 탈탄소화가

---

7 OCED. "https://www.energy.gov/sites/default/files/2023-06/OCED_H2Hubs_0. pdf"(2023.7.5. 김색).

어려운 부문에서 경제의 여러 부문을 탈탄소화하는 데 실질적으로 기여할 국가 청정수소네트워크의 기반을 형성할 것이다. 청정수소생산 규모를 증가하는 지역수요에 맞추는 것은 대규모의 상업적으로 실행가능한 수소생태계를 달성하는 핵심 경로이다. H_2허브는 기존의 탄소집약적 공정을 대체할 수 있는 저탄소 집약도와 경제적으로 실행가능한 수소기반 에너지 생태계를 입증함으로써 이 경로를 가능하게 할 것이다. 산업부문의 혁신적인 사용을 포함하여 청정수소의 생산, 처리, 전달, 저장 및 최종 사용은 미국의 2035년 100% 무탄소 전력 공급과 2050년 탄소중립의 국가 기후목표를 달성하기 위한 연방 에너지부의 전략에 매우 중요하다. 허브의 지원 대상은 기술개발자, 산업, 유틸리티, 대학, 국립연구소, 엔지니어링 및 건설 회사, 주 및 지방정부, 부족, 환경 그룹 및 지역사회 기반 조직이다.

이 구축사업의 선정 공모에 지원한 지역은 당초 총 22개인데, 연방 에너지부는 2023년 5월부터 몇 개월의 심사평가를 거쳐 연말 최종 선정하였다. 선정된 각 지역은 향후 8~12년 동안 H_2허브 개발의 4단계(기획, 자금조달, 구축 및 운영)에 사용할 최대 12억 5천만 달러(1.6조 원)의 자금을 지원받아 제안서 계획에서 제안한대로 각 지역에서 청정수소허브 구축을 추진하게 된다. 공모에는 주별 단독으로 응모한 주와 2~3개 주가 파트너십으로 응모한 주 등 다양한 형태로 지원하였다. 단독으로 신청한 주는 캘리포니아, 워싱턴, 아리조나, 켄터키, 네브래스카, 일로노이, 펜실베이니아, 웨스트버지니아 등이며, 주 지역 간 파트너십을 이루어 공모에 응모한 지역수소허브는 HALO 수소허브를 내세운 루이지애나, 오클라호마, 아캔사스와 Western Inter-States 수소허브의 콜로라도, 뉴멕시코, 유타, 와이오밍 등등이었다. 수소생산 방식별 공모 신청 지역의 현황을 보면 재생에너지 활용 수소생산(그린수소), 탄소포집저장활용을 통한 수소생산(블루수소), 원자력에너지 활용 수소생산(핑크수소), 바이오매스 활용 수소생산 등 다양한 수소생산 방식을 표방하였다. 각 수소허브에서 생산된 수소의 최종 이용처로는 수소연료전지발전, 주거 및 상업용, 산업, 수송에 활용한다는 계획을 제안하였다. 청정수소 허브 선정 심사평가 기준은 주로 지리적 분배의 다양성이 최종 선정에 중요한 역할을 하였다. 그 밖에 기준으로는 수소 생산량이 하루 최소 50·100톤에 이르고, 이산화탄소 저장 같은 탄소배출량 감축을 입증하고 연방 에너지부의 기술 수준도 충족해야 한다. 탄소포집·저장·활용, 원자력수소, 재생에너지 기반 그린 수소 생산기술, 수소사업 실증, 발전·주거·상업용 활용을 비롯 일자리에 미치는 영향도 주요 공모 선정 기준으로 삼았다.

미국 주별 지역청정수소허브 공모 신청 지역 현황

■ Concept encouraged by DOE
♢ State or multi-state hub
■ Concept discouraged by DOE
State or within-state hub
■ Not encouraged/discouraged;
Status unknown
□ Pipeline/transportation

① Pacific Northwest Hydrogen Hub
② Obsidian Pacific Northwest Hydrogen Hub
③ Alliance for Renewable Clean Energy Systems(ARCHES)
④ Southwest Clean Hydrogen Innovation Network(SHINe)
⑤ Western Interstate Hydrogen Hub(WIH2)
⑥ Heartland Hydrogen Hub
⑦ Hawaii Pacific Hydrogen Hub
⑧ Trans Permian Hydrogen Hub
⑨ Horizons Clean Hydrogen Hub
⑩ HyVelocity Hydrogen Hub
⑪ HALO Hydrogen Hub
⑫ HARVEST Hydrogen Hubs Coalition
⑬ Mid-Continent Hydrogen Hub
⑭ Midwest Alliance for Clean Hydrogen(MachH2)
⑮ Northwest Indiana Hydrogen Hub
⑯ Southeast Hydrogen Hub
⑰ Great Lakes Clean Hydrogen Hub
⑱ Appalachian Regional Clean Hydrogen Hub(ARCH2)
⑲ Decarbonization Network of Appalachia
⑳ Mid-Atlantic Hydrogen Hub(MAAH)
㉑ Mid-Atlantic Clean Hydrogen Hub
㉒ Northeast Hydrogen Hub

자료: "Hydrogen Hubs: Get to Know the Encouraged Applicants", Resources(2023.2.7.).

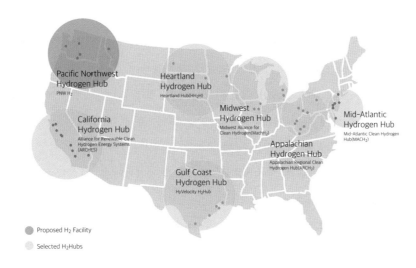

미국 7개 지역 청정수소허브 선정 현황(사업기간 2023~2035년)

자료: https://privateequity.weil.com/insights/doe-selects-seven-h2hubs-across-the-u-s-whats-
      next(2023.10.27. 검색).

(2) 호주 지역수소허브(Regional Hydrogen Hubs) 조성

호주 정부는 국가수소전략에 따라 2021년부터 5억 2,600만 AUD를 들여 전
국 8개 지역수소허브(Regional Hydrogen Hubs) 구축 사업을 2026년까지 완료하
는 목표로 추진하고 있다.[8] 지역수소허브 구축 사업은 당초 호주 청정수소산업
허브(Australian Clean Hydrogen Industrial Hubs Program) 구축 사업을 개칭하여 새
롭게 출발한 것이다. 호주 정부는 전국에 걸쳐 지방 산업지역을 거점으로 8개의
지역수소허브 구축을 위한 총 5.26억 AUD를 투자할 계획이며, 허브 구축 지원
금 프로그램을 2021년 9월부터 시행하고 있다.

이 지역수소허브 구축의 목적은 (공급) 내수·수출용 청정수소 가용화, (밸류
체인) 국내 청정수소 공급망 구축, (수출) 청정수소 수출경로 구축, (수요) 기존 산
업의 청정수소 사용 촉진, (신산업) 지역 내 청정수소 가용성을 중심으로 구축된
신산업 창출, (고용·인력양성) 지역 일자리 창출·지역인력 역량 강화, (경제성) 청

---

8   "Regional Hydrogen Hubs Program", CSIRO HyResource(2023.8.7.).

정수소 생산비용 절감 등에서 진전을 이루기 위한 것이다.[9]

호주 정부는 이러한 지역수소허브 사업 추진을 통해 2030년까지 호주를 수소 생산 및 수출의 주요 글로벌 전진기지로 만들겠다는 비전을 실현하고, 기술주도 접근방식으로 수소의 상업적 보급을 가속화하여 호주의 탄소배출 감축 목표를 달성하는 데 매우 중요한 역할을 담당하며, 청정수소허브 구축에 있어 주정부, 산업계 등 국내 각계 이해관계자들과 협력하는 한편 국제 저탄소기술 파트너십을 통한 국제협력과 연계하는 노력을 하고 있다.[10]

지역수소허브 구축 8개 대상 지역과 추진을 위한 지원금 액수(Hubs Implementation Grants)는 다음과 같다.

- 서호주 정부의 Pilbara Hydrogen Hub, WA – 최대 7천만 AUD
- bp 호주의 H$_2$Kwinana Clean Hydrogen Industrial Hub, WA – 최대 7천만 AUD
- Stanwell Corporation의 Central Queensland Hydrogen Hub(CQ-H$_2$ Hub), QLD – 최대 6천 9백만 AUD
- 뉴캐슬 항구의 뉴캐슬 수소허브 항구, NSW – 최대 4,100만 AUD
- Origin Energy의 Hunter Valley H$_2$Hub, NSW – 최대 4,100만 AUD
- 남호주 정부의 Port Bonython Hydrogen Hub, SA – 최대 7천만 AUD
- Tasmanian Government의 Tasmanian Green Hydrogen Hub, TAS – 최대 7천만 AUD
- Townsville의 Region Hydrogen Hub, QLD – 최대 7천 190만 AUD 등

이 사업의 초기개발, 타당성조사 및 설계 작업 지원(Hub Development and Design Grants)은 보조금 지급 형태로 운영되는데 지원규모, 대상, 신청자격, 평가 기준은 다음과 같다. (지원규모) 총 3천만 AUD, 사업별 50만~3백만 AUD, 제안사업 비용의 최대 50% 지원, (지원대상) 산업계 주도 컨소시엄(컨소시엄 리드 1개사외 최소 1개 이상의 프로젝트 파트너로 구성된 컨소시엄 요건 충족 및 호주사업자번호 보유),

---

9 주호주 대한민국 대사관(2022). 『호주 수소 정책 동향 – 청정수소허브 지원 프로그램』.

10 상게자료.

(사업기간) **최대 1.5년,** (평가기준(배점)) ① 프로그램 목표 충족(30점), ② 허브를 투자 준비단계로 진전시키는 계획(30점), ③ 개발·타당성조사 수행 및 궁극적인 허브 프로젝트 이행 능력·역량·자원(30점), ④ 보조금이 주는 영향 증명(10점) 등이다.[11]

호주 지역 수소허브 구축 계획 현황(사업기간 2021~2026년)

자료: CSIRO HyResource. "https://research.csiro.au/hyresource/hubs/"(2023.8.8. 검색).

호주의 대표 지역수소허브 구축 계획 사례는 뉴사우스웨일스주, 퀸스랜드주이다. 호주 수도 캔버라가 입지한 한국 면적보다 8배 큰 뉴사우스웨일스주는 7천만 달러를 투자하여 헌터, 일라와라, 와가와가 3개 지역에 수소허브 구축 사업을 추진하고 있다. 이를 통해 NSW주 전역에 걸쳐 전략적 지점에 자본과 인프라, 기술을 집중시켜 새로운 그린수소 산업의 성장기반을 창출할 계획이다.[12] 그린수소 산업을 시작하려면 공급 사슬을 풀고 기술을 보여줄 인프라 구축을 위해 수소기업의 민간부문의 참여와 투자가 필요하다. 이 기반은 상업적 모델을 시험하고 행동으로 배우도록 산업을 지원하며, 미래 규모를 실현, 투자 결정을 확보

---

11   상게자료.
12   호주 NSW주 기획산업환경부(2021). 「뉴사우스웨일스(NSW) 수소 전략」.

하는 근거를 제공하는 것이 중요한데 이를 위해 지역수소허브 전략을 추진하고 있다. 지역수소허브는 산업과 수송, 에너지 시장 전반에 존재하는 다양한 수소 이용자들이 공존하고 있는 지역이다. 허브는 수소생산의 중심지이며, 수소공급은 허브로부터 바퀴살 형태로 뻗어 나간다. 연구개발사업과 시설들 역시 허브 인프라를 활용하고 기술 혁신, 효율 개선, 비용 감소 실현을 위해 지식을 공유하면서 허브에 연계되어 있다.[13] 지역수소허브 구축은 전선, 수송관, 용수 공급, 저장 탱크, 충전소, 항만, 도로, 철로 등의 인프라 비용을 최소화하고, 수소를 생산하여 최종 이용자에게 공급하는 데 있어서 규모의 경제를 지원한다.[14]

이러한 허브는 또한 혁신을 위해 노력을 집중하고 산업생태계를 배양하며, 수소산업 인력을 구축할 수 있도록 돕는다. 또한 산업과 정부 간 조율된 조치 시행으로 고비용 및 인프라 이용 곤란으로 인한 수요 저하 발생 딜레마를 해결할 수 있다. 이러한 딜레마는 비용절감을 위한 대규모 투자를 가로 막는다. 수소허브 구상은 이러한 사이클을 깨고, 규모의 경제를 달성하며, 비용을 절감하고, 수소 수송부문에서 신규 수소시장을 활성화하여 기존 시장들이 보다 청정한 수소를 선택하도록 유도한다. 수소허브 개발을 통해 NSW주는 중장비 수송 차량을 탈탄소화하고, 지역경제 다변화를 지원하며, 수출, 철강, 전력, 합성 연료 시장에서 장기적인 기회를 포착할 수 있게 될 것이다.

---

13 상게자료.
14 상게사료.

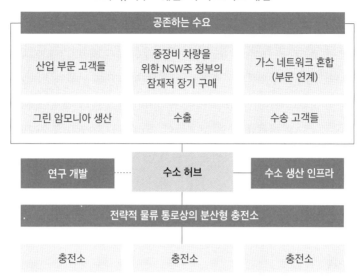

호주 뉴사우스웨일스주 수소허브 개념

| 공존하는 수요 |
| 산업 부문 고객들 / 중장비 차량을 위한 NSW주 정부의 잠재적 장기 구매 / 가스 네트워크 혼합 (부문 연계) |
| 그린 암모니아 생산 / 수출 / 수송 고객들 |

연구 개발 ┈┈ 수소 허브 ── 수소 생산 인프라

전략적 물류 통로상의 분산형 충전소

충전소   충전소   충전소

자료: 호주 NSW주 기획산업환경부(2021). 『뉴사우스웨일스(NSW) 수소 전략』.

　　NSW주 내 헌터 수소허브 지역은 호주 최대 수소 허브 중 하나로 최적의 입지를 자랑한다. 이 지역은 기존의 고압 송전 인프라를 이용할 수 있으며, NSW주 정부가 헌터-센트럴 코스트 REZ 기획의 초기 단계를 실행하고 있다.[15] 대규모 수소 수요 중심지인 헌터 지역에는 34,000명의 숙련된 노동력이 갖춰져 있으며, 세계 최대 에너지 수출 터미널 중 하나인 뉴카슬항 소재 시설도 이용할 수 있다. 뉴카슬항은 오리카의 암모니아 시설에서 이미 상업적 규모의 수소를 생산, 이용하고 있으며, 연간 약 13만 톤의 암모니아를 수출하고 있다. 뉴카슬항은 주요 수송 및 물류 중심지이기 때문에 기존의 고압 송전 인프라를 이용할 수 있고, 기존 국제 에너지 교역 파트너들과의 상업적 관계를 활용할 수도 있다.

　　일라와라 수소허브 지역은 7천만 달러 규모 수소허브 구상에서 두번째 수소허브이며, 호주 최대 국내 수소시장 중 하나로 자리잡을 것이다.[16] 이 지역은 기존의 고압 송전 인프라를 이용할 수 있으며, NSW주 정부가 일라와라 REZ 기

15　상게자료.

16　상게자료.

획의 초기 단계를 실행하고 있다. 일라와라 지역에는 적어도 8,000명의 숙련된 노동력이 있고, 호주 유일의 종합제철소가 위치해 있다. 켐블라항의 기존 수출 인프라도 이용할 수 있으며, 켐블라항은 주요 수송 및 물류 허브로서 호주 최초의 수소 트럭 사업과 NSW주 두 번째 수소충전소 사업을 시행 중이다.

해안에서 300km 떨어져 있는 내륙 와가와가 수소허브 지역은 NSW주 지역 성장개발공사가 SAP 전체에 산업 고객들이 자리잡을 수 있도록 하기 위해 수소 그물망 네트워크 사업에 자금 지원을 약속했고, 해당 그물망 네트워크에 대한 수소 공급 기회를 조사하고 있는 중이다.[17] 와가와가는 리베리나-머레이 농업 지역을 배경으로 둔 전략적 위치를 십분 활용하여, 수송과 물류, 선진 제조, 재활용 및 재생에너지 부문에서 세계적 수준 기업 지구 및 수소 허브를 구축하기 위해 자본을 투자한다.

---

17 상계자료.

호주 뉴사우스웨일스주 내 3개 수소허브 구축 계획

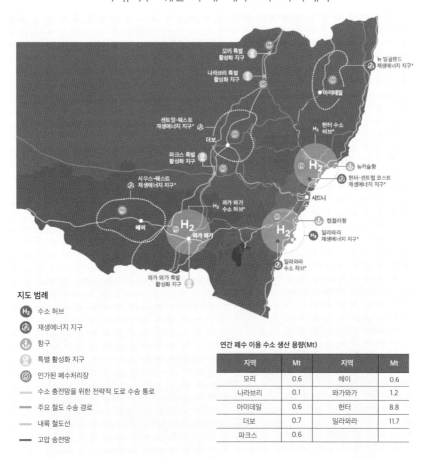

지도 범례

- **H₂** 수소 허브
- 재생에너지 지구
- 항구
- 특별 활성화 지구
- 인가된 폐수처리장
- ····· 수소 충전망을 위한 전략적 도로 수송 통로
- —— 주요 철도 수송 경로
- ····· 내륙 철도선
- —— 고압 송전망

연간 폐수 이용 수소 생산 용량(Mt)

지역	Mt	지역	Mt
모리	0.6	헤이	0.6
나라브리	0.1	와가와가	1.2
아미데일	0.6	헌터	8.8
더보	0.7	일라와라	11.7
파크스	0.6		

자료: 호주 NSW주 기획산업환경부(2021). 『뉴사우스웨일스(NSW) 수소 전략』.

※ QR 코드로 원본 그림을 확인할 수 있습니다.

한편 호주 정부가 퀸즐랜드주 타운즈빌의 수소허브 개발을 지원하기 위해 7천만 달러를 추가로 투자함으로써 재생 가능하고 배출이 적은 에너지 초강대국이 되려는 호주의 야심은 계속해서 추진력을 얻고 있다.[18] 호주 정부는 타운즈빌

---

18 ABA Legal Group, "https://abalegalgroup.com.au/townsville-hydrogen-hubs-program-grant-opportunity/"(2023.7.6. 검색).

의 수소허브 개발을 지원하기 위해 7,000만 달러를 투자하여 호주의 녹색수소산업을 강화하고 있다. 정부는 경쟁력 있는 Townsville 지역수소허브 프로그램에 대한 지침을 발표하였다. 기금으로 이 지역은 자체적으로 사용하거나 연료, 에너지 생성 및 저장 또는 화학 공급원료로 전 세계에 공급하기 위해 재생 가능한 수소에 1억 4천만 달러를 투자한다. Townsville Hydrogen Hub는 지역 일자리를 창출하고, 호주의 청정에너지 경제로의 전환을 지원하며, 산업 가공 및 운송과 같은 감소하기 어려운 부문의 탈탄소화를 장려한다. 이 지역의 항만시설, 인력 수용 능력, 아시아 무역 파트너와의 근접성은 녹색수소 허브를 위한 이상적인 위치이다.

호주 퀸즐랜드주 타운즈빌 수소허브 구축 계획

자료: "호주 서부, 퀸즐랜드 '녹색수소 허브' 7천만불 지원", 한호일보(2023.1.16.).

(3) 독일 함부르크 수소허브(Hamburg Hydrogen Hub) 조성

2015년부터 독일 함부르크 석탄화력발전소에서는 1.6GW의 전력을 생산하고 87백만 톤의 탄소를 배출하고 있었다.[19] 탈석탄 정책에 따라 2021년부터는 생산한 에너지를 판매할 수 없게 되어 위기에 봉착하였다. 여기서 무너지지 않고 풍력과 태양광을 활용하는 세계에서 가장 큰 그린수소 발전소로 전환하는 데 성공하였다. 또한 수소관련 시설을 구축하는 그린수소 허브 프로젝트도 체결하였다. 더욱 주목받는 이유는 단순한 수소발전소로의 전환이 아닌 허브프로젝트를 구축했기 때문이다. 발전소의 송전망이나 항구 접근성, 주변의 잠재구매력까지 그린수소 밸류체인을 모두 담고 있다. 독일 제2의 도시이자 최대 항구 도시인 함부르크는 일찍부터 풍력에너지 등 재생가능에너지 분야에 대한 관심을 가져왔다. 최근에는 '그린수소' 분야에서 다양한 사업을 진행하며 독일 북부 수소경제의 중심지로 우뚝 서고 있다.

특히 함부르크항 근처의 무어부르크(Moorburg) 석탄화력발전소를 그린수소 발전소로 전환하는 것을 핵심으로 하는 그린수소허브(Green Hydrogen Hub) 프로젝트가 세계적으로 주목을 받고 있다.[20] 함부르크 그린수소허브 프로젝트가 주목받는 것은 단순히 화력발전소에서 수소발전소로의 전환 때문만은 아니다. 이 프로젝트는 무어부르크 발전소의 송전망, 항구 접근성, 주변 잠재구매력 등의 제반 조건을 이용하여 그린수소의 생산·저장·운송·활용을 포함한 수소경제의 가치사슬(value chain) 전반을 다루기 때문이다. 또한 2021년 4월 26일에는 함부르크의 공기업을 포함한 12개 기업이 함부르크 도시 전체의 수소경제를 위한 수소연합(Hydrogen Alliance)을 결성하고, '유럽의 공동 이해와 관련된 중요 프로젝트(IPCEI, Important Project of Common European Interest)'에 수소분야의 공동 및 개별 사업안을 제출하였다.

함부르크 수소연합이 제출한 사업은 ① 무어부르크 석탄화력발전소 부지의

---

19 에너지정책소통센터. "https://e-policy.or.kr/info/list.php?admin_mode=read&no=10619&make=&search=&prd_cate=2"(2023.7.8. 검색).

20 이통현(2021). 녹일 수요 지자체 수소경제 동향", 『분권레터』, Vol.88, 대한민국시도지사협의회.

그린수소 생산시설 전환, ② 에어버스社의 항공산업 수소 인프라 구축, ③ 아르셀로미탈(ArcelorMittal)社의 탄소중립적 철강 생산, ④ 함부르크 가스공사의 수소산업네트워크(HH-WIN) 구축, ⑤ GreenPlug社의 수소연료 푸시보트 도입, ⑥ HHLA社의 항만물류 분야 수소연료 중장비 활용, ⑦ 함부르크 항만공사의 수소 모빌리티 항만 인프라 구축, ⑧ HADAG社의 수소 하이브리드 페리 도입, ⑨ 함부르크 청소공사의 폐기물 재생전기의 수전해 공정 투입 등 함부르크를 소재지로 하는 9개의 그린수소관련 사업이다. 함부르크 수소연합 12개사가 공동으로 추진하고 있는 수소사업은 함부르크 그린수소 허브, H_2LOAD 수소물류 등 8개 프로젝트이다.

⚡ 함부르크 수소연합 12개사의 공동 추진 수소 프로젝트 현황

구성	프로젝트
쉘, 바텐팔, 미쓰비시중공업, 함부르크 난방공사, 에어버스 아르셀토미탈, 함부르크 가스공사, 그린플러그, 함부르크 항만물류회사, 함부르크 항만청, 함부르크 해상관광회사, 함부르크 도시청소공사 등 12개 지역사	• 함부르크 그린수소 허브 • HH·WIN 함부르크 수소 산업 네트워크 • H2H 녹색 철강 제조 • WLPLiN 항공기 제작을 위한 수소 • H2LOAD 수소 물류 • HyPA 수소 항만 애플리케이션 • H2 HADAG 수소하이브리드 선박제조 • H2SB 탄소 제로 바지선

자료: "환경파괴 주범이 '수소경제 심장'으로… 함부르크의 역발상", 머니투데이(2022.1.25.).

이로써 함부르크는 주요 경제·산업 인프라를 구성하는 주요 기업이 수소경제 구축에 나섰고, 이러한 사업들과 더불어 그린수소 발전·해상수입·수소네트워크를 이용한다면 함부르크의 연간 탄소 배출량(현재 16백만 톤)은 2030년까지 1백만 톤 이상 감축할 수 있을 것으로 기대하고 있다.

독일 함부르크 그린수소 허브 프로젝트(사업기간 2021년~)

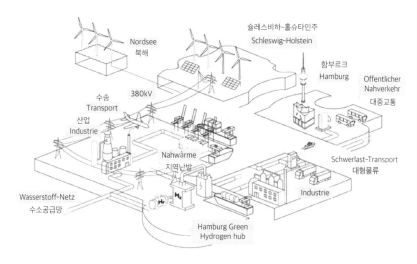

자료: 이동현(2021). "독일 주요 지자체 수소경제 동향", 『분권레터』, Vol.88, 대한민국시도지사협의회.

수소밸류체인을 위한 함부르크 수소연합 사업 계획

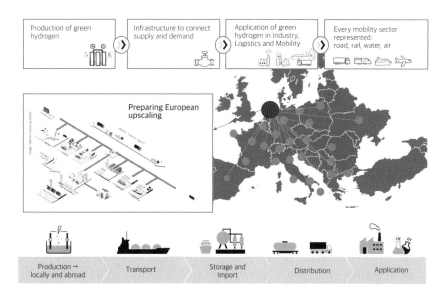

자료: "The Hamburg Hydrogen Hub - Experience and Lessons Learned for Cluster Development around Ports", HPA HPC(2023.3.22.).

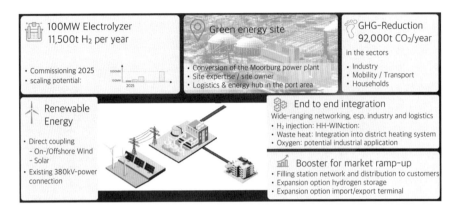

산업과 수송의 대규모 탈탄소화를 위한 함부르크 그린수소허브 구축

자료: "The Hamburg Hydrogen Hub - Experience and Lessons Learned for Cluster Development around Ports", HPA HPC(2023.3.22.).

(4) 네덜란드 로테르담 수소허브

네덜란드 로테르담 항만청은 다양한 파트너사와의 협력을 통해 항만 단지에 대규모 수소 네트워크를 도입해 로테르담을 수소 생산, 수입에서부터 기술 응용에 이르기까지 수소산업 생태계 확장을 위해 노력하고 있다. 로테르담항은 인근 북서부 유럽 국가로 해상운송이 가능한 주요한 국제적 에너지 허브로 그 중요성이 더욱 부각되고 있다. 로테르담은 자체 산업적 생태계를 위해 수소를 생산할 뿐만 아니라 유럽 수소경제의 물류 중심지를 로테르담에 형성하는 것을 목표로 하고 있다. 로테르담항은 Shell, 독일 대기업 티센그룹(Thyssenkrupp) 및 독일 에너지 대기업 RWE와 협력해 독일로 수소를 수송할 계획이다. 네덜란드 및 독일 등 유럽 기업들과 협력해 흐레인(Geleen)에 위치한 무어다이크(Moerdijk)와 캐메롯(Chemelot) 산업단지도 연결될 예정이다.[21]

로테르담 관계자들은 수소를 실은 최초의 대형 선박은 2025년 로테르담 항구에 입항하며, 2030년까지는 400만 톤의 수소를 수입하고 현지에서 60만 톤을 생산하는 것을 목표로 하고 있다. 이는 로테르담이 북서부 유럽에 매년 460만 톤의 친환경 수소를 공급한다는 것을 의미한다. 이것은 운송 및 중공

---

21 "유럽 수소 산업의 중심, 네덜란드 로테르담", kotra 해외시장뉴스(2023.1.31.).

업을 친환경적으로 만들 뿐만 아니라 유럽 에너지 안보와 러시아로부터 독립할 수 있도록 하는 데 도움이 될 것이다. Shell사는 로테르담 항구 지역의 마스블락테(Maasvlakte) 마지막 휴경지에 네덜란드 최초의 '그린' 수소공장(Holland Hydrogen) 건설을 시작할 예정이다. 2025년 완공 예정인 공장은 200MW 용량을 가진 시설로 현재까지 가장 큰 규모의 전해조이다. Shell사가 약 10억 유로를 들여 건설하는 공장으로 완공되면 약 60만 톤의 수소생산이 가능해질 전망이다. 공장에서는 홀라드 쿠스트 노드(Hollandse Kust Noord) 풍력발전소에서 생산된 자체 전기를 물을 통해 기체수소로 변환할 예정이다.[22]

네덜란드 로테르담의 수소 생산 수입 유통 활용 허브 구축 계획(사업기간 2023~2030년)

자료: Port of Rotterdam. "https://www.portofrotterdam.com/sites/default/files/2022-05/europe-hydrogen-hub.pdf"(2023.7.8. 검색).

※ QR 코드로 원본 그림을 확인할 수 있습니다.

---

22 "유럽 수소산업의 중심, 네덜란드 로테르담", kotra 해외시장뉴스(2023.1.31.).

(5) 스페인 카탈루냐 수소밸리(Hydrogen Valley of Catalonia) 조성

스페인 카탈루냐 지역 수소밸리(Hydrogen Valley of Catalonia) 조성은 에너지 전환이라는 세계적인 도전에 대한 국가의 대응 사업이다. 재생 가능한 수소의 밸류체인을 기반으로 생태계를 조성하고 공고히 하는 데 목표를 두고 있다. 현재 그린수소 생산, 수소활용 등 30개 이상의 수소사업을 진행 중이다.[23] 카탈루냐 지역(주도 바르셀로나)은 스페인의 대표적인 수소밸리 중 하나로 풍부한 재생에너지와 산업 수요, 공급망 구축에 유리한 지리적 위치 등을 바탕으로 그린수소 생산은 물론 수소연료전지, 수소차 모빌리티, 수소충전소, 수소 저장 탱크나 밸브, 제조 플랜트 산업을 융합 육성하고 있다.

카탈루냐는 스페인 전체 인구의 16%, 국내총생산(GDP)의 20%, 산업의 25%를 차지하는 중심지이며, 금속·식품가공·자동차·제약·화학·IT 등의 주요 산업이 위치해 있어 수소 수요처가 풍부하다. 풍부한 일조량과 바람으로 인해 다수의 태양광과 풍력 발전소가 위치해 있어 그린수소 생산에 최적지로 꼽히고 있다. 다수의 그린수소 생산 프로젝트가 진행 중에 있다. 카탈루냐는 지중해를 접해 있어 항만 교통이 발달해 있고, 철도망 및 도로 교통망, 바르셀로나공항 등이 발달해 오랫동안 유럽과 아프리카는 물론 미주와 아시아까지 효율적으로 연결하는 물류 거점이다.

---

23 H₂ValleyCat(2021). *Hydrogen Valley of Catalonia*.

카탈루냐 수소밸리(Hydrogen Valley of Catalonia) 수소 프로젝트 추진 지역

자료: "PROPOSAL HYDROGEN CATALONIA SOUTH", somfets(2020.9.8.).

(6) 사우디아라비아 네옴시티 그린수소 생산단지(Green Hydrogen Complex) 조성

사우디아라비아의 북서부에 위치하며 서울시 면적의 44배에 이르는 미래 친환경도시 '네옴시티'는 모든 전력을 수소, 태양광, 풍력으로만 생산–소비하여 탄소제로 도시를 표방하고 있다.[24] 네옴시티 건설 사업 중 하나가 홍해 연안에 부유식 산업단지 옥사곤(Oxagon)을 조성하는 것인데, 옥사곤 산단 내에 일일 600톤 규모의 그린수소 생산단지(Green hydrogen complex)를 건설하고 있다. 현재 NEOM Green Hydrogen Company(NGHC), ACWA Power 및 Air Products 社가 조성에 참여하고 있으며, 2026년에 가동되면 하루에 초기 600톤의 그린수소를 생산하여 전 세계로 수출할 수 있어 연간 500만 톤의 CO_2 배출량을 감축할

---

24 NEOM. "https://www.neom.com/en-us/newsroom/neom-accelerates-green-hydrogen-future(2023년 검색).

수 있다. 발전설비 3.9GW(태양광 2.2GW, 풍력 1.7GW)의 수전해 설비 수소압축 및 저장설비 등의 시설로 구성된다.

사우디아라비아의 네옴시티 건설 계획

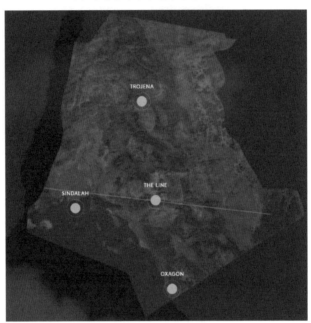

자료: NEOM. "https://www.neom.com/en-us"(2023.8.9. 검색).

네옴시티 부유식 산업단지 옥사곤(Oxagon) 조성 조감도

자료: NEOM. "https://www.neom.com/en-us/regions/oxagon"(2023.8.9. 검색).

2) 국내 사례

(1) 산업통상자원부 주관 수소 클러스터 조성(사업기간 2023~2027년)

산업통상자원부는 수소산업 생태계를 조기에 구축하고자 지역 특화모델 발굴 및 분야별 클러스터 구축을 위한 '수소 클러스터 구축 사업'을 추진 중이다. 2021년 8월 수소경제 4대 분야(생산, 저장·운송, 활용 – 연료전지/모빌리티) 클러스터 구축을 위한 지자체 공모 절차를 거쳐 5개 지역을 후보로 선정하여 2023년 12월 모두 예타가 통과되었다.

우선 전북(생산-그린수소), 인천(생산-바이오, 부생), 강원(저장 운송), 울산(모빌리티), 경북(연료전지)을 수소 클러스터 조성 지역으로 선정하였다. 이 지역에 대한 예비타당성 조사가 완료됨에 따라 본격 수소 클러스터 조성에 나설 것으로 보인다. 본 수소 클러스터 구축 사업의 성공 여부에 따라 추가 수소 클러스터 조성 사업 후보 지역이 선정될 수도 있다.

지역별 수소 클러스터 구축사업(안) 개요(예비타당성 조사 대상 지역)

구분			사업비(억 원)				주요 내용(사업기간: '23~'27)
			국비	지방비	민자	합계	
생산	그린	전북	1,288	508	1,950	3,746	새만금 연계 100MW 규모 수전해 설비단지 조성, 그린수소 산업 통합지원센터 구축
	바이오 부생	인천	1,172	537	694	2,403	수도권 매립지를 활용한 바이오가스 연계 수소생산 인프라, 부생수소 생산설비 구축
저장·운송		강원	675	497	1,787	2,959	삼척 LNG기지 활용 액화플랜트 구축, 수소 저장·운송 산업 진흥센터 구축

활용	연료 전지	경북	704	606	553	1,863	수소연료전지 인증센터 기반 연료전지 부품성능평가·국산화 지원 인프라 조성
	모빌 리티	울산	1,049	719	-	1,768	모빌리티 역량 기반, 수소차 부품 기술지원 센터 및 건설·산업 기계 기술지원 센터 구축
합계			4,888	2,867	4,984	12,739	-

자료: "수소 클러스터 구축사업, 예비타당성조사 대상사업으로 선정", 산업통상자원부 보도자료 (2021.8.24.).

위 지역별 수소 클러스터 구축사업(안) 중에서 2023년 7월 20일 '경북 수소 연료전지 발전 클러스터' 구축사업이 가장 먼저 예타가 통과되어 2024년부터 구 축이 본격화될 것으로 보인다.[25] 본 사업의 궁극적인 목적은 기술 국산화를 통 한 수소연료전지 글로벌 경쟁력 확보 및 국내 공급망 구축을 통한 관련 산업 활 성화를 촉진하는 데 있다. 본 사업은 2024년부터 총사업비 1,918억 원(국비 627억 원, 지방비 670억 원, 민자 621억 원)을 투입해 경북 영일만 인근 포항블루밸리산단 내(6,080,537m²) 28만m²(여의도 면적 1/10, 84,700평) 부지에 수소연료전지 기업 30 여 개사가 입주하는 집적화단지와 입주 기업들이 자체 개발한 소재·부품의 성능 을 시험하고 시범 운전해볼 수 있는 성능평가단지 및 국산화 시범단지를 구축하 는 사업이다.

지금까지 국내 연료전지 산업은 세계 최고 수준의 완제품 제조·설치·운전 기술을 보유하고 있음에도 핵심 소재·부품 상당수를 해외 수입에 의존해 제품 의 고부가가치화와 가격 절감을 달성하는 데 한계가 있었다. 본 사업을 통해 주 요 소재·부품의 생산기술을 확보하고 공급망을 내재화함으로써 관련 산업의 저 변을 확대하는 한편 국내외 시장에서 경쟁력을 한층 강화해나갈 수 있을 것으로 기대된다. 수행기관은 산업통상자원부가 사업 총괄, 에너지기술평가원이 사업 전담기관, 포항테크노파크가 세부사업 관리, 클러스터 추진단 운영을 수행한다.

---

25 "수소연료전지 산업 초격차 유지 기반 확충, 「경북 수소연료전지 발전 클러스터 구축사업」 예비타 당성 조사 통과", 산업통상자원부 보도자료(2023.7.20.).

경북 수소연료전지 발전 클러스터의 구축 조감도와 사업개요(2023.7. 예타 통과)

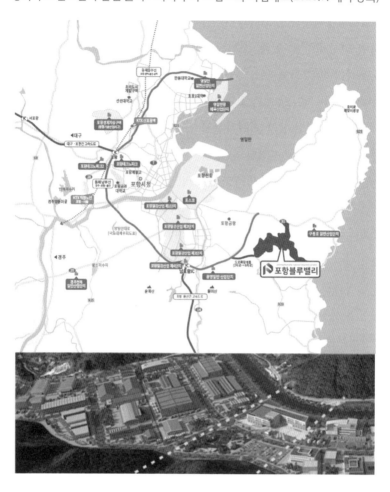

❶ 기업집적화 코어	❷ 소재부품 성능평가 코어	❸ 국산화 시범 코어
연료전지 부품·소재 등 관련 기업 집적화단지(30개사 입주 가능 규모)	• 소재·부품의 검증, 인증 및 성능평가 장비 구축(20종 26기) • 장비동, 기업실험동	• 자체 개발한 소재·부품을 탑재한 연료전지 시범 운전 가능(최대 4MW급) • 국산화 시범동

자료: "수소연료전지 산업 초격차 유지 기반 확충", 산업통상자원부 보도자료(2023.7.20.).

※ QR 코드로 원본 그림을 확인할 수 있습니다.

(2) 산업통상자원부 주관 수소특화단지 조성(사업기간 2024년~)

산업통상자원부는 수소특화단지 운영방안 마련을 위한 '수소특화단지 운영 방안 마련 연구용역'을 통해 2024년부터 지자체 대상 공모 심사를 거쳐 수소특 화단지 조성에 본격 들어간다.[26] 수소특화단지는 수소법 및 동법 시행령(2021년 2월 발효)에 근거한 제도로서 수소의 생산, 저장·운송, 활용 등 수소 全 주기 분야 사업을 영위하는 기업과 그 지원시설이 집적화된 곳을 수소특화단지로 지정하고 자금 및 설비 제공 등을 지원할 수 있다.

산업부는 수소특화단지가 수소산업 발전에 핵심적인 거점 역할을 할 수 있도록 지속적으로 지원·육성해 나갈 계획이라고 밝혔다. 수소특화단지 개념은 수소산업 육성이라는 목표실현을 위해 정부와 지자체가 지원 프로그램 제공을 통해 수소기업의 집중성장을 지원하는 전략적 공간이다. 수소특화단지 역할은 수소기업 집적화를 통해 산업의 양적 확대와 지원체계의 질적 고도화를 통해 지속 가능한 산업 성장을 위한 견고한 기반 역할을 담당한다.

중앙정부는 수소특화단지 지정 및 기업성장을 위한 R&D 지원, 핵심 장비 및 설비(실증 테스트베드) 구축, 규제특례 지원 등을 한다. 지자체는 수소특화단지 내 지원시설 구축(토지 매입, 공사 등) 및 운영에 필수적인 기반시설(수소, 전기, 통신, 도로 등) 설치 지원을 한다. 수소특화단지 지정은 지역간 경쟁이 아닌, 지자체의 육성계획이 지정 요건 부합 여부로 판단하여 준비된 지역을 최대한 지정, 육성할 계획이다. 선정기준은 수소 관련 기업 및 지원시설이 집적된 지역을 기본요건으로 하되, 집적화는 수소 관련 기업 및 시설이 지정 신청 면적의 50% 이상 입주로 제시하고 있다. 산업통상자원부는 2024년 5~6월 시·도 광역지자체를 대상으로 수소특화단지 지정 신청을 받아 관련 심사를 거쳐 오는 10월경 수소특화단지를 최초 지정할 계획이다. 한편 산업통상자원부는 예산사업인 수소클러스터 조성사업과 법적 지원제도인 수소특화단지를 통합·연계하여 수소산업 생태계 조성을 촉진해 나갈 계획이다.[27]

---

26 "수소특화단지 지정을 향한 첫발을 내딛다", 산업통상자원부 보도자료(2023.3.16.).

27 "수소특화단지 지정 공모 개시", 산업통상자원부 보도자료(2024.4.30.).

수소특화단지 지정 절차(수소법령)

절차	주체	내용
육성계획 수립	시·도 지사	수소특화단지 육성계획 포함 사항(「수소법 시행령」제29조) • 수소특화단지의 기본목표와 중장기 발전방향 • 해당 지역의 수소산업 현황 및 기반시설 현황 • 수소산업의 생태계 구축에 관한 사항 • 수소특화단지 기반시설 설치에 관한 사항 • 수소산업의 집적, 인력 양성 및 연구기반 구축 등에 관한 사항 • 수소산업 육성을 위한 재원(財源) 확보 방안 • 그 밖에 수소특화단지 육성을 위하여 필요한 사항
평가위원회 (사전검토) 수소경제위원회 (심의)		수소특화단지 지정 요건(「수소법 시행령」제28조) • 수소산업 관련 사업자 간에 상호연계하여 산업발전을 향상시키는 집적화를 이루고 있는 지역일 것 • 교통·통신 등 기반시설이 갖춰져 있거나 기반시설의 설치 또는 확충에 관한 사항이 「산업입지 및 개발에 관한 법률」등 관계 법령에 따른 계획에 포함되어 있을 것 • 수소특화단지가 있는 지역의 주요 산업과 수소산업의 연계 발전 가능성이 높을 것 • 수소산업 전반에 미치는 파급효과가 높을 것 • 그 밖에 산업통상자원부장관이 수소특화단지의 지정을 위하여 필요하다고 인정하여 고시하는 요건을 갖출 것
지정	산업부 장관	수소특화단지 지정 고시(「수소법 시행령」제30조) • 수소특화단지의 명칭·위치 및 면적 • 수소특화단지의 지정목적 • 수소특화단지의 사업시행기간, 재원조달방법 및 시행방법 • 수소특화단지가 표시된 지형도면 또는 지적도 • 수소특화단지의 지정에 관한 자료의 열람방법

자료: "수소특화단지 지정을 향한 첫발을 내딛다", 산업통상자원부 보도자료(2023.3.16.).

(3) 수소항만 조성(사업기간 2024~2040년)

정부는 항만별 특성, 인근 인프라 연계 가능성 등을 고려하여 항만별 특화된 수소항만 모델 및 수소 생태계를 구축할 계획이다. (선박) 수소연료, (벙커링)

전력공급 체계 마련, (차량) 수소동력 차량 용 충전시설 구축, (항만 장비) 수소에 너지 기반 친환경 동력체계로 전환을 추진한다.

💡 수소항만 특화전략 예시

[전략 1] 국내외 청정수소 수(출)입 허브항만 조성
• (내용) 수소를 생산 또는 대량으로 수입한 후 이를 수요처로 공급하는 물류 거점 조성
• (후보지) 울산항(동남권 수입), 새만금신항(서해권 수입) 등
[전략 2] 친환경·미래 컨테이너 항만물류 체계 구축
• (내용) '컨'선박 수소연료, 스마트·자동화 항만(전력) 등을 위한 수소 생태계 조성
• (후보지) 부산항 신항(세계 2위 '컨' 환적), 광양항(국내 3위 '컨' 처리) 등
[전략 3] 항만 내 LNG인수기지와 연계한 탄소중립 항만 조성
• (내용) LNG인수기지에서 대량으로 생산되는 수소를 공급받아 항만운영을 탈탄소화
• (후보지) 평택·당진항, 인천항, 보령항, 삼척항 등

자료: 관계부처 합동(2021). 수소항만 조성방안.

중장기(~2040년) 수소항만 입지(안)

수도권
• 후보지: 인천 등
• 형태: L2G, G2G
• 연 물동량: 50~178만 톤

중부권
• 후보지: 평택, 당진 등
• 형태: L2G, G2G
• 연 물동량: 13~48만 톤

호남권
• 후보지: 새만금, 군산, 여수·광양 등
• 형태: L2G, G2G, P2G
• 연 물동량: 10~38만 톤

제주권
• 후보지: 제주
• 형태: G2G
• 연 물동량: 2~8만 톤

강원도
• 후보지: 삼척 등
• 형태: L2G
• 연 물동량: 5~10만 톤

영남권
• 후보지: 부산, 울산 등
• 형태: L2G, G2G
• 연 물동량: 25~94만 톤

자료: 관계부처 합동(2021). 수소항만 조성방안.

울산 수소항만 선도사업	민관협력
	① 정부(공공) • 수소터미널 부지 매립 • 하부시설 개발 및 제공 • 국제사회 협력기반 마련 ② 민간기업 • 상부(수소)시설 구축 • 해외수소 생산, 수입, 유통 수소 구매(off taker) * 동서발전, SK가스, 롯데정 밀화학, 현대글로비스
광양 수소항만 선도사업	민관협력
	① 정부(공공) • 하부시설 개발 및 제공 • 배관망 구축 지원 • 수소장비·충전소 설치 지원 • 스마트항만 테스트베드 개발 ② 민간기업 • 상부시설 구축·운영 • 해외수소 수입, 유통 • 수소장비, 발전, 충전소 운영 * 포스코(제철), 한양(묘도), 남해화학(암모니아 도입) 등
부산 수소항만 선도사업	민관협력
	① 정부(공공) • LNG·수소 복합 터미널 PPP 사업 추진 • 선박, 벙커링 등 R&D • 충전소 부지 확보 ② 민간기업 • 터미널 개발 및 운영 • 관련 기술 실증·적용 • 충전소 구축·운영 * 개별 사업자 선정('22~)

평택·당진 수소항만 선도사업	민관협력
	① 정부(공공), 지자체 • 배관망 구축 지원 • 수소충전소 설치 지원 수소에너지 활용 촉진 ② 민간기업 • 수소장비 기술개발 • 수소모빌리티 보급
군산 수소항만 선도사업	민관협력
	① 정부(공공) • 항만·기반시설 제공 • 국가 간 CO_2 이송기반 마련 ② 민간기업 • 수소 터미널 운영 * SK E&S

자료: 관계부처 합동(2021). 수소항만 조성방안.

※ QR 코드로 원본 그림을 확인할 수 있습니다.

(4) 인천시 '2030 인천형 수소생태계 구축' 계획

인천시는 2021년 4월 '인천형 수소생태계 구축 전략'을 수립하여 수소산업 성장기 주도권 선점을 추진하고 있다.[28] '행복한 시민·깨끗한 환경·신성장 산업

---

28 "인천시, 인천형 수소생태계 구축을 통한 수소산업 성장기 주도권 선점", 인천시 보도자료 (2021.4.28.).

이 조화로운 지속가능한 미래도시 조성'이라는 비전 아래 수소생산 클러스터, 수소모빌리티 및 충전소 등 각종 인프라 확충을 통해 수소경제를 조기 구축하고, 수소연료전지 보급을 통한 기저전력 확보로 석탄화력 조기퇴출 기반을 마련한다는 계획이다.

인천시는 현재 동구에 연료전지발전소를 운영 중에 있으며, 송도 LNG 인수기지내 연료전지발전소 건설을 추진 중에 있다. 인천시 서구 소재 SK인천석유화학 공장에서 나오는 부생수소를 연간 3만 톤을 생산하는 도시형 수소생산클러스터 구축사업을 추진 중에 있다. 이를 위해 수소생산클러스터 구축을 통한 광역권 수소경제 발전 견인을 비롯 6대 중점 추진과제를 추진할 계획이다.

2030 인천형 수소생태계 구축 모델

행복한 시민 · 깨끗한 환경 · 신성장 산업이 조화로운 수소도시 인천

	2020년	2030년
수소충전소	2개소	52개소
수소차	495대	59,239대
연료전지	950GWh	5,725GWh
수소생산	0톤	32,200톤
온실가스 저감량	1,368톤	213,032톤
대기오염물질 저감	8.6천 톤	1,828천톤

고용유발 ▶ 9,839명

생산유발 ▶ 20조 410억 원

부가가치 ▶ 6조 4,960억 원

자료: "인천시, 인천형 수소생태계 구축을 통한 수소산업 성장기 주도권 선점", 인천시 보도자료 (2021.4.2.).

※ QR 코드로 원본 그림을 확인할 수 있습니다.

(5) 강원도 '2030 강원형 액화수소산업 생태계 구축' 계획

강원도 수소경제 프로젝트의 핵심은 도내 영동권과 영서권을 잇는 H형 수소생산 벨트 구축, 액화수소 규제자유특구 육성, 수소 저장·운송클러스터 조성, 수소 R&D 특화도시 조성 계획이다. H형 수소생산 벨트 구축은 속초시, 동해시, 삼척시, 춘천시, 평창군, 태백시에 2021~2023년 사업기간으로 생산량 18t을 계획하는 사업이다.

강원도 수소공급 계획

자료: 강원도(2021). 『2030 강원형 액화수소산업 육성 추진계획(로드맵)』.

액화수소 규제자유특구 육성은 강릉시, 동해시, 삼척시, 평창군 일대 0.251km²에 2024년까지 총 305억 원을 들여 특구를 조성하여 액화수소를 전문 생산하는 사업 계획이다.

강원도 액화수소 규제자유구역 지정 운영 계획

특구기간	위치/면적	사업 내용	특례부여	특구사업자	기대효과(~24년)
2020.8.~ 2024.7.	4개시군 0.251km²	• 액화수소 생산 및 저장 제품 상용화 • 액화수소 충전소 상용화 • 액화수소 모빌리티 상용화	실증특례 7건	16개 기업, 7개 기관	• 특구예산 총 305억 원 • 기업유치 30개 • 일자리 창출 300개 • 매출 1,100억 원

자료: 강원도(2021). 『2030 강원형 액화수소산업 육성 추진계획(로드맵)』.

※ QR 코드로 원본 그림을 확인할 수 있습니다.

수소 저장·운송클러스터 조성은 동해시, 삼척시 일원에 2020~2025년간 총 2,777억 원을 들여 수소유통 기능을 구축하는 사업 계획이다. 수소 R&D 특화도시 조성은 2020~2023년간 삼척시 복합체육공원 인근에 총 258억 원을 들여 국산 수소기술개발을 선도하기 위한 사업이다.

(6) 충청북도 '수소특화단지 조성' 계획[29]

충청북도는 산업통상자원부가 주관하고 있는 수소특화단지 지정을 위해 2023년 4월 말까지 후보지를 접수하여 연구용역을 거쳐 단지 지정에 총력을 기울이고 있다. 충북도가 수소산업을 미래 먹거리로 키우기 위해 특화단지 지정을 추진하고 있다. 수소특화단지는 「수소법」 제22조에 따라 수소기업 및 그 지원시설을 집적화하고, 수소차 및 연료전지 등의 개발·보급, 관련 설비 등을 지원하기

---

29 "충북노, 수소특화단지 지정을 위해 시동 건다", 충북노 보도자료(2023.4.20.).

위해 지정된다.

그동안 수소산업을 미래신성장 산업으로 지정하고 꾸준히 육성해 온 충북은 수소특화단지 지정을 통하여 수소산업의 경쟁력을 확보하고 지역경제 활성화에 기여하겠다는 것이다. 도내 수소특화단지 후보지역은 충주, 음성, 청주이다. 충주는 그동안 중부권 최대 친환경 수소도시 조성이란 목표를 내걸고 가장 적극적으로 수소산업을 이끌어 왔다. 그린수소산업 규제자유특구로 지정되어 있는 충주는 바이오가스 기반 그린수소생산으로 전국에서 가장 저렴하게 수소를 공급하고(7,700원/kg) 있다. 또한 국내 유일의 차량용 연료전지 생산거점인 현대모비스를 비롯한 주요 부품사들이 협력체계를 구축하고 있어, 특화단지 지정에 가장 유력한 후보지이다. 특히 최근에는 충주댐 수력 기반 그린수소 인프라 구축사업, 특장차 수소 파워팩 기술지원 센터 등 굵직한 사업이 추가로 선정되면서 수소산업이 더욱 탄력을 받고 있다. 음성은 충북혁신도시에 위치한 국가 수소안전 전담기관인 한국가스안전공사, 국가기술표준원, 에너지산학융합원을 필두로 수소안전·표준화·교육분야에 강점을 두고 있다. 최근 정식 개장을 한 수소가스안전 체험교육관을 비롯하여 수소 상용차 부품시험평가센터, 액화수소 검사지원센터가 구축중이고 한국건설생활환경시험연구원, 한국기계전기전자시험연구원 등 수소산업과 연관된 민간 검사시설도 집적화되어 있어 국가 수소안전·표준화·교육 클러스터로서 손색이 없다고 한다.

충북에서 수소차 충전인프라가 가장 잘 구축되어 있는 청주 또한 최근 청주시 수소산업육성 로드맵 수립, 수소산업 육성 및 지원 조례 제정 등 수소산업 육성에 적극적이다. 현대자동차가 환경부 청정수소 생산시설 설치 시범사업에 민간보조사업으로 선정되어 청주에도 바이오가스 기반 수소생산시설이 들어설 예정으로 충주시에 이어 청주시도 전국에서 가장 저렴한 수소공급이 가능할지 관심이 집중되고 있다. 도는 2023년 4월까지 시·군으로부터 수소특화단지 조성을 위한 후보 부지를 접수받고 내부검토를 통하여 관련 시·군과 협력체계 구축 및 특화단지 지정을 위한 용역을 추진한다.

충청북도 '수소특화단지 조성' 계획 구상도

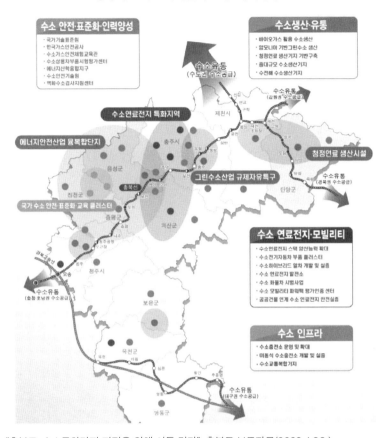

자료: "충북도, 수소특화단지 지정을 위해 시동 건다", 충북도 보도자료(2023.4.20.).

※ QR 코드로 원본 그림을 확인할 수 있습니다.

(7) 경상남도 '경남형 수소특화단지 조성' 계획[30]

경상남도는 수소생태계 조성, 핵심기술사업화 등 수소산업 경쟁력 강화 4대 전략과제를 담은 민선8기 '수소산업 육성계획'을 발표하였다. 이 계획은 '세계 1등 수소산업 육성'이라는 국정과제와 '수소산업 혁신플랫폼 구축 및 수소 핵심기술 사업화'라는 민선8기 도정과제 이행을 위해 도내 수소산업의 현실태를 진단하고

---

30 "민선8기, 경남도 '세계 1능 수소산업 육성' 선도한다", 경남도 보도지료(2023.3.14.).

중장기 육성방향을 마련한 것이다.

그동안 경남테크노파크와 도내외 수소기업, 대학, 연구소 전문가 등 60여 명의 워킹그룹을 구성해 경남 수소산업 현주소를 진단하고 주력산업과 연계한 신규 과제도 발굴했다. (기반시설(인프라)) 산업생태계 확산, (연구·개발(R&D)) 핵심 기술 고도화와 사업화, (기업지원) 글로벌 수소기업 육성, (보급) 수소사회 가속화 등 4대 전략 19개 과제 37개 사업을 발굴하였으며, 사업규모는 2032년까지 약 2조 8천억 원이다. 경남도는 관내 창원에 수소 전주기 소재·부품·기계설비를 특화한 경남형 수소특화단지 지정을 추진하고 있다.

경상남도 '경남형 수소특화단지 조성' 계획 구상도

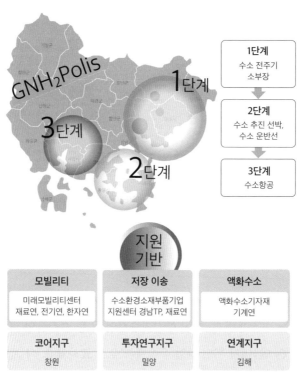

자료: "민선8기, 경남도 '세계 1등 수소산업 육성' 선도한다", 경남도 보도자료(2023.3.14.).

※ QR 코드로 원본 그림을 확인할 수 있습니다.

(8) 전라남도 여수시 '블루수소 생산 클러스터 조성' 계획

여수시는 세계 최대 산업용 가스기업인 린데와 (주)한양으로부터 8억 불 투자를 유치해 2030년까지 '블루수소 생산 협력단지'를 조성할 계획이다. 2023년 5월 독일 프랑크프르트에서 여수시는 전라남도와 린데사, (주)한양과 약 8억 불 (1조 원) 규모의 블루수소 생산 협력단지 조성사업을 위한 투자협약을 체결하였다. 협약에 따라 린데사, (주)한양은 2030년까지 타당성 검토 등을 거쳐 여수시 관내 묘도 항만재개발사업 부지 내에 수소 생산시설, 탄소 포집·액화·저장시설 등을 포함한 '블루수소 생산 협력단지'를 조성할 예정이다.[31]

린데코리아(주)는 이번 투자는 광양만권 수소환상망 사업과 연계해 여수산단으로 청정수소 공급을 확대하는 계기를 마련할 것이라며 지역과 상생발전하며, 협력회사들의 동반성장을 위해 기여할 것이라고 한다. (주)한양은 블루수소 생산 협력단지는 미래 청정수소 산업의 발전과 탄소중립 실현을 위한 중요한 전초기지가 될 것이라며 청정수소 공급 확대의 허브로서 중추적인 역할을 할 것으로 기대한다.

전라남도 여수 묘도 '블루수소 생산 클러스터' 조성 계획

자료: (주)한양 내부자료(2023).

---

31 "여수시, (주)한양&린데 블루수소 생산 클러스터 조성 '8억 불' 투자유치", 여수시 보도자료 (2023.5.4.).

3) 시사점

세계 주요국이 수소경제의 경쟁력 확보와 선점을 위해 저비용으로 조기 활성화할 수 있는 수소 집적단지 정책을 경쟁적으로 도입하고 있다. 미국, 호주 등은 중앙정부의 대규모 투자지원과 기업 참여를 통해 수소생산을 기반으로 한 유통-활용에 이르는 수소생태계 구축을 '허브' 정책수단으로 수소경제를 육성하고 있음을 알 수 있다.

외국의 경우 수소 허브나 클러스터 구축을 수소생산 특히 그린수소 생산에 1차 기반을 두고 구축하면서, 더 나아가 수소 유통-활용까지 수소생태계를 구축하는 방향으로 수소허브 정책을 추진하고 있다. 수소경제 클러스터는 무엇보다 밸류체인에서 수소의 생산이 기반이 되어야 하고 중요하므로 수소생산을 기반으로 하면서 유통-활용으로 확대하는 전략이 필요하다. 해안지대나 항만을 배경으로 수소허브나 클러스터를 구축하는 경향이 많은데, 이는 물자 수출입이 용이하고, 무엇보다 수전해 그린수소 생산이 용이한 데서 비롯된 것으로 보인다.

탄소중립과 미래 가장 경쟁력이 있는 그린수소 생산을 기반으로 하는 수소경제 클러스터는 향후 평택, 화성, 안산, 울산, 창원, 포항, 새만금, 보령, 삼척 등 해안지대나 파주 등 내륙 수자원을 배경으로 한 배후에 입지 발전시키는 것이 효과적일 수 있다. 미국, 호주 등의 수소허브 구축 계획 사례에서처럼 수소허브 조성을 특정 한 지역에 하나씩 구축하지 않고 2~3개씩 조성하는 경우도 볼 수 있다. 미국의 경우 인접 여러 주가 파트너십을 이루어 수소허브를 구축하는 사례도 있다. 특히 호주의 뉴사우스웨일스주는 북부 해안지역에 헌터 수소허브, 중부 해안지역에 일라와라 수소허브, 남부 내륙지역에 와가와가 수소허브를 각각 조성하고 있다. 호주의 와가와가 수소허브 지역은 특히 우리나라나 수도권의 수소클러스터 입지 전략 정책에 시사하는 바는 이 지역의 위치가 해안으로부터 무려 300km나 떨어져 있는 내륙지역에 입지해 있다는 점이다. 수도권 경기북부지역 등 내륙에도 호주의 내륙 와가와가 수소허브 조성 계획 사례처럼 수소경제 클러스터를 충분히 조성할 수 있음을 시사하고 있다. 우리나라의 경우도 일부 해안을 끼고 있을 뿐만 아니라 시역이 넓고 인구와 자원이 풍부하며 배후 소비시시 발달해 있는 해안 및 내륙지역에 다수의 수소경제 클러스터를 적극 조성하는 것을 고려할 필요가 있다.

또한 미국의 일부 주 지역간 수소허브 구축 파트너십 추진 사례처럼 수소경제의 잠재력을 가진 경기도 평택(화성, 안산)과 충남 당진이 파트너십을 구성하여 양 지역 공동으로 수소경제 클러스터 조성 정책을 추진하는 것도 효과적일 것으로 보인다.

독일의 함부르크 수소허브 사례처럼 석탄화력발전소를 수소연료전지발전소로 전환하면서 수소허브를 구축하는 경우도 시사하는 바가 크다고 할 수 있다. 경쟁력이 갈수록 떨어지고 탄소중립을 위해서도 석탄 등 회색산업이나 화석연료 발전소를 청정에너지 수소산업이나 수소발전소로 전환, 육성하는 과감한 정책이 필요하다. 이를 통해 전통산업 지대를 녹색산업 지대로 탈바꿈시키고, 그 수단의 중심에 수소경제가 자리잡도록 하며, 이를 위해 가장 효과적인 정책인 수소경제 클러스터 개념을 적극 도입하는 것이 우리나라에서도 필요하다.

미국, 호주, 독일, 네덜란드 수소허브 사례처럼 수소허브 구축은 수소 수급 자원의 원활화를 위해 일반적으로 대도시나 주변부지역에 입지하는 경향을 보이고 있다. 호주에서 중앙정부의 지원하에 헌터 등 3개의 수소허브를 동시에 추진할 만큼 가장 적극적으로 수소허브 조성을 추진하고 있는 남동부 뉴사우스웨일스주는 호주 인구의 40%가 거주하면서 수도 캔버라가 입지해 있는 지역이라는 점을 우리나라도 특히 주목할 필요가 있다. 이처럼 우리나라도 지방 대도시나 수도권 대도시에 수소경제 클러스터를 여러 개 구축하여, 수소경제가 조기에 효과적으로 성장할 수 있도록 하는 입지적 전략 방안이 필요하다.

수소허브나 수소경제 클러스터가 성공적으로 영위되기 위해서는 정부지원도 중요하지만 대기업 등 수소기업의 투자유치와 입지가 가장 필요하다. 독일, 호주 사례에서처럼 수소허브 구축 시 기업의 관심과 유치가 원활하게 이루어질 수 있도록 정부의 선제적 기업 지원정책이 요구된다. 우리나라의 경우도 수소경제 클러스터 조성시 수소기업들이 최대한 투자를 하도록 규제개혁, 세제혜택, 보조금 지원, 저렴한 부지 제공 등을 적극 도입 시행할 필요가 있다.

국내 경북 수소연료전지 발전 클러스터 조성 사례처럼 기존 내지 신규 산업단지 내 수소경제 클러스터를 조성하는 것도 효율적일 것이다. 수소경제 클러스터도 궁극적으로 수소소부장 기업들이 입주하여 집단화를 이루어 기업활동을 하는 곳이기 때문에 산업단지 내 조성하는 것이 비용 효과면에서 유용할 수 있다. 경북 영일만 포항블루밸리 국가산업단지 내 수소연료전지 발전 클러스터 조성 사례처럼 타 지자체의 경우도 국가산업단지나 지방산업단지 부지가 많기 때문에 이들 산단 내 적정한 곳에 수소경제 클러스터를 조성하는 방안을 강구하는 것이 필요하다. 경북 수소연료전지 발전 클러스터는 총 면적 6,080,537m²의 포항블루밸리 국가산업단지(남구 동해면, 장기면, 구룡포 일원) 내 일부 부지 28만m²(4.6%)를 할당 활용하고 있다.

우리나라도 미국, 호주, 독일 등 주요국의 수소 허브화를 통한 수소경제 추진에 뒤지지않기 위해 수소 클러스터, 수소특화단지, 수소항만 등으로 집적화 정책을 계획 중에 있다. 다만 주요국보다 경쟁에 앞서가고 성공가능성을 높이기 위해서는 정부의 지원 강화와 기업규제를 대폭 완화할 필요가 있다. 지방뿐만 아니라 특히 수소경제의 잠재력을 갖고 있는 수도권 지역에 대한 공모 선정의 역차별은 수소경제 시대에는 더 이상 없어야 할 것이며, 국가 전체를 대상으로 수소경제의 잠재력이 있는 곳부터 클러스터를 조성하는 전략적 선택 정책이 요구됨은 물론 수도권 경기도에서도 정부의 추가 수소 클러스터 조성 선정에 노력을 하고, 향후 있을 수소특화단지 지정이 되도록 이에 대한 차질없는 준비가 필요하다.

4 국내외 수소도시 조성 사례

수소도시란 수소가 도시의 주된 에너지원으로 사용되어 도시경제 및 시민생활에 근본적 변화를 초래하는 도시이다. 즉 수소도시란 도시 내 수소생태계(수소생산 – 수소저장·운송 – 수소활용)가 구축되어 수소를 주된 에너지원으로 활용하면서 도시혁신을 시민이 체감하는 건강하고 깨끗한 도시를 의미한다. 도시 안에서 수소의 생산-저장·운송-활용이 이루어지는 수소 밸류체인을 형성하는 도시이다. 현재는 국내외적으로 시범이나 실증 차원에서 작은 규모로 수소에너지 생산-유통-활용 실행 모델을 특정 지역에 적용해 보는 단계이며, 이를 토대로 타 지역으로 확산하려는 취지로 수소도시 조성 정책을 추진 중에 있다.

수소도시 조성 3요소

- 수소를 주된 에너지원으로 활용하는 시민(H₂ citizen)
- 주거, 산업, 문화, 교통 등 주된 도시생활에서 수소 활용(H₂ activities)
- 수소생산-저장이송-활용에 유리한 기반시설 배치(H₂ infra)

자료: 국토교통부 도시활력지원과(2022). 수소도시사업 가이드라인; 국토교통부 도시활력지원과 (2024). 수소도시 조성사업 가이드라인.

수소도시 요건 수소생태계 개념도

자료: 관계부처 합동(2019). 수소경제 활성화 로드맵.

궁극적으로 수소도시(Hydrogen City, Hydrogen Community, Hydrogen Town)
란 수소생태계(수소 생산-저장·운송-활용)를 특정 도시 및 지역 단위 공간구조에
직접 적용·실현하여, 수소에너지(수소가스, 수소전기)에 의해 주거생활을 하고 각
종 교통, 경제 및 사회활동을 하는 도시구조라고 할 수 있다. 아래에서는 국내외
조성 중인 수소도시 사례를 살펴보도록 한다.

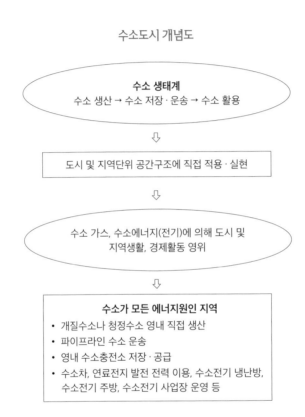

수소도시 개념도

자료: 강철구·왕광익(2024). 『경기도 개발사업지구 수소에너지(수소도시) 도입 방안 연구』, 경기연구
원에서 재인용.

1) 해외 수소도시 조성

(1) 캐나다 앨버타주 브렘너 수소도시

캐나다 앨버타주 에드먼턴 동쪽 스트라스코나 카운티의 브렘너지역에 들어서는 100% 수소마을 공동체로서 2023년 2월 착공, 2025년 완공 예정이다. 캐나다의 엔지니어링, 물류 에너지사 ATCO와 부동산개발회사 퀄리코(Qualico)는 에드먼턴 인근의 스트라스코나(Strathcona) 카운티에 있는 브렘너(Bremner) 지역에 파트너십을 이루어 수소타운을 건설하고 있다. 난방, 전기 사용에 필요한 전력을 공급하는 수소는 이 지역의 수소생산 허브에서 배관으로 공급된다. 200만 달러를 들여 공사는 단계별로 추진되며 서로 다른 유형의 수소타운 주택 150 가구가 들어설 예정이다. 1단계 공사에서 수소 시범주택을 선보이며, 향후 총 8만 명에서 8만 5,000명 사이의 주민이 거주하는 수도도시로 확대될 예정이다.[32]

브렘너 수소도시 조성 단지계획도

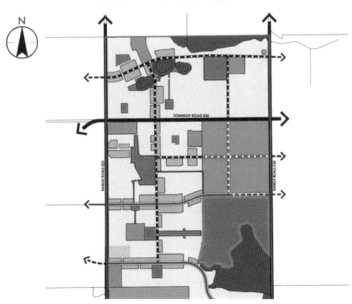

자료: https://www.sherwoodparknews.com(2024.1.14. 검색).

---

32 월간수소경제. "https://www.h2news.kr/news/articleView.html?idxno-10751"(2024.1.14. 검색).

조성은 순수 수소주택의 경우 새 주택을 짓는 것과 관련하여 모든 것이 거의 동일한데, 실제로 바꾸는 유일한 것은 천연가스에서 순수 수소로 에너지원을 바꾸는 것이다. ATCO와 Qualico는 처음부터 새 주택에 수소를 연료로 사용하는 것을 목표로 하고 있지만 이를 위해서는 필요한 모든 승인을 적시에 받아야 하며 쿡탑과 같은 수소 장착 가전제품의 가용성이 필요하다는 점이다. 열과 물 이용시설에 즉시 수소연료전지발전 전기를 공급할 수소는 에드먼턴 인근 수소생산시설을 건설하고 있는 에어프로덕츠(Air Products)사에 의해서 생산될 것이다.[33]

이 사업의 목표는 최적의 장비 및 설계 선택 결정으로 새로운 수소에너지 전달 시스템을 통해 앨버타의 공간 및 물 가열 탈탄소화 커뮤니티, 최적의 장비와 비용 평가, 추정 및 선택 디자인 솔루션, 하나 이상의 시범주택을 건설 테스트하고 설계 및 장비 선택을 검증하여 수소도시를 확대하는 것이다. 앨버타지역을 위한 효과는 브렘너 수소커뮤니티가 조성될 수 있다는 것이 입증된다면 수소 공간과 물 가열을 통해 대규모로 2차적으로 대중은 전체에 대한 저탄소 대안을 갖게 될 것이라는 점이다.

또한 가정 난방 요구에 맞는 수소전기 공급이 이루어질 수 있다는 것이다. 그리고 앨버타에서 만든 수소기기 인큐베이션 기술 설계와 디자인에서 제조업 취업 기회를 제공한다는 점이다. 수소 수요 창출 및 성장 가능 앨버타의 초기 저탄소 수소경제 실현, 온실가스 배출 감소 또는 온실가스 배출 증가 방지, 캐나다 Net-Zero Emissions 준수, 탄소세의 재정적 부담을 최소화할 수 있는 효과도 가져올 수 있다.

(2) 덴마크 롤란드섬 수소도시

덴마크 최초의 본격적인 풍력-수소 에너지 발전소 및 테스트 시설인 덴마크 롤란드섬 수소도시(Lolland Hydrogen Community)는 2007년 5월에 가동을 시작하였다.[34] 롤란드섬은 덴마크 셸란섬 남쪽에 있는 섬으로 면적은 1,243Km²로

---

33 https://albertainnovates.ca/wp-content/uploads/2023/02/Bremner-A-Strathcona-County-Hydrogen-Community.pdf(2024.1.14. 검색).

34 https://en.wikipedia.org/wiki/Lolland_Hydrogen_Community(2024.1.14. 검색).

서 덴마크에서 네 번째로 큰 섬이며 인구는 63,000명이다. 롤란드섬 수소도시는 주거용 연료전지 열병합 발전을 위한 유럽연합 최초의 본격적인 수소 커뮤니티 실증 시설이기도 하다. 2012년까지 진행된 프로젝트의 3단계는 수소연료전지 마이크로 열병합발전소를 설치하는 것이다.

풍력발전이 풍부한 롤란드섬의 나크스코브시에 위치한 수소연료전지발전소는 롤란드 지방자치단체와 IRD 연료전지, 발트해가 공동으로 파트너십을 맺은 덴마크 에너지청으로부터 자금을 지원받았다. Lolland섬은 자체 소비하는 것보다 재생 가능 에너지원에서 50% 더 많은 에너지를 생산하고 있으며, 수소 프로젝트는 주거 및 산업 시설에서 사용하기 위해 잉여 풍력을 수소 형태로 현지에 저장하는 방법을 모색하고 있다.

잉여 풍력을 이용해 물을 전기분해하여 수소와 산소를 생산하는 방식으로 그린수소를 생산하고 있다. 산소는 생물학적 과정의 속도를 높이기 위해 인근 도시 수처리 공장에서 사용된다. 수소는 6개 bar의 저압 저장 탱크에 저장되며 각각 2kW와 6.5kW의 PEM 수소연료전지 마이크로 열병합발전(CHP) 스테이션 2곳에 연료를 공급하고 있다. 예산은 약 5백만 DDK가 프로젝트에 할당된다.

덴마크 롤란드섬 수소도시는 풍력전기로 수전해를 통해 수소를 생산 및 국내 공급하고 있으며, 수소에너지를 저장하는 방법으로 수소연료전지를 선택한다. 풍력발전으로 생산된 잉여전력을 주변 국가에 저렴하게 수출하고 있으며, 100가구의 작은 마을 베스텐스코브에 세계 최초의 '수소연료전지마을'로 전환한다. 수소배관을 통해 베스텐스코브지역의 가정에 수소를 공급하여 각 가정에 설치된 수소연료전지를 통해 전기와 열을 생산·사용하고 있으며, 2020년 기준 35가구에 수소공급망 연결, 각 가구에 수소연료전지가 설치된다.[35]

---

35 https://dreamcometrues.tistory.com/357(2024.1.14. 검색).

롤란드섬 수소도시 운영체계

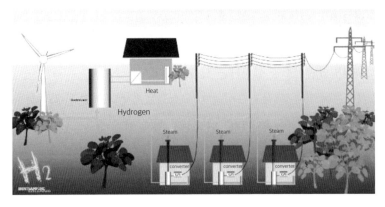

자료: https://www.monitoringmatters.org/ppdfc/bass.pdf(2024.1.14. 검색).

롤란드섬 수소도시 단계별 조성 계획도

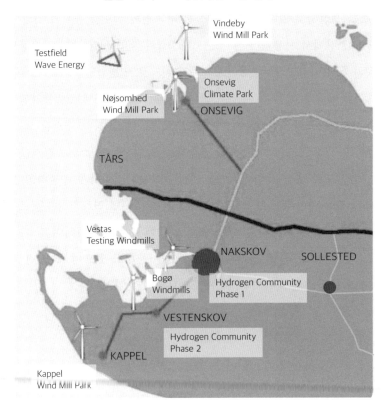

자료: https://www.hydrogen_phase2_uk_low.pdf(2024.1.15. 검색).

(3) 영국 웨스트요크셔주 Leeds시 수소도시

영국은 H21 Leeds City Gate Project로 진행 중인데 이 프로젝트는 기존 천연가스 배관을 이용해 수소를 공급하며, 2030년까지 리즈를 세계 최초 수소도시 전환을 목표로 하고 있다.[36] 리즈시는 인구 80만명으로 웨스트요크셔주의 대표도시이다. 기존 천연가스를 100% 수소로 전환하기 위한 기술적, 경제적 관점의 타당성 검토 프로젝트를 2016년 7월 착수했다. 2050년까지 온실가스 배출 '0(Zero)'를 선언, 이산화탄소 배출의 3분의 1을 차지하는 가스기반 난방 시스템을 수소 기반으로 바꾸는 작업에 돌입하였다.[37]

보일러 제조사의 수소투자, 기존 가스 인프라를 활용, 리즈시는 이미 1966~1977년까지 도시가스에 수소를 50% 함유하여 사용, 기존 천연가스 배관을 저압의 수소 배관으로 활용 가능함을 확인하였다. 수소추출 등을 통해 도시 내 에너지를 수소로 100% 전환 가능하다고 판단하였다. 시민에게 미치는 영향을 최소화하면서 수소도시로의 전환을 추진하고 있다. 수소저장은 동일 지역에 위치한 소금동굴을 이용하는 등 기존 인프라 및 자연을 활용한다. 수소가 도시 전체를 위한 안전하고 환경친화적이고 경제적으로 실행가능한 난방 솔루션이라는 모델을 제시하고 있다. 수소 사용은 수십km 떨어진 노스요크셔주 미들즈브러에 위치한 테에사이드(Teesside) 지역에서 생산한 것을 활용하고 있다. 수소파이프라인을 통해 수소를 운반하고 수소충전소, 수소연료전지 등에 활용한다.

---

36 에너지데일리. "http://www.energydaily.co.kr"(2024.1.15. 검색).

37 https://dreamcometures.tistory.com/358(2024.1.15. 검색).

Leeds시 수소도시 계획도

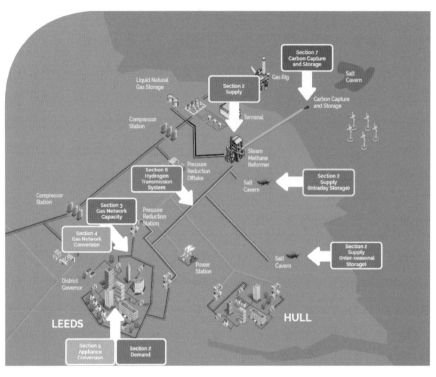

자료: Northern Gas Networks. H21-Leeds-City-Gate-Report.pdf(2024.1.15. 검색).

※ QR 코드로 원본 그림을 확인할 수 있습니다.

Teesside에서 생산된 수소 운송 파이프라인 구축 계획도

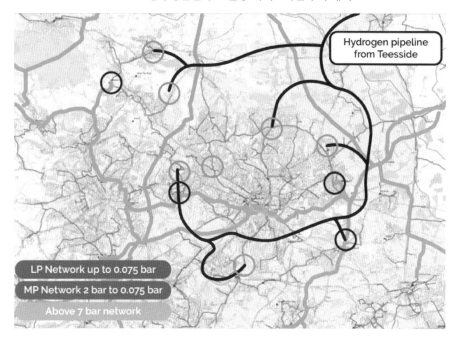

자료: Northern Gas Networks. H21-Leeds-City-Gate-Report.pdf(2024.1.15. 검색).

※ QR 코드로 원본 그림을 확인할 수 있습니다.

(4) 일본 후쿠오카현 기타큐슈 수소타운

일본은 '제4차 에너지 기본계획'의 실증 프로젝트로서 2010~2015년 '기타큐슈(北九州) 수소타운'을 조성하였다. 인근 제철소 부생수소를 수소충전소에 공급하고 관내 가구, 공공시설 등에 수소 파이프라인 공급망을 설치하는 것이 주된 내용이다.[38] 이곳의 핵심은 연료전지를 이용한 수소연료발전으로 가정용/상업용 연료전지 발전설비의 실증을 위한 설비와 건물용 태양광 발전 및 이차전지 등과 연계한 에너지 시스템을 구축하는 것이다.

도시 내 수소 공급망을 통한 수소도시의 실증으로는 세계 최초 사례로서 완성도는 높았지만 경제성 부족으로 인하여 도시 내 에너지 생태계 실현에 대한

---

[38] https://www.kaia.re.kr/webzine/2018_04/sub/sub1.html(2024.1.15. 검색).

한계점이 나타나 도시규모까지 확대되지 못하였다. 기타큐슈 수소타운은 Hy-Life와 기타큐슈가 협력하여 추진한 경제산업성의 수소이용사회 시스템 구축실증사업의 일환이다.[39] Hy-Life는 후쿠오카현에서 추진한 전국에서 처음으로 수소에너지 산학관 연계조직인 후쿠오카수소에너지전략회의(Hy-Life)를 의미한다. 수소에너지관련 연구개발, 사회검증, 인재육성 및 수소에너지 개발보급을 종합적으로 연구, 실증을 추진하는 정책이다. Hy-Life는 1단계(2009년 9월) 후쿠오카 수소타운(가정용 연료전지시스템 집중 설치), 2단계(2009년 9월) 수소 하이웨이(기타큐슈-후쿠오카 약 80km를 수소하이웨이로 구축), 3단계(2011년 1월 실증 개시) 기타큐슈 수소타운(일반주거와 상업시설, 공공시설에 수소를 파이프라인을 통해 공급)으로 기획되어 수행된다.

후쿠오카현 Hy-Life의 개요

큐슈대학 수소재료
선단과학연구센터

큐슈대학 차세대연료
전지 산학관연계연구센터

세계적 연구기관인 큐슈대학을 중심으로
수송 · 제조 · 운송 · 저장부터 이용까지
일환으로 각종 연구개발 추진

'수소타운' 정비   '수소 하이웨이' 구축

후쿠오카 수소에너지
인재육성센터

이노베이션의 근간인
다양한 수소인재 육성
(경영자, 기술자)

연구개발

사회실증
(실증활동)

수소인재 육성

① 지구온난화 대책 추진
② 신에너지 보급 촉진
③ 지역 이노베이션 창출

'수소타운' 정비, '수소 하이웨이'
구축 등, 수소에너지 사회를 구현
화하는 사회실증 추진

수소에너지제품
연구시험센터

수소에너지
신산업 육성 · 집적

세계 최선단의
수소정보거점 구축

수소선단세계포럼

수소 관련 제품 시험을 통해
산업계에 제품 개발을 지원하는
일본 최초 공적기관 '수소에너지
제품연구시험센터' 설립

세계를 향한 정보발신을 통해
인재 · 기업 · 연구소 · 투자의
집적 촉진

자료: 이민정(2015). "일본 후쿠오카현의 수소프로젝트 사례와 시사점", 『충남리포트』 제187호, 충남연구원에서 재인용.

---

39 이민정(2015). "일본 후쿠오카현의 수소프로젝트 사례와 시사점", 『충남리포트』 제187호, 충남연구원.

3단계 기타큐슈 수소타운은 신일본 아하타제철소에서 발생하는 부생수소를 이용한 기타큐슈 수소충전소에서 인근주택, 상업시설, 업무용의 순수소형 연료전지의 운전실증사업과 연료전지−태양광발전−측전지의 연계운전에 의한 공급시스템을 검증한다.[40] 수소파이프라인을 통한 수소공급기술 실증으로서 수소충전소에서 약 1.2km 거리의 파이프라인을 배관하여 수소의 안정적 공급을 하게 된다. 순수소형 연료전지 운전 검증으로서 1kW급 12대, 3kW급·100kW급 1대(총 14대), 기기시스템 평가와 관리시스템 등의 주변기술을 검증한다. 수소를 연료로 하는 소형이동체 실증으로서 연료전지 포크리프트, 연료전지 어시스트자전거 등 연료전지로 가동하는 소형이동체를 실증 검증한다.

기타큐슈 수소타운 개념도

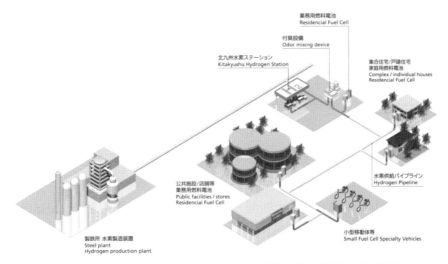

자료: https://www.japanfs.org/en/news/archives/news_id030826.html(2024.1.15. 검색).

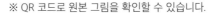

※ QR 코드로 원본 그림을 확인할 수 있습니다.

40   이민정(2015). "일본 후쿠오카현의 수소프로젝트 사례와 시사점", 『충남리포트』 제18호, 충남연구원.

기타큐슈 수소타운 조성 계획도

파이프라인

생명의 여행 박물관
(100kW 연료전지 1대)

집합주택 등
(1kW 연료전지 8대)

대형마트
(1kW 연료전지 1대,
연료전지 포크리프트)

기타큐슈 수소스테이션
(3kW 연료전지 1대)

에코하우스
(1kW 연료전지 1대)

에코 클럽하우스
(1kW 연료전지 2대,
연료전지 어시스트 자전거)

자료: 이민정(2015). "일본 후쿠오카현의 수소프로젝트 사례와 시사점", 『충남리포트』제187호, 충남연구원.

(5) 일본 도쿄 하루미올림픽선수촌 수소타운

도쿄도는 환경문제 해소, 다양한 에너지 공급원 확보, 재난 대비, 관련산업 활성화의 관점에서 수소사회 구현을 추진 중이다. 수소사회 구현을 위한 5가지 전략으로 수소충전소 설치, 수소승용차 및 수소버스 활성화, 기타(가정, 비즈니스, 산업) 수소연료전지 활성화, 수소의 안정적인 공급과 수요 창출, 수소에 대한 사회인식 변화를 제시하고 있다. (수소충전소) 2020년까지 35개, 2025년까지 80개, 2030년까지 150개 목표, (연료전지) 2020년까지 6,000대, 2025년까지 10만 대, 2030년까지 20만 대 목표, 수소버스는 2020년까지 100대로 도쿄도에 배치, (기타 수소연료전지) 가정에서 2020년까지 10만kW, 2030년까지 70만kW 수요창출을 목표로 하고 비즈니스 및 산업에서 수소연료전지 활용을 촉진하고 보조금 정책 등을 추진한다. (공급 및 수요) 수소의 안정적 공급을 위해 2020년 하이브리드 자동차와 같은 가격으로 수소를 공급하고 2020년대 후반까지 30엔/Nm³에 공급 목표, (사회인식) 수소에 대한 시민들의 이해를 돕기 위

한 다양한 정책을 추진한다.[41]

이러한 수소사회 건설을 위한 일환으로 도쿄 하루미 수소타운을 조성하고 있다. 일본 도쿄의 218ha 부지에 수소를 활용하는 하루미(晴海)타운 조성, 도쿄 올림픽 대회 선수촌으로 활용한다. 하루미는 2020년 도쿄올림픽 선수촌 예정지역으로서 올림픽 이후 일반인들에게 분양하고, 하루미 지역을 수소타운 실증지역으로 선정하며 수소충전소 및 수소연료전지 등을 설치한다. 하루미 수소타운이라고 해서 수소만 사용하는 것은 아니며, 다양한 에너지원을 활용한다. 가정용 수소연료전지 활용을 추진 중이며, 에너지팜은 각 가정이 전원이 끊긴 경우 2~3일 에너지를 제공한다. 수소 활용의 수익은 가정용보다는 버스 및 자동차에서 발생한다. 계통전력과 도시가스, 수소 및 폐열을 복합적으로 결합하여 에너지원으로 활용, 수소는 배관을 통해 24동 5,650가구의 에너지팜(가정용 수소연료전지)에 직접 공급하며 전기와 열 생산, 올림픽대회 이후에는 학교시설 등 생활필수시설을 추가 조성, 2025년부터 주거지역으로 활용할 예정이다.[42]

일본 도쿄 하루미올림픽선수촌 수소타운 계획 및 조감도

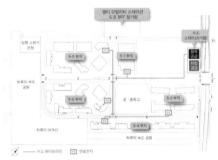

수소공급 개념도

대회 후 도시 정비 조감도

자료: 윤은주(2021). 국내외 수소도시 정책동향과 시사점, 『국토이슈리포트』 제45호, 국토연구원에서 재인용.

---

41 이정찬 외(2019). 국외출장 결과보고서, 국토연구원.

42 싱게자료.

(6) 일본 도쿄 우븐 수소도시

2021년 토요타(Toyota)는 수소도시의 새로운 유형으로서 수소도시 우븐시티(Woven city)를 착공하였다. 후지산 인근 도요타 폐공장 71만m² 부지에 수소연료전지로 완전하게 구동되는 도시 생태계를 구축하고 전 세계 과학자, 은퇴자, 업계 협력자 등 2천여 명이 거주하면서 신기술을 개발 및 시험하는 'Living Laboratory' 환경을 제공한다.[43]

수소기술 외에도 도로를 고속차량 전용 도로, 저속의 개인이동 및 보행자 도로, 보행자 전용 산책로 등을 구분하는 등 에너지 효율적인 교통체계를 함께 도입한다. 그 외에도 AI와 로봇 등 최신 기술을 이용한 주거서비스의 제공, 중앙공원과 광장을 통한 커뮤니티 강화, 목조주택, 로봇을 활용한 생산, 자생식물과 수경재배 등을 통한 탄소발자국 저감 등을 시도할 예정이다.

도요타가 스마트시티 프로젝트로 '우븐시티'를 개발하면서 최근 에너지 대기업 ENEOS와 파트너십을 맺고 수소에너지 생산 및 테스트를 통해 수소경제를 선도한다고 자사 웹사이트를 통해 공식 발표하였다.[44] 도요타는 ENEOS와의 협력 아래 우븐시티에서 새로운 수소에너지 생산 및 유통 시스템을 혁신하고 테스트하는 것뿐만 아니라 점진적으로 도쿄 인근의 스마트시티에 수소연료전지발전 전력을 공급하는 프로젝트에도 나서기로 했다고 밝혔다.

ENEOS는 일본의 주요 도시에 45개의 상용 수소충전소를 보유한 선도적인 수소 에너지 개발 및 공급 회사이다. 회사는 자체적으로 수소 에너지 생산을 위한 신기술을 개발하고 있다. ENEOS는 수소연료를 활용해 에너지에 대한 사회의 모든 소비 수요를 충족하겠다는 목표로 기술 개발에 주력하는 일본 내 선두 기업이다. ENEOS는 우븐시티에 수소충전소를 건설할 예정이다. ENEOS는 또 도요타가 우븐시티에 구축하고 있는 고정식 수소연료전지 발전기를 통해 주유소와 우븐시티 내 모든 건물에 '녹색수소'를 공급할 예정이다. 양사의 협력은 우븐시티 프로젝트를 통해 2050년까지 사회를 탄소중립으로 만들겠다는 정부의 방침

---

43 유은주(2021). "국내외 수소도시 정책동향과 시사점", 『국토이슈리포트』 제45호, 국토연구원.

44 https://www.smarttoday.co.kr/news/articleView.html?idxno=20840(2024.1.15. 검색).

에 부응하기 위함이기도 하다. 완료되면 우븐시티는 약 2,000명을 수용하게 되며, 총 360명의 개발자, 젊은 가족이 있는 도요타 근로자, 은퇴한 사람들이 테스트 및 기술 개발의 첫 번째 단계에서 우븐시티로 이동할 예정이다.

일본 후지산 기슭 우븐 수소도시 조감도

자료: https://www.autoelectronics.co.kr/article/articleView.asp?idx=3511(2024.1.15. 검색).

(7) 노르웨이 Utsira 수소커뮤니티

Utsira는 섬으로서 노르웨이에서 인구가 가장 적은 자치단체이며, 노르웨이 서해안 바로 옆, 로갈란드(Rogaland) 카운티 북서부에 위치하고 있다. 40가구에 약 300명이 거주하고 있다.[45]

이 지역은 2004년부터 풍력과 수소에너지로 독립적인 자급자족 에너지를 생산-소비하고 있는 지역이다. 모든 가구는 풍력으로 전기를 사용하며, 남은 풍력 전기는 그린수소를 생산하는 데 사용한다. 그리고 풍력 전력이 간헐성으로 인해 정지되거나 부족할 때 수소연료전지 발전에서 나오는 전력으로 지역 전체가 생활을 하고 있는 풍력-수소에너지 마을이다. 에너지저장장치를 통해 18개월 이상 타지에서 전력을 전혀 공급받지 않은 채 독립적인 생활을 할 수 있으며, 주

---

45 http://www.globalislands.net/greenislands/docs/norway_14Nakken.pdf(2024.3.26. 검색).

민들의 만족도는 매우 높고, 지금까지 무사고로 안전한 주거생활을 하고 있으며 타지에서 견학이나 관광으로 많은 방문객이 다녀가고 있다.

노르웨이 Utsira 수소커뮤니티 전경

자료: http://www.globalislands.net/greenislands/docs/norway_14Nakken.pdf(2024.3.26. 검색).

노르웨이 Utsira 수소커뮤니티 풍력-수소에너지 시설 현황

주요 시설

풍력	600kW	수소 저장	2400Nm³, 200bar
수소 엔진	55kW	관성 바퀴	200kW, 5kWh
연료전지	10kW	배터리	35kWh
전해조	10Nm³/h, 48kW	마스터동기식 장치	100kVA
압축 장치	5.5kW		

자료: http://www.globalislands.net/greenislands/docs/norway_14Nakken.pdf(2024.3.26. 검색).

(8) 영국 노스요크셔주 레드카 수소타운

영국 동해안의 레드카 지역 수소타운 프로젝트는 기존 가스 인프라와 주택을 포함하여 이 지역을 천연가스에서 100% 수소까지 수소지원 기기가 설치될 예정이다.[46] 레드카는 영국 노스요크셔주의 도시로 인구는 36,610명이다. 레드카 수소타운에 대한 수소 공급은 두 개의 주요 공급업체로부터 이루어질 것이며, 두 공급업체 모두에서 수소를 생산할 계획이다. 전기분해를 통한 저탄소 수소를 고압 파이프라인을 통해 지상 저장 및 설치 시설로 운송된다.

---

46 https://www.northerngasnetworks.co.uk/wp-content/uploads/2023/04/RHC-Network-Element-Application-Publication-_FINAL-April_23.pdf(2024.1.16. 검색).

자료: https://www.teesvalleymonitor.com/redcar-hydrogen-trial-scheme-in-jeopardy-from-local-protest-and-government-ineptitude(2024.1.16. 검색).

Redcar 수소 커뮤니티는 2025년부터 Redcar 지역과 Kirkleatham 일부 지역의 약 2,000가구에 현지에서 생산된 청정수소를 공급하겠다는 Northern Gas Networks의 제안 사업이다.[47] Northern Gas Networks는 북동부와 Cumbria 및 Yorkshire 일부 지역의 가스 유통업체이며, 이 계획에는 파이프를 통해 공급되는 가스를 현재 공급되는 천연 가스에서 수소로 바꾸는 것이 포함된다. 제안이 승인되면 Redcar 수소 커뮤니티 내 가정과 기업의 보일러, 화재, 조리기를 포함한 현재 가스 기기 대신 새로운 수소 기기를 설치해야 하며, 이는 고객에게 아무런 비용이 들지는 않는다. 정부는 2030년까지 영국의 수소경제가 9억 파운드의 가치가 있고 최대 12,000개의 일자리를 창출할 수 있으므로 수소가 Redcar와 지역에 큰 기회가 될 수 있다고 강조한다. 노던가스네트워크(NGN)사는 2025년부터 레드카 일부 지역의 약 2,000개 가구에서 최소 2년 동안 천연가스 대신 수소를 사용할 것을 제안하고 있다. Redcar가 선택된 이유는 이미 해당 지역에서 저

---

47 https://www.redcarhydrogencommunity.co.uk/redcar-hydrogen-community-update/ (2024.1.16. 검색).

탄소 수소를 생산하겠다는 약속이 있었기 때문이다. 최종 승인되면 사업은 2025년부터 시작해 약 2년 동안 진행될 것으로 예상된다.

레드카 수소타운 조성 조감도

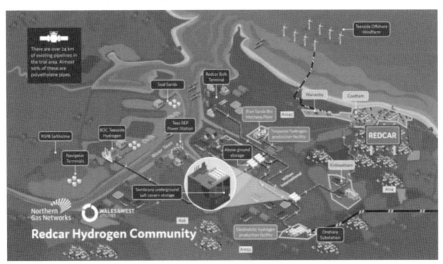

자료: https://www.teesvalleymonitor.com/redcar-hydrogen-trial-scheme-in-jeopardy-from-local-protest-and-government-ineptitude(2024.1.16. 검색).

※ QR 코드로 원본 그림을 확인할 수 있습니다.

그러나 영국 정부는 Redcar 수소 커뮤니티 프로젝트가 진행되지 않을 것이라고 확인되었다.[48] 이는 Redcar 수소 커뮤니티에 공급할 수 있는 적절한 저탄소 수소가 없기 때문이다. 그 결과 정부는 해당 프로젝트를 2023년 12월 현재 기준 더 이상 수행할 수 없다고 결정하였다. 수소도시 조성시에 수소생산 조달 문제가 무엇보다 해결되어야 함을 다시 한번 시사하고 있다.

---

48 https://www.northerngasnetworks.co.uk/2023/12/14/redcar-hydrogen-community-update(2024.1.16. 검색).

2) 국내 수소도시 조성

(1) 국토교통부의 수소도시 정책 배경과 현황

국토부가 주관하여 지자체 공모를 통해 선정하는 '수소도시' 조성 정책은 2019년 '수소시범도시 추진전략' 발표와 더불어 착수하였다.[49] 추진배경은 제5차 혁신성장 관계장관회의에서 수소경제를 혁신성장을 위한 전략투자 분야로 선정하였다('18.8., 관계부처 합동). 이후 「'19년 경제정책방향」('18.12., 기재부)을 통해 교통·난방 등 수소기반 시범도시 3개소 조성 계획을 발표하였다. 관계부처 합동 「수소경제 활성화 로드맵」을 통해 수소 시범도시 조성 및 인프라 구축 지원 계획 발표('19.1.), 관계부처 합동 「수소 시범도시 추진전략」을 통해 수소 시범도시 조성 및 수소도시 확산방안 발표('19.10.), 「수소시범도시 기본계획 및 수소도시법 제정방안」('20.10.15, 관계부처 합동), 「수소경제 활성화 로드맵」('19.10)에 따라 수소도시 개념 마련과 조성 확산을 위한 「수소도시 추진전략」 마련과 더불어 본격 수소도시 정책을 추진하게 되었다.

수소도시 사업은 도시 내 수소활용이 가능한 전 분야에 실제 수소를 적용하는 도시를 시범적으로 조성하여 수소경제 조기 구현 기반 구축을 위한 수소생태계 조성 초기단계로서 단계별 인프라 구축 및 실증 지원에 주된 목적을 두고 있다. 수소도시의 방향은 생활권 단위로 도시활동의 핵심인 주거, 산업, 문화, 교통 등 분야의 수소활용을 기본요소로, 지역 특성에 따른 특화요소 반영에 두고 있다. 수소 수급 여건에 따라 도시 내 3~10㎢ 범위, 중장기적으로는 도시 전체로 확대할 계획이다.

수소도시는 수소를 도시 내 주요 에너지원의 하나로 활용하는 수소생태계 구축 정책이다. 국토부의 수소도시 조성은 기본요소, 특화요소 내용으로 추진되고 있다. (기본요소) 주택, 건물 등에 수소연료전지 설치, 수소충전시설 등을 기반으로 수소교통체계 마련, 수소활용 전과정 모니터링 및 안전관리 등을 위한 통합안전운영센터 구축, 수소배관망 구축 등이다. (특화요소) 지역별 여건에 따라 지

---

[49] 국토교통부 도시활력지원과(2022). 수소도시사업 가이드라인; 국토교통부 도시활력지원과(2024). 수소도시 조성사업 가이느라인.

역특화요소로서 스마트팜 수소활용, 지역 연구기관과 연계한 수소기술 개발, 수전해 및 바이오가스를 활용한 그린수소 생산시설 실증이다.

국토부의 수소도시 정책 비전은 '세계 최초 수소도시 조성으로 수소 세계시장 선점'에 두고 있다. 목표는 2022년까지 시범도시 3개 조성, 2030년까지 전국 지자체(시군구)의 10%(23개)를 수소도시로 조성, 2040년까지 전국 지자체(시군구)의 30%(69개)를 수소도시로 조성하겠다는 것이다.

국토부의 수소도시 비전 및 목표

구분	시범도시 조성기 ('22년)	수소도시 확산기 ('30년)	수소도시 고도화기 ('40년)
	비전 및 목표 세계 최초 수소도시 조성으로 수소 세계시장 선점		
도시	수소 시범도시 3개	전국 지자체(시·군·구)의 10%를 수소도시로 조성	전국 지자체(시·군·구)의 30%를 수소도시로 조성
- 주거	연료전지 9.9MW (발전용 9.4MW, 주거용 0.5MW)	연료전지 98.9MW (발전용 79.8MW, 주거용 19.1MW)	연료전지 296.7MW (발전용 235MW, 주거용 61.7MW)
- 교통	• 수소차 670대 • 수소버스 30대	• 수소차 140,750대 • 수소버스 2,100대	• 수소차 825,000대 • 수소버스 12,000대
- 기술	메가스테이션 계획 확정	그린수소 분담율 10%	그린수소 분담율 20%

자료: 국토교통부 도시활력지원과(2022). 수소도시사업 가이드라인.

수소도시 모델은 생활권 단위로 도시활동의 핵심인 주거와 교통 분야에서의 수소 활용을 기본요소로 하고, 기술육성·지역특징에 따른 특화요소를 함께 반영 조성한다. 기본요소로서 도시활동의 핵심인 주거, 산업, 문화, 교통 등 분야에서 수소를 에너지원으로 사용, 연료전지, 수소충전소, 수소배관 등 인프라를 구축하는 것이다. 특화요소로서 기본요소(주거＋교통＋수소인프라 관리)에 추가하여 도전적·혁신적 기술 실증, 지역특화산업·핵심 인프라와 연계 시도하는 것이다. 수소도시 조성의 기본요소 중 활용시설(주거, 산업, 문화 등 분야 연료전지)과 과련해서는 (개요) 주택, 건축물, 산업시설, 문화시설 등 단위로 연료전지를 설치하고 전기와 냉·난방 등 에너지를 공급한다. (유형) 공동주택, 건물, 단독주택, 산업 문화시설 등에서 전력수요를 고려하여 연료전지 용량(1~500kW)을 선택하는 것이다.

💡 수소도시 조성 기본요소 중 활용시설 모델

생산	저장·이송	활용
① 산업단지 내 부생수소 ② LNG 인수기지 등 **수소생산기지**에서 **수소 추출** ③ 수전해, 바이오가스 등 그린수소 ④ CO₂ 포집하는 **블루수소** ⑤ **도시가스** 배관에 추출기를 달아 **수소 추출**	• 튜브트레일러 • 파이프라인 (⑤: 이송 불필요) ↓ 생산된 수소를 **연료전지에 이송**	• **공동주택형**: 440kW급(500세대), 100kW급(100세대) 등 연료전지를 설치하고 가정 내 전기와 열 공급 • **개별건물형**: 오피스빌딩 또는 상업용 건물, 공공청사에 대용량 연료전지를 설치, 전기·열 공급 • **단독주택형**: 개별단독주택(농가 등, 1kW 이하) 또는 단독 주택 단지 내 연료전지 설치, 전기·열 공급 • **산업·문화시설형**: 산업단지, 공장, 문화센터, 공원 등에 용량별 연료전지 설치, 전기·열 공급

※ **활용분야 예시**
 • (공공건축물) 시청사, 환경사업소 등
 • (산업) 산업단지, 기업지원센터, 공장 등
 • (문화) 수소테마파크, 공원 등
 • (복지) 실버타운, 경로당, 스포츠센터 등

자료: 국토교통부 도시활력지원과(2024). 수소도시 조성사업 가이드라인.

수소도시 조성의 기본요소 중 교통시설과 관련해서는 (개요) 도시 내 또는 인근 복합환승센터, 주차장, 버스차고지 등에 수소차·수소버스 충전소를 설치하여 수소에너지 기반 교통체계를 구축한다. (유형) 도심 내외부 공간에 수소 충전시설 구축, 트램, UAM, 선박 등 다양한 수소모빌리티 인프라를 구축한다.

수소도시 조성 기본요소 중 교통시설 모델

생산	저장·이송	활용
① 산업단지 내 **부생수소** ② LNG 인수기지 등 **수소생산기지**에서 **수소 추출** ③ 수전해, 바이오가스 등 그린수소 ④ CO_2 포집하는 **블루수소** ⑤ **도시가스 배관**에 추출기를 달아 **수소 추출**	• **튜브트레일러** • **파이프라인** (이송 불필요) ↓ 생산·이송된 수소를 **충전소에 이송**	• **충전인프라 구축**: 복합환승센터, 버스차고지, 주차장 등을 활용하여 수소 충전시설 설치 • **수소기반 대중교통체계** - 기존 버스노선을 수소버스로 대체 - 수소택시 보급 • **수소 교통수단 확대**: 수소열차·수소트램, 수소전동차, 수소지게차, 수소드론 등 다양한 교통수단으로 확대

자료: 국토교통부 도시활력지원과(2024). 수소도시 조성사업 가이드라인.

수소도시 조성의 기본요소 중 수소배관망 구축과 관련 도시 내 지속 공급이 가능한 수소배관 시스템을 구축하고, 배관설치가 어려운 곳은 수소 트레일러, 액화수소 저장소 등을 활용한다. 수소생산이 풍부한 지역에서 수소 생산이 어려운 주변지역으로 활용할 수 있도록 광역 지자체 간 수소공급망 구축도 추진한다. 수소도시 조성의 기본요소 중 수소생산시설과 관련 부생·개질 수소기지 조성과 함께 지역별 여건을 고려하여 블루·그린 수소 생산기지 구축('40년까지 70%까지 비중 확대) 및 실증한다. 바이오매스 기반 그린수소 생산기지 구축 등 지역여건을 활용한다(음식물쓰레기, 축산분뇨 활용 등). 수소도시 조성의 기본요소 중 인프라 운영 및 안전 관리와 관련해서는 (개요) 통합안전운영센터에서 수소 공급·저장·이송 현황, 안전성 등 실시간 모니터링체계를 구축한다. (유형) 도시 내 수소 활용 현황과 안전성을 주민이 실시간으로 확인한다. 통합안전운영센터를 거점으로 리빙랩 구현, 신속한 문제해결 등을 추진한다.

● ● ● 통합안전운영센터

- **(수소인프라 관리)** 수소 공급·저장·이송 현황, 안전성 등 실시간 관리를 위해 통합안전운영
센터 운영
  * 도시 내 수소활용 현황과 안전성을 주민이 실시간 확인 가능
- **(수소도시 안전성 강화)** 수소도시 모든 설비에 이상 징후 발생 시 자동으로 시스템이 정지
되는 안전제어 시스템* 적용 의무화
  * 오작동이나 장애가 발생하였을 때 시스템이 자동으로 정지하는 시스템

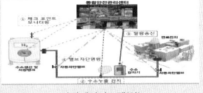

| 구성(안) | 안전제어시스템(안) |

- **(필수 구성사항)** 설계, 시운전, 안전모니터링 별 필수 구성사항 정의
  - **(설계)** 운전사항을 전제로 한 충분한 센서를 설치하고, 국제표준(ISO-22734-1, 수소발생
  기의 산소농도 실시간 분석 및 혼입 시 긴급정지)를 준수한 생산, 충전 단계를 설계하고, 여
  기서 축적된 데이터의 한국가스안전공사 상황실 연계 필요
  - **(시운전)** 운전매뉴얼 제공과 운전교육으로 인수인계 시, 사전통제를 실시하고, 시운전을 통
  한 운전상황 점검과 성분분석을 통해 수소 순도 점검 필요
  - **(안전모니터링)** 제어 및 보안시스템의 독립적 운영으로 안정적인 운영과 센서 기반의 이상유
  무를 탐지하여 안전적 운영 필요

자료: 국토교통부 도시활력지원과(2024). 수소도시 조성사업 가이드라인.

수소도시 안전성 확보와 강릉TP 유사 사고의 예방을 위하여 수소도시 조성
단계별 안전성 평가 및 점검을 추진한다. 주요 검토 대상은 생산설비-배관망-충
전설비 및 사용시설이다.

수소도시 조성 안전성 검토 및 세부 항목

단계	항목	안전성 검토 세부 항목
설계	생산	• 수전해 설비 설치 기준에 따라 설계 및 설치 여부 • 추출수소 설치 기준에 따라 설계 및 설치 여부
	저장	저장탱크 내 이물질(금속찌거기) 포함 여부 검사 * 이물질은 점화원(불꽃발생) 역할 가능
	이송	수소 배관은 수소연료사용시설 기준에 의해 설계 * 수소를 취급하기에 적합한 기계적 성질 및 화학적 성분을 가지는 재료사용 여부
	충전	3중 안전장치(누출 감지센서, UV 불꽃 감지기, 긴급차단장치) 설치 여부
시공	시공 감리	• 허가를 득한 기술검토서 결과의 이행 여부 • 내압/기밀 검사 시 불활성기체 사용 여부
	검사	• 배관의 지하매몰, 지하구조물 등 안전성 확보 여부 • 운영 유지에 필요한 배관의 GIS 도면 작성 여부
시운전	운전 매뉴얼	시운전을 하기 전 설비의 운전매뉴얼을 작성 및 제공 여부
	운전교육	설비의 운전을 위한 인수인계 시 교육 훈련 여부
	시운전	산소 체류 예방을 위한 불활성가스 치환, 용기내부 가연성 이물질 청소 및 안전설비의 정상 작동 확인 여부
	성분 분석	수소 및 산소발생장치, 정제장치 및 저장탱크의 출구에서 1일 1회 이상 성분을 분석체계 구축 여부
	위험성 평가	HAZOP 및 위험성평가 결과 권고사항 반영 여부
운영	관리주체	안전한 운영을 위한 주요 설비의 안전관리주체 선정 여부
	안전규정	시운전 이후 운영단계에서 안전관리규정 작성 여부

설계완료	시운전 준비
• 도면 기반 HAZID(Hazard Identification) 수행(도면분석): 위험을 인식하여 위험을 관리하거나 완화할 수 있도록 하는 위해평가(Risk Assessment)의 기본단계로서 프로세스 흐름도(PFD), 열및 질량 Mass Balance, Plot Plan이 제공되는 프로젝트 초기에 정량적 위험성 평가의 기초 정보로 활용 • 시기: 수소도시 마스터플랜 수립 이후	• 공정 위험성 평가 HAZOP(Hazard & Operability Study) 수행(브레인스토밍 및 시뮬레이션): 유해·위험물질을 취급하는 과정, 시설에서 화재·폭발 및 독성물질 누출 등의 사고를 유발할 수 있는 잠재 위험요소를 진단하며, 사고 발전 가능성을 최소화하고 잠재된 유해, 위험 요인을 근원적으로 제거하거나 감소대책을 수립, 실행계획 수립, 실행 검토 및 지원 • 시기: 수소도시 시운전 준비 이후

자료: 국토교통부 도시활력지원과(2024). 수소도시 조성사업 가이드라인.

수소도시 조성의 특화요소 중 H₂ 혁신기술과 관련 국내기술 중 상용화에 이르지 못한 기술을 독립된 공간에서 강화된 안전기준을 적용·실증하고 안전성·확장가능성을 검증한다. 수소도시 사업과 R&D 사업을 연계하여 지원한다.

💡 수소도시 조성 특화요소 중 H₂ 혁신기술 실증 예시

구분	실증기술 내용	기대효과
그린수소 생산형	• 태양광, 풍력 등 재생에너지 활용 • 폐기물 내 바이오가스 활용	그린수소 생산을 통한 환경개선 효과
저장·운송 혁신형	• 도시거점 메가스테이션 구축·운영 • 저압 파이프라인 국산기술 상용화	대용량 수소 공급 및 효율적 수소 관리 가능
수소활용 확산형	• 단지 내 최적화된 연료전지 운용 시스템 • 수소버스 전용 충전시스템 국산화	수소활용처 다양화

자료: 국토교통부 도시활력지원과(2024). 수소도시 조성사업 가이드라인.

수소도시 조성의 특화요소 중 H₂ 지역산업과 관련 지역특화 산업 및 거점 인프라 등에 수소를 접목하여 지역 내 수소활용을 가시화하고 수소도시 간 차별화를 유도한다.

💡 수소도시 조성 특화요소 중 H₂ 지역특화 산업 예시

구분		사업내용	기대효과
지역 특화 산업형	농·어업	• 스마트팜 내 수소에너지 활용 • 농가 연료전지 구축 • 수소어선 제작·실증	수소활용분야 및 지역 확대
	제조업	• 수소차·연료전지·부품 등 생산 확대	수소도시 확산기반 구축
	관광업	• 주요 관광시설·홍보관 등 연료전지 구축 • 관광노선 수소버스 운행	수소 홍보효과 극대화
	에너지산업	대규모 태양광, 풍력 등 발전소재지에서 수전해를 통한 수소생산 실증	그린수소 생산으로 환경개선

지역인프라연계형 (공항, 항만 등)	• 공항, 항만시설 내 수소차 충전소 • 공항 수소버스 운행 등 • 물류단지 내 수소지게차 운행	• 물류 분야 수소활용 확대 • 추후 수소 수입기지로 활용 검토
수소지식연구형	대학·연구단지 등에서 수소 기술개발	

자료: 국토교통부 도시활력지원과(2024). 수소도시 조성사업 가이드라인.

수소도시 사업지원 대상은 지방자치단체(특·광역시, 특별자치도, 특별자치시, 시·군·구)이며, 신청주체는 지자체 단위로 신청하되, 지자체 간 연계하여 신청도 가능하다. (지원범위) 도시활동의 핵심인 주거, 산업, 문화, 교통 등 분야에서 수소를 활용하는 기본요소와 지역특성에 따른 특화사업 지원이다. (지원내용 및 비율) 기본계획(MP) 수립비와 핵심인프라 구축비, 지역특화사업 등을 자지체 여건을 반영하여 자율 편성한다. 단 핵심 인프라 사업외 단순 홍보성 사업이나 지역특화사업에 대한 지나친 편중 등은 지양한다.

⚡ 수소도시 조성 지원범위

구분	분야	지원내역 예시
기본요소	활용시설	• (주거) 공동주택, 단독주택 등 연료전지 설치 • (건물) 오피스빌딩, 상업건물, 공공청사 등 연료전지 설치 • (산업) 산업단지, 기업지원센터, 공장 등 연료전지 설치 • (문화) 수소테마파크, 공원 등 연료전지 설치 • (복지) 실버타운, 경로당, 스포츠센터 등 연료전지 설치
	교통시설	• (충전인프라) 복합환승센터, 버스차고지, 주차장 등을 활용하여 수소 충전시설 설치 • (수소대중교통체계) 수소버스, 수소카세어링 등 보급 • (수소교통수단 확대) 수소트램, 수소지게차, 수소드론, UAM 등 다양 한 교통수단 및 충전시설 구축
	수소인프라	• (수소배관망) 생산시설과 활용시설을 연결하는 수소배관 또는 수소튜 브트레일러 등 이송시설 구축 • (통합안전운영센터) 수소의 생산·저장·이송·활용 전 과정을 모니터 링하고 안전성 등으 실시간 관리하는 시설 구축

	• 그린수소 생산시설 및 바이오가스 기반 수소생산시설 구축 및 실증 등
특화요소	• 스마트팜, 농가, 선박 등 수소활용시설 설치
	• 수소홍보관, 수소테마파크 등 수소활용시설 설치
	• 대학·연구단지 등 수소기술개발 지원

자료: 국토교통부 도시활력지원과(2024). 수소도시 조성사업 가이드라인.

(2) 국내 수소도시 선정 및 조성 사례

국토부는 2019년 울산 등 수소시범도시 선정을 시작으로 현재까지 총 12개 지역에 수소도시를 선정 조성 중이다. 수소시범도시('19~'24)로 울산, 안산, 전주·완주 3개 지역을 선도로 1기 수소도시('23~'26)로 평택, 남양주, 당진, 보령, 광양, 포항 6개 지역, 2기 수소도시('24~'27)로 양주, 부안, 광주시 동구 3개 지역 등 총 12개 지역을 순차 선정하여 지자체와 공동으로 조성 중에 있다.

수소시범도시 조성사업 개요

① 울산 수소시범도시

• (전략·목표): 전국 최대 수소에너지 생산능력을 보유한 강점을 활용하여 세계를 대표하는 수소타운 조성

주거	교통	인프라	지역특화
• 율동공공임대(437세대) 연료전지(440kw×3) • 현대자동차 문화회관 연료전지(100kkw)	• 수소시내버스(12대) • 수소차 셰어링(10대) • 태화강역 수소충전소	• 수소배관(10km) • 통합안전운영센터	스마트팜 연료전지 (10kw)

② 안산 수소시범도시

• (전략·목표): 풍력발전소(시화호), 국가산단, 하수처리장 및 물류센터 등 지역 인프라를 적극 활용하여, 친환경 에너지 자립 도시로 육성

주거	교통	인프라	지역특화
공동주택(504세대)·단원병원 연료전지(440kw)	• 수소시내버스(6대) • 수소충전소(2기)	• 수소생산설비 • 수소배관(10.5km) • 통합안전운영센터	수전해 그린수소 생산 실증

③ 전주·완주 수소시범도시

• (전략·목표): 지역 간 수소 생산(완주), 활용(전주) 협업 체계를 기본으로, 지역 융합형 수소 생태계 조성

주거	교통	인프라	지역특화
• 우석대생활관(10kw×5) • 완주군청(10kw×3) • 자연생태관(5kw×3) • 수영장 연료전지(10kw×4)	• 수소시내버스(54대) • 수소튜브트레일러(3대)	• 수소공급기지 • 통합안전운영센터	• 수소놀이체험관 • 수소드론(3대)

자료: 국토교통부 도시활력지원과(2024). 수소도시 조정사업 가이드라인.

1기 수소도시 조성사업 개요

① 남양주: 바이오가스(음식물쓰레기처리시설)를 활용한 수소도시 구축

• (추진전략) 남양주 3기 신도시(왕숙지구)의 자원순환종합단지에서 생산한 수소를 공동주택(1,200세대), 공공청사, 충전소 등에 공급
• (수소인프라) 자원순환종합단지에 연 1,300톤 수소 생산시설과 수소 배관 5km, 수소충전소 3개소, 통합안전운영센터 건립
• (수소 활용분야) 왕숙지구 공공임대 1,200세대 연료전지(400kW×3기), 공공청사(남양주시청 2청사) 연료전지(100kW×2기), 수소청소차 2대
• (추진체계) 남양주시를 중심으로 한국토지주택공사, 남양주도시공사, 에너지기술연구원, 한국서부발전, 하이넷 등 민·관협력체계

② 평택: 산업, 항만, 배후도시가 연계된 광역형 수소도시 구축

- (추진전략) 수소특화단지 생산 블루수소(연 9,000톤)를 공동주택(995세대), 수소교통복합기지 충전소 등에 공급, 향후 해외 그린수소(연 50만 톤) 도입
- (수소인프라) 생산기지부터 항만, 교통, 경제자유구역으로 연결되는 수소 배관 13km, 수소교통복합기지 충전소 1개소, 통합안전운영센터 건립
- (수소 활용분야) 경제자유구역 내 공공주택 995세대 및 공공건물(수소도시지원센터) 연료전지(440kW×3기), 수소버스 50대, 수소트럭 100대
- (추진체계) 평택시를 중심으로 경기경제자유구역청, 건설기술연구원, 가스공사, 가스기술공사, 서부발전, 평택도시공사 등 민·관협력체계

③ 당진: 수소공급 다변화를 통한 청정 산업단지 기반 수소도시 구축

- (추진전략) 청정(바이오가스, 재활용플라스틱) 수소(연 2.4만 톤)를 생산하여 공공시설 및 SPC수소출하센터 충전소 등에 공급
- (수소인프라) 재활용플라스틱 활용 수소생산시설(민간투자), 축산분뇨 활용 수소생산시설, 수소 배관 6.2km, 통합안전운영센터 건립
- (수소 활용분야) 자원순환센터(100kW), 통합안전운영센터(100kW) 연료전지, 수소청소차 5대, 수소버스 5대, 수소지게차 2대
- (추진체계) 당진시를 중심으로 충남테크노파크, 현대엔지니어링, SPG(수소전문기업), 고등기술연구원, 호서대, 당진여객 등 민·관협력체

④ 보령: 세계 최대 그린&블루수소 생산기지 연계 수소도시 구축

- (추진전략) LNG개질 블루수소(연 25만 톤), 축산분뇨 활용 그린수소(연 5만 톤)를 실버타운, 대학기숙사, 산업단지, 충전소 등에 공급
- (수소인프라) 축산분뇨 활용 그린수소 생산시설과 수소 배관 8km, 수소버스·수소트레일러충전소 각 1개, 통합안전운영센터 건립
- (수소 활용분야) 실버타운(440kW), 통합안전운영센터(440kW), 수소/냉열 특화단지(1MW) 연료전지, 수소버스 45대
- (추진체계) 보령시를 중심으로 SK E&S, 한국중부발전, 가스기술공사, 에너지기술연구원, 보령LNG터미널 등 민·관협력체계

⑤ 광양: 제철소, 광양항 물류단지와 연계한 항만형 수소도시 구축

- (추진전략) 포스코에서 생산된 부생수소(연 4.5만 톤)를 공동주택(150세대), 스포츠센터, 충전소 등에 공급
- (수소인프라) 포스코 수소생산시설부터 광양항, 산단을 연결하는 수소 배관 19km, 수소충전소 1개소, 통합안전운영센터 건립

- (수소 활용분야) 광양칠성 행복주택 150세대 연료전지(100kW), 수영장 연료전지(50kW×4기), 수소청소차 2대, 수소버스 6대, 수소드론 3대
- (추진체계) 광양시를 중심으로 포스코, 여수광양항만공사, 광양항서부컨테이너미널, 에스모빌리티솔루션 등 민·관협력체계

⑥ 포항: 제철소, 수소발전클러스터와 연계한 수소도시 구축
- (추진전략) 포스코에서 생산된 부생수소(연 1천 톤)를 공동주택 주민시설, 공공건물(성능평가센터), 충전소 등에 공급
- (수소인프라) 포스코에서 수소연료전지 발전클러스터(충전소)까지 연결하는 **수소배관 18.4km, 수소충전소 3개소**, 통합안전운영센터 건립
- (수소 활용분야) 공동주택 주민시설(50kW), 성능평가센터(100kW) 연료전지, 수소버스 2대, 수소전기차 2대
- (추진체계) 포항시를 중심으로 포스코, 포스코플랜텍, STX에너지솔루션, 포항산업과학연구원, 포항테크노파크 등 민·관협력체계

자료: 국토교통부 도시활력지원과(2024). 수소도시 조정사업 가이드라인.

2기 수소도시 조성사업 개요

① 양주: 내륙거점형 친환경 수소도시 구축
- (추진전략) LNG 개질을 통해 생산한 수소(연 220톤)를 공동주택(781세대), 공공청사, 충전소(기구축) 등에 공급
- (수소인프라) 하수처리장 부지의 그레이수소 생산시설과 수소 배관 1km, 통합안전운영센터 건립
- (수소 활용분야) 회천지구 공공임대 781세대 연료전지(100kW), 공공청사(환경사업소) 연료전지(100kW), 수소버스 5대, 수소청소차 2대

② 부안: 그린수소 생산기지와 연계한 에너지 자립 수소도시 구축
- (추진전략) 수전해 수소생산기지에서 생산한 수소(연 360톤)를 기숙사(42세대), 마을경로당, 공공시설, 수소저장용기 충전소 등에 공급
- (수소인프라) 재생에너지 기반 수소생산시설 구축과 수소 배관 5km, 수소저장용기충전소, 통합안전운영센터 건립
- (수소 활용분야) 신재생에너지단지 기숙사 42세대(100kW), 월포마을 경로당(20kW), 청소년센터(100kW) 연료전지, 수소버스 4대, 수소청소차 3대

③ 광주 동구: 위생매립장 부지를 활용한 수소도시 구축

- (추진전략) 위생매립장 부지를 친환경 수소도시로 구축하고, LNG 개질수소(연 400톤)를 인근주택(9,830세대), 수소테마공원, 충전소 등에 공급
- (수소인프라) 연 400톤 수소 생산시설과 수소 및 열배관 5km, 수소충전소 1개소, 통합안전운영센터 건립
- (수소 활용분야) 인근 9,830세대에 공급하기 위한 **연료전지**(440kW×12기, 민자 포함), 수소청소차 1대, 수소버스 1대

자료: 국토교통부 도시활력지원과(2024). 수소도시 조성사업 가이드라인.

한편 경기도는 현재 안산 등 중앙정부 주관 수소도시 조성과 별도로 자체적으로 미니수소도시 조성 정책을 추진 중이다. 민선8기 수소융합클러스터 조성 공약 중 미니수소도시 조성 계획에 따라 국토부의 정책을 벤치마킹하여 도내 친환경 수소에너지 자족 소도시(단지)를 조성, 탄소중립 달성과 경기도 수소산업 활성화 및 일자리 창출 등 지역경제 활성화에 기여하는 것을 목적으로 미니수소도시 조성 정책을 추진하고 있다.[50] 민선8기 공약(수소융합클러스터 조성), 기회패키지(미니수소도시) 추진을 위한 청정수소 기반 미니수소도시 지원계획에 따라 추진 중인 경기도 자체 수소도시 정책은 총 3개소 선정('23~'26년(4년간), 도비 150억 원을 지원한다(1개소당 50억 원, 도비 : 시비 = 50 : 50). 경기도는 2023년 용인시에 미니수소도시를 공모를 통해 이미 선정한 바 있으며, 2024년에 개발사업지구 내 후보지를 포함한 추가 2개소를 공모를 통해 미니수소도시 조성 대상지역을 선정할 계획이다.

---

50 경기도 내부자료(2023).

경기도 미니수소도시 사업 계획

(단위: 억 원)

구분		합계	'23년	'24년	'25년	'26년	비고
합계(총사업비)		300	2	52	146	100	
소계(도비)		150	1	26	73	50	
'23년도 선정 (1개소)	도비	50	1	24	25		
	시비	50	1	24	25		
'24년도 선정 (2개소)	도비	100		2	48	50	
	시비	100		2	48	50	

자료: 경기도 내부자료(2023).

사업기간은 36개월 이내이며, 지원내용은 수소 생산, 활용 등 전 분야 인프라 구축비 지원이다. 지원은 미니수소도시 종합계획(Master Plan) 수립 및 수소 생산, 활용 등 전 분야 인프라 구축비를 지원한다. 기초지자체 특성을 반영하여 자율적으로 사업계획 공모 신청을 하며, 청정수소(수전해 및 바이오가스 활용, 탄소포집 등) 생산, 민선8기 경기도 공약사업 연계(3기 신도시 탄소중립형 직주근접 자족도시 조성, 탄소중립 산업단지 조성확대 등), 기존 수소 인프라 활용 등 가점을 반영한다. 국토교통부 수소도시 사업대상지는 배제한다. 경기도의 미니수소도시 조성은 도심형, 산업단지 및 물류단지형, 농촌형, 관광지(공원 등) 및 유휴부지(공어지 등)형으로 나누어 추진하고 있다.

경기도 미니수소도시 사업모델(예시)

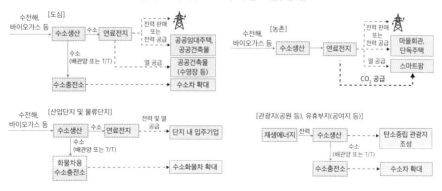

자료: 경기도 내부자료(2023).

국토부의 수소도시와 경기도의 자체 미니수소도시 정책의 차이는 면적과 내용에서 경기도가 다소 작은 규모를 지향하고 있다는 점이다. 국토부의 수소도시는 수소활용이 가능한 전 분야에 수소를 적용하는 도시 조성이며, 경기도의 수소도시는 기존의 수소 인프라를 활용한 소규모 미니수소도시 조성으로서 생산, 주거, 교통 중 선택하여 신청·선정 조성하는 것이다. 개소당 조성면적 범위가 미니수소도시의 경우 국토부의 수소도시 조성면적 범위(약 6km²(1,815,000평))보다는 훨씬 작은 크기이며, 예산도 중앙은 개소당 400억 원 수준이지만 경기도는 100억 원 정도이다. 경기도의 미니수소도시 공모 선정 평가기준은 정량기준으로서 사업추진의지, 수행실적, 정성기준으로서 사업내용의 타당성, 사업추진체계, 지속가능성, 가점 등으로 구성되어 있다.

국토부 수도도시와 경기도 미니수소도시 정책 비교

구분	수소도시 조성사업	미니수소도시 조성사업
주관기관	국토교통부	경기도
사업내용	• 수소 활용이 가능한 전 분야에 수소를 적용하는 도시 조성 ※ 수소생산, 주거, 교통, 인프라 관리, 기술실증 등 특화요소 필수 포함 • 필수요소(주거+교통+인프라 관리) - 생산: 수소생산시설 - 주거: 연료전지 - 교통: 수소충전소, 배관망 - 인프라 관리: 통합운영 안전관리센터 • 특화요소(혁신기술, 지역산업): 혁신적 기술 실증, 지역특화산업 및 거점 인프라와 연계	• 기초지자체 특성에 맞는 사업모델 발굴·추진하고 빠른 사업 성과를 도출하여 도내 수소 생산, 활용 인프라를 선도적으로 구축 - 수소 생산, 주거, 교통 중 선택 또는 전 분야 신청 - 기존 수소 인프라 활용 가능
총 사업비	400억 원(국 200, 도 60, 시·군 140) ※ 국 : 도 : 시·군 = 50 : 15 : 35	100억 원(도 50, 시·군 50) ※ 도 : 시·군 = 50 : 50
사업기간	4년	3년

자료. 경기도 내부자료(2022).

경기도는 용인시 처인구 포곡읍 신원리 19 일원(약 3,300㎡(약 1,000평))에 1호 미니수소도시를 조성 중이다. 사업 내용은 바이오가스 활용 청정수소를 생산(500kg/일)하여 ① 인근 수소충전소에 수소 공급, ② 890kW급 수소발전(혼소)에 활용하는 것이다. 참여기관은 고등기술연구원, 한국서부발전이며, 사업기간은 2023.11.1.~2026.10.31.(3년간)이다. 사업예산은 100억 원(도 50, 시 50), 참여기관(한국서부발전)의 약 40억 원 민간투자를 협의 중에 있다.

경기 용인 미니수소도시 조성 위치(용인시 포곡읍 신원리 19 일원(3,300m²))

자료: 경기도 내부자료(2023).

3) 시사점

수소도시 조성의 주된 목적은 온실가스를 줄이는 탄소중립에 있는 만큼 청정수소 생산과 활용을 극대화하는 방향으로 수소도시 조성이 필요하다. 현재 대부분의 수소도시 조성에서 수소생산과 관련하여 그 생산원류를 생산과정에서 탄소배출 우려가 있는 부생수소나 개질수소인 그레이수소에 기반을 두고 있는데,

이를 가능한 또는 향후 수소도시 선정 및 조성에서는 블루수소나 그린수소의 청정수소 생산 및 활용에 초점을 둘 필요가 있다. 따라서 그레이수소 기반 수소도시 조성에서 청정수소 기반 수소생산 수소도시 조성은 비용이 더 소요되는 만큼 관련 지원 예산을 더 확보하여 지원하는 수소도시 선정 정책이 필요하다. 수소도시 조성에 있어서 가장 큰 애로사항이나 어려움이 수소생산 조달 방안인데, 이 부분에 대한 면밀한 심사평가와 실천방안 강구가 필요하다.

수소도시는 특정한 공간 내에 수소생산-유통-활용 시스템을 직접 적용·운용하는 특성을 갖기 때문에 많은 면적을 차지하는 수소생산기지나 시설을 단번에 구축하는 것이 매우 어려운 현실적인 어려움이 있다. 수소도시의 초기 성공은 수소생산시설을 어떻게 효과적으로 구축할 것이냐에 따라 좌우되는 경향이 있으므로, 평가 및 조성 단계에서 계획과 실천성을 면밀히 검토할 필요가 있다. 즉 효과적인 수소생산시설 구축의 제반 잠재력이나 여건을 갖추고 있는지를 우선적 검토할 필요가 있다. 예를 들어 앞서 살펴 본 영국 Redcar 지역 수소타운 조성의 경우 계획대로 추진하고 있었으나 수소생산 및 공급의 원천적 어려움 봉착으로 인해 정부 예산 지원이 취소되어 사업 진행이 중지되는 사례도 있었다.

또한 수소도시 조성의 여전한 어려움 중 하나가 인근주민들의 반대, 즉 주민수용성이므로 이에 대한 극복방안이 큰 과제이다. 여전히 수소에 대한 주민들의 반발의식이 강해 수소도시 선정 공모나 조성에 있어서 커다란 한계에 봉착해 있는 것이 현실이다. 따라서 지자체는 기존 시가지에 수소도시를 선정, 조성하는 것도 의미있지만, 주민수용성 극복을 통해 관내 조기 확대를 위해서는 가능한 후보지를 신도시나 테크노밸리 등 신규 개발사업지구 내 조성하는 정책을 더 적극 추진할 필요가 있다. 신규 개발사업지구는 아직 주민들이 입주하기 전이고 그런 단계에서 수소도시를 조성하는 것이므로 안전성을 요구하는 수소도시 조성이 용이한 측면이 있다. 수소도시 조성 기본방향을 주거, 교통, 특화요소로 집약하고 있는데 이 중 특화요소가 미약하여 더 활성화할 수 있는 방안이 필요하다. 초기 수소도시 조성은 그 기본방향의 콘셉트를 수거분야 적용과 교통분야 실행이 적절히지만 현재 특화요소 분야가 상대적으로 미약하므로 더 활성화할 수 있는 방안이 필요하다. 현재는 수소도시 조성 선정 도시들이 주로 특화요소로서 스마트 팜에 치중하고 있는데 향후 수소에너지와 수소연료전지 활용 및 보급 확대를 위해 특화요소 분야인 제조업, 관광업, 에너지산업, 그린수소생산, 공공기관의 수소에너지, 연료전지 전력 이용 확대 등의 특화요소를 더 적극 개발, 육성할 수 있는 방안을 수소도시 정책에서 수립·실천하도록 할 필요가 있다.

수소도시의 성공가능성을 높이기 위해 민간부문의 투자와 참여 확대가 필요하다. 수소 관련 기업들의 투자와 공동협력을 통해 지자체의 재정부담도 줄이고, 수소도시 조성의 성공가능성을 높이는 전략이 필요하다. 특히 영국의 Redcar 지역 수소타운 조성에서의 도시가스유통회사 직접 참여 사례나 최근 남양주 수소도시 조성의 LH 협력 참여 사례처럼 민간부문과 공동으로 수소도시를 조성하는 정책을 중앙정부와 지자체가 적극 추진할 필요가 있다.

사업 추진과정에서 제도적인 한계에 봉착하여 변경사항(중단, 지연·연기, 수정 등)이 발생함에 따라 개선방안 마련이 필요하다. (기술 수준) 계획 시 구상하였던 비전을 구현하기 위한 수소기술의 성숙도가 낮아 사업기간내 현장 적용이 어렵다. 생산, 저장, 이송, 활용과 관련된 대다수의 기술이 아직 상용화되지 않아 일부 제한적인 기술만 적용 가능하다. 예를 들면 안산과 같이 대규모 그린수소 생산을 위해서는 MW급 용량의 수전해장치가 필요한데 국내기술은 아직 실증단계에 머물러 있다. 울산처럼 도시가스형 연료전지를 활용한 스마트팜을 구축하는 경우에도 연료전지 내 개질장치에서 발생하는 이산화탄소를 포집하여 팜 내에 공급해 재배작물의 생육을 촉진시키고자 하였으나 이산화탄소 포집형 연료전지는 연구과제로 진행될 뿐 시장에는 출시되지 않아 적용하지 못하고 있다. (생산어 건 지역격차) 현 시점에서 중·대규모 수소를 자체적으로 공급 가능한 지역은 제한적이다. 비용이 가장 낮은 부생수소의 경우 생산 거점은 울산, 여수, 대산 등 일부에 한정되어 있다. 이에 대한 대안으로 정부는 천연가스 공급망에 수소 추출기를 설치하여 거점형 중대규모 수소생산기지를 구축한다는 방침이지만 가능한 후보지는 한국가스공사의 전국 142개 정압관리소에 한한다. 수소도시 확산을 위해서는 대규모로 안정적인 수소공급이 필요한데 상술한 지역을 제외하고는 소규모 수소생산 및 활용에 머무를 가능성이 높다. (경제성·수익성) 높은 수소가격과 운영비용 부담 등으로 수익성이 악화되어 수소도시 조성에 어려움이 존재한다. 여전히 규모의 경제에 미달한 상황이며 여기에 돌발적으로 러시아-우크라이나 전쟁으로 인한 천연가스 가격 폭등에 따라 수소 가격이 동반 상승하는 등 비용적 측면에서 적정단가에 이르지 못하고 있다. 수소생산시설, 연료전지 등 수소 설비와 시설에 대한 안전관리자 고용 및 운영시간 증가에 따른 인건비·유지관리비 증가, 통합안전운영센터에서 교대근무 적용에 따른 관제요원 고용 증가로 인한 인건비 증가 등으로 운영비용이 지속적으로 증가한다. 수소도시 활성화를 위해서는 민간의 참여가 필수인데 현재로서는 수익성이 없다 보니 실행단계에서 이탈함에 따라 사업의 중단 및 변경이 발생하고 있다. 운영할수록 적자가 발생하여 자칫 매몰자산으로 전락할 우려가 큰 수소 인프라를 지속적으로 운영하고 확산하기 위해서는 수소가격이 적정 수준으로 하락할 때까지 연료비용 지원이 필요하다.[51]

---

51   이정찬(2023). 「수소노시 현황 신난 및 개선망안 언구」, 국토언구원.

CHAPTER

04

수소경제의 발전과제

수소경제의 발전과제

기후변화에 대응하고 탄소중립을 달성하면서 새로운 미래산업을 육성하는 데 커다란 입지를 차지하고 있는 수소경제 분야가 더욱 발전하기 위해서는 향후 다음과 같은 10대 발전과제를 효과적으로 추진할 필요가 있다. 필자가 보는 관점에서는 우리나라의 수소경제가 성장하기 위해서는 수소생태계 구축 강화, 수소소부장 육성, 수소기술 육성, 수소전문기업 육성 강화, 수소활용 분야 활성화, 수소경제 클러스터 조성, 수소산업 규제개혁, 지방정부의 수소경제 발전 로드맵 수립, 기업의 수소경제 경영전략 강화, 주민수용성 증대 등을 적극 추진해야 한다.

1 수소생태계의 구축 강화

우리나라가 생산, 유통, 활용의 수소경제 全 주기에서 가장 취약한 부분이 수소생산 부문인데 이러한 부문을 더 적극적으로 확충해 나갈 필요가 있다. 즉 수소생태계가 제대로 조성되기 위해서는 현재 가장 취약한 수소생산 체제를 성공적으로 조기에 잘 구축해야 한다. 정부와 기업들이 수소생산 부문을 활성화하려고 노력 중에 있지만 좀 더 적극적인 생재과 기업들이 투자가 필요하디. 특히 수소생태계 구축을 위해서는 수소생산 확대를 위한 수소생산 허브 조성, 청정수소(블루수소, 그린수소) 생산량 확대, 액화수소 생산 확대 등을 실행해 나가야 할 것이다. 정부 정책자료와 전문자료를 기초로 우리나라의 수소생태계 구축 강화 방안을 제시하면 다음과 같다.

1) 수소생산 확대를 위한 수소생산 허브 조성

현재 우리나라의 경우 수소생산량과 수소생산시설이 부족하여 수소경제 발전과 수소 밸류체인 구축에 상당한 지장이 초래되고 있다. 수소 유통과 활용에 비해 상대적으로 미흡한 수소생산 시장을 확대하여 수소경제 활성화의 길을 개척해 나가야 한다. 수소생산 확대의 핵심은 부생수소 생산량과 생산방식은 당분간 현존 상태로 자연적으로 유지하고, 무엇보다 개질수소에 이어 특히 청정수소 생산을 더욱 확대해 나가는 것이 관건이다.

수소생산 확대를 위해서는 미국이나 호주처럼 대규모 수소생산 허브 단지를 전국 여러 곳에 조기에 구축하는 전략이 지름길이다. 이를 통해 수소생산량을 늘리고 수소유통, 수소활용 주기가 조성, 발전할 수 있도록 한다. 특히 단기적으로 여건상 개질수소에 의존할 수밖에 없지만 중장기적으로 청정수소 생산 확대에 많은 정책적 초점을 두도록 한다. 전국 단위로 LNG 인수기지를 배후로 개질수소 생산 허브를 조성하고, 해안지대와 내륙 적정지역에 그린수소를 비롯한 대규모 청정수소 생산 허브단지를 여러 개 분산적으로 전국 단위 균형 있게 조성하는 정책을 서두를 필요가 있다. 분산적으로 균형 있게 조성해야 하는 이유는 수요자의 접근성 고려와 전 국토의 조기 수소경제 구축의 용이성 때문이다. 다음 그림처럼 청정수소생산허브와 그린수소생산허브를 조성 중인 미국과 호주의 사례는 우리나라에 시사하는 바가 크며, 이러한 사례를 벤치마킹하여 조속히 수소생산 허브 조성에 나설 필요가 있다. 중장기적으로 우리나라의 수소허브는 생산-유통-활용을 기반으로 해안지대, LNG인수기지, 내륙거점지역, 대도시 주변지역, 산업단지 인근 등을 거점으로 하여 다수 조성할 필요가 있다.

미국 전국 단위 청정수소허브 조성 지역(수소허브 벤치마킹 1)

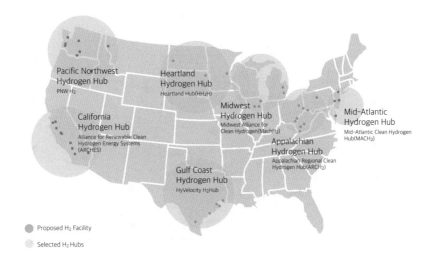

자료: https://privateequity.weil.com/insights/doe-selects-seven-h2hubs-across-the-u-s-whats-
next/(2023.10.27. 검색).

호주 전국 단위 그린수소허브 조성 지역(수소허브 벤치마킹 2)

자료: CSIRO HyResource. "https://research.csiro.au/hyresource/hubs/"(2023.8.8. 검색).

우리나라의 수소생산 허브 조성 계획 구상도(제안)

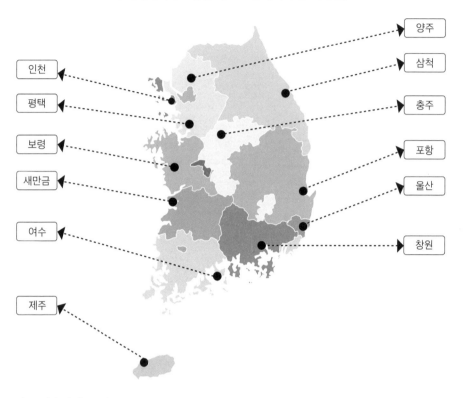

자료: 필자 작성(2024).

　　한편 수소경제가 발전하기 위해서는 이러한 수소허브 조성을 통해 대량의
수소생산을 기반으로 수소가격을 인하해 나가는 것이 급선무이다. 수소경제 분
야의 타 업종과의 가격경쟁력에서 우위를 보이려면 기술개발을 통한 비용절감과
함께 우선 수소생산량을 대폭 늘려 수소소비 가격을 인하하는 것이 매우 중요한
포인트이다. 정부는 일찍이 수소생산 확대를 통해 오는 2030년 지금의 절반으로
수소가격 인하 로드맵을 발표한 바 있는데 계획대로 실행해서 수소생산량 확대,
수소가격 인하, 수소경제 발전의 선순환이 될 수 있도록 특히 수소허브 조성 등
수소생산 확대에 박차를 가할 필요가 있다.

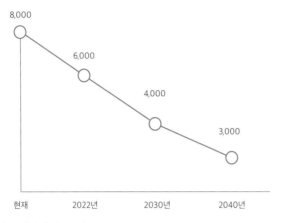

국내 수소가격 목표

(단위: 원/kg)

8,000
6,000
4,000
3,000

현재   2022년   2030년   2040년

자료: 산업통상자원부 내부자료(2021).

　우리나라의 수소 생태계를 조기에 구축하기 위해서는 무엇보다 수소기업이 시장에서 우위를 점할 수 있도록 기술 및 가격경쟁력을 갖춰야 한다. 수소분야는 아직까지 다른 경쟁 일반산업 분야보다 시장 초기 내지 낮은 기술개발 투자로 인해 여러 모로 기술이나 특히 가격경쟁력에서 뒤질 수밖에 없는 구조이다. 예를 들어, LNG발전소 설치 비용보다 두세 배 비싼 것이 수소연료전지발전소이다. 이러한 구조에서는 발전용 연료전지 확대, 즉 수소활용 분야 육성을 통한 수소 생태계를 조기에 제대로 구축하는 데 경쟁 시장에서 어려움이 있을 수밖에 없다. 가격경쟁력에 뒤져 타 산업부문을 능가하면서 발전을 도모하기란 쉽지 않다는 의미이다. 따라서 정부는 수소 생태계 구축을 위해 수소생산-유통-활용의 각 분야 업종들에서 타 산업분야보다 생산단가가 높아 시장에서의 경쟁력을 확보할 수 없는 경우 그 차액을 전액 보전해 주는 보조금 제도를 확대 시행할 필요가 있다. 이는 마치 현행 수소차 구매 보조금이나 수소충전소 설치 및 운영 민간 보조사업과 동일한 정책인데, 이러한 보조금 사업을 수소생산, 유통, 수소연료전지발전소 등 활용 부문 등에 더 확대하여 시행하도록 한다. 정부의 수소사업 보조금 사업은 전방위적으로 시행하여 각 분야 수소기업들이 경쟁력을 확보, 수소 생태계가 조기에 자연스럽게 구축 운영될 때까지 지속해 나가도록 한다.

2) 청정수소(블루수소, 그린수소) 생산 확대

Deloitte(2023)는 2050년 넷제로 달성에 이르기까지 세계 수소 공급망 전반에 약 9조 달러(약 1경 1,643조 원) 이상의 투자가 필요하고, 이때 신흥국가에서도 약 3.1조 달러(3,881조 원)의 투자가 수반될 것으로 예측하고 있다. 딜로이트는 주요한 수소 수요 지역이자 전 세계 수소생산의 절반을 차지할 것으로 예상되는 중국, 유럽 및 북미 지역이 각각 2조 달러(2,587조 원), 유럽은 1.2조 달러(1,552조 원), 북미는 1조 달러(1,294조 원) 규모의 투자가 필요할 것으로 예측한다. 전세계 수소 공급망 구축을 위해서는 개발도상국과 신흥경제에서 상당한 규모의 투자가 필요한 상황이다. 북아프리카의 경우 약 9,000억 달러(1,164조 원), 남미 4,000억 달러(517조 원), 사하라이남아프리카 및 중앙아메리카 지역에서 각각 3,000억 달러(388조 원) 수준의 자금 조달이 이루어질 것으로 분석되고 있다. 세계 청정수소 생산량은 2030년까지 총 172메트릭톤(MtH_2eq), 2040년 406메트릭톤(MtH_2eq), 2050년 598메트릭톤(MtH_2eq)으로 예측되고 있다. 그리고 2050년 수소생산 대부분을 그린수소가 차지할 것으로 예상되며, 블루수소 생산량은 2040년 정점을 기록할 것으로 예측된다.[1]

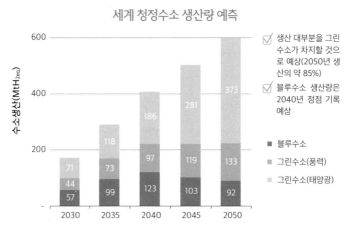

세계 청정수소 생산량 예측

자료: Deloitte(2023). "그린수소(Green Hydrogen): 넷제로(Net Zero) 실현 가속화 동인, 딜로이트가 신뢰하는 2023 글로벌 그린수소 비전", 2023년 06월 『Deloitte Insights』.

---

1   Deloitte(2023). "그린수소(Green Hydrogen): 넷제로(Net Zero)실현 가속화 동인, 딜로이트가 전망하는 2023 글로벌 그린수소 시장", 2023년 06월 『Deloitte Insights』.

청정수소 생산을 확대하기 위한 방안으로 Deloitte(2023)는 다음과 같이 세 가지를 제안하고 있다.[2] 먼저, 청정수소 사업 추진 기반 마련이 필요하다. 정부정책 결정자들은 청정수소 경제 추진에 앞서 국가적인 전략과 지역 차원의 계획을 면밀히 수립해야 한다. 국가 전략과 연계하여 수립된 계획은 실행 과정의 투명성과 결과의 신뢰성을 담보할 수 있기 때문이다. 청정수소 인증 체계를 통해 생산과정이나 특성에 대한 명확하고 신뢰할 수 있는 정보 제공으로 이해관계자들에게 신속하고 올바른 의사결정을 지원하도록 한다. 둘째, 정책적 지원이 필요하다. 정부 관계자들은 법적 의무 조항, 직접 보조금, 탄소 가격차이 보전 계약, 재정 인센티브, 정부 보증, 수소 기반 제품에 대한 목표 설정 및 시장 창출 등과 같은 청정수소에 대한 정책적 지원을 적극 추진해야 한다. 셋째, 장기적 관점에서 시장 탄력성 보장이 필요하다. 국가 차원의 전략은 시장 팽창 과정에서 고비용 병목 현상을 방지하고 시장 탄력성을 강화하기 위해 거래 파트너부터 장비 및 원자재 공급업체까지 가치 사슬 전반에 걸쳐 다각화를 목표로 해야 한다. 청정수소 상품 운송을 위한 인프라 설계(파이프라인 및 해양, 도로)와 저장(전략적 비축)에 대한 광범위한 정부의 지원 또한 필요하다. 탄소중립을 달성하려면 현재의 수소공급을 탈탄소화할 뿐만 아니라 에너지 전환에 필수적인 새로운 용도를 충당하기 위해 규모를 대폭 확장해야 한다. 이를 위해서는 수소연료전지, 수소환원제철, 지속가능항공연료 등과 같은 전례없는 기술개발과 함께 전해조, 태양광패널, 풍력터빈 등의 제조 능력 향상 그리고 생산, 운송 및 저장 설비 등과 같은 기반시설의 확대 구축과 병행해 새로운 공급망 구축과 글로벌 수소 무역 확립이 요구된다.

우리나라가 청정수소 생산을 주도하기 위한 방안을 관계부처 합동(2021)은 아래와 같이 제안하고 있다.[3] 먼저 2030년 그린수소 생산단가 3,500원/kg 수준의 25만 톤급, 2050년 2,500원/kg 수준의 300만 톤급 대규모 그린수소 생산 기

---

2   Deloitte(2023). "그린수소(Green Hydrogen): 넷제로(Net Zero)실현 가속화 동인, 딜로이트가 전망하는 2023 글로벌 그린수소 시장", 2023년 06월 『Deloitte Insights』.

3   관계부처 합동(2021). 제1차 수소경제 이행 기본계획.

반을 구축해야 한다. 수전해 스택의 대용량화, 고효율화 및 기술 확보가 시급한 소재·부품의 수명 향상 및 공급망 다각화 등을 추진하고, 재생에너지단지 연계 수전해 실증을 통해 GW급 시스템 상용화 및 해외 수전해 시장 진출을 위한 전환점을 마련하도록 한다. 투자·세제, 플러스 DR, 전력구매 직접계약, 인센티브 제공 등 수전해 설비 보급 확산을 위한 제도적 지원도 강화해 나간다. 블루수소 생산 확대를 위해 CCS 상용화 일정에 맞춰 탄소저장소를 확보하여, '30년 75만 톤, '50년 200만 톤 규모의 블루수소 생산 체계를 구축하도록 한다. 동해 가스전 실증을 통한 CCS 조기 상용화(~'25) 및 온실가스 다배출 업종 CCUS 실증 및 우선 적용(~'30)하고, '30년까지 국내 탄소저장소를 단계별로 확대하며, 해외 저장소 발굴을 위한 국제협력을 추진한다. 또한 LNG 인수기지 인근에 블루수소 클러스터를 조성할 필요가 있으며, 수소 생산국과 전략적 협력을 통해 해외 수소자원을 안정적으로 확보하고, 국내 자본·기술을 활용한 해외 재생에너지 – 수소 생산 프로젝트 추진 등을 통해 '50년 수소공급망 40개를 확보하도록 한다. 청정수소 인증제, 원산지 검증체계 도입('25) 및 이를 기반으로 수소 국제거래소 설립, 암모니아 비축기지를 건설하도록 한다. 국내외 청정수소 생산을 위해 유형별 대표 프로젝트(블루수소(중동), 그린수소(동남아))를 선정하여 해외 현지 청정수소 생산시설 구축 등 시범사업을 추진하도록 한다.

또한 관계부처 합동(2022)은 그레이수소에서 청정수소 기반 생태계로의 전환 시급성을 강조하면서 다음과 같은 방안을 제시하였다.[4] 에너지 공급망 위기로 新에너지인 수소 활용이 가속화되면서 글로벌 수소경제가 성장 초기 단계에 진입, 그레이수소 대비 온실가스 배출 수준이 낮은 청정수소 생산의 투자가 본격화되고 자국 내 생산 소비에서 국가 간 거래도 가시화되고 있다. 우리나라의 경우 수소 생산기반(2020년 약 230만 톤)은 확보하였으나 그레이수소(추출·부생수소) 중심으로 온실가스 감축에 기여가 미흡하다. 국내 다양한 청정수소 생산능력을 확보하는 한편 경제성 있는 해외 청정수소 공급망 확보도 필요하다. 이를 위해 글로벌 수소경제의 트렌드 변화를 반영하여 내수로 수소 수요 창출을 통한 청정

---

4   관계부처 합동(2022). 정성수소 생태계 조성방안.

수소 생태계 마련이 필요하다. 청정수소 공급망 구축을 위해 현재 국내 청정수소 생산은 소규모 실증 수준이나 다양한 수소생산 방식을 상용화하여 공급 기반 확보가 필요하다. 그린수소 생산 확대를 위해 고효율·대량 생산 기술력 확보 및 공급망을 구축한다. 수전해 효율 개선, 설비 대형화 등 경제성을 갖춘 그린수소의 국내 생산을 위한 핵심 원천기술 개발을 지원한다. 대규모 실증을 통해 재생에너지의 간헐성 변동성 극복방안을 모색한다. 공급망으로 재생에너지＋수전해를 활용한 수소생산기지를 확대해 나가야 한다. 블루수소 생산기반 구축 및 CO_2 해외이송 지원을 위해 블루수소 대량 생산을 위한 탄소포집 기술을 포함한 시스템 통합형 기술개발(2톤/일 규모)을 지원한다. 포집된 CO_2를 해외 저장소로 이송을 위한 국가간 협정 체결을 추진한다. 특히 「이산화탄소 포집·수송·저장 및 활용에 관한 법률」이 2024년 2월 제정되어 2025년 2월부터 시행을 앞두고 있는 만큼 수소생산이나 각종 활동 과정에거 발생하는 탄소를 포집·저장·활용하는 정책이나 기술을 적극 추진하여, 블루 청정수소 생산 확대는 물론 수소경제로 인한 탄소 배출 우려를 원천적으로 차단함으로써 수소경제의 친환경성, 탄소중립 기여를 더욱 강화해 나가야 한다.

3) 액화수소 생산 확대

저장운송이 기체수소보다 월등히 용이한 액화수소의 생산 기반을 확대하여 수소경제가 발전할 수 있는 터전을 마련해 나가야 한다. 예를 들어 현행 기체수소 중심의 수소충전소는 인근 주민반대 등으로 설치에 많은 애로가 있는데, 개소당 설치면적이 액화 수소충전소가 약 80평으로 기체수소 약 240평보다 3배 적게 소요되는 만큼 주민수용성을 더 높여 수소충전소 확대에도 매우 용이한 장점을 지니고 있다. 향후 이러한 액화수소 생산 기술개발에 더욱 노력하고, 정부는 액화수소 생산－저장·운송－활용 생태계가 구축될 수 있도록 기술개발 투자 지원 등 관련 정책지원을 강화해 나가도록 한다. 현재 액화수소 생태계는 인천, 평택, 삼척, 창원 등지에서 시범사업 수준에 머물러 있는데 정부 지원 강화와 시장 확대를 통해 액화수소 생태계를 확장해 나가야 한다. 기체수소 다음은 액화수소로서 그 생산－수요 공급망이 성공적으로 정착, 확대될 수 있도록 정부와 기업들이 적극 노력해 나가야 한다. 대량 청정수소 유통을 위한 수소 액화플랜트 구축 및 암모니아－수소 변환 기술을 확보하고, 액화수소 해상운송을 위한 극저온 화물창 개발 및 운반선 건조와 스케일업을 추진하도록 한다. 2023년 기준으로 국내 액화플랜트 준공을 통해 국내 시장에 연간 최대 4만 톤 가량의 액화수소를 생산한다.

⚡ 국내 액화수소 플랜트 구축 현황

구분	SK E&S	효성-린데	창원산업진흥원-두산에너빌리티
생산규모	90톤/일(3만 톤/년)	15톤/일(5,200톤/년)	5톤/일(1,700톤/년)
설치지역	인천(SK 인천석유화학 공장)	울산(효성화학 용연3공장)	창원(두산에너빌리티 공장)
생산시기	2024.5.	2023.12.	2023. 상반기

자료: "2023년 액화수소 시대 본격 개막", 산업통상자원부 보도자료(2023.3.9.).

기체수소 vs. 액화수소 생태계 비교

자료: 관계부처 합동(2022). 수소기술 미래전략.

국내 일부 액화수소 생산시설은 창원산업진흥원·두산에너빌리티 합자 SPC 주관의 창원 액화수소 플랜트, 인천 SK E&S 액화수소 플랜트가 이미 가동되기 시작하였다. 향후 이러한 액화수소 생산시설을 전국적으로 주요 거점지역에 확대 설치·운영하여, 우리나라의 액화수소 시대를 선진국에 비해 조기 경쟁력을 확보하고 선도해 나가도록 한다. 국내 최초의 상용급 액화수소 생산시설인 창원 액화수소 플랜트가 2024년 1월부터 가동하고 있다. 이 플랜트는 두산에너빌리티, 경남도, 창원시가 공동투자하여 구축되었으며, 하루 5톤, 연간 최대 1,825톤의 액화수소를 생산하여 인근 연구기관, 기업, 수소충전소 등에 공급하게 된다. 기체수소 대비 부피를 1/800까지 줄일 수 있어 운송효율이 10배 이상 높은 액화수소(기체수소를 극저온상태($-253℃$)로 냉각하여 액화한 수소)는 수소의 대량 운송과 수소상용차 보급 촉진 등의 핵심수단으로 주목받고 있다.[5]

창원 액화수소 생산 플랜트

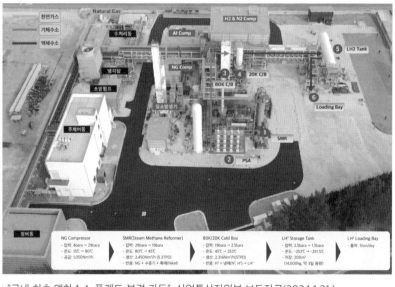

자료: "국내 최초 액화수소 플랜트 본격 가동", 산업통상자원부 보도자료(2024.1.31.).

※ QR 코드로 원본 그림을 확인할 수 있습니다.

---

5   "국내 최초 액화수소 플랜트 본격 가동", 산업통상자원부 보도자료(2024.1.31.).

2024년 5월부터 액화수소 생산에 돌입한 인천시 서구 1.5만 평 부지에 조성된 SK E&S 액화수소생산 플랜트는 약 7,000억 원(민간투자 100%)을 투입하여 수소 정제 설비, 수소액화 설비, 수소 저장설비, 액화수소 출하설비 등을 갖추고 있는데, 세계 최대 연간 3만 톤의 수송용 액화수소를 생산하고 있다.

SK E&S 액화수소생산 플랜트 공정 개요

PSA(정제 설비)	액화 설비	저장 설비	출하 설비
순도 92 → 99.999%	연간 3만 톤 처리 可	120톤 저장 可	12기 설치
연간 3만 톤 처리 可	(30톤/일 X 3기)	(20톤 X 6기)	

자료: "환경부장관, 수소버스 보급 확대에 대비해 액화수소 생산시설 현장 점검", 환경부 보도자료
(2023.8.2.)

SK E&S 인천 액화수소 생산 플랜트

자료: "환경부장관, 수소버스 보급 확대에 대비해 액화수소 생산시설 현장 점검", 환경부 보도자료
(2023.8.2.)

한편 수소생산 시장에서의 일반수소 및 청정수소의 생산과 소비를 늘리고, 수소발전시장을 확대하기 위해 수소발전입찰시장 제도가 시행되고 있다. 수소발전입찰시장은 수소 또는 수소화합물(암모니아 등)을 연료로 생산된 전기를 구매·공급하는 제도이다. 구매자인 한국전력공사와 구역전기사업자는 전력수급기본계획 등을 고려해 산업통상자원부가 매년 고시한 바에 따라 수소발전량을 구매해야 한다. 공급자인 수소발전사업자는 구매량에 대한 경쟁입찰을 통해 수소발전량을 구매자에게 공급하게 된다. 이러한 입찰시장에 액화수소도 진입하게 하여 중장기적으로 액화수소의 생산-유통-활용 생태계가 조성될 수 있도록 정부가 그 기반을 마련해 줄 필요가 있다. 현행 수소발전 입찰제도에서 발전사의 수소발전 의무량을 더 늘리고, 일반수소와 청정수소에 이어 액화수소도 별도로 수소발전 입찰시장을 개설하여 액화수소 생태계 조성을 통한 우리나라 전반의 수소시장을 확대 발전시켜 나가도록 한다.

② 수소소부장산업의 육성[6]

산업경쟁력 강화를 통한 세계 1등 수소산업 육성을 위해서는 초기 단계부터 수소 소재·부품·장비 산업의 동반성장이 필요하다. 수소경제 경쟁력 강화를 위해서는 육성 초기부터 국내 소재·부품·장비 산업의 동반성장을 통한 산업경쟁력 및 부가가치 제고가 필요하다. 에너지 안보 차원에서도 안정적인 수소의 공급·활용을 위해서는 수소소부장산업의 흔들리지 않은 회복력(resilience) 확보가 필수적이다. 주력산업 탈탄소화를 위해 자동차·조선·철강·화학 등 전통산업 환경규제 강화 추세하에 수소소부장 기술력을 바탕으로 수소 기반 탄소저감을 추진하도록 한다.

수소경제 선도를 위해 국내 수소소재·부품·장비 산업생태계를 우선 구축해

---

6 관계부처 합동(2023). 수소산업 소부장 육성 전략에서 발췌 정리함.

나간다. 원천기술 확보를 위해 수소기술의 핵심전략기술 지정 및 범부처 연계 지원을 추진하고, 수요기업 중심 R&D 지원체계를 도입한다. 사업화 촉진을 위해 초기 수요 창출 및 규제개선을 통하여 사업화 여건을 조성하고, 특화단지 등 국내 사업화 지원 기반을 확충한다. 공급망 강화를 위해서는 수소산업 핵심광물의 수급 관리 강화, 공급망 상시 관리체계를 도입하고 국내 기업이 GVC(글로벌 가치사슬) 참여를 확대하도록 한다.

　우리나라의 수소소부장산업을 진단해 보면 생산분야는 신속한 원천기술 확보를 통한 사업화 여건 마련 지원이 필요하다. 유통분야는 대규모 인프라 투자계기 기술 역량, 제도 등 전반적인 여건 개선이 시급하다. 또한 활용 분야는 세계적인 수준의 기술경쟁력을 바탕으로 한 해외시장 선점 지원이 필요한 것으로 나타났다. 따라서 신규시장 선점을 위한 국내외 기업 간 경쟁·협력에 신속히 대응하고, 핵심 수소소부장의 공급 안정성도 강화해 나갈 필요가 있다.

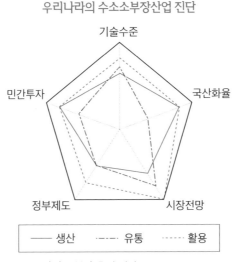

우리나라의 수소소부장산업 진단

자료: 관계부처 합동(2023). 수소산업 소부장 육성 전략.

　수소소부장사업의 발전을 위한 주요 정책과제는 핵심 소부장 원천기술 확보, 개발된 기술의 사업화 촉진, 글로벌 소부장 공급망 강화이다. 먼저, 핵심 소부상 원천기술 확보 정책과 관련해서는 범부처 연계로 소부장 핵심전략 기술로 신규 지정된 수전해, 수소충전소, 수소 운반차량, 액화수소 운송선, 모빌리티용 연료전지와 발전용 연료전지, 수소터빈, 암모니아 합성·분해, 수소 저장·배관, 수소엔진수소 등의 10대 분야 40대 품목을 집중 지원해 나간다. 수소 R&D 혁신과 관련해서는 연료전지 중심의 지원에서 수전해, 수소엔진 등 10대 전략 분야, 40대 핵심 품목으로 신규 R&D 대상 확대·다변화를 도모한다. 수소 R&D 성과 제고를 위해 앵커기업이 참여하는 수요연계형, 실증 및 사업화를 중점 지원하는 양산촉진형 R&D 제도를 도입한다. 미래 원천기술 확보와 관련 수소중점연구실 지정을 통해 암모니아, 액상유기화합물 수소저장(LOHC) 등 미래 소부장 원천기술 연구를 지원한다. 그리고 기술제휴로 해외 원천기술 보유 기업의 국내 투자(합작법인 설립 등) 및 국내외 기업 간 국제 공동 R&D 등 전략적 협력 지원을 확대한다. 고온형 수전해(SOEC) 등은 적기 시장진입을 위해 해외기술을 도입하고, 핵심 공급망 내재화를 위한 R&D/실증을 우선 지원한다.

둘째, 개발된 기술의 사업화 촉진과 관련해서는 초기수요 창출을 위해 수소충전소(설치지원금), 수소터빈(입찰시장) 등 보급 제도 설계를 통해 국내에서 생산된 소부장 제품의 활용도를 제고하도록 한다. 수소선박, 이동식 수소발전기는 지자체, 군·경 등에 시범 보급하고, 국산 수전해 설비 상용화 전후로 한국형 청정수소 프로젝트를 추진한다. 규제개선 과제로 실증용 제품에는 제조시설 검사를 면제하는 신속 검사체계를 도입하고, 신규 분야의 합리적 안전기준 과제로 액화수소의 대용량 저장탱크 안전기준, 수소배관의 고압 기체배관 안전기준을 조속히 마련한다. 수소산업 규제혁신 민관협의체 등을 통해 수소소부장 관련 현장 규제 애로를 상시 접수하고, 즉시 개선하도록 한다. 사업화 기반으로 수소기업 유치·집적화를 위한 수소특화단지 지정 및 全 주기 기술사업화 지원을 위한 수소기술연구원 설립을 추진한다. 그리고 전문인력 양성으로 지역연계 혁신인재 양성사업을 전국으로 확대하고, 지역 소재 대학을 통해 지역 특화 산업분야별 맞춤 인재양성을 지원한다.

셋째, 글로벌 소부장 공급망 강화와 관련해서는 핵심광물 수급관리로 수소산업 활용도가 높은 백금류·희토류 5종을 핵심광물로 지정·관리하고, 지원인보

특별법 등 법적 근거를 확보하도록 한다. 현 33개 광물을 38개로 확대하고, 글로벌 공급망 변동에 따라 주기적으로 업데이트하도록 한다. 공급망 상시 관리를 위해 HSK 코드에 연료전지·수전해·수소차 고유 품목 코드를 마련하고, 주요 소부장 제품 수출입 동향을 정기 분석한다. GVC 참여를 위해 해외 완성품 업체에 소재·부품을 공급하는 국내 기업 대상으로 기술역량 강화 및 해외 검·인증 지원 프로그램을 확대하도록 한다. 공공기관 주도로 암모니아·액화수소 등 대규모 수소 인프라 구축사업 추진 시 국내 소부장 기업의 참여 비율을 확대하도록 한다. 글로벌 기업 육성과 관련 글로벌 경쟁력 있는 기업을 수소전문기업으로 육성하고, 소부장 으뜸기업에 수소소부장 기업 신규 선정을 추진한다.

🔋 수소기업 글로벌 시장 진출 프로그램

예비전문기업	• (대상) 수소 분야 지식재산권과 매출실적을 보유하고 있는 중소·중견기업 • (지원) 기술사업화, 인력양성 등 전용 사업에 대해 최대 7천만 원 지원
수소전문기업	• (대상) 수소사업 매출액과 연구개발 투자금액을 고려하여 선정된 기업 • (지원) 기술사업화, 판로개척 등 기업당 연간 최대 1.5억 원 지원
전문기업 PLUS	• (대상) 수소전문기업 중 소부장 핵심기술, 해외매출액 등 기준으로 선정 • (지원) 해외인증 획득, 해외전시 지원 등 지원한도 상향 조정
소부장 으뜸기업	• (대상) 소부장 핵심전략기술 관련 국내 연구 및 생산 기반을 갖춘 기업 • (지원) 5년간 '기술개발 → 사업화 → 글로벌 진출' 등 밀착 지원

자료: 관계부처 합동(2023). 수소산업 소부장 육성 전략.

중앙정부 주관으로 진행 중인 수소 클러스터 사업에서 가장 먼저 예타가 통과된 경북 포항시의 수소 클러스터는 수소소부장산업 분야 중 수소연료전지 소부장 특화 사업지구이다. 포항시는 앞으로 경북도, 포항 TP와 함께 수소연료전지 산업생태계를 고도화하고, 수소연료전지 클러스터 거버넌스를 구축해 '수소연료전지 클러스터'를 세계적인 연료전지 비즈니스 모델로 조성해 나갈 계획이다. 다른 지자체도 포항시 사례처럼 수소소부장산업 육성을 위해 수소소부장 산단 전문 육성 등 보다 적극적인 지역 수소소부장산업 지원 육성 정책을 추진할 필요가 있다.

경북 포항시 수소연료전지 클러스터(수소연료전지 소부장 단지) 조성 조감도

자료: "수소연료전지 클러스터 예타 통과로 세계적 연료전지 비즈니스 모델 탄력", 포항시 보도자료
(2023.8.1.).

3 수소기술의 육성[7]

우리나라는 여전히 탄소배출 중인 국내 수소생산 중심 국가이다. 현재 국내 수소생산 대부분인 95%가 부생수소와 개질수소이다. 이는 수소경제도 탄소를 배출하는 산업이라는 일부 비판을 받는 주된 요체이다. 이로 인해 수소에너지나 수소산업에 대한 추진력이 다소 동력을 얻지 못하는 원인으로 작용하는 것이 사실이다. 그린수소 생산 등에서 수소기술을 현격히 발전시켜 수소의 탄소배출 가능성을 없애고, 이를 통해 수소경제를 한층 발전시켜 나가야 한다. 해외 수소 도입을 위한 인프라가 부재이다. 수소운반선 기자재 개발부터 실증까지 3천억 원 소요가 예상되나 관련 연구 누적 지원규모는 380억 원에 불과하다. 수소모빌리티 다양화를 위한 R&D가 부족하다. 국내 수소승용차는 넥쏘 1종류뿐이며, 연료

---

[7] 관계부서 합동(2022). 수소기술 미래선탁에서 발췌 정리함.

전지 리패키징 기술 한계로 수소열차·선박 등 종류 다양화 시도와 국제 수소표준 인증 선점 노력이 부족하다. 일본은 UN 국제기술표준 개정 과정에서 자국의 수소 연료전지 기술표준을 내세우며 국제표준을 주도할 전망이다.

따라서 2030 NDC 달성, 2050 탄소중립을 위한 필수 분야이자 미래 신산업 육성의 핵심인 수소경제를 육성하기 위해 청정수소 생산, 저장 운송, 활용(수송 발전)에서의 핵심기술을 확보하고 국산화하기 위한 기술개발이 필요하다. 이를 위해 수소 생산, 저장 운송, 활용의 전주기 기술혁신 및 국산화를 통한 수소 분야 글로벌 기술경쟁력 확보를 목표로 <추진전략> 청정수소 생산 기술 국산화, 수소공급을 위한 저장 운송기술 고도화, 수소 활용 기술 1위 공고화 등 주요 3대 전략을 추진한다. <생산> 알칼라인, PEM(고분자전해질) 수전해 기술을 국산화하고, 수소생산 미래기술(차세대 수전해, 광 열분해 등) 연구를 지원한다. 현재 수십 kW급 → '30년 10MW급 → '40년 수십 MW급으로 개발하도록 한다. <저장 운송> 수소 액화기술 및 저장 운송 기술(국외 → 국내), 육상 배관망 등 전국 수송 이송 기술(국내 간)의 국산화를 지원한다. <활용> 수소전기차 분야의 초격차 기술 확보, 차세대 모빌리티(철도 선박 드론) 기술개발, 수소 암모니아 활용 발전기술 확보를 지원한다. 수소트럭 내구연한을 현재 16만km → '26년 50만km → '30년 80만km로 늘리는 기술개발을 하도록 한다.

비전 및 목표

초격차 기술 확보로
2050 글로벌 수소시장 선도

수소 전 주기 기술 혁신으로 글로벌 경쟁력 확보

추진 전략

1. 청정수소 생산기술 국산화

① 주요 수전해 생산기술 국산화
② 차세대 수전해 생산기술 확보
③ 미래 수소생산기술 원천연구 지원

2. 수소 공급을 위한 저장·운송 기술 고도화

① 해외수소 도입을 위한 해상 운송·저장 기술 고도화
② 전국 수요처 내 수소 보급기술 국산화
③ 저장·운송 기술 국제표준 및 인증체계 확보

3. 수소 활용(수송·발전) 기술 1위 공고화

① 수소전기차 기술 초격차 확보
② 차세대 모빌리티 기술 선점
③ 청정수소 발전 확대를 위한 핵심 기술개발

자료: 관계부처 합동(2022). 수소기술 미래전략.

수소기술 발전을 위해 먼저, 청정수소 생산기술을 국산화한다. 주요 수전해 생산기술을 국산화하도록 한다. 수소 선도국은 이미 수전해 생산기술을 상용화했으나 국내 기술은 이의 60% 수준에 그쳐 '30년 본격 수소생산을 위해서는 기술 국산화가 필요하다. 세계적으로 상용화 수준인 알칼라인 수전해, PEM 수전해를 미과 협업 R&D로 대용량화하고, 단계적으로 소부장 국산화 및 고효율화하도록 한다. 수소 공급가 인하에 기여하기 위해 전체 시스템을 우선 구현하고 시스템 국산화 및 성능 향상 기술을 확보한다. 국산 시스템의 성능 검증, 그린수소 대량생산 실증 등을 통해 수소 대량생산 국산화의 기반을 마련한다. 차세대 수전해 생산기술을 확보한다. '30년경 본격 상용화가 예상되는 차세대 수소 수전해 원천기술 확보 및 시장선점을 위해 민·관이 협력하여 시너지를 창출할 필요가 있다. 우수한 효율과 내구성을 보이며, 수소생산 경제성을 확보가 가능한 음이온교환막수전해(AEM), 고체산화물수전해(SOEC) 등의 기술개발을 선도한다. 핵심 소재·부품의 국산기술을 확보하여 재생에너지 출력 특성에 빠르게 응답 가능한 AEM(음이온교환막) 수전해 기술을 확보하도록 한다. 고온(700~1,000℃) 수전해 시스템을 구성하는 핵심 소재 부품 국산화를 추진하고 셀·스택 양산기술 및 대용량화 기술 확보가 필요하다. 중온(500℃)에서 고효율 그린수소 생산을 위한 원천기술을 확보하도록 한다. 또한 미래형 수소생산기술 원천연구를 지원한다. 도전적이고 실패 위험이 높은 기술이지만 성공 시 혁신적이고 파괴적인 효과를 기대할 수 있는 미래형 기술의 선제적 개발 및 시장 선점이 필요하다. 아직 실험실 수준에 그쳐 경제성 평가가 어려운 미래형 수소생산기술 지원에 경쟁형 R&D를 도입하여 기술 성공여부의 불확실성을 분담하도록 한다. 태양에너지의 수소전환 효율(STH) 25% 이상을 달성하기 위한 광전기화학·광화학·광생물학 반응 기반 대면적 시스템 기술개발을 서두른다. 천연가스(메탄) 직접 열분해반응을 활용하여 고순도의 청록수소를 생산하는 무탄소 수소생산 원천기술을 확보하도록 한다. 그리고 고효율 생물발효 바이오수소 및 화석연료·바이오매스 기반 생물학적 수성가스전환반응 바이오수소 생산 원천기술개발을 적극 추진한다. 폐플라스틱 등 가연성폐자원을 원료로 한 가스화 반응을 통해 폐자원 기반 수소생산 기술개발도 서둘러야 한다.

둘째, 수소 공급을 위한 저장·운송 기술 고도화를 추진한다. 해외수소 도입을 위한 해상운송·저장기술을 고도화한다. 대륙 간 수소 교역은 '28년경 본격화될 것이므로 이에 대비하여 과거 LNG 운반선을 조기 구축하여 세계 시장 선점한 경험을 되살릴 필요가 있다. 대기 중의 기체수소 대비 최대 1,340배 고밀도로

운반할 수 있는 수소 저장 운송기술을 개발하여 해외수소 도입 시 경제성을 확보하도록 한다. '30년경 대규모 해외 수소 수입을 위해 효율적으로 수소 운송 가능한 기술과 차세대 저장 기술을 개발한다. 해외 수소 운송과정에서의 장거리 운송의 단점을 최소화하고, 인수지 인프라 확보를 위한 기술 개발을 서두른다. 전국 수요처 내 수소 보급기술을 국산화하도록 한다. 국내에서 활용 중인 기체수소 운반차는 운송량 제한, 이동시간 소요의 한계가 있어 대용량, 신속 보급 운송 이송 기술개발과 사용자 편의성 확대를 위한 충전 기술 확보가 필요하다. 계절별, 시간별로 발생하는 에너지 수급차이에 대응하기 위해 거점 간(육상 운송), 지역 간(배관망 이송), 충전 등 수소공급망 구축 등을 실현한다. 인수기지 ↔ 수소거점 간 운송 효율성 증진, 지역 간 직접 수소를 이송하여 적시 공급, 향후 육상·해상·항공 모빌리티 확대에 대비하여 효율적인 수소충전 인프라 기술 선제적 확보 등을 추진한다. 또한 수소전기차 충전 대기 시간을 획기적으로 단축하기 위해 압력강하를 방지하는 신규 기술 발굴 및 개발을 추진하고, 대용량 차량에 수소를 고속 충전하기 위한 탱크, 고압펌프, 고압 기화기 등 핵심 기자재 개발을 추진한다.

셋째, 수소활용(수송·발전) 기술 1위 공고화를 달성하도록 한다. 수소전기차 기술 초격차를 확보하도록 한다. 세계 최고수준 국내 수소전기차 기술을 민·관 밀접 협력하여 해외 수소전기차 시장에서 추격기업에 대한 확실한 경쟁우위를 확보한다. 수소전기차가 내연기관차 수준의 수명과 전기차 수준의 연비를 확보하고 나아가 모빌리티 대형화를 미리 대비하는 기술개발을 추진하도록 한다. 수소전기차를 저렴하고 오래 탈 수 있는 차로 개선하여 세계 기술 트렌드를 주도하도록 기술혁신을 이어간다. 향후 수소 트럭, 버스 등 대형 모빌리티에 활용할 수 있도록 연료전지 대용량화, 리패키징 기술개발을 선도한다. 차세대 모빌리티 기술을 선점한다. 탄소배출 규제에 대응하여 선박, 철도의 탈탄소 전환이 필요한 시점에서 세계 각국은 무탄소 연료인 수소를 활용하는 기술개발 본격 추진 중이다. 수소모빌리티 대형화에 대비한 수소철도, 선박 등 생산기술 확보 및 수소 항공 모빌리티 다양화에 대비한 경량형 연료전지 개발에 집중한다. 철도 운행환경 및 주행 특성에 적합한 수소연료전지시스템, 연료전지 기반 통합 제어시스템, 전기추진시스템 개발을 주도한다. IMO(국제해사기구)의 고강도 탄소규제('30년 40%, '50년 70% ↓)에 따라 무탄소 수소선박 위주 선박시장 전환에 대비하여 기술 개발을 추진한다. 드론 보급, 항공 모빌리티 대형화를 대비하여 드론, AAM(선진항공교통) 등 추진시스템 핵심 기술개발을 주도해 나간다. 그리고 청정수소 발전 확대를 위한 핵심 기술개발을 추진한다. 2050 탄소중립 달성을 위해 무탄소 연료를 활용하며, 화석연료 기반 발전보다 효율이 높은 발전기술개발이 필요하다. 수소 전소기술을 개발하여 수소 전소 터빈을 상용화하고, 시스템 내구성을 높여 '50년 세계 최고수준 연료전지 발전 열 전기 생산 효율을 달성하도록 한다. 또한 국산 기술로 연료전지 발전시스템을 대량 양산하고, 나아가 차세대 지능형 연료전지 발전체계를 구축하여 효율성을 증대한다. 발전사의 축적된 발전기술 노하우를 활용하여 질소산화물(NOx) 배출저감 수소·암모니아 활용 발전 시스템도 구축할 필요가 있다.

우리나라의 수소기술 개발과제

주요 과제	주관부처	협조부처	일정(안)
1. 청정수소 생산기술 국산화			
① 알칼라인·고분자전해질 수전해 핵심기술 국산화			
수전해 기술 혁신	과기부·산업부		계속
수전해 시스템 평가·실증	산업부	과기부·해수부	'22 하
② 차세대 수전해 기술 확보			
SOEC 기술개발	과기부	산업부	계속
AEM 기술개발	과기부	산업부	계속
PCEC 기술개발	과기부		계속
③ 수소 생산 미래 기술 발굴			
광분해 기술개발	과기부		계속
청록수소 생산 기술개발	과기부	산업부·국토부	계속
바이오수소 기술개발	환경부·과기부	과기부·산업부	계속
폐자원 가스화 기술개발	환경부·과기부		'22 하
2. 수소 공급을 위한 저장·운송 기술 고도화			
① 해외수소 도입을 위한 해상운송·저장기술 고도화			
해외수소 저장 기술개발	산업부	과기부·국토부	계속
해외수소 운송 기술개발	산업부	해수부·국토부	'24년
② 전국 수요처 내 수소 보급기술 국산화			
육상 수소 운송 기술개발	산업부	국토부	계속
배관망 수소 이송 기술개발	산업부	국토부	'22 하
수소 충전 기술개발	산업부	해수부·국토부	계속
③ 저장·운송기술 국제표준 및 인증체계 확보			
저장·운송 기술 표준화	산업부	과기부·국토부·해수부	계속
안전 실증 및 검증	산업부	과기부·국토부·해수부	계속
3. 수소 활용(수송·발전·산업) 기술 확보			
① 수소전기차 초격차 기술 확보			
수소전기차, 버스·트럭 기술개발	산업부	국토부	계속
② 차세대 모빌리티 기술 확보			
수소트램 기술개발	산업부	국토부	'23년
수소기관차 기술개발	국토부	산업부	계속
수소선박 기술개발	산업부	해수부	'24년
수소드론·AAM 기술개발	산업부	과기부·국토부	'24년
③ 청정수소 발전 확대를 위한 핵심 기술개발			
연료전지 발전 기술개발	산업부	과기부·환경부	계속
수소·암모니아 발전 기술개발	산업부	과기부·해수부	'24년

자료: 관계부처 합동(2022). 수소기술 미래전략.

④ 수소전문기업의 육성 강화

　　산업통상자원부 주관으로 시행하고 있는 수소전문기업 선정 육성 제도는 수소경제로의 이행을 위해 일정요건을 충족한 수소기업을 발굴하고 지원하는 제도로서 2021년 6월 도입 이후 현재 91개사가 수소전문기업으로 지정되어 있다. 수소의 생산·저장운송·충전·판매 및 연료전지와 이에 사용되는 제품·부품·소재 및 장비의 제조 등 수소와 관련한 산업과 관련된 사업을 영위하는 기업 중 수소 사업 매출액 또는 연구·인력개발비의 비중이 일정 기준에 해당하는 기업을 '수소전문기업'이라 한다. 수소경제를 발전시키기 위해서는 이러한 수소전문기업 육성 제도를 더욱 활성화할 필요가 있다. 지방자치단체에서도 독자적으로 수소전문기업 선정 제도를 적극 도입하여 각 지역에 있는 수소기업들을 정책지원을 통해 육성해 나가도록 한다.

　　산업통상자원부(2023)는 수소전문기업 기술경쟁력 제고 지원 방안으로 아래와 같이 발표하였다.[8] 수소경제 발전을 견인해 나갈 수소전문기업의 현장애로를 발굴 해소하는 한편 전문기업으로 성장하는 데 필요한 기술혁신 방안을 추진하도록 한다. 수소전문기업의 기술경쟁력 제고를 위해 산업부는 수소 관련 연구개발 과제 기획 시 수소전문기업의 수요를 적극 발굴 반영하고 수소전문기업과 공공연구기관 간의 기술교류회 등을 추진한다. 또한 수전해 기반 청정수소 생산기술 및 시설, 수소연료 저장 공급 장치 제조기술, 수소충전소의 수소생산 압축 저장 충전설비 부품 제조기술, 수소차용 고밀도 고효율 연료전지시스템 기술, 연료전지 전용부품 제조기술 등 수소분야 5개 핵심기술 및 생산시설을 국가전략기술 및 사업화시설로 지정하여 수소 분야 연구개발 및 시설투자에 대한 세액공제를 확대 시행하도록 한다. 이에 더해 수소전문기업에 대한 세액공제를 보다 강화하기 위해 수소전문기업이 개발하고 있는 수소 관련 핵심기술을 조세특례법 상의 신성장, 원천기술 및 국가전략기술로 추가하는 방안을 추진하도록 한다. 특히

8　　"수소전문기업 기술경쟁력 제고 지원", 산업통상자원부 보도자료(2023.5.10.).

액화수소 관련 기업들의 성장을 위해 액화수소충전소를 더욱 확대해 나갈 필요가 있다. 2030년 수소전문기업 600개 달성을 위해 수소발전 입찰시장 발전, 청정수소 인증제와 더불어 수소전문기업 육성 등을 적극 추진하도록 한다.

또한 산업통상자원부(2023)는 세계 1등 수소산업을 육성하기 위해서 다음의 방안을 제시하였다.[9] 벤처 등 신생기업 위주로 성장 잠재력이 큰 수소기업의 발굴을 확대하도록 한다. 수소전문기업이 글로벌 선도기업으로 성장할 수 있도록 지원을 강화해 나갈 필요가 있다. 수소분야 정부 R&D 신규과제 기획 시 수소전문기업 수요를 우선 반영하도록 한다. 신규시장 진출을 위한 기술사업화, 마케팅 등 맞춤형 지원을 확대하고, 수소전문기업 대상 기술개발 지원 강화, 수소 기업에 대한 금리 및 대출한도 우대 지원 등을 통해 대형화·전문화를 도모해 나가도록 한다. 국내 수소기업을 영위하고 있는 업체를 대상으로 설문조사한 결과 수소전문기업 지원 필요 분야로 금융지원을 가장 바라고 있으며, 다음으로 기술지원, 판로개척 지원, 연구개발 지원 순으로 나타났다. 정부와 지자체는 이러한 정책수요에 대응하여 금융지원과 기술지원에 보다 많은 정책역량을 집중할 필요가 있다.

수소전문기업 주요 지원분야

구분	분야	내용	지원한도 (백만 원)
컨설팅	경영, 회계, 법률 등	인사조직, 회계, 경영체계, 법률상담 등 지원	10
기술 사업화	시제품 제작	보유기술을 적용한 시제품 제작(위탁) 비용 등	150
	연구장비 이용료	고가의 연구장비 이용료 지원	20
	기술도입·보호	국내외 기술도입, 기술보호(보안, 유출방지 등)	100
	지식재산권	국내외 특허출원·특허분석 지원 등	30
	인증획득	국내외 인증 획득에 소요되는 비용	150

---

9 "세계 1등 수소산업 이끌 수소전문기업 본격 육성", 산업통상자원부 보도자료(2023.3.3.).

판로개척	전시회	부스 임차비, 온라인전시회 참가비, 장치 설치비, 집기 대여비 등 전시회 직접비용	20
	시장조사	국내외 시장조사 및 분석	20
	디자인 개선	기존 제품의 성능·디자인 등 개선	20
	브랜드	브랜드 네이밍 및 BI·CI 개발 지원	20
	홍보	브로셔, 영상 등 홍보물 제작 지원	20

자료: "세계 1등 수소산업 이끌 수소전문기업 본격 육성", 산업통상자원부 보도자료(2023.3.3.).

수소전문기업 지원 필요 분야

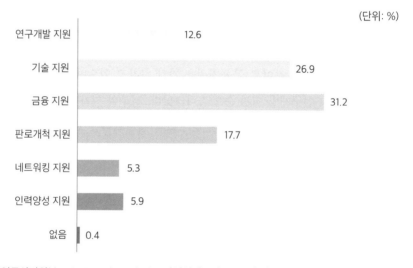

자료: 산업통상자원부·H2KOREA(2023). 수소산업실태조사(2022년 기준).

지방자치단체는 수소 관련 기업 지원 정책을 차세대 수소에너지 기술개발 지원에서 더 나아가 기술사업화, 우수제품의 판로개척, 컨설팅 등 기업경쟁력 강화 지원을 통해 지역을 대표하는 수소전문기업으로 성장하도록 유도한다. 이를 통해 수소 생산·유통·활용 밸류체인 형성을 위한 기반 조성 및 핵심부품의 국산화 지원을 통한 미래 신산업 육성을 도모하도록 한다. 특히 경북도와 충북도처럼 '예비수소전문기업 육성 지원 정책'을 적극 도입하여 수소전문기업으로 성장할 수 있는 토양을 미리 마련해 줄 필요가 있다. 이러한 지원 제도를 통해 지역

내 더 많은 수소관련기업들이 제품 및 기술 경쟁력을 확보하고, 산업통상자원부 내지 지방자치단체의 수소전문기업 공모에 선정될 수 있도록 유도한다.[10]

💡 경상북도의 예비수소전문기업 육성지원사업 주요내용

지원분야		
지원분야		지원기업
수소 산업	수소생산	• 부생/추출 수소의 고순도 수소생산을 위해 혼합가스를 정제·개질하는 기업 • 전력을 공급하여 물을 산소와 수소로 분리(수전해 관련 소재 및 부품)하여 생산할 수 있는 기업 • 수소생산 관련 설비 및 인프라 시설 구축 가능 기술 기업
	수소유통	• 수소의 운송·저장을 위해 단거리 파이프라인 제작 설치 기술 기업 • 소재 개발, 장거리용 고압저장용기 개발, 대용량 수송 가능한 액화수소 생산 기술 기업
	수소충전	• 수소충전소 설치, 운영, 모니터링과 관련하여 기술 보유 기업
수소 응용 분야	수소 모빌리티	• 수소모빌리티 활용이 가능한 부품, 공정, 생산 기술 보유 기업
	수소활용	• 건물용, 발전용 수소연료전지 시스템(SOFC, PEMFC) 기술 기업 • 스택(전해질, 촉매, GDL, Encloser, Endplate, 분리판 등) 기술 기업 • 개질기(촉매, 용기, 버너 등) 기술 보유 기업 • E-BOP(전력변환장치, PLC, Harness 등) M-BOP, 공정 최적화, 기구 설계 및 유동 해석 등의 기술 보유 기업

---

10   강철구·체희근·진소영(2023), 『경기도 수소생세 클러스터 조성 방안 연구』, 경기연구원.

지원규모				
지원규모(천 원)		지원기업		
		지원명	지원범위	목표성과
Pro-수소 전문기업 (1개사)	최대 100,000	시제품 제작	• 시제품 제작에 소요되는 견본 품·시약·재료비, 제작비(외주 가공비), 장비·기자재 임차비 등	• 시제품 • 인증/지식재산권 • 전시회 출품
		컨설팅	• 수소전문기업 선정을 위한 전 문 기관 컨설팅	• 수소전문기업 등록
Youth-예비 수소기업 (7개사)	최대 80,000	시제품 제작	• 시제품 제작에 소요되는 견본 품·시약·재료비, 제작비(외주 가공비), 장비·기자재 임차비 등	• 시제품 • 인증/지식재산권 • 전시회 출품
	최대 5,000	인증/ 지식재산권	• 제품인증 등 국내외 공인인증 획득을 위해 소요되는 인증비, 시험비, 컨설팅비 등 • 특허·실용신안·상표·디자인 출원비 및 특허법인(변리사) 대행/관납료 등	• 인증/지식재산권
	최대 3,000	전시회	• 전시회 참가비, 부스설치비, 유 틸리티사용료, 통역비, 전시품 운송비 등	• 전시회 출품

자료: 경상북도 내부자료(2023).

5 수소활용 부문 활성화

수소경제가 발전하기 위해서는 현재 우리나라가 강점을 보이고 있는 분야인 수소활용 부문을 더욱 육성해 나가야 한다. 수소활용 부문은 수소생산과 유통을 앞에서 이끄는 전방산업(down stream)이기 때문에 수소경제 발전 밸류체인에서 가장 중요한 부분을 차지하고 있다해도 과언이 아니다. 아무리 수소생산과 유통부문이 뛰어나도 내수적으로 이를 활용하는 분야들이 활성화되기 않거나 경쟁력이 없으면 수소경제가 제대로 발전할 수 없으며, 경쟁국에 밀릴 수밖에 없을 것이다. 현재 우리나라는 세계적인 수소차를 필두로 수소연료전지시스템이나 연료전지발전 등 수소활용에서 대체로 앞서고 있지만 수소충전 인프라 등 부족한 영역이 많아 수소활용 활성화를 위한 정부, 기업의 보다 더 적극적인 정책 지원과 기업투자가 요구되고 있다. 수소활용 분야 활성화를 위한 과제로는 수소충전소 확충, 수소모빌리티(수소승용차·상용차·건설기계 등 보급 확대) 다양화, 수소연료전지발전소 건설 확대 등이 우선 시급하다고 할 수 있다. 다음 내용에서 그 발전방안에 대해 고찰해 본다.

1) 수소충전소 확충

현재 수소충전소는 우리나라 수소경제 발전 내지 수소모빌리티 활성화의 아킬레스건이다. 수소충전 인프라 구축이 예상외로 지지부진하여 모빌리티 등 수소경제 발전의 발목을 잡고 있는 형국이다. 이러한 이면에는 수소충전소 확충 정책에 오류가 있어서라기보다는 대부분 알려진대로 인근 주민반대라는 주민수용성(Social Acceptance) 이슈가 핵심이다. 또한 다소 지지부진한 국산 수소차 '넥쏘'의 보급 위축도 수요 면에서 수소충전소의 설치 속도를 늦추게 하는 악순환으로 이어지는 요인이기도 하다. 수요가 낮으니 충전인프라의 필요성도 그만큼 줄어들 수밖에 없다는 것이다. 향후 수소충전소의 확충을 통한 수소활용 분야 활성화와 수소경제 발전의 기틀을 더욱 다져나가는 지혜가 필요하다. 정부는 당초 수소충전소 구축을 2022년 310기, 2040년 1,200기로 로드맵을 발표하였으나 2024년 2월 현재에도 180개소에 머물고 있어 계획 대비 목표 달성에 많은 차질이 발생하고 있다. 향후 보다 실천성 있는 세심한 수소충전 인프라 확충 정책이 필요하다.

우리나라의 수소충전소 구축 계획

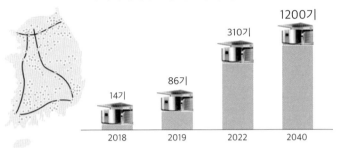

자료: 산업통상자원부(2019). 『수소경제 활성화 로드맵』.

그 방안으로 시장 수요에 기반한 수소충전소 확대가 필요하다고 관계부처 합동(2021)은 제안하고 있다.[11] 수소차 보유대수, 인구밀도 등을 종합하여 균형 배치하되, 추후 수요-충전인프라 불균형 발생지역 중심으로 보완 및 액화충전소 확충이 요구된다. 액화수소충전소 구축 보조금을 크게 늘릴 필요가 있다. 광역버스 차고지에 액화수소충전소 설치를 조기 확충하여 시중 수소버스가 확대되도록 유도한다. 기존 주유소·LPG충전소를 활용하여 태양광·연료전지 발전과 수소·전기충전소를 병행 운영하는 융복합 충전소를 확대하는 방안이 필요하다. 주유기-수소충전기간 이격거리 완화, 주유소 연료전지 설치 근거 마련 등 규제완화도 시급하다. 그리고 수소거래, 수소 정량검사, 수소출하 전담기관 신설·지정을 통해 안정적 유통체계 마련도 필수적이다.

무엇보다 주민반대로 수소충전소 구축에 소극적인 지자체장의 주민수용성 극복에 적극 나서는 자세가 요구되며, 한편으로 입지 전략상 주민반대가 덜한 도시외곽지역이나 공공용지 중심으로 수소충전소를 우선적으로 건설하고, 안전하게 운영 중인 기존 수소충전소에 대한 국민들의 의식개선을 통해 수소차 충전 등 충전 수요가 많은 도심지 내로 점차 확대 설치해 나가는 지혜가 필요하다. 그 일환으로 국회, 서울 중구, 서초구 등 도심지 수소충전소가 현행 안전하게 다년간 운영되고 있다는 공익광고를 황금시간대에 공중파 방송을 통해 전파를 하면 국민들의 수소충전소 안전성에 대한 의식개선에 큰 도움이 될 수 있을 것이다.

---

11 관계부처 합동(2021). 제1차 수소경제 이행 기본계획.

전국 수소충전소 현황

(단위: 개소)

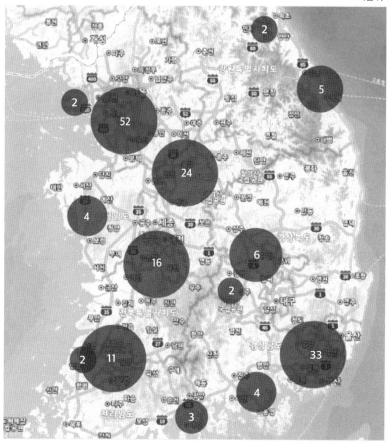

자료: 무공해차 통합누리집. "https://ev.or.kr/nportal/monitor/evMapH2.do#"(2024.3.7. 검색).

2) 수소모빌리티(수소 승용차·상용차·건설기계 등 보급 확대) 다양화

수소모빌리티는 연료전지와 함께 수소경제의 활용 부문에서 중요한 부분을 차지한다. 다행히 우리나라는 그간 많은 지원과 기업 투자로 수소차를 위시한 수소모빌리티 분야가 세계적으로 뒤처지지는 않고 있다. 이러한 모빌리티리 분야를 더욱 발전시켜 우리나라 수소경제를 견인하고 더 발전시키는 데 온힘을 쏟을 필요가 있다. 우리나라는 수소차 보급 계획이 2025년 누적 10만 대, 2040년 약

60만 대를 목표로 하고 있다. 그러나 2024년 1월 기준 수소차 보급이 34,268대에 그쳐 목표 대비 절반에도 못 미쳐 향후 보급 확대 노력이 매우 필요한 상황이다.

우리나라의 수소차 보급 계획

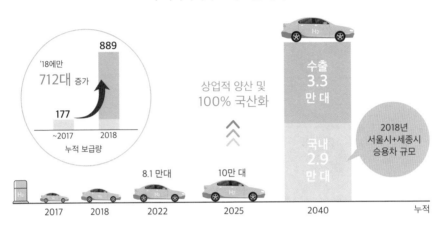

자료: 산업통상자원부(2019). 『수소경제 활성화 로드맵』.

딜로이트(2022)는 수소차가 다가오는 수소경제 시대의 한 축이면서 수소경제 시대를 실현하는 주요 수단이 될 것이라고 강조하였다.[12] 한동안 수소 인프라 구축과 기술개발이 빠르게 이루어지지 않아 수소차 대중화에 대한 의심의 목소리가 나오기도 했지만 각국 정부가 수소 육성 정책을 중점적으로 다루면서 수소차가 다시 주목받기 시작했다. 수소경제에 대한 정부 차원의 투자가 가시화되고 보급 계획이 명확해졌기 때문이다. 수소경제 확대 전략에서 교통 및 운송 부문의 탈탄소화는 빠질 수 없는 과제이다.

---

12 딜로이트(2022). "기후기술과 수소경제의 미래", 『Deloitte Insights』, 2022 No.24.

구분	생산	인프라	활용
독일	• 수소 생산 시설 구축(2030년까지 5GW)	• 저장 및 충전 인프라 개발 (2023년까지 €3.4bn)	• 친환경차 구매 보조금 • 탄소배출량별 통행료 제도
네덜란드	• 수전해 그린수소 생산시설 구축(4GW)	• 지하 수소 파이프라인 개발 €1.5b~2b	• 수소차 보급 목표: 수소차 15,000대, 중형 수소화물차 3,000대
스페인	• 수전해 그린수소 생산시설 구축(4GW)	• 수소충전소 100개소 설치	• 수소차 보급 목표: 버스 150대, 승용차 5,000대, 2개 수소 열차 노선 상용화
프랑스	• 수전해 그린수소 생산시설 구축(6.5GW)	• 수소충전소 400~1,000개소 설치	• 수소차 보급 목표: 경량차 20,000~50,000대, 중형 트럭 800~2,000대
포르투갈	• 수전해 그린수소 생산시설 구축(1GW)	• 수소 연구소 개설 • 밸류체인별 인프라 구축	• 중형 운송수단의 탈탄소화
벨기에	• 수소 생산설비 구축을 위한 연구	• Power-to-gas 프로젝트 • 수소충전소 시범운영	• 그린수소를 통한 운송 산업 탈탄소화
이탈리아	• 수소 생산설비 투자	• 버스용 수소충전소 100개소, 차량용 수소충전소 300개소 설치	• 운송산업 탈탄소화
미국	• 그린수소 생산설비 구축(2026년까지 3.88GW + 민간투자 포함 시 18.16GW)	• 수소차 100만 대 보급 계획에 맞춰 충전소 설치 계획	• 운송산업 탈탄소화 • 수소 자급률 100%
중국	• 그린수소 연간 생산량 10만~20만 톤	• 수소충전소 807개소 설치	• 수소연료 소비 확대 • 2025년까지 수소전기차 5만 대 보급

자료: 딜로이트(2022). "기후기술과 수소경제의 미래", 『Deloitte Insights』, 2022 No.24.

향후 수소승용차 등 수소모빌리티 확대를 위해서는 다음 네가지 과제를 해결해야 한다고 딜로이트는(2022)는 제안하고 있다.[13] 첫째, 충전인프라 부족 해소이다. 수소 충전 인프라가 확보되어야 수소차 보급이 원활해지는 것은 당연하다.

---

13 딜로이트(2022). "기후기술과 수소경제의 미래", 『Deloitte Insights』, 2022 No.24.

수소차 자체의 기술적 완성도만으로는 대중화가 어려우며 인프라가 뒷받침되어야 한다. 실제로 한국자동차산업협회(KAMA) 조사 결과 수소 충전소가 많고 접근성이 좋으며 운영 시간이 긴 지역일수록 수소차 보급률도 높게 나타났다. 둘째, 높은 가격과 유지비 해결이다. 현재 수소차 가격은 전기차보다 약 1.5배 높다고 알려져 있다. 전기차가 내연기관차나 하이브리드 차량보다 가격이 높은데 수소차는 그보다도 비싸다. 아직 연료전지 등 고가 부품을 더 낮은 가격으로 대량생산이 불가능하기 때문이다. 특히 수소차 핵심 부품인 스택에 포함되는 백금 촉매 등의 원료가 고가여서 가격경쟁력이 떨어진다. 스택은 수소차 가격의 30% 이상을 차지한다. 국내에서 수소차에 지급하는 보조금이 약 3,500만 원인데 이 가격이 모두 연료전지시스템(스택) 가격에 해당한다고 볼 수 있다. 수소차 생산원가를 절감하려면 충분한 대량생산 체제를 갖추고 수소차의 높은 가격과 유지비를 해소해 나가야 한다. 셋째, 그린수소 생산 방식 확대이다. 그린수소가 아니면 수소차를 친환경차라고 할 수 없다는 비판이 흔히 나온다. 현재 수소차에 사용되는 대부분의 수소는 석유공정 등에서 부산물로 생산되는 부생수소이다. 부생수소가 생산되는 석유화학 공정에서는 다량의 탄소가 배출된다. 천연가스를 개질하여 수소를 생산하는 방식 또한 오랫동안 제조 공정에 사용되어 왔는데, 천연가스 수증기를 개질하여 수소를 생산하는 공정에서도 역시 이산화탄소가 배출된다. 수소차 운행 과정에서는 온실가스가 배출되지 않지만 수소 생산 과정에서 이산화탄소가 배출되기 때문에 친환경차가 맞냐는 비판이 나오는 것이다. 수소차에 활용되는 수소를 그린수소로 공급하는 시스템을 조속히 구축해 나가야 한다. 넷째, 전기차보다 낮은 에너지 효율 개선이다. 수소차가 전기차보다 에너지 효율이 떨어진다는 점이 문제이다. 수소차의 생산부터 활용까지의 수소 사용 과정에서 남는 에너지는 4~25%로 전기차의 18~42%보다 낮다. 딜로이트 분석에 의하면 천연가스를 활용한 수소생산 방식의 에너지 효율성은 68.0~69.1%, 석탄을 활용하여 생산 시 53.8~55.9%인 것으로 나타났다. 이러한 단점과 과제를 극복해야만 수소모빌리티 확산을 기대일 수 있다. 이들 과제 해결을 위해 향후 정부와 기업이 적극 협력해 나가야 한다.

모빌리티 시장 선도를 위해 수소차 전 차종에 대한 생산능력을 확보하고, 선박, 드론, 항공, 건설기계 등 다양한 수소모빌리티로 적용 확대해 나가야 한다고 관계부처 합동(2021)은 제1차 수소경제 이행 기본계획에서 강조하였다.[14] 수소차의 경우 '30년까지 내연기관차와 동등한 수준의 내구성·주행 거리를 확보하고, 승용·상용·특수차 양산체계를 구축하도록 한다. 암모니아·수소선박의 경우 암모니아 추진선, 액화수소 운반선을 순차적으로 상용화하고, 장기적으로 액화수소 추진선 개발을 추진한다. 수소모빌리티 다양화 차원으로 수소기반 트램, 도심항공 기술개발을 추진하고, 개발 완료된 수소드론은 공공분야 중심으로 활용 확대를 도모한다. 정책지원 차원에서는 상용차, 선박 등에 보조금 집중 지원하고, 친환경차 구매 목표제 및 공공기관 의무구매 비율 상향으로 연료전환 가속화를 도모한다. 아울러 수소버스 등 상용차 대량 보급을 위해 연료·구매보조금을 개선하고, 렌터카 등 민간수요자의 친환경제 구매목표제를 도입하며, 공공기관 의무구매 비율을 현 80%에서 100%로 상향 조정하도록 한다.

또한 관계부처 합동(2022)은 수소버스 등 수소상용차 보급 활성화를 위해 구매보조금 확대 및 수소버스＋충전소 보급을 확대 추진해야 한다고 제시하였다.[15] 구매보조금의 경우 지자체 부담 완화를 위해 정부 보조금을 상향하고, '23년 700대 수준의 지급 규모를 확대해 나간다. 시내버스는 보급 의지가 높은 지자체를 대상으로 정부·민간이 협력하여 수소버스＋충전소 구축을 집중 지원하는 시범사업을 추진하도록 한다. 경찰버스는 '22년 말부터 내용연수(8년) 도래 차량부터 교체하고 있는데, 지역별 충전소와 연계하여 보급한다. 특수차인 수소트럭, 수소청소차에 대한 구매보조금 지급 규모를 확대하고, 수소지게차의 보급 여건도 마련한다. 수소지게차의 충전소 충전 허용을 위해 실증 중인데, 안전성 검증 후 「고압가스안전관리법 시행규칙」을 조속히 개정하도록 한다. 그리고 확산기반 마련으로 수소버스 포함 사업용차량 무공해차 전환 로드맵 수립 및 세제 등 제도 개선을 추진한다. 수소버스 확대를 위한 제도 개선으로 <취득세 감면> 지방

---

14 관계부처 합동(2021). 제1차 수소경제 이행 기본계획.

15 관계부저 합농(2022). 정정수소 생태계 조성방안.

세특례법에 따라 취득세 감면되는 대상에 수소고상버스 차종 포함, <인프라 구축> 광역버스 차고지에 액화수소 충전소 설치, <통행료 감면> 수소버스 고속도로 통행료 한시 감면 연장, <총량제 완화> 수소버스에 한해 전세버스 운송사업의 신규 등록 및 증차 허가(전세버스 수급조절위원회 결정 사항) 등을 실현한다. 현재 우리나라는 현대자동차, 두산, HD현대인프라코어에서 수소버스를 생산하거나 개발 중에 있다.

💡 국내 수소버스 업체들의 개발·보급 현황

수소전기 버스	현대자동차 • 전북 전주 공장의 수소버스 생산 설비를 연 500대 규모에서 3,100대로 증설 • 현재 2가지인 수소버스 차종을 확대하는 개발 작업 진행 중
	두산 • 파트너사와 협력 개발한 수소버스의 정부 인증 절차 진행 중 • 인증 마무리되면 2024년 4분기에 전북 군산 공장서 생산 돌입
수소엔진 버스	HD현대인프라코어 • 자체 개발 수소연소엔진에 대한 실증 • 2026년에 수소연소엔진 장착한 수소버스 본격 양산 계획

자료: 동아일보. "https://www.donga.com/news/Economy/article/all /20240606/125309177/2" (2024.6.7. 검색).

한편 정부는 2023년 12월 '수소전기자동차 보급 확대 방안'을 다음과 같이 수립하였다.[16] (전략적 보급) 상용차 중심의 수소차 보급 확대로 수소버스 보급 대폭 확대, 화물·특장차 보급 시범사업 발굴, (전주기 관리) 고성능 수소차 시장 출시 및 사후관리 강화로 고성능화 유도, 시장공급 및 생산 확대, 사후관리 인프라 구축 추진, (보급지원 강화) 재정 금융 지원으로 수소차 구매 매력도 향상으로 구매·운행 비용 지원, 경유버스의 전환 가속화 추진, (사용편의 제고) 수소충전소 확대 및 충전서비스 품질 제고로 수소충전소 확대, 편의성·안전성 제고, 민관투자 및 증설사업 지원 추진, (수급 관리) 수소충전소의 안정적 운영을 위한 대응체계 마련으로 수급 대응, 공급 다변화 및 유통체계 개선 추진, (인식개선) 수소차 홍보 강화 및 보급모델 확산으로 수소차 안전성 신뢰도 제고, 수소차 보급모델 개

---

16   관계부처 합동(2023). 수소전기자동차 보급 확대 방안.

발·확산 추진 등이 그 방안이다. 오늘날 수소경제의 기반이자 주요 홍보수단인 수소차 확대를 위해 계획대로 잘 추진되기를 기대한다. 수소차 보급 확대를 위해 수소차 연료비 지원제도 도입을 고려할 필요가 있다. 연료비의 30% 정도를 지원한다면 수소차 구매 및 보급이 늘어날 것으로 보인다.

정부의 수소전기자동차 보급 확대 방안

비전	수소전기자동차 보급 확대로 탄소중립 및 대기질 개선 기여	

목표	수소차 보급	수소충전소 구축
	('23.11.) 3.4만 대 → ('30년) 30만 대	('23.11.) 274기 → ('30년) 660기 이상

추진 과제	1. (전략적 보급) 상용차 중심의 수소차 보급 확대 ▶ 수소버스 보급 대폭 확대, 화물·특장차 보급 시범사업 발굴
	2. (전 주기 관리) 고성능 수소차 시장 출시 및 사후관리 강화 ▶ 고성능화 유도, 시장공급 및 생산 확대, 사후관리 인프라 구축
	3. (보급지원 강화) 재정·금융 지원으로 수소차 구매 매력도 향상 ▶ 구매·운행 비용 지원, 경유버스의 전환 가속화
	4. (사용편의 제고) 수소충전소 확대 및 충전서비스 품질 제고 ▶ 충전소 확대, 편의성·안전성 제고, 민관투자 및 증설사업 지원
	5. (수급 관리) 수소충전소의 안정적 운영을 위한 대응체계 마련 ▶ 수급 대응, 공급 다변화 및 유통체계 개선
	6. (인식개선) 수소차 홍보 강화 및 보급모델 확산 ▶ 수소차 안전성 신뢰도 제고, 수소차 보급모델 개발·확산

자료: 관계부처 합동(2023). 수소전기자동차 보급 확대 방안.

3) 수소연료전지발전소 건설 확대

국내 수소연료전지 발전 시설 중 가장 규모가 큰 곳으로 알려진 '신인천빛 드림 발전소'는 설비용량만 80MW에 달한다. 단일 단지로는 세계 최대 규모로 수도권 25만 가구에 전력을 보내는 것은 물론 청라지역 4만 4,000가구에 온수도 공급하고 있다. 다량의 연료를 연소하며 이산화탄소를 배출하는 선박과 항공기, 수소연료전지로의 전환이 절대적으로 필요한 상황이다. 자동차뿐 아니다. 대량의 짐을 싣고 장거리를 움직여야 하는 거대 운송 분야에서 '수소연료전지'는 선택이 아니라 필수이다. 초대형 선박 하나를 운영하려면 매일 수백 톤의 연료가 필요한데, 이를 수소연료전지＋전기추진 엔진으로 대체하면 사실상 완전한 친환경 선박으로 거듭날 수 있게 된다. 연료가 가벼워져 물류 효율이 높아지는 효과가 크다. 세계 수소연료전지 발전시장 규모는 연평균 30% 가까이 성장했을 때 2030년에 약 50조 원에 달할 것으로 예상된다.

신인천빛드림 수소연료전지발전소 전경

자료: SK 뉴스룸. "https://news.skecoplant.com/plant-tomorrow/9349/"(2024.3.7. 검색).

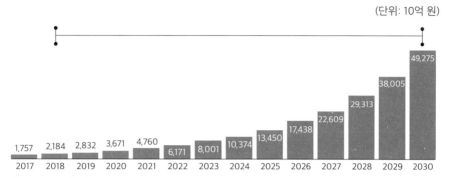

전 세계 수소연료전지 발전 시장 성장 추이

(단위: 10억 원)

2017	2018	2019	2020	2021	2022	2023	2024	2025	2026	2027	2028	2029	2030
1,757	2,184	2,832	3,671	4,760	6,171	8,001	10,374	13,450	17,438	22,609	29,313	38,005	49,275

자료: SK 뉴스룸. "https://news.skecoplant.com/plant-tomorrow/9349/"(2024.3.7. 검색)에서 재인용함.

앞으로 전력수요가 계속 증가될 것으로 전망되어 대도시나 수도권의 전력수요가 급증한다면, 중앙집중형 전력시스템만으로는 대응하기 어려워 수소연료전지의 역할이 커질 것이다. 연료전지의 보급 활성화를 위해 마련된 연료전지용 가스요금이 오히려 일반 주택용 가스요금보다 높아 연료전지에 대한 인식 및 사용률이 떨어지고 있어 어려움을 겪고 있다. 정부의 연료전지 보급 목표 달성을 위해서는 경제성 확보를 통한 수요자들의 니즈가 충족될 필요가 있어 연료전지용 도시가스 요금제에 대한 전반적인 검토 및 지원책이 필요하다. 에너지 시장에서 건물용 연료전지가 자생력을 갖출 수 있도록 정책요금제 등도 도입해야 한다. 에너지 다소비 건물의 건물용 연료전지가 대용량 발전소로부터 전력수급을 대체할 수 있는 기저 발전 역할이 가능한 만큼 전력대체기여금 또한 적극 지원해야 한다. 에너지 다소비 건물에 연료전지가 보급, 확대되기 위해서는 한전의 전기요금과 건물용 연료전지의 전력생산단가를 해소할 수 있는 정부의 세심한 지원이 시급히 이뤄져야 한다.[17]

한편 수소연료전지 발전이 분산형 전원으로서의 중요성이 커지고 있는 가운데 정작 수소연료전지발전사들은 연료비 정산단가 상승, REC(재생에너지 인증) 정부고시단가 하락 등 이중고에 시달리며 재무구조가 악화되고 있어 개선이 시

---

17 가스신문. "http://www.gasnews.com/news/articleView.html?idxno=111495"(2024.3.7. 검색).

급하다는 지적이다. 관련업계에 따르면 국내 수소연료전지발전은 2008년부터 2020년까지 매년 연평균 약 20~30% 증가했지만 여전히 수소연료전지발전소 구축시 주민수용성과 인허가 문제 등으로 어려움을 겪고 있는 데다 최근에는 연료전지발전 운영시 글로벌 유가상승에 따라 급격히 오른 연료비에 이어 REC 마저 하락해 이중고를 겪으면서 재무구조가 급격히 악화되고 있는 것으로 나타났다. 연료비 상승은 비용 증가로 이어져 결국 연료전지발전 사업은 재무 리스크에 노출될 수밖에 없는 구조이다. 가격 인하 노력, 종합효율 증가를 위한 기술개발 노력, 정책측면에서의 분산형 연료전지 전원에 대한 지원정책 도입이 필요하다. 최근의 연료전지발전사업의 어려움을 해소하고 분산형 전원으로서 충분히 역할을 수행하기 위해서는 연료비 연동제, 연료전지 전용요금제 도입 등 제도개선을 통해 장기적으로 연료전지 산업 발전을 모색해야 한다. 현재 추진중인 분산전원법을 시행할 때 국내에서도 데이터센터 등 도심내 대규모 전력수요가 필요한 시설에 전력을 공급하는 발전원으로 수소연료전지의 역할을 확대할 필요가 있다. 기술, 인력양성, 마케팅 협력을 통한 대·중·소 기업 동반성장 등 수소연료전지 산업 초격차 유지 및 글로벌 시장 선점을 모색해야 한다.[18] 아울러 용인반도체 클러스터에 소요되는 전력을 LNG발전 등 화석연료 발전으로만 채우지말고 탄소중립과 수소연료전지발전시장 확대를 위해 수소연료전지발전소도 1~2GW 규모로 설치하는 정책 추진이 요구된다. 현재 이슈가 되고 있는 AI 데이터센터에 소요될 전력도 수소연료전지로 공급하는 방안을 적극 검토할 필요가 있다. 연료전지는 데이터센터가 필요로 하는 중대규모 전력을 바로 인근 현장에서 설치·공급할 수 있는 장점을 가지고 있다.

위와 같은 언론에 보도된 수소연료전지 발전을 둘러싼 여러 쟁점과 이슈들에 정부가 효과적으로 대처함은 물론 수소연료전지 발전 시장의 각종 제도개선을 통해 수소활용 부문의 대표사업인 수소연료전지발전 시장을 대폭 확대해 나가야 한다. 정부는 오는 2040년에 발전용 수소연료전지 발전량을 15GW, 가정·건물용 수

---

18 에너지신문. "https://www.energy-news.co.kr/news/articleView.html?idxno=87041"(2024.3.7. 검색).

소연료전지 발전량을 2.1GW 달성 목표로 제시하고 있는데, 이를 성공적으로 이루기 위해 다양한 정책을 추진할 필요가 있다.

우리나라의 발전용 수소연료전지 발전량 목표

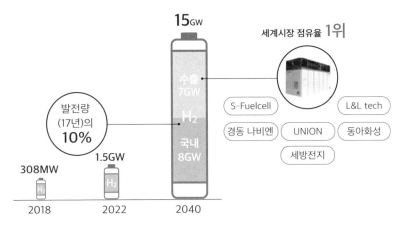

자료: 산업통상자원부(2019). 『수소경제 활성화 로드맵』.

우리나라의 가정·건물용 수소연료전지 발전량 목표

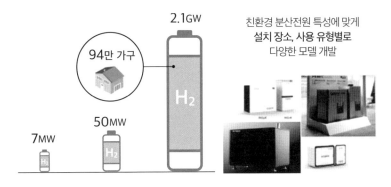

자료: 산업통상자원부(2019). 『수소경제 활성화 로드맵』.

이에 정부는 수소연료전지 발전소와 발전량 확대를 위해 다음과 같은 방안을 제시하고 있다.[19] 수소연료전지 발전설비 보급 확대 및 석탄발전 암모니아 혼소, 수소 전소 가스터빈을 상용화하도록 한다. '40년까지 소형(~80MW),

---

19 관계부저 합농(2021). 제1차 수소경제 이행 기본계획.

중형(~270MW) 수소 전소 터빈을 상용화하고, '50년 대형(270MW~) 전소터빈 상용화를 추진한다. 열·전기 동시 활용, 송전선로 건설 최소화 등 장점을 극대화할 수 있는 도심 수요지 중심으로 수소연료전비 발전 신설을 확대해 나간다. 또한 데이터센터, 산업단지, 대형건물, 신규 아파트 단지, 도심내 주유소 등에 수소연료전지 설치를 통해 분산자원 역할을 강화한다. 설비교체 시기가 도래한 노후 산단과 신규 산단 열·전기 공급설비를 수소혼소·전소 설비로 전환을 유도한다. 수소발전 입찰시장 물량을 확대할 필요가 있다. 수소발전입찰시장 도입으로 입찰 규모 등에 대한 불확실성이 해소된 긍정적 면이 있으나 현재 물량이 적어 관련 기업들의 수익성이 악화되어 수소연료전지 발전량 확대에 악영향을 줄 수 있다. 수소시장이 초기 시장임을 감안해 규모의 경제를 일으켜 시장 활성화를 도모할 필요가 있다. 일반수소 발전 입찰 물량 확대 및 적기 시행을 통해 발전용 수소 활용 수요를 흡수하여, 시장 확대에 대한 일관된 정책 기조를 보여줄 경우 외연 확장을 꾀하는 수소연료전지 업체들이 수익 확대를 위해 진입할 가능성이 큰 만큼 해당 시장이 활성화될 수 있다. 2025년까지의 전력수급계획은 이미 확정된 상태이므로 2026년 이후의 수소발전입찰 물량을 결정하는 차기 계획 수립 시 전향적으로 입찰 물량을 확대해 시장을 활성화하도록 한다.

6 수소경제 클러스터의 조성[20]

전통산업이 그러하듯이 신생 수소산업도 집적이익을 도모할 수 있는 집적화(agglomeration) 정책을 획기적으로 추구해야만 신속한 성장과 발전을 구가할 수 있다. 이에 중앙정부는 이미 수소 클러스터, 수소특화단지, 수소항만, 수소도시 정책을 기획, 일부 실현 중에 있기도 하다. 이러한 수소기업 집적화 단지 정책

---

20 강철구·채희근·전소영(2023), 『경기도 수소경제 클러스터 조성 방안 연구』, 경기연구원에서 주요 부분을 발췌 정리함.

을 일부 구상으로만 끝내지 말고 조속히 실천하여 클러스터 정책을 통한 획기적인 수소경제 발전을 도모해 나가야 한다. 지방자치단체에서도 중앙정부의 공모사업 단순 참여도 의미있지만 자체적으로도 예산을 편성하여 수소산업 집적단지를 조성, 기후변화 대응 및 탄소중립 달성과 친환경 미래 신산업 육성 차원에서 지역의 수소경제를 활성화하는 주요 정책수단으로 활용할 필요가 있다. 특히 예타가 완료된 산업통상자원부의 수소 클러스터 조성 사업을 신속히 추진하고, 계획 중에 있는 수소특화단지 조성 사업도 속히 본궤도에 올리는 것이 필요하다. 아울러 2021년에 기획한 채 별다른 진전이 없는 수소항만 조성 사업도 모두 조속히 실행에 옮기도록 한다. 또한 대구경북통합신공항이나 가칭 경기국제공항을 비롯한 새로 조성하는 공항은 화석연료로 움직이는 것이 아닌 일체 친환경 수소에너지로 움직이는 수소특화공항으로 건설하는 것도 고려할 만하며, 이를 통해 공항을 거점으로 그 주변 일대 전체를 수소경제 발전의 중심지로 육성하는 전향적인 정책 구상도 시도해 볼 필요가 있다. 이러한 시도가 바로 기후변화에 대응하면서 지역경제도 살리는 길이다.

산업통상자원부(2023)에 의하면 국내 수소산업 관련 기업을 분석한 결과 일부 산업단지에서 집중도를 보이나 집적 수준이 낮고 분산되어 있는 상황이다.[21] 수소경제 클러스터 정책은 수소산업 육성이라는 목표 실현을 위해 정부와 지자체가 지원 프로그램 제공을 통해 수소기업의 집중성장을 지원하는 전략적 공간인 것이다. 수소기업 집적화는 산업의 양적 확대와 지원체계의 질적 고도화를 통해 지속가능한 산업 성장을 위한 견고한 기반 역할을 담당한다. 주로 중앙정부에서는 특화단지 지정 및 기업성장을 위한 R&D 지원, 핵심 장비 및 설비(실증 테스트베드) 구축, 규제특례 지원 등을 담당하고, 지자체는 특화단지 내 지원시설 구축(토지 매입, 공사 등) 및 운영에 필수적인 기반시설(수소, 전기, 통신, 도로 등) 설치 지원을 담당하게 된다.

아래에서는 경기도를 사례로 한 지방자치단체가 자체적으로 수소경제 클러스터를 조성하는 방향과 전략을 제시하고자 한다. 이 방향과 전략은 경기도청의

---

21 "수소특화단지 지정을 향한 첫발을 내딛다", 산업통상자원부 보도자료(2023.3.16.).

실제 계획이 아니며 단순히 연구 차원에서 제시한 것이다. 다만 경기도나 다른 지자체도 이러한 제안 사례가 관련 정책을 기획, 수립하는 데 도움이 될 것이다. 즉 경기도에 대한 이러한 제안 방식과 내용이 타 시·도 지자체에도 응용·적용될 수 있으므로 지방의 수소경제 발전을 위해 클러스터 정책을 적극 도입하기를 기대한다.

수소경제 클러스터(Hydrogen Economy Cluster)란 수소 관련 기업들이 집적 이익을 위해 상호 연결되어 군집을 이룬 기업활동 집단을 의미한다. 클러스터에 속한 수소기업은 유사하거나 관련된 재화나 서비스를 생산하고 기업협회나 교육 및 기술 지원 제공자와 같이 공간적으로 근접한 다양한 전담기관의 지원을 받는다. 장점은 규모의 경제 실현, 숙련된 노동력에 대한 접근성 촉진, 공급업체와 고객과의 근접성, 정보네트워크에 대한 접근성, 공유 인프라에 대한 비용분담 등이 매우 용이한 특성을 지닌다. 허브 개발을 위한 기반 마련과 물리적 허브를 중심으로 활동을 서로 묶는 데 유용하다. 수소경제 클러스터는 수소생산-유통-활용의 3가지 수소생태계(수소 밸류체인, 수소경제 순주기) 관련 기업들이 모두 군집을 이루는 형태, 또는 이 3가지 중 어느 하나 위주로 군집을 이루는 형태, 두 가지로 군집을 이루는 형태로 존재할 수 있다. 수소경제 클러스터가 필요한 이유는 초기 수소기업들이 저비용으로 생산성을 높이도록 유도할 수 있고, 수소관련 재화와 서비스 공급망을 효율적으로 관리·실행할 수 있으며, 또한 수소 생산-유통-활용 부문을 지역 내지 지점별로 각각 분담하여 시너지 창출과 비용효과성을 달성할 수 있기 때문이다. 한편으로 수소산업은 후발주자 미래 신사업으로서 기존 전통산업을 따라잡기 위해서는 수소기업들이 규모의 경제를 이루어 집합적으로 대응하는 것이 효과적이기 때문에 수소경제 산업에서의 클러스터 입지 전략정책이 더욱 필요하다.

딜로이트(2022) 분석에 따르면 수소경제 등을 비롯 저탄소 산업 클러스터나 허브가 성공적으로 조성 운영되기 위해서는 다음과 같은 고려사항을 반영 실행하는 것이 중요하다.[22] 생산 공급 우노 허브의 핑부는 생산지 工 의 강비, 강

---

22   Deloitte(2022). *Low-Carbon Industrial Hubs. Driving Deep Decarbonization for Industry.*

기부채 규모, 공급 유통용 수소생산량, 중앙집중식 의사결정권, 기존 인프라 활용 등 순으로 가장 중요하게 고려해야 하며, 수요 활용소비 주도 허브의 경우는 주문자 상표 부착생산(OEM)에서 리스한 장비, 허브 저감용 수소량, 다양한 기존 고객층, 허브의 장기부채 경감, 분권화된 의사결정 구조 등 순으로 가장 중요하게 고려해야 한다.

성공적인 클러스터(허브) 조성 운영을 위한 고려사항 우선순위

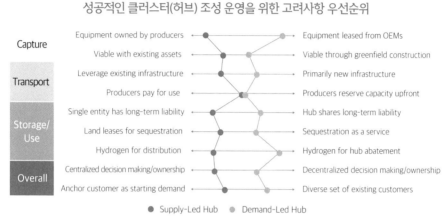

자료: Deloitte(2022). Low-Carbon Industrial Hubs: Driving Deep Decarbonization for Industry.

수소경제 클러스터가 수도권, 특히 경기도에 필요한 이유는 경기도가 전통경제의 1/3을 차지하고 있어 대한민국의 향후 수소경제 활성화를 위해서는 이러한 배후 경제기능을 활용할 필요가 있기 때문이다. 그리고 서울 등 배후 대규모의 소비지가 발달되어 있어 어느 정도 수소생태계가 갖추어지기만 하면 수소활용(소비)을 기폭제로 경기도의 수소경제, 나아가 대한민국 전체의 수소경제 활성화를 크게 도모할 수 있는 기회를 제공한다는 점이다. 또한 타 시·도보다 앞서가는 우수 수소경제 실적을 지속 살리고, 인구, 경제규모, 고급 노동력, 관련 기업 입지, 해안 및 토지자원 등 기본자원의 우수성을 신산업 수소경제 분야에 적극 활용할 수 있도록 수소기업을 집단화하여 육성하는 수소경제 클러스터 조성이 경기도에 필요하다. 수소경제의 대외 경쟁력에서 우위를 점하거나 수소생태계를 구축하여 수소경제를 활성화하기 위해서는 무엇보다 그린수소를 비롯 수소생산

거점이나 허브를 속히 마련하는 것이 절실한데, 인구와 경제규모가 큰 경기도 권역에서도 이러한 중대규모 수소생산 허브 조성이 필요하다.

여러 지방에서 생산된 수소를 원활하게 판매하고 공급에 따른 수요를 늘리기 위해서는 그에 상응하는 소비처가 구축되어 있어야 한다. 생산된 수소를 안정적으로 소비하게 하여 수소생태계 구축을 도모하기 위한 정책수단으로 경기도의 수소차, 수소충전소, 수소연료전지 등의 수소소비(활용) 분야의 수소 소부장산업을 조기 효과적으로 키우기 위해 경기도에 수소경제 클러스터 조성이 필요하다.

경기도의 수소경제 클러스터 조성 필요성

자료: 강철구·채희근·전소영(2023), 『경기도 수소경제 클러스터 조성 방안 연구』, 경기연구원.

현 정부는 그간 소외된 접경지역의 경제 활성화를 위해 기회발전특구와 평화경제특구 조성 관련 법을 제정하여 대응을 하고 있을 만큼 발전의 기회를 제공하려 하고 있다. 이러한 중앙정부의 정책기조에 부응하여 경기북부지역의 신성장 동력을 통한 지역경제 활성화를 위해 수소산업을 도입 전략적으로 키울 필요가 있다. 이와 연계하여 경기북부지역 경제활성화 차원에서 탄소중립·녹색성장에 적합한 수소경제를 육성하고, 이를 효과적으로 추진하기 위한 방안으로서 수소경제 클러스터를 경기도의 북부지역에도 조성할 필요가 있다. 경기도가 민선8기 2년차 중점과제에서 혁신일자리 30만 개 창출을 제시하였는데, 관내 미래 혁신형 수소경제 클러스터 조성을 통해 이러한 혁신일자리 창출을 도모해 나갈 필요가 있다.

경기도 수소경제 클러스터 입지 후보지는 경기남부지역 1개 벨트권역, 경기북부지역 2개소를 조성하는 방안을 제시한다. 수소경제를 적극적으로 추진하고 있고, 수소도시(평택, 안산)로 선정되어 있으며 항만과 산업이 발달한 평택-화성-안산 벨트권 1개소, 유휴 개발지가 많아 성장잠재력이 우수하고 경기북부지역 내륙 거점 중앙에 위치하여 타 지역으로의 파급효과가 우수한 양주시 1개소, 또한 수소경제 정책을 여느 시·군보다 적극적으로 수립 추진하고 있으며 임진강 수자원 이용이 용이하고 일찍이 평화경제특구와 수소산업 연계를 구상해 온 파주시 1개소를 대상 후보지로 구체적인 조성 방안을 제시한다.

그리고 크게 보았을 때 경기남부 수소경제 클러스터는 수소 공급 주도형 (Hydrogen Supply-led Clusters)으로 육성하고, 경기북부 수소경제 클러스터는 수소 수요(활용, 소비) 주도형(Hydrogen Demand-led Clusters)으로 양대 지역을 상호 차별화하여 접근하는 것도 유용할 것이다. 또한 평택-화성-안산 벨트권 내에서도 지역이 가진 자원과 잠재력을 토대로 집적이익 차원에서 공통으로 추진할 분야와 상호 차별화하여 추진할 분야를 나누어 전략적으로 접근할 필요도 있다. 예를 들어, 평택권은 수소생산 허브에 역점, 화성권은 수소소부장 기업 유치＋수소생산 허브에 역점, 안산권은 수소연료전지발전에 각각 역점을 두어 수소경제 클러스터를 효율적으로 기획하는 것이 필요하다.

경기도는 2024~2030년 기간 경기남부지역 평택-화성-안산 벨트권을 수소경제 클러스터로 조성하도록 한다. 평택-화성-안산 벨트 수소경제 클러스터 조성의 콘셉트와 비전은 기본적으로 임해 3개 수소특화도시 벨트로 수소생산-유통-활용의 세계 최대 수소경제 클러스터 조성, 수소공급허브(평택권)＋수소소부장(主)·수소공급허브(副)(화성권)＋수소소부장(안산권)에 두고 추진한다. 평택-화성-안산 벨트 수소경제 클러스터 조성이 필요한 배경은 2개 도시(평택, 안산)의 수소도시 선정으로 우수한 수소경제 기반 성장잠재력 활용, 3개 도시 모두 바다를 연한 임해 도시로서 향후 수소시장을 지배할 그린수소 생산의 대규모 전초기지로 역할 가능, 수소경제를 추진 중인 평택, 화성, 안산을 수소경제 성장 벨트로 묶어 경쟁속 협력(Copetition)을 통한 시너지창출로 거대 수소경제 클러스터 지역으로 육성, 3개 시의 수소경제 부문 규모의 경제와 공동협력을 통한 저비용 고생산성 달성, 서울 등 대규모 수소 활용 소비처가 인접해 있어 평택, 화성, 안산 수소경제권을 하나의 벨트로 묶어 대규모 수소경제 클러스터를 조성하여 우리나라의 수소경제 대표 공급망 지역으로 육성 등을 들 수 있다. 클러스터 조성 후보지의 위치 및 면적은 평택시-화성시-안산시 권역을 중심으로 하며, 평택시 포승읍 일대*, 화성시 화성호 간척지 남쪽부지와 양감면 요당리 H-테크노밸리**, 안산시 단원구 신길동 신길일반산업단지***를 대상으로 추진하도록 한다.[23] 평택-화성-안산 벨트 수소경제 클러스터 조성의 주요 사업내용은 평택권의 경우 그레이수소, 블루수소 생산허브, 액화수소생산허브, 그린수소생산허브 조성, 수소출하센터 건립, 수소모빌리티특구 조성, 수소교통복합기지 조성, 수소연료전지발전소 건립, 수소도시 조성, 화성권의 경우 그린수소생산허브 조성(화성간척지), 수소소부장기업 단지 조성(화성간척지, H-테크노밸리), 수소연료전지발전소 건립(H-테크노밸리), 안산권의 경우 블루수소 생산허브 조성, 수소출하센터 건립, 수소소부장기업 단지 조성, 수소연료전지발전소 건립(신길일반산업단지), 수소도시 조성 등이다.

---

23 참고로 산업통상자원부의 5개 수소 클러스터 공모사업 중 최종 예타를 2023년 7월 최초 통과한 '경북 수소연료전지 발전 클러스터' 구축사업은 조성 면적이 경북 포항블루밸리산단(총 면적 6,080,537m²) 내 280천m²(4.6%) 이며, 수소연료전지 소부장기업 30개社가 입주하는 사업임.
* 평택시 포승읍 일대 아산국가산업단지(원정지구) 내 수소특화단지(370,000m²), 경기경제자유구역 평택포승(BIX)지구(1,039,200m²), 평택시 기등차클러스터(503,580m²) 등 총 1,912,878m²
** 화성시 화성호 간척지대 남쪽부지(560,000m²), 요당리 726-5번지 일대 H-테크노밸리(67,381m²) 등 총 627,381m².
*** 안산시 단원구 신길동 일대 신길일반산업단지 352,765m².

평택-화성-안산 벨트 수소경제 클러스터 조성 방안(제안)

구분	내용
콘셉트	• 임해 3개 수소특화도시 벨트로 수소생산-유통-활용 세계 최대 수소경제 클러스터 조성 • 수소공급허브(평택권)+수소소부장(主)·수소공급허브(副)(화성권)+수소소부장(안산권)
배경 및 필요성	• 2개 도시(평택, 안산)의 수소도시 선정으로 우수한 수소경제 기반 성장잠재력 활용 • 3개 도시 모두 바다를 연한 임해 도시로서 향후 수소시장을 지배할 그린수소 생산의 대규모 전초기지로 역할 가능 • 수소경제를 추진 중인 평택, 화성, 안산을 수소경제 성장 벨트로 묶어 경쟁 속 협력(Copetition)을 통한 시너지창출로 거대 수소경제 클러스터 지역으로 육성 • 3개 시의 수소경제 부문 규모의 경제와 공동협력을 통한 저비용 고생산성 달성 • 서울 등 대규모 수소 활용 소비처가 인접해 있어 평택, 화성, 안산 수소경제권을 하나의 벨트로 묶어 대규모 수소경제 클러스터를 조성하여, 우리나라의 수소경제 대표 공급망 지역으로 육성
위치 및 면적	• 평택시-화성시-안산시 권역 • 평택시 포승읍 일대* / 화성시 화성호 간척지 남쪽부지와 양감면 요당리 H-테크노밸리** / 안산시 단원구 신길동 신길일반산업단지*** * 평택시 포승읍 일대 아산국가산업단지(원정지구) 내 수소특화단지(370,000m²), 경기경제자유구역 평택포승(BIX)지구(1,039,268m²), 평택시 자동차클러스터(503,580m²) 등 총 1,912,878m² ** 화성시 화성호 간척지대 남쪽부지(560,000m²), 요당리 726-5번지 일대 H-테크노밸리(67,381m²) 등 총 627,381m² *** 안산시 단원구 신길동 일대 신길일반산업단지 352,765m²
조성기간	2024~2030년
사업내용	• 평택권: 그레이수소, 블루수소 생산허브, 액화수소생산허브, 그린수소생산허브 조성, 수소출하센터 건립, 수소모빌리티특구 조성, 수소교통복합기지 조성, 수소연료전지발전소 건립, 수소도시 조성 • 화성권: 그린수소생산허브 조성(화성간척지), 수소소부장기업 단지 조성(화성간척지, H-테크노밸리) / 수소연료전지발전소 건립, 수소소부장기업 단지 조성(H-테크노밸리) • 안산권: 블루수소 생산허브 조성, 수소출하센터 건립, 수소소부장기업 단지 조성, 수소연료전지발전소 건립(신길일반산업단지), 수소도시 조성

자료: 강철구·채희근·전소영(2023), 『경기도 수소경제 클러스터 조성 방안 연구』, 경기연구원.

평택-화성-안산 벨트 수소경제 클러스터 조성 구상도(제안)

자료: 강철구·채희근·전소영(2023), 『경기도 수소경제 클러스터 조성 방안 연구』, 경기연구원.

　　또한 경기도는 2024~2030년 기간 경기북부지역 양주 수소경제 클러스터를 조성하도록 한다. 양주 수소경제 클러스터 조성의 콘셉트와 비전은 기본적으로, 경기북부지역 수소경제 선도 허브 역할 수행, 점점 성장해가는 인구 26만 명으로서 경기북부지역 중앙에 입지하여 북부권 수소경제 파급효과 최적지에 두고 추진한다. 양주 수소경제 클러스터 조성이 필요한 배경은 저발전 경기북부지역의 수소성세를 통한 신성장성 역, 신인업 발굴과 지역경제 발전 도모, 미래 남북평화협력시대 대비 남북 친환경에너지 협력 기반 마련, 국토부 주관 선정 양주 수소도시 사업과 연계 시너지 창출이다. 클러스터 조성 후보지의 위치 및 면적은 양주시 은현면 도하리 산 82번지 일대 은남일반산업단지(714,000m²)를 대상으로 추진하도록 한다.

양주 수소경제 클러스터 조성의 주요 사업내용은 블루수소 생산허브 조성, 수소출하센터 건립, 수소연료전지 시스템(스택) 공장 유치, 수소소부장기업 단지 조성, 수소연료전지발전소 건립 등이다. 양주시는 국토부 주관 수소도시 조성 사업 공모에 선정되어 '내륙 거점형 친환경 수소도시'를 테마로 조성할 계획이다. 이 계획에는 액화천연가스(LNG)에서 추출해 생산한 수소(일 0.6톤)가 공동주택 781세대와 공공 청사, 충전소(기구축) 등에 공급한다. 시내 하수처리장 부지에는 수소생산시설이 조성되고 1km 길이의 수소배관도 설치될 계획이다. 또 수소관련 통합안전 운영센터가 생기고, 100kW급 수소연료전지 2기와 수소버스 7대, 수소청소차 2대가 구축된다. 양주시의 수도도시 조성 계획과 연계하여 양주시 관내 산단 부지 등 특정지역에 수소경제 클러스터를 조성함으로써 경기도 내륙 거점형 수소경제를 선도하도록 한다.

💡 양주 수소경제 클러스터 조성 방안(제안)

구분	내용
콘셉트	• 경기북부지역 내륙 거점 수소경제 선도 허브 역할 수행 • 점점 성장해가는 인구 26만 명으로서 경기북부지역 중앙에 입지하여 북부권 수소경제의 파급효과 최적지
배경 및 필요성	• 저발전 경기북부지역의 수소경제를 통한 신성장동력, 신산업 발굴과 지역경제 발전 도모 • 미래 남북평화협력시대 대비 남북 친환경에너지 협력 기반 마련 • 국토부 주관 선정 양주 수소도시 사업과 연계하여 시너지 창출
위치 및 면적	• 양주시 은현면 도하리 산 82번지 일대 은남일반산업단지(714,000m²)
조성기간	2024~2030년
사업내용	• 블루수소 생산허브 조성, 수소출하센터 건립, 수소연료전지시스템(스택) 공장 유치, 수소소부장기업 단지 조성, 수소연료전지발전소 건립

자료: 강철구·재희근·전소영(2023), 『경기도 수소경제 클러스터 조성 방안 연구』, 경기연구원.

양주 수소경제 클러스터 조성 구상도(제안)

자료: 강철구·채희근·전소영(2023), 『경기도 수소경제 클러스터 조성 방안 연구』, 경기연구원.

경기도는 2024~2030년 기간 경기북부지역에서 양주와 더불어 파주 수소
경제 클러스터를 함께 조성하도록 한다. 파주 수소경제 클러스터 조성의 콘셉트
와 비전은 기본적으로 남북교류 활성화와 신성장동력을 통한 경기북부지역 발
전 선도, 친환경 신산업 수소경제를 통한 첨단산업, 국제평화, 친환경 클러스터
실현에 두고 추진한다. 파주 수소경제 클러스터 조성이 필요한 배경은 신성장동
력 수소경제를 통한 경기북부 북서부권 지역경제 발전 도모, 남북 평화협력시대
내비 진환경에너지산업 교류 확대 신호기세 요법, 남긴간 수 이원을 이용한 경기
북부 북서부권 그린수소 생산거점 역할 수행 등이다. 클러스터 조성 후보지의 위

치 및 면적은 파주시 장단면 거곡리·석곶리 일대(3,300,000m² 중 일부 560,000m² 부지), 파주시 파평면 장파리 일대 파평일반산업단지(392,000m²), 미활용군용지 부지 중 한 지역을 대상으로 추진하도록 한다.

파주 수소경제 클러스터 조성의 주요 사업내용은 블루수소 생산허브 조성, 그린수소 생산허브 조성, 수소출하센터 건립, 수소소부장기업 단지 조성, 수소연료전지 시스템(스택) 공장 유치, 수소연료전지발전소 건립 등이다.

⚡ 파주 수소경제 클러스터 조성 방안(제안)

구분	내용
콘셉트	• 남북교류 활성화와 신성장동력을 통한 경기북부지역 발전 선도 • 친환경 신산업 수소경제를 통한 첨단산업, 국제평화, 친환경 클러스터 실현
배경 및 필요성	• 신성장동력 수소경제를 통한 경기북부 북서부권 지역경제 발전 도모 • 남북 평화협력시대 대비 친환경에너지산업 교류 확대 전초기지 육성 • 임진강 수자원을 이용한 경기북부 북서부권 그린수소 생산거점 역할 수행
위치 및 면적	• 파주시 장단면 거곡리·석곶리 일대(3,300,000m² 중 일부 560,000m² 부지), 파주시 파평면 장파리 일대 파평일반산업단지(392,000m²), 미활용군용지 부지 중 한 지역
조성기간	2024~2030년
사업내용	• 블루수소 생산허브 조성, 그린수소 생산허브 조성, 수소출하센터 건립, 수소소부장기업 단지 조성, 수소연료전지시스템(스택) 공장 유치, 수소연료전지발전소 건립

자료: 강철구·채희근·전소영(2023), 『경기도 수소경제 클러스터 조성 방안 연구』, 경기연구원.

파주 수소경제 클러스터 조성 구상도(제안)

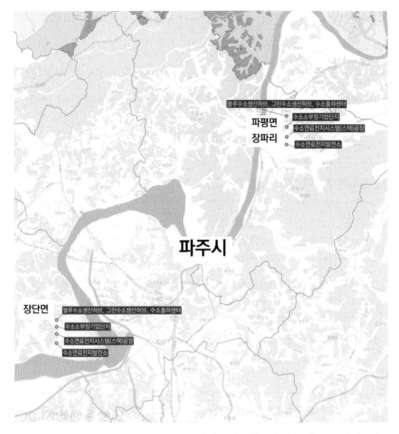

자료: 강철구·채희근·전소영(2023), 『경기도 수소경제 클러스터 조성 방안 연구』, 경기연구원.

　　한편 경기 평택 수소경제 클러스터와 충남 당진 수소경제 클러스터 파트너
십으로 가칭 '경기충남수소경제클러스터' 정책을 별도 추진하도록 한다. 서해 인
접지역인 경기 평택과 충남 당진은 국내 어느 지자체보다 수소경제 분야를 적
극적으로 추진 중에 있는 지역이다. 경기 평택의 수소경제 추진 현황과 실적은
수소도시 조성, 개질 및 그린수소 생산시설 등에서 앞서고 있으며, 충남 당진은
2021년 수소출하센터 가동, 2022년 수소도시 선정을 필두로 수소생산에서 유
통, 활용 수소생태계 구축에 적극적이다. 당진시는 수소생산, 유통, 활용 등 산
업 全 주기 생태계 구축 도시를 선언하고 관련 수소경제 정책을 추진 중에 있다.

민선8기 당진시 핵심공약으로 '수소 클러스터 조성'을 내세우고 있다. 이를 위해 탄소중립형 수소생산허브 구축 공모사업, 당진 송산수소(암모니아) 부두개발 사업, 수소생산 민자유치, 청정수소 생태계 조성, 송산2일반산업단지 내 재활용플라스틱 활용 수소생산 허브 공장 신설, 태양광·풍력 이용 그린수소 생산 사업 등을 추진 중이거나 계획하고 있다.[24] 양 지역은 가칭 '경기충남수소경제클러스터' 공동 추진을 위한 파트너십 MOU를 우선 체결하고 본격적인 조성에 나서도록 한다. 가칭 '경기충남수소경제클러스터' 추진 연구용역을 통해 구체적인 이행방안을 수립하고, 우리나라 수소경제를 선도해 나가는 지역으로 발돋움하도록 한다. 경기충남수소경제클러스터 추진은 규모의 경제를 형성하는 데 용이하고, 특히 경기도 측면에서는 수도권규제의 역차별을 극복하는 유용한 전략으로 활용 가능하다. 이러한 광역 클러스터 구상을 통해 양 지역권이 우리나라의 탄소중립 미래 신산업 거점으로 발전할 수 있도록 한다.

가칭 '경기충남수소경제클러스터' 파트너십 구축 구상도(제안)

자료: 강철구·채희근·전소영(2023), 『경기도 수소경제 클러스터 조성 방안 연구』, 경기연구원.

---

24 당진시 내부자료(2019~2023).

수소사업을 둘러싼 지역 간 파트너십이나 협력이 다양하게 나타나고 있는데, 특히 미국 에너지부에서 주관한 '지역청정수소허브 조성 공모 사업'에는 9개 지역권에서 인근 주(州) 지역 간 광역 파트너십을 결성하여 중앙정부의 공모에 신청한 바 있다.[25] 파트너십 지역권은 아칸소/루이지애나/오클라호마의 HALO 수소 허브, 텍사스/루이지애나의 HyVelocity 허브, 펜실베이니아/웨스트버지니아/오하이오/켄터키의 애팔래치아 지역 청정수소 허브(ARCH2), 워싱턴/오레곤의 옵시디언 태평양 북서부 수소 허브, 코네티컷/매사추세츠/메인/뉴저지/뉴욕/로드아일랜드/버몬트의 동북지역 청정수소 허브, 일리노이/인디애나/켄터키/미시간/미주리/위스콘신의 청정수소를 위한 중서부 연합, 콜로라도/뉴멕시코/유타/와이오밍의 서부지역 주간(州間) 수소 허브(WISHH), 테네시/켄터키/앨라배마/조지아/사우스캐롤라이나/노스캐롤라이나의 남동부 수소 허브, 노스다코타/위스콘신/미네소타/몬태나의 하트랜드 수소 허브 등이다.

- 아칸소/루이지애나/오클라호마: HALO 수소 허브 → 쉘 등 50개 참가사가 공식적으로 지원. 10개의 그린수소 프로젝트와 15개의 블루수소 프로젝트 추진
- 텍사스/루이지애나: HyVelocity 허브 → 22개의 그린수소 사업과 16개의 블루수소 사업 추진. 쉐브론, 엑슨모빌, 오스테드, AES 기업 등이 참여
- 펜실베이니아/웨스트버지니아/오하이오/켄터키: 애팔래치아 지역 청정수소 허브(ARCH2) → 그레이수소 생산 추진. 블룸에너지 등 15개의 기업이 참여
- 워싱턴/오레곤: 옵시디언 태평양 북서부 수소 허브 → 그린수소 생산과 그레이수소 생산 추진. 미국 최대 데이터센터단지에 수소 공급 추진
- 코네티컷/매사추세츠/메인/뉴저지/뉴욕/로드아일랜드/버몬트: 동북지역 청정수소 허브 → 원전 이용 핑크수소 생산 추진. 에어리퀴드, 오스테드, 에퀴노르, 컨스텔레이션 기업 등이 참여

---

25 Hydrogeninsight. "https://www.hydrogeninsight.com/analysis/exclusive-the-top-ten-us-hydrogen-hubs-most-likely-to-win-7bn-of-government-funding/2-1-1493421"(2023.8.3. 검색).

- 일리노이/인디애나/켄터키/미시간/미주리/위스콘신: 청정수소를 위한 중서부 연합 → 그린, 블루, 핑크수소 생산 추진. 에어리퀴드, 아르셀로미탈, 플러그파워, 엑슨모빌 기업 등이 참여

- 콜로라도/뉴멕시코/유타/와이오밍: 서부지역 주간(州間) 수소 허브(WISHH) → 그린수소, 그레이수소 생산 추진. 8개의 수소기반 프로젝트 추진

- 테네시/켄터키/앨라배마/조지아/사우스캐롤라이나/노스캐롤라이나: 남동부 수소 허브 → 5개의 지역 유틸리티 회사가 6개 주(州) 전체에 그린수소망 개발 추진

- 노스다코타/위스콘신/미네소타/몬태나: 하트랜드 수소 허브 → 수소기반 합성연료 생산 추진. 장거리 트럭 운송 수소연료 사용 공급 추진. 커민스, 미쓰비시 기업이 참여

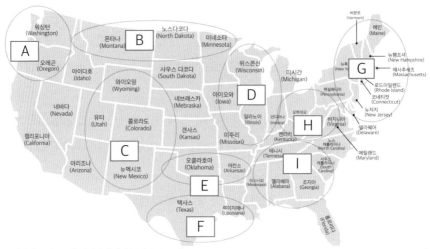

미국 에너지부 주관 지역 청정수소허브 조성 공모사업에
주간(州間) 파트너십을 통해 응모한 지역 현황

A: 워싱턴/오레곤 - 옵시디언 태평양 북서부 수소 허브
B: 노스다코타/위스콘신/미네소타/몬태나 - 하트랜드 수소 허브
C: 콜로라도/뉴멕시코/유타/와이오밍 - 서부지역 주간(州間) 수소 허브(WISHH)
D: 일리노이/인디애나/켄터키/미시간/미주리/위스콘신 - 청정수소를 위한 중서부 연합
E: 아칸소/루이지애나/오클라호마 - HALO 수소 허브
F: 텍사스/루이지애나 - HyVelocity 허브
G: 코네티컷/매사추세츠/메인/뉴저지/뉴욕/로드아일랜드/버몬트 - 동북지역 청정수소 허브
H: 펜실베이니아/웨스트버지니아/오하이오/켄터키 - 애팔라치아 지역 청정수소 허브(ARCH2)
I: 테네시/켄터키/앨라배마/조지아/사우스캐롤라이나/노스캐롤라이나 - 남동부 수소 허브

자료: Hydrogeninsight. "https://www.hydrogeninsight.com/analysis/exclusive-the-top-ten-us-
hydrogen-hubs-most-likely-to-win-7bn-of-government-funding/2-1-1493421"(2023.8.3. 검
색)에서 정리.

한편 수소경제 특화 발전 차원에서 공항을 수소 클러스터의 거점으로 개발
할 수도 있을 것이다. 특히 신규로 건설하는 대규모 공항의 경우 공항 운영 전반
을 수소특화공항으로 개발하고, 그 일대 주변 반경 5km 내외권 전체를 수소생
산-유통-활용의 수소 밸류체인이 실현되는 수소경제 클러스터로 조성할 수 있
다. 심지어 공항에 취항하는 모든 항공기가 장기적으로 수소항공기만 이착륙하
게 하는 구상도 실현 가능하다. 장차 우리나라의 경우 신규로 건설되는 대구경북
통합신공항에서 가칭 경기국제공항 등에 의거한 수소특화공항 거점 수소경제 클
러스터를 구상할 수 있다.

일찍이 독일의 뮌헨공항은 1998년부터 시작하여 지금까지 단계적으로 화석연료 중심의 공항운영 에너지시스템을 수소에너지로 전환하는 사업을 추진 중에 있다. 이는 공항 내 수소에너지 적용 사례로서 공항 내 수소버스, 수소승용차, 수소지게차를 운행하고 있으며, 천연가스 개질 수소생산과 수소충전소, 수소연료전지 발전까지 가동하고 있다. 뮌헨공항은 오는 2035년까지 Net Zero 탄소중립공항을 달성한다는 목표를 향해 나아가고 있다.[26]

독일 뮌헨공항의 수소사업 추진 현황

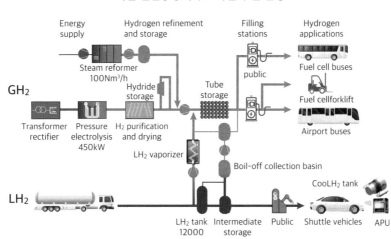

자료: 김인중(2022). 『스마트공항 4.0 기술개발 기획』, 한국과학기술정보연구원.

궁극적으로 우리나라의 신규 공항 개발은 향후 단순 탄소중립(Net Zero)에서 더 나아가 수소경제 발전의 거점으로 개발하도록 한다. 수소특화공항은 단기적으로 공항 내 모든 에너지시스템과 운행수단을 수소에너지 사용으로 조성하고, 장기적으로 내외부 권역에 수소공항을 거점으로 한 배후 수소경제 클러스터로 개발하여 수소생산-유통-활용의 수소경제 전 주기가 적용, 발전하는 공항권으로 개발하도록 한다.

---

26 신희성. 뮌헨공항의 수소 사업(www.reseat.re.kr).

공항 내 수소밸류체인 구축(탄소중립 수소공항)

1 그린수소생산시설 운영

2 수소저장·운송시설(수소 파이프라인), 수소충전소 운영

3 수소에너지 활용시설 운영(연료전지발전소, 수소전기, 수소차, 수소지게차, 수소항공기: 공항 내 모든 전기 동력을 수소에너지로)

공항 배후 수소경제 클러스터 조성(탄소중립 성장동력 수소공항 배후)

① 수소생산기지 조성

② 수소 파이프라인 구축

③ 연료전지발전소 설치

④ 수소에너지 사용(주변 기업체 등)

⑤ 수소기업단지 조성(수소소부장, 수소연료전지시스템 제조기업 등)

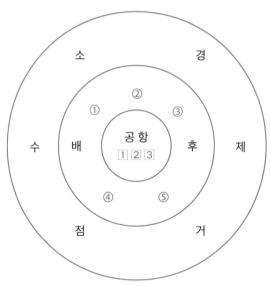

자료: 필자 작성(2024).

최근 글로벌 수전해 시장이 급성장하고, 국내에서 세계 최초 청정수소 발전(發電)이 가시화되는 등 수소 생태계가 변화하고 있으며, 정부는 이러한 변화에 발 빠르게 대응하기 위해 수소산업 규제혁신 민관협의체를 중심으로 생산·유통·활용에서 5대 핵심 분야 현장규제를 발굴하고 개선을 추진해 왔다. 규제혁신 방안을 통해 우리 기업들이 수전해, 액화수소 등의 분야에서 글로벌 경쟁력을 빠르게 갖추어 나가고, 2027년 본격 가동 예정인 청정수소 발전을 위한 인프라 등을 적기에 구축해 나갈 수 있을 것으로 기대된다.

향후에도 수소산업을 둘러싼 현장에서 기업들이 느끼는 애로사항을 지속 발굴하고 개선해 수소경제를 더욱 발전시켜 나가야 한다. 우리나라는 늘 규제가 경제의 발목을 잡는다는 문제가 있어 왔는데, 친환경 미래 신산업 육성을 위해 수소경제 분야만큼은 규제혁신을 통해 수소경제 시장의 불확실성을 없애고, 기업들이 자유롭게 투자할 수 있는 터전을 만들어 줘야 할 것이다. 수소산업 관련 규제개선 과제를 수시로 발굴·개선하고, 신기술 안전기준 미비로 인한 기업 투자 애로를 해소해 나가야 한다. 일환으로 규제샌드박스 제도를 널리 확대 적용해 나갈 필요가 있다.

산업통상자원부(2024)는 2024년부터 추진하는 주요 수소산업 규제완화를 위한 주요과제로 다음과 같은 방안을 제시하였다.[27]

💡 분야별 규제혁신 주요과제

분야	추진과제
① 수전해	소재·부품 및 설비 시험평가 기준 합리화
	제조시설 인허가 및 등록제도 개선

---

[27] "규제혁신으로 세계 1등 수소신입 육싱한나", 산업통상자원부 보도자료(2024.2.2.).

② 기체수소 충전소	설치기준 합리화
	운영·안전기준 정비
③ 액화수소	기자재 검사기준 개선
	저장탱크 및 충전소 설치 규제 합리화
④ 수소·암모니아 발전	암모니아 운송 저장설비 안전기준 마련
	연료전지 발전 운영 안전기준 합리화
⑤ 수소모빌리티	이동형 연료전지 안전 평가기준 합리화
	다양한 모빌리티 적용 확산을 위한 제도개선

자료: "규제혁신으로 세계 1등 수소산업 육성한다", 산업통상자원부 보도자료(2024.2.2.).

수전해 분야에서 글로벌 수전해 산업이 급속 성장하고 있다. 빠른 시장진입이 필요하나 미비한 기준 등으로 사업화가 지연되고 있는 경향이 있다. 수전해 검사·성능시험 간소화 및 제조시설관련 규제완화가 필요하다. 예를 들어 수전해 배관재료 기준 완화와 관련 현재 수용액이 통하는 배관은 금속재료만 허용하고 있으나 내식성능이 입증된 재료의 경우 금속재료 이외의 재료사용도 허용이 필요한데, 내부 유체의 화학적 특성, 기계적 강도 및 물리적 특성 등을 고려하여 비금속 재료 허용을 위한 시험방식과 판단기준을 마련하도록 한다.

기체수소 충전소 분야에서 수소차 보급을 위해 충전소 확충을 추진 중이다. 그간 규제개선에도 불구, 충전소 설치·운영을 제한하는 규제가 여전히 잔존하고 있다. 주민수용성을 전제로 충전소 설치·운영 기준을 합리화하는 것이 시급하다. 예를 들어 충전소 방호벽 유형의 추가 검토가 필요하다. 충전소 방호벽은 철근 콘크리트제, 콘크리트블럭제, 강판제만을 허용하고, 시공이 편리한 공장제작형 PC(Precast Concrete) 공법의 방호벽은 미허용하고 있는데, PC 방호벽의 강도 검증 및 보완을 위한 실증이 진행중이며, 실증결과 등을 토대로 상세기준 개정 검토여부 결정이 필요하다.

액화수소 분야에서 대용량 운송·저장이 가능한 액화수소 생산 활용을 추진중이다. 충전인프라 적기 구축, 기자재 국산화가 필요하나 일부기준이 부재한 실정이다. 액화수소 기자재 및 충전소의 안전기준 재정비가 필요하다. 예를 들어 단열성능시험 시 액화질소 사용 허용이 필요하다. 현실적으로 액화수소 확보가 어려워 액화수소를 활용한 저장용기 단열성능시험이 제한됨에 따라 액화질소 등으로 대체하는 방안이 필요한 것이다. 액화질소와 액화수소에 의한 단열성능 비교시험 결과를 토대로 실증기준안 개정을 해야 한다.

수소·암모니아 발전 분야에서 청정수소 발전 도입 및 분산형 연료전지를 보급 중이다. 청정암모니아 해외 도입 인프라 적기구축 등을 위한 제도 재정비가 필요하다. 암모니아 저장·운송 설비 및 연료전지 발전 안전기준을 정비할 필요가 있다. 예를 들어 완전방호식 저장탱크 방류둑 설치기준 완화가 필요하다. 암모니아 저장탱크로 안전한 완전방호형식(이중벽) 탱크를 사용하지만 저장탱크 유형에 상관없는 방류둑(Dike) 설치 의무규정으로 불필요한 비용이 소요된다. 유사 및 해외 사례를 참고하여 완전방식 탱크의 경우 방류둑 기준을 합리화하도록 한다.

모빌리티 분야에서 수소차 이외 트램, 지게차, 선박 등 모빌리티 다양화가 현재 실증 중이다. 기존 안전기준이 자동차에 맞춰져 있어 기술개발 및 상용화가 지연되고 있는 실정이다. 다양한 모빌리티 조기 상용화를 위한 안전·평가기준 마련이 시급하다. 예를 들어 차량 외 모빌리티에 고압용기(700bar 이상) 사용 허용이 필요하다. 국내는 자동차 이외 분야에서 최고충전압력 70MPa의 고압용기 사용이 불가능하다. 해외는 최고충전압력 제한이 없이 활발한 제품 개발과 실증이 진행중이다. 실증특례 등을 통해 자동차 이외 분야 고압용기의 안전성 확인 후 최고충전압력 상향이 필요하다.

한편 수소산업 분야의 규제개혁을 통해 脫중국 다국적 수소기업을 한국에 유치할 수 있는 절호의 기회를 만들어야 한다. 최근 중국은 지정학적 우려와 경제적 불확실성, 미·중 갈등 여파로 어려움에 처해 있는데, 중국을 떠나는 다국적 기업이 크게 늘어나고 있다. 한국은 탄탄한 인프라, 상당 규모의 소비시장에 대한 전략적이고 지리적인 인접성, 공급망 인프라를 잘 갖추고 있어, 다국적기업에 투자 대상지로 부상하고 있다 그러나 한국은 이러한 지리적 강점, 우수한 인프라에도 '규제' 때문에 해외기업 유치에 어려움을 여전히 겪고 있다. 클라우드 보안평가제도 등 기업에 대한 과도한 일반규제뿐만 아니라 수소산업에 대한 인허가 규제, 진입규제 등을 대폭 완화하여, 탈중국 다국적기업 등 해외의 유수 수소기업들이 한국에 많이 입지하고 투자를 하도록 유도하여야 한다.

⑧ 지방정부의 수소경제 발전 로드맵 수립

수년 사이에 중앙정부 차원에서는 2019년 수소경제 활성화 로드맵을 필두로 제1차 수소경제 이행계획, 수소법 제정, 수소경제위원회 출범 등 수소경제 법제도 추진체계가 활발히 전개되어 왔는데, 그에 비해 몇몇 지자체를 제외하고 대부분의 지자체들은 아직 뚜렷한 수소경제 로드맵이나 비전을 제시하지 못한 채 수소경제 육성의 적극성이 다소 부족한 것이 사실이다. 수소산업·경제 육성 조례도 전국 226개 지자체 중 8.8%인 20개 지자체만 제정하여 극소수에 불과하다. 현행 「수소경제 육성 및 수소 안전관리에 관한 법률」 제3조(국가·지방자치단체 및 사업자의 책무)에서 국가 및 지방자치단체는 수소산업 육성, 청정수소의 개발·생산·보급 및 수소의 안전관리에 필요한 시책을 수립하고 추진하여야 한다고 규정하여, 지방자치단체의 수소산업(경제) 육성책 수립·추진을 의무화하고 있다. 그러나 그 이행은 매우 미흡한 실정이다.

수소경제가 발전하기 위해서는 중앙과 지방이 상호 협력 속에 여기에 지방소재 기업도 함께 유기적으로 움직여야 가능하다. 우리의 지방자치단체에서도 수소경제 육성에 보다 적극성을 발휘할 필요가 있다. 이를 위해 무엇보다 그 지역의 수소경제 좌표라고 할 수 있는 법률에도 규정하고 있는 '수소경제의 로드맵(기본계획, 비전 내지 발전계획)'을 서둘러 수립해 나갈 필요가 있다. 지역에서 기후변화에 대응하고 2050 탄소중립을 성공적으로 달성해 나가며, 아울러 지역경제와 새로운 양질의 지역 일자리 창출을 위해 미래 신산업 '수소경제'에 조속 눈을 떠야 한다. 그 일환의 첫번째 작업이 바로 낭해 지역의 '수소경제 로드맵' 수립이다.

여기서는 인천시가 2021년 수소경제 로드맵 차원에서 수립한 '인천형 수소 생태계 구축 전략'과 울산시가 2021년에 수립한 '울산광역시 수소경제 비전 및 전략' 내용 개요를 소개하며, 이를 토대로 다른 지자체가 로드맵 수립 시 참고가 되길 바란다.

인천시가 발표한 '인천형 수소생태계 구축 전략'의 중점 추진과제를 구체적으로 살펴보면 다음과 같다.[28] 인천시는 '인천형 수소생태계 구축'을 통해 오는 2030년까지 약 1만여 명의 일자리 창출은 물론 20조 410억 원의 생산유발효과 및 6조 4,960억 원의 부가가치 유발효과를 볼 수 있을 것으로 기대하고 있다. 더불어 수송연료의 수소에너지 전환을 통해 탄소배출량을 연 21만 3천톤 감축해 30년생 소나무 3,228만 그루를 심는 효과가 발생하고, 수소에너지 기반 안정적인 탈석탄 기반 마련으로 도시형 탄소중립 실현 및 세계속의 수소도시를 구축하고자 한다.

---

28 "인천시, 인천형 수소생태계 구축을 통한 수소산업 성장기 주도권 선점", 인천시 보도자료 (2021.4.20.)에서 빌뒈 찡리함.

〈인천형 수소생태계 구축 로드맵(2021~2030년)〉

- 〈수소생산클러스터 구축〉 수도권 수소경제 조기 진입 목표를 실현하기 위해 2027년까지 총 사업비 2,500억 원을 투자해 연간 부생수소 30,000톤, 바이오수소 2,200톤 규모의 수소생산이 가능한 수소생산 클러스터를 구축한다.
  - 부생수소는 석유화학 공정에서 부차적으로 발생하는 수소로 SK인천석유화학에서는 현재 연간 3만 톤 이상 부생수소가 발생하고 있으며, 이를 정제해 '23년부터 매년 수소 3만 톤을 생산할 수 있다. 또한 수도권 매립지내 음식물 쓰레기 처리장의 바이오가스에서도 수소를 생산한다. 바이오가스 변환을 통해 매년 2,200톤의 바이오수소 생산기반을 조성한다는 계획이다.
  - 뿐만 아니라 검단2일반산업단지 내 수소산업 집적화단지를 조성해 수소산업 핵심 장비 성능평가 및 국산화 지원 체계를 구축해 기업의 지속 성장을 지원한다.

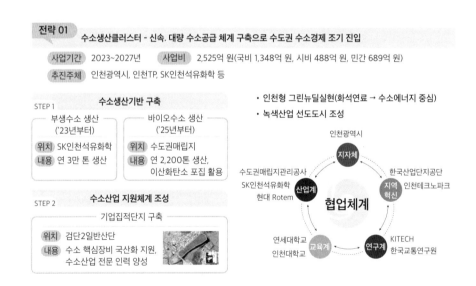

- <청정 수소모빌리티 확대> 승용형 수소차의 보급과 더불어 환경개선율 및 시민체감율이 높은 대중교통, 화물차 등 상용차의 수소연료 전환을 통해 수송부문 수소생태계 전환을 가속화한다.
    - '30년까지 사업비 총 5조 2천억 원을 투자하여 수소차를 '30년까지 57,000대 보급하고, 수소버스는 '20년 7대 보급을 시작으로 '30년까지 현재 관내 시내버스의 80% 수준인 1,800여대까지 확대한다.
    - 이를 위해 관용차량 등 교체 시 수소차량 구입 의무화를 추진하고, 인천형 수소할인제도 시행으로 보급촉진 기반을 마련할 계획이다. 시는 금년 시행되는 수소트럭시범사업을 통해 수소트럭 3대(시범사업 물량 전국 총 5대 중 인천시 3대)를 도입할 예정이며, 또한 공항, 항만 등 대량 환경부하지역의 특수차량 전환을 위해 수소야드트럭, 지게차 등 실증사업을 추진할 예정이다.

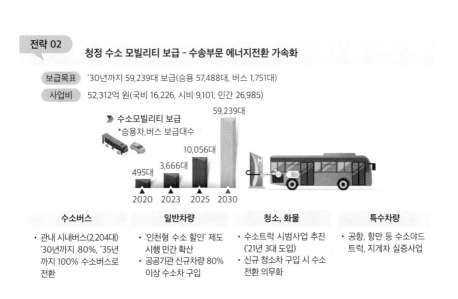

전략 02   청정 수소 모빌리티 보급 - 수송부문 에너지전환 가속화

보급목표   '30년까지 59,239대 보급(승용 57,488대, 버스 1,751대)

사업비   52,312억 원(국비 16,226, 시비 9,101, 민간 26,985)

수소모빌리티 보급
*승용차,버스 보급대수

495대	3,666대	10,056대	59,239대
2020	2023	2025	2030

수소버스	일반차량	청소, 화물	특수차량
· 관내 시내버스(2,204대) '30년까지 80%, '35년까지 100% 수소버스로 전환	· '인천형 수소 할인' 제도 시행 민간 확산 · 공공기관 신규차량 80% 이상 수소차 구입	· 수소트럭 시범사업 추진 ('21년 3대 도입) · 신규 청소차 구입 시 수소 전환 의무화	· 공항, 항만 등 수소야드 트럭, 지게차 실증사업

- <분산형 블루수소 전원체계> 입지와 여건이 양호한 산업단지를 활용하여 분산전원 체계를 구축함으로써 사회적 수용성을 확보하고 영흥석탄화력 조기퇴출 기반을 마련한다.
  - 남동산업단지 등 20개 산업단지에 대해 산단별 20MW 이상 연료전지 전원을 구축하고, '30년까지 산업단지와 발전소 등에 연료전지 606MW 보급 목표 실현을 위해 각종 규제개선 및 인센티브 제도를 도입해 분산형 전원체계 구축을 촉진하는 내용이 포함된다.
  - 산단 내 신재생에너지 발전사업 허용을 위해 산단 관리기본계획상 입주업종을 반영하고, CCUS 탑재형 블루수소 연료전지에 대한 REC 상향 등 제도 개선을 추진한다.
  - 이를 통해 '28년에는 연료전지 발전으로 4,300GWh를 생산하여 영흥석탄화력 1호기 발전량인 3,900GWh 대체가 가능한 안정적인 기저전력을 확보하고, '30년까지 전력 5,600GWh를 생산하여 석탄화력 조기폐쇄의 기반을 마련하고자 한다.

전략 03　**분산형 블루수소 전원체계 - 석탄화력 조기폐쇄 기반 마련**

사업규모 연료전지 606MW　　**사업비** 3.6조 원(전액 민간투자)

사업내용 산업단지 410MW, 발전소 196MW 분산전원 구축

▶ 연료전지 발전량

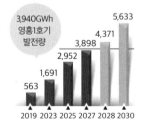

3,940GWh
영흥1호기
발전량

563　1,691　2,952　3,898　4,371　5,633

2019　2023　2025　2027　2028　2030

산업단지별 20MW 이상 구축
2021년 남동산단 도입 추진
→ 전체 산단 연차별 확대

산단 내 신재생 발전사업 허용
지방산단 관리기본계획(고시)
입주업종 반영

블루수소 전원체계 구축

블루수소 인센티브
CCUS 탑재형(CO_2 포집, 활용)
블루수소 연료전지 REC 상향
추진

연료비 할인 시행
연료전지 도시가스 비용 추가
할인체계 마련

- <수소충전인프라> 전 지역 20분 내 접근 가능 충전인프라망 조성을 위해 군·구별 1개소 이상 배치 목표를 세웠다.
  - 현재 수소충전소는 8개소 운영 중이다. 향후 사업비 총 2,500억 원을 투자해 수소충전소를 '30년까지 52개소 구축할 계획이며, 이 중 일반충전소는 36개소, 상용충전소는 16개소이다.
  - 충전소 설치가 용이한 공공부지를 활용하여 사업추진의 신속성을 확보하고, 시내버스 CNG 충전소의 단계적 수소충전소 전환을 통해 수소시내버스 보급을 가속화한다. 또한 도시미관을 고려한 충전소 디자인을 개발 적용하고 편의시설을 병행 구축해 지역수용성을 확보할 계획이다.

전략 04 **수소충전인프라 전지역 - 20분 내 접근가능 체계 구축**

보급목표 수소충전소 52개소(일반 36개소, 상용 16개소)
사업비 2,487억 원(국비 1,435, 시비 260, 민간 792)

- 접근성 제고
  - 20분 이내 접근 가능한 수소충전 기반구축
- 부지확보
  - 공공부지 활용: 버스차고지, 신설차고지 수소충전소 구축 의무화
- 복합충전소 구축
  - 그린벨트 내 LPG 충전소 배치 시 복합충전소 구축 반영
  - 기 구축 주유소, LPG 충전소 활용
- 지역수용성 확보를 위한 도시디자인 개발 적용
- 시내버스충전소(CNG) 단계적 수소충전소 전환

- <수소마을기업> 주민이 직접 참여하고 이익을 공유하는 수소에너지 마을 기업 조성으로 주민수용성 극대화는 물론 수소에너지 보급 확산 및 지역상생발전을 실현할 계획이다.
  - 주민주도형 신재생에너지 집적화단지 조성사업으로 추가 REC 가중치 확보를 통해 연료전지 발전 이익을 공유한다. 사업계획 수립 및 입지 선정 단계부터 지역주민이 참여하는 사업을 발굴하고, 이를 위한 전주기 행정지원, 발전공기업 투자 유치 및 저금리 융자제도를 마련하여 지원한다.
  - 연료전지 집적화단지 40MW 설치 시 추가 REC 확보에 따른 수익은 연간 약 26억 원으로 예상되며, 이를 통한 이익공유형 사업을 시행할 수 있다.

전략 05　　**수소마을기업 - 주민 이익공유 및 지역상생발전 실현**

사업비　약 2,400억 원/개소(연료전지 40MW 구축)

사업내용　주민주도형 신재생에너지 집적화단지 사업으로 추가 REC 가중치 확보를 통한 지역상생발전 및 수소에너지 보급 확산

- **주민주도형 추진**
  - 지역주민, 사회적 소통을 통한 사업모델 구체화 및 대상지 선정
- **전 주기 행정지원**
  - 사업 준비부터 준공까지 전단계 단계별 행정절차 지원, 발전공기업 투자 연결
- **지역상생**
  - REC 추가 가중치(0.1) 확보를 통한 이익공유 추진
- **저금리 융자제도 마련 투자비 지원**

집적화단지 추가 REC 수익 예상

✓ (연료전지 40MW 추가 REC 수익) 약 26억 원/연
✓ (태양광 40MW 추가 REC 수익) 약 4억 원/연

- <생활 속 연료전지> 생활밀착형 수소생태계 실현을 위해 누구나 일상
  생활에서 수소를 이용하고 유용성을 직접 체감할 수 있도록 생활 속 연료
  전지 보급 확대를 추진한다.
  - 건물 연료전지의 보급 확대를 위해 공공건축물 수소 전환계획을 수립해
    신규건축 및 노후 공공건물 그린 리모델링 시 수소 의무비율을 설정한다.
  - 또한 가정용 연료전지 설치 보조금을 확대 지원하고 에너지효율 등급,
    녹색건축 인증 등에 따른 인센티브 지급을 통해 생활 속 친숙하고 안전
    한 연료전지에 대한 인식을 제고할 계획이다.

전략 06 **생활속 연료전지 - 생활밀착형 수소생태계 실현**

사업대상 공공 및 민간 건물 대상('30년까지 50MW 보급)
사업내용 건물 연료전지 보급 확대로 생활 속 친숙하고 안전한 연료전지 인식 제고

- 공공기관 의무화
  - 수소산업 육성 조례 개정 추진: 연료전지 의무비율 설정
- 제도활용
  - 연료전지 설치 요청 제도(수소법), 제로에너지건축물(ZEB) 인증 의무화
    *(수소법 대상) 지방공기업, 학교, 공공주택 사업자 등
    **(ZEB 대상) '23년 공공 500m² 이상, '25년 민간 1,000m² 이상 의무화
- 시 녹색건축물 설계기준 시행 ('21. 상반기)
  - 연면적 500m² 이상 건물 등 에너지절약계획서 제출,
    신재생에너지 설치 비율 설정
- 설치비 지원
  - 주택지원사업 확대를 통한 가정용 연료전지 설치 보조
- 인센티브
  - 에너지효율등급, 녹색건축 인증 등에 따른 차등 지급
    *재산세 3~10% 감면, 취득세 5~10% 감면(ZEB 인증 시 15~20%)

'인천형 수소생태계 구축 전략'의 비전과 전략

| 비전 | 행복한 시민·깨끗한 환경·신성장 산업이 조화로운
지속가능한 미래도시 조성 |

| 정책방향 | 친환경 수소에너지와 함께하는 탈석탄·탄소중립도시 인천 |

| 선순환 수소산업
밸류체인 구축 | | 수소기반
미래성장동력 창출 | | 일상생활 속
체감형 수소생태계 |

중점 추진과제

1. 수소생산 클러스터 구축을 통한 광역권 수소경제 발전 견인
   - 32,200톤/연 규모의 부생·바이오 수소 생산
   - 테스트베드 및 수소산업 지원생태계로 수소기업 육성

2. 청정수소 모빌리티 확대로 수송분야 수소경제 전환 가속화
   - 수소차 약 59,000대 보급
   - 버스, 청소·화물, 특수차량 등 교통·물류 부문 수소 전환

3. 분산형 블루수소 전원체계로 석탄화력 조기폐쇄 기반 마련
   - 수용성이 양호한 산단 활용, 수소연료전지 구축
   - 블루수소 인센티브 적용 및 연료비 할인체계 도입

4. 시민 편의 제고·접근성 확보를 위한 수소충전인프라 구축
   - 관내 전 지역 20분 이내 접근 가능 인프라망 조성
   - 복합충전소, CNG 전환 등 단계적 수소충전소 전환

5. 수소마을기업 구축을 통한 지역상생발전 실현
   - 40MW 이상 수소에너지 집적화단지 구축
   - 이익공유형 신재생 발전사업 추진으로 수소에너지 보급 확산

6. 생활 속 연료전지 보급으로 생활밀착형 수소생태계 조성
   - 건물형 수소 연료전지 보급 확대
   - 공공기관 건축물에 대한 수소 전환 계획 수립 및 추진

자료: "인천시, 인천형 수소생태계 구축을 통한 수소산업 선도기 주도권 설정", 인천시 부두자료
(2021.4.28.).

울산광역시는 현재 대표적인 수소산업 육성 선도도시라고 할 수 있는데, 2019년 '2030 세계최고 수소도시' 비전 선포 이래 2021년에 울산광역시 수소산업 육성 방안 수립을 통해 2021~2025년 기간의 수소경제 비전 및 전략 목표를 수립하였다. 그 개요를 소개하면 다음과 같다.[29] 세계 최고수준의 수소산업 도시로 도약을 위해 울산에 강점이 있는 '수소에너지'와 '수소차'를 양대 축으로 수소경제를 선도할 수 있는 산업생태계 구축 계획을 제시하였다. 특히 수소모빌리티 분야 글로벌 시장 경쟁력 제고를 위한 적극적 전략으로서 기업의 제품 개발 및 안전성 확보를 지원할 수 있는 거점 지원시설 구축을 반영하였으며, 산업기반이 취약한 중소기업에 대한 종합 지원책을 마련하였다. 수소공급 부문은 기존의 부생수소 생산 설비로 초기 수소산업에 필요한 공급을 충당하고, 향후 수소 수요 확대에 대비한 신재생에너지 기반 대용량 그린수소 생산기술 구축과 장기적으로 해외생산·수입에 대한 대응방안을 마련하고 있다. 현재 시점에서 가용한 부생수소와 장기적 관점에서 활용가능한 그린수소 중간단계에서 원가 경쟁력있는 블루수소 생산 기반 구축을 통해 단기-중기-장기에 적정히 대응할 수 있는 수소생산 다각화를 모색하고 있다.

울산광역시 수소산업 육성계획은 '준비된 수소경제 First Mover'로서 '세상을 바꾸는 울산형 수소산업'의 비전과 계획을 담고 있다. 이는 울산의 지역경제 혁신은 물론 국가의 수소경제 비전인 '세계 최고수준의 수소경제 선도국가로 도약'에 기여할 수 있는 정책의 틀과 기술 진보를 견인할 전략을 마련하는 데 중요한 의미가 있다. 수소경제는 수소를 주요 에너지원으로 사용하는 경제산업 구조로, 화석연료 중심의 에너지 시스템을 기반으로 하는 지역 주력산업의 체질을 개선하고 지역의 신성장동력을 확보하는 데 주요 목적이 있으며, 이를 위해서는 생산-유통-활용 전주기 생태계가 동시에 구축될 필요가 있다. 수소를 안정적으로 생산-저장-운송-활용하는 데 필요한 4대 분야 목표와 분야별 4개 대표사업을 제시하였다. 추진사업은 민·관 역할분담을 통해 Grey 수소에서 Green 수소까지 수소

---

29 김혜경 외(2021). 『울산광역시 수소산업 육성 방안』, 울산연구원

생산 방식을 다각화하고, 안정적이고 경제성 있는 수소 저장·운송 체계를 확립하며, 수소모빌리티 산업 육성으로 세계최고 수준의 수소산업도시로 도약하는 한편 시민이 체감하는 깨끗하고 건강한 수소도시 체계를 확립하고자 하였다.

울산광역시 수소경제 확산기 계획 방향

자료: 김혜경 외(2021). 『울산광역시 수소산업 육성 방안』, 울산연구원.

울산광역시 수소산업 육성 기본방향

정부 정책 추진방향		추진목표

공급
- 부생수소 공급변동 대응, 수소경제 본격화 대비 안정적 수소공급
- 그레이 수소에서 청정(블루-그린)수소로 생산방식 다각화
  ※ 중장기 수송용 수소수요 전망: ('22년) 3만 톤 → ('25년) 10만 톤 → ('30년) 37만 톤 → ('40년) 101만 톤

○ 단·중·장기 수소공급 구상
빈틈 없는 수소포트폴리오

블루수소
- (중·소규모) 추출수소 생산기지 구축
- 천연가스 기반 개질 수소 생산

그린수소
- 재생에너지(풍력, 태양광 연계) 연계 수전해 기술개발 및 실증
- 국내 부족분 공급을 위해 그린수소 도입

○ 수소유통 안정화 인프라 구축
경제적인 수소유통

저장유통
- 고압기체 수소에서 저압·고효율 액화·액상 등으로 다양화
- 대규모 액화플랜트 투자 및 공급 원활화를 위한 액화충전소 구축
- 수소 수입·비축기지 건설

○ 지역체질을 바꾸는 산업 생태계 조성
강한 수소기업 생태계

활용
- 모빌리티 다양화(버스·트럭·열차·선박 등 대형 모빌리티 활용)
- 수소차 공공조달 확대, 충전소 구축 활성화
- 연료전지 보급 확산, 수소발전 의무화 제도

생태계
- 정부사업의 유기적 연계를 통한 지역 생태계 조성
  - 수소클러스터(수소기업 연구기관이 혁신 창출)
  - 규제특구(수소 신기술, 신사업 실증)
  - 수소도시(생활형 수소인프라 보급)
  - 중앙전담기관 - 지역지원센터 협력 네트워크 구축

○ 시민이 체감하는 깨끗한 산업수도 구현
수소경제 선도기 대비

자료: 김혜경 외(2021). 『울산광역시 수소산업 육성 방안』, 울산연구원.

울산광역시 수소산업 전 주기 생태계 동시 구축 방안

안정적 **생산** 전천후 포트폴리오	끊김없는 **유통** 안정화 인프라	다양한 **활용** 산업체질 개선
부생수소	액화수소	수소 모빌리티 (상용차, 철도, 선박 등)
블루수소	수소배관	
그린수소	운송선	발전 (암모니아 혼소/수소터빈 등)
수전해 기술개발	유통센터	
CCUS 기술개발	수소충전소	산업 (석유화학, 자동차, 조선)
재생에너지 변동성 대응		

자료: 김혜경 외(2021). 『울산광역시 수소산업 육성 방안』, 울산연구원.

울산광역시 수소산업 육성 비전 및 전략 목표

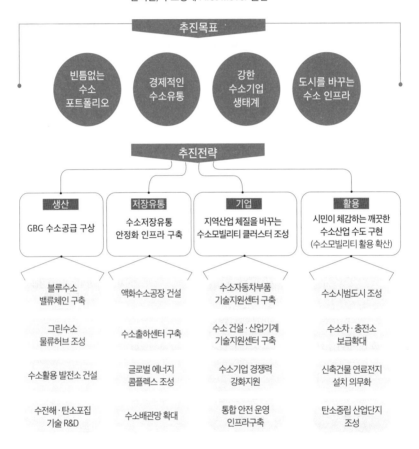

자료: 김혜경 외(2021). 『울산광역시 수소산업 육성 방안』, 울산연구원.

　　울산광역시 수소산업 육성계획의 세부사업 추진을 위한 공간계획(안)은 수소 생산유통 클러스터는 동북아 오일-가스 허브, 수소시범도시 사업 대상지를 중심으로 연계 확장, 수소모빌리티 클러스터는 이화/장현산단을 중심으로 경제자유구역, 수소도시 사업을 연계한 최적의 수소모빌리티 산업생태계 조성, ↑⊥ 혁신기술 클러스터는 연구개발특구, 경제자유구역 사업 대상지를 중심으로 기능

연계 강화 등이다. 또한 로드맵에는 수소경제 활성화에 중요한 수소유통 안정화 인프라 수소배관망의 공간 구상도 제시하고 있다.

울산광역시 수소산업 육성사업 공간계획(안)

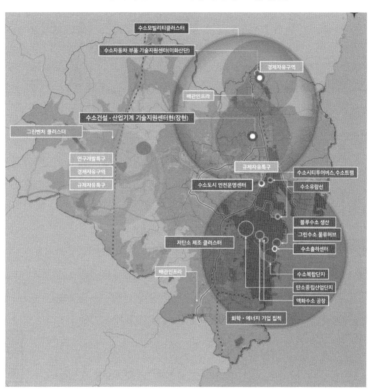

자료: 김혜경 외(2021). 『울산광역시 수소산업 육성 방안』, 울산연구원.

※ QR 코드로 원본 그림을 확인할 수 있습니다.

울산광역시 수소산업 육성을 위한 수소배관 확장 계획

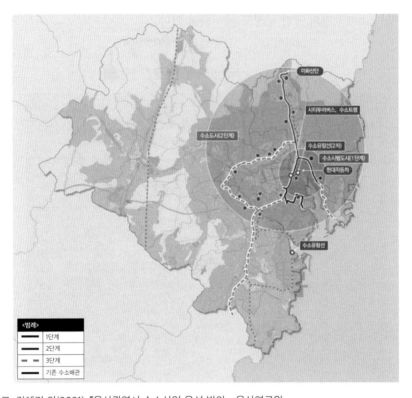

자료: 김혜경 외(2021). 『울산광역시 수소산업 육성 방안』, 울산연구원.

※ QR 코드로 원본 그림을 확인할 수 있습니다.

한 나라의 수소경제가 발전하려면 정부의 기업 지원 정책도 중요하지만 이에 못지 않게 기업 스스로의 역량 강화도 매우 중요하다. 미국, 독일, 일본, 호주의 사례처럼 수소경제를 선도하고 있는 국가들 역시 기업의 적극적이고 활발한 투자 참여와 협력 파트너십이 이루어지는 상태에서 발전하고 있음을 볼 수 있다. 특히 기업의 영리추구라는 본연의 기능도 중요하지만 수소경제 분야는 오늘날 기후변화, 탄소중립이라는 공공선 공동의 지상과제를 정부, 국민과 함께 해결에 동참해야 한다는 기업의 사명의식을 갖게 하는 기업 활동 영역이기 때문에 다른 어떤 경제분야보다 적극 참여해서 성과를 내도록 해야 한다. 한편으로는 수소경제가 친환경 미래 신산업으로서 기업들에게 그 어느 영역보다 신성장동력이자 미래 먹거리 산업군이므로 스스로 적극 참여할 필요가 있다. 수소경제 발전을 위해 기업들이 기술개발, 인력양성, 고용확대, 재정투자에 적극적으로 나서고 성과를 내는 것이 중요하다. 이를 위해 향후 기업들은 수소경제 경영 전략을 수립하고 더욱 강화, 실천에 옮기는 자세가 요구된다. 신성장동력 육성에 동참하여 기업 신장도 꾀하고 기후변화 대응에도 기여하는 기업像을 추구하도록 한다. 사실 기업 입장에서 수소경제에 적극 나서는 것은 오늘날 대표적인 기업경영 표상 중의 하나인 ESG 경영을 자연스럽게 달성하는 전략이기도 하다.

여기서는 수소사회 실현은 우리의 후대를 위해 반드시 해야 하는 것이라고 주장하는 현대자동차의 수소경영 비전과 미래 청정에너지인 수소사업을 개척하고, 탈탄소시대를 선도하겠다는 의미를 담은 수소경제를 견인하는 그린수소 선도기업이라는 수소사업 비전을 밝힌 포스코그룹을 소개한다. 현대차는 자동차 메이커로 넥쏘 수소차를 생산 판매하고 있지만 여기에 그치지 않고 수소생산, 수소연료전지 발전 등 수소경제 全 주기를 다루어 대한민국의 수소사회 건설에 솔선수범하며 나서고 있는 기업이다. 그리고 포스코그룹은 수소의 생산부터 운송·저장, 활용에 이르기까지 각 분야에서 추진중인 그룹사의 수소사업의 역량을 총망라해 '그린수소 사업모델'을 위한 밸류체인을 구축함으로써 대한민국 최대 수소 수요처이자 공급처로 발돋움할 계획이다. 이러한 현대자동차와 포스코그룹의 수소 비전은 타기업들에게 분명 시사하는 바가 크며, 본받을 경영전략이라고 할 수 있다. 아래에 기업의 수소경제 경영전략 방향의 사례로 현대자동차, 포스코그룹의 수소사업 경영 모델을 구체적으로 소개한다.

현대차의 수소전략은 수소의 생산과 운송, 그리고 공급을 통해 수소사회를 완성할 수 있는 인프라를 조성하는 것이다. 아래에 현대차의 수소비전을 소개한다.[30] "전기차와 함께 수소부문에서도 퍼스트 무버(선도자)로 도약해야 한다." 정의선 현대차그룹 회장이 그룹 내 간부들에게 수소사업의 중요성을 강조하면서 한 말이다. 청정 에너지인 수소의 가치를 고려할 때 앞으로 글로벌 시장 규모가 전기차 못지않게 성장할 것으로 예상되는 만큼 기술혁신을 이뤄 시장을 선점해야 한다는 취지였다고 한다. 현대차가 수소에 주목하자 글로벌 완성차 업체들도 주시하고 있다. 현대차그룹의 수소 전략은 수소차를 만드는 데 그치는 게 아니다. 수소를 생산해 이를 자동차 제조 공정에 활용하고, 수소차 연료전지를 활용해 전기를 생산·보관·거래하는 '수소 생태계'를 구축하겠다는 것이 목표이다. 현대차는 이미 수소차 넥쏘에 들어가는 수소연료전지 모듈을 발전용으로 활용하는 수소연료전지발전소를 운영하고 있다. 현대차 관계자는 기존보다 성능은 높아지고, 가격은 절반인 차세대 수소연료전지를 개발 중이라고 했다.

수소사회로의 전환을 선두 지휘하는 현대차그룹은 2020년 12월 CEO 인베스터 데이에서 수소연료전지 전담 브랜드인 'HTWO'를 런칭하기도 했다. HTWO는 2030년까지 수소연료전지 70만기 판매를 목표로 제시했다. 당시 정의선 회장은 "3~4년 안에 수명을 두배 이상 늘리고 원가는 절반 이하로 낮춘 차세대 수소연료전지를 개발해 시장을 선도하겠다"며 퍼스트 무버로서 수소경제를 이끌어가겠다고 밝혔다. 현대차는 2021년에 '2040, The Completion of Hydrogen Energy Shift' 수소사업 비전을 발표하며 2040년까지 수소에너지가 광범위하게 쓰일 수 있도록 하겠다는 방침 아래 수소사업 3대 방향성을 설정했

---

30 현대자동차 홈페이지와 언론기사에 나온 내용을 중심으로 인용 정리한 깃임.

다. 확장성, 경제성, 친환경성을 내세운 현대차는 수소에너지 시스템관련 사업을 지속적으로 넓히겠다고 밝혔다.

현대차그룹의 수소사업 비전

🎯	**사업목표**	수소 생산부터 수소차 판매까지 생태계 구축
🏭	**생산**	바이오 가스, 폐플라스틱 이용해 수소 직접 생산
⊘	**사업장 탈탄소화**	차량 도장(塗裝) 공정에서 LNG 대신 수소 이용
🔋	**수소연료전지**	기존보다 가격 1/2로 낮춘 차세대 수소연료전지 개발
☀	**전력원**	발전기로 수소차 연료전지 모듈 활용해 전력 생산
🚗	**모빌리티**	2025년 수소차 넥쏘 후속 모델 출시

자료: 현대차그룹(2023).

현대자동차그룹이 국내 최대 규모의 수소산업 전문전시회에서 자원순환형 수소 생태계 구축을 위한 기술력과 비전을 선보이며 수소경제 활성화에 앞장서고 있다. 현대차그룹은 'H₂ MEET 2023'에 참가해 엑시언트 수소전기트럭 청소차, 폐자원 수소생산 패키지, 이동형 수소충전소 등을 전시하며 수소생산부터 활용까지 전 생애주기에 걸쳐 적용되는 현대차그룹의 다양한 수소사업 기술을 선보였다. 현대차그룹은 행사가 자사의 체계화된 수소사업의 본격적인 시너지 효과와 비전을 공유할 좋은 기회가 될 것으로 기대한다며, 앞으로도 자원순환형 수소 생태계 구축과 수소경제 활성화를 위해 수소밸류체인 전반에 걸쳐 각 계열사 간 긴밀한 협력사업을 펼치며 수소 비전을 실현해 나갈 것이라고 밝혔다.

현대차그룹은 중국 광저우에 준공한 수소연료전지시스템 생산기지 'HTWO 광저우'를 통해 연 6,500기의 수소연료전지를 생산해 이베코 등 유럽 주요 상용차 제조사에 수소연료전지를 공급하는 것은 물론 유럽 청소차 시장을 주도하는 독일 파운그룹에 3년간 총 1,100기의 수소연료전지를 제공할 것이라고 밝혔다. 또한 수소연료전지의 공급범위를 수소버스, 수소트럭 등으로 확대해 나가는 한편 수소 생산·공급 인프라 확대 등 수소차 관련 사업에 투자를 강화할 방침이다.

현대차그룹의 그린수소 밸류체인

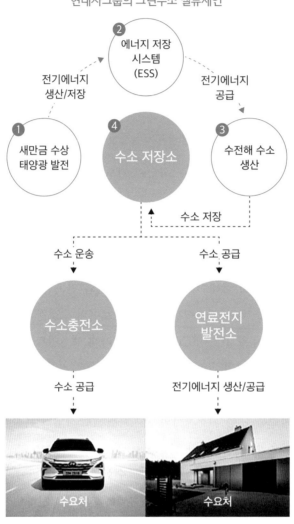

자료: 현대차그룹(2023).

이러한 현대차그룹의 수소차 강화는 탄소중립이라는 글로벌 과제에 발맞춰 수소경제 전환을 위한 수소사업을 강화함과 동시에 수소차 선도를 통해 '미래차 퍼스트 무버'를 완성한다는 전략이나. 현대자동차그룹은 지난 2013년 세계 최초 수소전기차 양산 모델을 출시한 이후 수소전기차 분야를 리드하고 있으며, 수소전기차 기술 기반의 수소연료전지 발전 시스템을 기반으로 전력을 생산해 수소산업 확대도 도모하고 있다. 현대자동차그룹은 이러한 수소기술을 통해 수소경제를 리드하는 기업으로 거듭나겠다는 비전까지 세우고 있다. 현대차는 투자자를 상대로 '최고경영자 인베스터 데이'를 열고 현대자동차 2025전략을 발표했다. 수소연료전지시스템 브랜드 'HTWO'를 발표하고, 수소생태계 확장에 박차를 가하겠다고 밝혔다. HTWO는 수소의 분자식 H_2라는 뜻과 수소연료전지 사업의 두 축인 수소(Hydrogen)와 인류(Humanity)를 뜻한다. 현대차는 HTWO 브랜드 출시를 계기로 국내와 유럽, 미국 중국을 3대 거점으로 수소 사업을 확장해 나갈 계획이다.

한편 2020년 12월, 포스코그룹은 미래 청정에너지인 수소사업을 개척하고, 탈탄소시대를 선도하겠다는 의미를 담은 <수소경제를 견인하는 그린수소 선도기업>이라는 수소사업 비전을 밝혔다. 아래에 포스코그룹의 수소비전을 소개한다.[31] 글로벌 수소 공급망 구축과 핵심기술 개발 투자를 통해 2030년까지 50만 톤, 2050년까지 700만 톤 생산체제를 구축하여 'Global Top Tier Hydrogen Provider'가 되는 것을 목표로 한다.

---

31 아래 내용은 포스코그룹 뉴스룸. "https://newsroom.posco.com/kr/포스코그룹 수소사업의 모는 것"(2024.3.5. 검색)에서 인용 정리힘.

포스코그룹 수소사업 비전 및 로드맵

글로벌 Top Tier 수소 Provider
2030년 50만 톤 → 2050년 700만 톤

사업목표

생산투자		기술확보		수요개발
글로벌 청정수소 생산거점 구축	—	핵심기술 R&D, 유망기업 M&A	—	발전/산업용 대외 수요개발

전략 방향

1. 수소환원제철용 수소의 안정적 확보	2. 친환경 수소발전연료 전환 선도	3. 국내외 산업용 수요 개발 및 대응
• 국내외 철강탈탄소 전략연계 수소생산 PJT 개발	• 포스코에너지 혼소발전계획과 연계한 수소생산 PTJ 개발 • 대외 발전사 수요, 인프라 개발	• 제철소 인근지역 부생수소 개발 • 신규 탈탄소 산업용 수요 개발

2050년	2050년		2050년	
370만 톤	**220**만 톤		**110**만 톤	
Captive	Captive	Non-Captive	국내	해외
370만 톤	130만 톤	90만 톤	30만 톤	80만 톤

자료: 포스코홀딩스(2022). 기업시민보고서.

사업목표는 왼쪽부터 생산투자(글로벌 청정수소 생산거점 구축) 가운데 기술확보(핵심기술 R&D, 유망기업 M&A), 오른쪽 수요개발(발전/산업용 대외 수요개발)이다. 전략방향으로 왼쪽 수소환원제철용 수소의 안정성 확보, 국내외 철강탈탄소 전략업계 수소생산 PJT 개발, 2050년 370만 톤 CAPTIVE 370만 톤으로 늘릴 방향이며, 가운데 친환경 수소발전연료 전환 선도, 포스코에너지 혼소발전계획과 연계한 수소생산 PTJ 개발, 대외 발전사 수요, 인프라 개발 2050년 220만 톤 CAPTIVE 130만 톤, NON−CAPTIVE 90만 톤, 오른쪽 국내외 산업용 수요 개발 및 대응 제철소 인근지역 부생수소 개발, 신규 탈탄소 산업용 수요 개발 2050년 110만 톤 국내 30만 톤 해외 80만 톤을 생산할 계획이다.

포스코그룹은 포스코의 수소환원제철과 포스코에너지의 발전 사업 자체만으로도 대한민국 최대 규모의 수소 수요가 발생하는 기업이다. 2050년 수소 생산 700만 톤 중 포스코그룹의 내부 수요는 500만 톤에 이를 것으로 예상되며, 이

중 수소환원제철용은 370만 톤, 수소발전용은 130만 톤으로 전망된다. 포스코그룹은 수소환원제철용 수소를 안정적으로 확보하고, 친환경 수소 발전 연료로의 전환을 선도하며, 국내외 산업용 수소 수요를 개발·대응하는 것으로 수소사업의 전략 방향을 설정했다. 안정적인 내부 수요를 바탕으로 경제적인 수소 생산 및 운송 체제를 구축해 외부 판매까지 연결하는 수소사업 모델을 구축하고 있다. 포스코그룹은 수소의 생산부터 운송·저장, 활용에 이르기까지 각 분야에서 추진 중인 그룹사의 수소사업의 역량을 총망라해 '그린수소 사업모델'을 위한 밸류체인을 구축함으로써 대한민국 최대 수소 수요처이자 공급처로 발돋움할 계획이다.

포스코그룹 그린수소 사업모델

자료: 포스코홀딩스(2022). 기업시민보고서.

2020년 12월 포스코는 탄소배출 감축 목표로 2030년 사업장 감축 10% 및 사회적 감축 10%, 2040년 50%, 2050년 탄소중립·달성하는 <2050 탄소중립>을 선언한 바 있다.

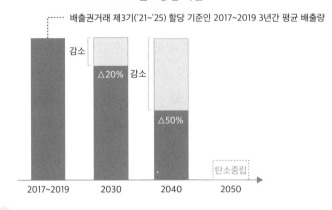

2050 포스코 탄소중립 비전

배출권거래 제3기('21~'25) 할당 기준인 2017~2019 3년간 평균 배출량

| 사업장 감축 | 에너지효율개선, 저탄소 원·연료대체 ⟶ 포스코형 수소환원제철 HyREX 상용화 |
| 사회적 감축 | 저탄소 철강재(고장력 강판, 전기강판) 공급, 철강 부산물의 친환경적 자원화 확대 등 |

자료: 포스코그룹 내부자료(2021).

포스코는 '2050 탄소중립'을 실현하기 위해 석탄과 철광석을 반응시켜 탄소를 배출하던 전통적인 고로 공정 제철 방식을 벗어나 FINEX(파이넥스) 공정 유동환원로 기술을 바탕으로 한 HyREX(하이렉스) 수소환원제철 기술을 개발 중이다. HyREX에서 수소는 예열을 거쳐 다단으로 구성된 유동환원로 하부로, 그리고 광석은 상부로 투입되어 고체환원철(DRI)이 만들어진다. 이후 그린 전력을 이용하여 전기로 내에서 DRI를 녹이면 CO_2 배출없이 쇳물을 생산할 수 있다. 포스코의 수소환원제철 HyREX는 철광석 분광을 가공 없이 산지 그대로 직접 사용하는 유동환원로 방식을 채택함으로써 사전 가공된 펠렛(Pellet)을 사용하는 샤프트환원로 기반 수소환원제철보다 원료 확보가 용이하고 생산원가가 경제적이다.

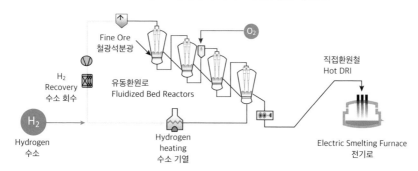

포스코 HyREX(하이렉스) 수소환원제철 개념도

Fine Ore
철광석분광

O_2

H₂
Recovery
수소 회수

유동환원로
Fluidized Bed Reactors

직접환원철
Hot DRI

H_2

Hydrogen
수소

Hydrogen
heating
수소 기열

Electric Smelting Furnace
전기로

자료: 포스코그룹 내부자료(2021).

　　포스코그룹이 보유한 발전소 설비 전체 용량은 약 6.5GW로 이를 모두 수소발전으로 전환 시 연간 200만 톤의 수소 수요가 창출된다. 포스코에너지는 보유 발전소 운영노하우와 발전터빈 기술사와의 협력을 통해 2027년부터 안정적이고 친환경적인 수소혼소발전 기술을 도입할 계획이다. 포스코에너지가 개발하는 수소혼소발전은 최대 50%까지 수소 혼소가 가능하며, 20%의 이산화탄소를 저감할 수 있다. 2027년 3, 4호기를 시작으로 2035년 9호기까지 단계적으로 수소혼소를 확대해 나갈 계획이다. 또한 발전소 부지 내에 청정수소 공급인프라를 동시에 구축하여 인근 발전소를 대상으로 수소연료 공급도 추진해 나갈 예정이다.

　　포스코는 수소의 생산에서 활용까지 수소 밸류체인 전 분야에서 사용 가능한 수소용 강재를 개발하고 있다. 수소배관, 모빌리티용 연료탱크, 수소충전소와 액화수소용 저장탱크 등 가격 경쟁력을 갖춘 포스코의 친환경 에너지용 강재를 통해 수소의 상용화 시기를 앞당긴다는 계획이다. 포스코는 영하 45℃에서도 용접부가 외부 충격에 견딜 수 있게 개발된 기체 수소 이송용 배관을 수소시범도시인 안산과 울산에 적용했다. 수소는 압력이 높아지면 금속에 침투, 열화시켜 금속을 깨뜨려버리는 '수소취성'을 일으킨다. 용접부는 수소취성에 약하기 때문에 지금까지 수소 이송용 배관은 용접을 하지 않고 만드는 6인치 이하의 수입산 무계목 강관(Seamless)을 주로 사용해 왔으며, 8인치 용접강관은 안전을 위해 제한적으로 사용되어 왔다. 이에 포스코는 용접부의 수명과 안전성을 크게 향상시킨 8인치 수소배관용 강재를 신규 개발하여, 수입재보다 70% 저렴한 가격으로 경제성 확보는 물론 소재 국산화에도 기여하고 있다.

⑩ 주민수용성 증대[32]

수소하면 폭발한다는 국민 의식이 우리나라 수소경제 발전의 발목을 단단히 붙잡고 있다. 수소 안전성에 대한 획기적인 국민 의식 전환없이는 지금 형국으로는 어떤 정부정책이나 기업투자 활동도 커다란 성과를 담보할 수 없을만큼 수소사업 추진에 있어 주민수용성 극복은 거대한 산과 같은 이슈이다. 특히 수소경제 인프라에 중요한 수소충전소, 수소연료전지발전소, 수소생산기지 건설은 그간 주민반대로 취소되거나 지연된 사례가 상당하다. 수소기업들에게는 엄청난 장애요소이자 사회적 비용 부담으로 크게 이어지고 있다. 수소는 LNG보다 안전한데 수소폭탄 폭발과 같은 오해에서 비롯된 이 이미지 개선을 하지 않고는 제대로 된 수소사업을 펼칠 수 없을 정도이다. 획기적인 주민수용성 방안을 찾아야 수소경제 발전의 기회가 담보될 수 있다. 사실 서울 여의도 국회의사당 내에서 다년간 아무런 사고없이 안전하게 운영되고 있는 국회수소충전소를 시민들이 쉽게 볼 수 있는데도, 제대로 된 홍보효과가 큰 매체의 방식으로 정부 당국의 좋은 사례에 대한 홍보 활동이 미흡하여 아쉬움을 더 자아내고 있다. 이처럼 안전하게 실제 운영되고 있는 사례를 공중파 방송을 통해 지속적으로 공익광고를 진행하게 되면, 수소 불안을 크게 해소하여 수소사업 입지시 주민수용성이 크게 증대될 수 있을 것이다. 그리고 대통령, 정치인, 유명인 등 사회 오피니언 리더들이 적극 나서서 수소안전에 대한 체험을 국민들에게 보여주는 등 적극적인 대국민 홍보 활동도 필요하다고 전문가들은 지적한다.[33] 이와 더불어 입지에 따른 인근 주민

---

32   강철구·김군수(2021). 『파주시 수소경제 활성화 방안 연구』, 경기연구원에서 수요 부분을 빌려 정리함.

33   "수소차 못 따라가는 충전소 보급… 인진 홍보 무색", 연합뉴스(2023.3.22.).

들을 위한 이익공유제 등 상생방안을 전향적으로 도입, 실시하면 역시 주민반대를 극복하는 데 유용할 것이다. 수소경제 발전을 위해 실질적인 주민수용성 증대 방안을 정부와 기업이 다각도로 모색하여야 한다.

도심지 내 안전하게 운영 중인 수소충전소/수소연료전지발전소 사례

국회수소충전소

서울 양재 수소충전소

인천시 동구 수소연료전지발전소

인천시 서구 수소연료전지발전소

자료: 중앙일보. "https://www.joongang.co.kr/article/23645958#home"(2024.3.8. 검색).
　　　머니투데이. "https://news.mt.co.kr/mtview.php?no=2020110912440342570"(2024.3.8. 검색).
　　　헤럴드경제. "https://heraldk.com/"(2024.3.8. 검색).
　　　한겨레. "https://www.hani.co.kr/arti/economy/economy_general/1028447.html"(2024.3.8.
　　　검색).

사업자와 인근 주민이 '실질적' 상호이익이 되게 하는 방향으로 추진하는 것이 설치 단계에서의 주민수용성을 가장 높이는 지름길이다. 오늘날 수소하면 주민들이 수소폭탄을 연상하여 수소관련 시설을 설치하는 데 있어 주민반대로 쉽지 않은 것이 현실이다. 주민반대로 인한 주민수용성 문제가 수소충전소 설치나 연료전지 발전시설 구축 시 쟁점이 되어, 이를 사전에 해결하지 않으면 좀처럼 사업 진척이 현장에서 이루어지지 못하는 문제점이 지속 발생하고 있다. 향후 수소충전소, 연료전지 발전시설 등의 주민반대가 심한 수소사업에 대한 주민

수용성 제고를 위해 기본적으로 다음과 같은 네 가지 기본방향을 지향하는 것이 필요하다. 첫째, 사업자와 인근주민 간 "'실질적' 상생형"으로 추진하여 주민들의 협력과 동의를 갈등 초기에 원활하게 이끌어내도록 하는 전략이 필요하다. 사업자들은 갈등비용과 사업 지연에 따른 손실을 최소화하기 위해서는 갈등초기부터 과감한 실질적 상생형을 주민들에게 제시하여, 갈등 협상을 조기에 매듭짓는 것이 시행 사업 전체의 경제성 측면에서는 더 유익하다는 점을 먼저 인식하는 것이 중요하다. 둘째, 인근 주민들은 궁극적으로 당해 시설 입지에 따른 "실용적인 경제적, 금전적 보상이나 지원"을 바라기 때문에 당해 지자체와 사업시행자는 이 부분에 가장 주안점을 두고 주민수용성 제고 방안을 강구해 나가도록 한다. 셋째, 경제적 보상 못지않게 시설 입지에 따른 인근 지역주민들을 위한 "주민 생활편익시설"을 지어 제공하는 방안도 주민 동의를 조기에 이끌어낼 수 있는 방안 중 하나라는 점을 인식하여야 한다. 넷째, 수소산업 시설을 특정 지역에 설치시 주민반대가 발생하고 악화되는 요인 중의 하나가 주민들 입장에서 갈등 초기에 설치시설 자체에 대한 성격과 정보, 그리고 설치현장에 대한 정보에 소외되어 있다고 느끼는 데 있다. 따라서 당해 지자체와 사업시행자는 주민들에게 영향을 줄 수 있는 시설 사업에 대한 모든 정보를 공개하고 현장 방문 및 견학 체험을 할 수 있도록 안내하여, 공사 시설에 대한 정보를 정확히 알려 정보가 왜곡 전달되지 않게 하는 상호신뢰에 바탕을 둔 "진정한 정보공유와 현장소통" 기조를 실천하는 것이 매우 중요하다.

주민수용성을 보다 쉽게 해결하기 위해 동종 수소사업에 대한 타 모범 극복 사례를 벤치마킹하여 실행에 옮기는 것도 효과적 방안이다. 주민기피시설에 대한 주민수용성 문제는 그 역사가 오래 되어 해결방안이나 노하우가 지금껏 많이 개발되어 축적된 우수사례가 많이 존재한다. 수소사업 입지 갈등뿐만 아니라 그간 폐기물처리시설과 같은 각종 환경기초시설 입지 갈등에 따른 주민수용성 제고 방안 전략들이 많이 알려져 있어, 이런 사례들을 수소사업 시행 여건에 맞게 취사선택하여 적용 시도해 보는 지혜가 필요하다. 지자체의 경우 가장 비용효과적인 주민수용성 제고 방안 중의 하나의 접근방법이 지역 내 이루어진 기존 모범적인 주민반대 극복 정책 사례나 타 지역 모범 극복 사례를 벤치마킹하여, 사업 시행시에 민간사업자와 협력·적용 확산시켜가면 주민반대를 효과적으로 극복할 수 있을 것이다.

주민수용성 제고 기본방향

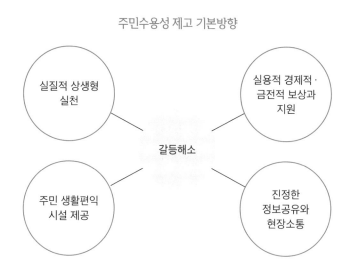

자료: 강철구·김군수(2021). 『파주시 수소경제 활성화 방안 연구』, 경기연구원.

구체적 주민수용성 제고 방안으로는 첫째, 이익공유제 도입을 실시한다. 수소산업 시설 등 주민기피시설이 당해 지역에 설치되는 경우 주민들이 반대하는 이유로 건강권 침해, 주변 환경훼손 우려도 있지만 무엇보다 시설 입지에 따른 경제적 이익이 외부에서 온 사업자에게만 돌아가고 당해 지역 인근주민들에게는 아무런 이익이 없다고 인식하기 때문이다. 따라서 향후 수소산업 시설 설치 시에는 주민반대가 예상되는 경우 이해관계에 있는 인근주민들에게 실질적인 경제적 보상이나 금전적 지원 내지는 물질적으로 가시적 이익이 주어질 수 있도록 이익공유제를 과감히 실천하도록 한다. 지자체나 민간사업자 입장에서 주민반대로 사업 자체가 취소되거나 지연되어 발생하는 손실비용이 이익공유제를 시행하여 소요되는 보상비용보다 보통 더 클 수 있기 때문에 이익공유제를 갈등 초기 적극 시행, 주민반대를 극복하고 시설 사업을 원활하게 착수하는 것이 훨씬 더 경제적일 수 있다. 이익공유제의 유형으로는 인근주민들에게 협상을 통해 그들이 바라는 수준의 경제적·금전적 직접 보상을 하는 방식, 시설 입지로 나오는 수익금 일부를 배분하는 방식, 소위 '시민펀드형' 공동투자 조합으로 참여하게 하여 매출액 일부를 할당 지급하는 방식, 주변에 주민 생활편익시설을 설치 제공하여 이용하게 하는 방식, 전기료 상하수도요금 등을 인근주민들에게 감면하는 방식 등 다양하게 존재할 수 있다. 당해 갈등지역의 성격을 고려하고 주민과의 협상을 통해 그에 맞는 적절한 이익공유제 방식을 채택할 수 있을 것이다. 둘째, 모범사례를 적극 벤치마킹하여 적용 확대하는 것이다. 유사한 갈등사례에서 성공적으로 도입한 주민수용성 제고 방안을 벤치마킹하여 적용하면 비용효과적으로 주민 반대 극복이 가능할 수 있다. 이러한 측면에서 파주시가 자체 시행한 농촌상생형 연료전지 발전사업, 인천시 동구에서 시행한 연료전지발전소는 대표적인 모범사례로서 타 지자체나 사업시행자들도 벤치마킹할만한 가치가 있다. 파주시는 갈등을 줄이기 위해 농촌지대에 연료전지 발전시설을 설치하려고 했는데 이 역시 인근 농촌마을 주민들이 반대하여 좀처럼 착공이 쉽지 않아, 이를 극복하기 위해 당해 인근 농촌마을에 무상으로 도시가스 공급시설을 설치 제공하여 주민수용성을 달성한 것은 우수한 사례로 평가된다. 파주시는 연료전지 발전시설을 주민동의를 통해 별다른 갈등없이 설치를 할 수 있었으며, 인근 마을주민들은 도시가스 무상설치 공급으로 기존 LPG 사용 때보다 평균 연간 123만 원 절감, 도시가스사는 신규 소비처 확보, 발전사는 대용량 REC 확보 등 상생 원원 정책사례를 보였다. 그리고 2021년 7월에 완공한 인천시 동구의 인천연료전지(주)의 연료전지발전소는 네 가지 점에서 주민수용성의 우수사례로 평가받는다. 발전소 인근 의무법정지원금 지역범위 5km 내에 있는 지역 동구, 중구, 미추홀구가 협상을 하여 보상범위 지역을 동구 하나로 좁혀 직접 이해관계 주민들에게 실질적인 지원금이 집중 지급되도록 한 점이다, '인천연료전지 민관안전·환경위원회'를 만들어 인근주민들이 의사결정에 직접 참여하는 신뢰에 바탕을 두고 소통을 한 점, 연료전지발전소의 장단점을 있는 그대로 현장 체험과 견학을 통해 꾸밈 없는 정보 제공과 소통을 한 점, 갈등의 소지를 근원적으로 최소화하기 위해 입지 자체를 주거단지와 멀리 떨어져 있는 산업단지 내에 설치한 점 등이 주민수용성 측면에서 타 지자체나 사업시행자들이 벤치마킹할 만한 내용을 담고 있다. 인천시 동구 수소연료전지 '갈등해결을 위한 민·관합의서' 제4항에 의거하여 인천연료전지 발전소 주변 지역주민의 건강권을 확보하고, 연료전지 발전소의 안전하고 원활한 운영 도모를 위한 '인천연료전지 민관안전·환경위원회'를 구성하였다. 주민 공고를 통해 지원한 11명의 주민이 위원회 주민 위원으로 참여 활동하였다.

농촌상생형 연료전지 발전시설 설치 주민수용성 우수사례(파주시 도내1리)

| 도내1리 연료전지 발전시설 | 마을 도시가스 공급 |

자료: 파주시 내부자료(2020).

농촌상생형 연료전지 발전시설 이해관계자 상생 효과(파주시 도내1리)

지역주민	파주시
• 각 가정 연간 최대 123만 원 절감 　- (안전) LPG 용기보다 5배 이상 　- (편리) 빠르고 깨끗한 취사·난방 　- (경제적) LPG 대비 123만 원/년 절감	• 에너지 복지 실현 및 예산절감 　- (에너지복지 실현) 도시가스 보급률 도심 　 (89.3%)과 농촌(57.4%) 격차 완화 　- (예산절감) LNG 보급, 소형 LPG탱크 건설 　 계획 이행 불요(국비 약 600억 원)
한국동서발전	서울도시가스
• 주민수용성 100% 사업모델 확보 　- (사회적 가치 실현) 농촌 상생형 신재생 　 에너지 사업모델 확보 　- (대용량 REC 확보) 연간 약 3만 REC 기여	• 신규 소비처 확보로 지속성장 　- (신규 판로 확보) 8MW 연료전지 소모, 　 LNG는 연간 약 18,792세대 　 *파주시 내 공급 중인 15만 세대의 12.5% 　 수준 　- (장기 고정 매출 확보) 설비운영기간 총 　 1,600억 원 판매(80억 원×20년)

자료: 파주시(2020). 『2020 규제개혁 및 적극행정 우수사례집』.

셋째, 도시외곽에서 도심지로 점차 확대하는 점진적 수소산업시설 설치 전략을 추진한다. 수소충전소, 연료전지 발전시설 설치에 따른 주민반대는 주로 아파트 등 주택이 밀집해 있는 주거단지 주변 입지에서 많이 발생한다. 인구가 많은 지역 주변에 주민기피시설이라고 인식하는 수소관련 시설이 입지할 경우 그만큼 이해관계자 인구가 많아 주민반대에 따른 주민수용성이 낮아질 가능성이 높다. 이러한 현상을 극복하기 위해 수소산업 초기인 지금은 인구밀도가 낮은 도시외곽이나 농촌지대에 주로 수소충전소와 연료전지 발전시설을 우선 설치하고, 이후 사고 없이 성공적인 설치 및 운영 기존 사례를 중심으로 차츰 수소 안전성에 대한 주민 인식개선이 확대되면 도심지로 설치 확대하는 전략적 접근 시도가 필요하다. 즉 수소산업 시설 입지 주민반대의 주된 요인 중의 하나가 수소폭발 위험성 우려가 인식에 내재되어 있어 그런 만큼 이러한 잘못된 인식개선의 지름길로서 우선 지자체내 인구밀도가 낮은 도시 외곽지역에 가능한 설치를 먼저 하여, 시민들의 현장 시설 이용으로 수소 안전성을 실제 눈으로 보고 경험 체험하게 해서 그 안전성을 토대로 주민수용성 확보, 시설 설치를 도심지로 확대해 가는 것이다. 넷째, 잘못된 수소에너지 이미지에 대한 올바른 정보 제공과 홍보는 주민수용성 제고에 크게 기여할 수 있다. 주민수용성이 낮은 것은 경제적 보상이 미흡한 것에도 주요 원인이 있지만 수소하면 폭발한다는 잘못된 인식이 저변에 깔려 있기 때문인데, 주민수용성을 높이기 위해서는 수소는 안전하다는 캠페인을 지속적으로 수행해 나가는 것이 급선무이다. 대국민 수소안전 캠페인을 중앙 및 지방정부, 민간사업자가 공동 출연하여 공중파 방송을 통한 수소안전 광고 형식의 홍보를 실시하는 것도 매우 필요하다. 이제까지 주로 현장설명회, 교육체험장, SNS 온라인을 통해 수소에 대한 잘못된 시민인식을 개선하고 안전성 홍보를 해왔지만, 인식개선에 큰 효과가 없었던 만큼 공중파 TV 수소안전성 광고를 황금시간대에 과감하게 시도하는 것이 필요하다. 또한 수소산업 시설 설치시 반대를 하는 지역주민을 대상으로 안전하게 운영되고 있는 기존 수소충전소나 연료전지 발전시설을 실제 견학 체험하는 프로그램을 운영하여, 수소는 안전하지 않다는 왜곡된 정보를 바로 잡아줄 필요가 있다. 직접 보고 느끼는 것보다 더 유용한 정보 공유나 홍보 수단은 없으므로 주민수용성 방안 수립 시 지자체나 민간 사업자들은 이러한 주민 현장체험 프로그램을 처음부터 계획, 공식화하여 실행하도록 한다.

CHAPTER

05

수소경제가 그리는
미래像

수소경제가 그리는 미래像

지금으로부터 25년 후인 2050 수소경제가 그리는 우리의 미래상은 대체로 어떤 모습일까? 국내외적으로 수소경제가 처한 난관을 극복하고 성공적으로 추진, 성과를 낼 경우 수소경제가 그리는 미래 모습像을 상상해 본다. 몇 가지 주요 지표를 통해 수소경제의 미래상을 전망해 보고자 한다. 이는 어디까지나 가상의 예상에 불과하며, 실제 모습은 누구든 2050년이 되어서야 알 수 있을 뿐이다. 아무튼 이러한 미래 모습상을 예상하면서 우리 모두 수소경제에 대해 좀 더 이해를 넓히고, 동기부여가 되어 신산업 육성 특히 기후변화 완화를 위해서도 수소경제 실현에 함께 참여할 필요가 있다.

1 수소경제 기능만으로 전 세계 이산화탄소 배출량 50% 감축 기여

2023년 전 세계 에너지관련 이산화탄소 배출량이 사상 최대치를 기록하였다. IEA의 '2023년 이산화탄소 배출량(CO₂ Emissions in 2023)' 보고서에 따르면 2023년 전 세계 CO_2 배출량이 374억t으로 2022년 보다 4억 1천만t(1.1%) 되레 늘있다. 특히 단소 배출량 1위와 3위인 중국과 인도의 배출량이 각각 5억 6,500

만t, 1억 9천만t씩 늘어난 것으로 나타났다. 2023년까지 10년간 전 세계 탄소 배출량은 해마다 0.5% 이상 증가해 왔다.[1]

이처럼 전 세계 이산화탄소 배출량은 증가세는 둔화되고 있지만 여전히 절대 배출량은 증가하고 있다. 그간 각종 친환경 공정, 화석연료 대체 재생에너지 공급을 큰 폭으로 늘려 왔지만 이들 방안으로는 여전히 역부족이라는 것이 증명되고 있다. 향후 25년 동안 2050년에 탄소중립 친환경 미래 신산업의 대표주자인 수소경제 기능만으로 현재의 전 세계 이산화탄소 배출량 374억t의 절반인 187억t으로 감축하는 데 기여할 수 있을 것이라고 기대해 본다. 즉 2050 탄소중립(Net Zero) 달성을 현재의 탄소배출량 374억t을 "0t"으로 줄이는 데 있어 수소경제가 50% 기여할 수 있고, 아니 기여해야만 하며, 그리고 나머지 50% 감축 기여도는 재생에너지, 탄소흡수원, 친환경 공정 등에서 기여하면 된다는 기대이다.

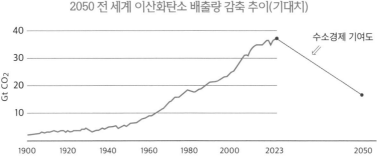

2050 전 세계 이산화탄소 배출량 감축 추이(기대치)

자료: IEA(2024). CO₂ Emissions in 2023 – A new record high, but is there light at the end of the tunnel?에서 재정리.

우리나라의 경우 수소경제 활성화를 통해 2050년경에는 경제성장(GDP)도 현재보다 3,500조 원으로 두 배 이상 성장해 있고, 동시에 온실가스도 점점 감축하여 넷제로 "0"이 되어 있는 미래像을 예상해 본다. 향후 25년간 재생에너지 확대 정책과 더불어 탄소경제를 완전히 대체할 수 있는 '수소경제'를 적극 육성하여, 경제성장과 탄소중립을 동시에 이룬 한국이 되어 있기를 모두 고대한다.

1   IEA(2024). CO₂ Emissions in 2023 – A new record high, but is there light at the end of the tunnel?.

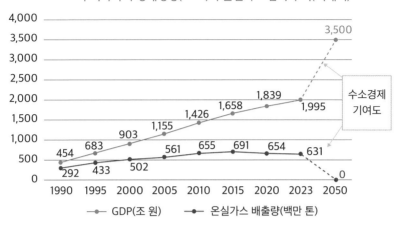

2050 우리나라의 경제성장(GDP)과 온실가스 감축 추이(기대치)

연도	1990	1995	2000	2005	2010	2015	2020	2023	...	2050
GDP(조 원)	454	683	903	1,155	1,426	1,658	1,839	1,995	...	3,500
온실가스 배출량 (백만 톤)	292	433	502	561	655	691	654	631	...	0

자료: 한국은행. 국민계정; 환경부. 온실가스 종합정보센터 온실가스 배출량 자료를 토대로 작성함.

② 게임체인저 '천연수소' 생산 – 유통 – 활용

현재 수소경제 발전 명분의 걸림돌로 작용하고 있는 것이 대부분 수소생산 과정에서의 탄소배출을 우려하는 여론이다. 이로 인해 탄소배출 감축 대안으로서의 수소경제가 더 확산되지 못하는 문제가 지속되고 있는 경향이다. 이는 태양광, 풍력, 바이오, 소수력 등 재생에너지의 탄소배출 감축 기여도에서 밀리는 명분을 제공하여, 좀처럼 재생에너지론자들로부터 수소생산과 수소경제의 확장 필요성에서 설득력을 잃는 안타까움으로 연결되기도 한다. 이러한 우려와 걱정을 한꺼번에 불식시켜 2050년을 향해 수소경제를 일대 혁신, 대도약을 가능케 하는 수소생산의 게임체인저인 무탄소 배출 궁극의 "천연수소(natural hydrogen, white hydrogen, gold hydrogen, 백색수소)"의 탄생과 그 거래시장 확대를 예상할 수 있는 보고서들이 속속 등장하고 있다. 경제성이 있는 것으로 판명되면 기존 수소생산

방식과 수소를 완전 대체할 수 있는 저렴한 무탄소 천연수소가 일대 수소경제의 발전과 혁신을 가속화할 것으로 예상된다.

천연수소는 지구 맨틀 상부에 널리 분포돼 있는 감람석이 주요 공급원이다. 철 성분이 풍부한 감람석이 고온고압에서 물과 반응해 사문석이 되는 과정에서 천연수소가 만들어진다. 철이 물 분자로부터 산소 원자를 빼앗고 수소를 방출하게 되는데, 이것이 지하에 매장되어 있는 천연수소이다. 최대의 천연수소 웅덩이가 알바니아 광산에서 발견됐다는 연구보고에 이어, 지구상 땅속에 갇혀 있는 천연수소가 총 5조톤에 이른다고 한다. 5조톤이면 전 세계 연간 소비되는 수소 1억톤을 기준으로 할 경우 5만년, 향후 예상되는 연간 5억톤을 기준으로 할 경우 1만년 동안 쓸 수 있는 양이다.[2] 수소경제 판도를 바꿀 게임체인저라고 해도 과언이 아니다.

고온고압에서 지하수와 반응해 천연수소를 생성하는 철분이 풍부한 감람석

자료: 한겨레. "https://www.hani.co.kr/arti/science/science_general/1129799.html"(2024.3.9. 검색).

2   한겨레. "https://www.hani.co.kr/arti/science/science general/1129799.html"(2024.3.9. 검색).

천연수소는 다양한 지질학적 반응을 통해 생성되어 탄소배출이 거의 없는 고순도 수소이다. 천연수소는 매장량, 시추 난이도 등에 따라 다를 수 있지만 생산비용이 50센트~1달러/kg 또는 그 이하일 정도로 저렴한 장점을 지니고 있다. 천연수소는 탄소 발자국이 적은 저탄소 자원일 뿐만 아니라 생산단가가 1kg당 최대 11.8달러에 달하는 그린수소에 비해 압도적인 가격 경쟁력을 가지고 있다. 이처럼 저렴하면서 탄소 무배출의 고순도 천연수소는 수소경제에 '새로운 가능성'을 제시하고 있다. 천연수소는 수소경제의 성장 경로 자체를 바꿀 획기적인 개념이나 아직은 가능성에 초점을 맞춰야 한다. 매장량, 기존 화석 연료 전용 시추 방식의 활용 가능성, 시추의 난이도 및 기간, 경제성, 안전성 등 짚고 넘어가야 할 요소들이 산재해 있기 때문이다. 호주, 미국, 프랑스, 스페인, 동유럽, 러시아, 오만, 브라질, 말리 등 국가 및 지역에서 천연수소관련 프로젝트들이 추진되기 시작했다. 새로운 '골드 러시'가 시작된 것인지 꾸준히 지켜볼 필요성은 충분히 존재한다.[3]

미국 네브라스카의 천연수소 시추 시설(2019년)

자료: "https://www.chemistryworld.com/features/the-hunt-for-natural-hydrogen-reserves/4017747.article"(2024.3.9. 검색).

---

[3] 최규현(2023). 백색수소가 갖는 시사점, 「SECTOR REPORT」, 신한투자증권.

세계 천연수소 매장 추정 지역

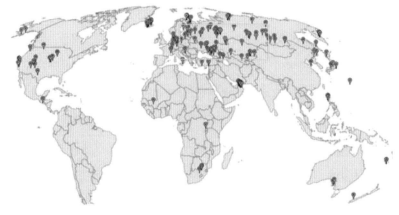

자료: Recent Advances in White Hydrogen Exploration and Production: A Mini Review(Amazon
　　　Web Services. Ms_JENRR_99222%20(4).pdf).

3　전국 13,135개 주유소·LPG충전소의 1/4 대체할 액화수소충전소

　　현재는 주로 기체수소와 기체수소충전소가 생산 및 유통, 활용에서 대부분
을 차지하지만 기체수소보다 여러 면에서 장점을 가진 액화수소와 액화수소충전
소가 향후 더 진보한 기술개발과 생산비용 인하에 따른 가격경쟁력으로 시장을
지배할 것으로 보인다. 액화수소는 생산비용이 기체수소보다 현재 2~3배 비싼
데 비용 절감으로 경제성만 확보된다면 신속히 기체수소, 기체수소충전소를 대
체할 것이다. 액화수소충전소는 기체수소충전소보다 저장·운송이 매우 편리하
고, 충전소 설치 시 면적도 기체보다 1/3이 더 적게 차지하여 매우 경제적이다.
적은 면적 소요로 주민수용성 극복에도 훨씬 더 용이하다.

　　기후위기에 따른 수소경제의 필요성이 증대함에 따라 대표적인 인프라인
수소충전소가 향후 25년간 시중의 기존 화석연료 주유소와 LPG충전소를 빠르게
대체해 나갈 것으로 예상된다. 저장·운송이 편리성과 수소경제의 부상으로 액화
수소충전소(LH₂)가 시중에 빠르게 증가하면서, 오는 2050년에는 예상컨대 국내

기존 13,135개의 주유소와 LPG충전소를 1/4이나 대체한 3,300개에 이르러 수소경제가 지배하는 수소에너지 세상이 도래하지 않을까 예상해 본다. 2050년 도시에는 수송수단 연료 충전에서 넷중 하나로 액화수소충전소가 쉽게 눈에 띄는 도시생활이 되어 있을 것으로 예상된다.

🔦 기체수소와 액화수소 비교

구분	기체수소(GH₂)	액화수소(LH₂)
수소저장	• 수소기체를 고압으로 압축(200기압 이상)	• 극저온(-253℃) 상태로 액체화(대기압), 기체에 비해 부피 1/800
수소운송	• 1회 운송 300kg(운송트레일러 40톤급) • 소규모 운송으로 근거리 지역에 적합	• 1회 운송 3톤 이상(운송트레일러 5톤급) • 대용량 운송으로 장거리 · 순환공급 가능
수소충전소	• 최소 700m²(200평) 면적 필요 • 1일 승용 50대 또는 버스 10대 충전	• 기체충전소의 1/3~1/10의 면적 • 승용 200대 또는 버스 40대 이상 충전
적합도	• 지대가 저렴하고 수소차 이용이 많지 않은 도시 외곽지역에 기체방식이 적합	• 고가의 지대와 부지가 협소한 대도시, 버스 · 트럭 충전소 등은 액화방식이 적합

자료: 이기영 · 강철구 · 고재경 외(2021). 『전환과 환경위기 시대의 혁신전략 연구』. 경기연구원에서 재인용함.

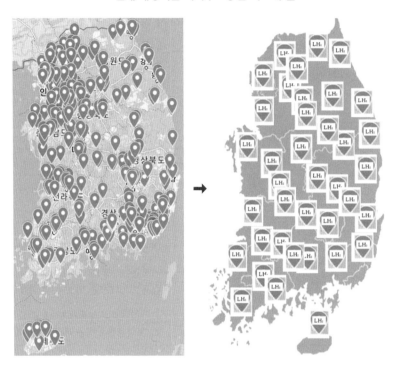

2050년에 예상되는 액화수소충전소(LH₂) 분포

| 현재의 LPG충전소 분포(1,991개) | 2050년 액화수소충전소(LH₂) 분포 예상 |
| ※ 전국 주유소(1만 1,144개) | (3,300개) |

자료: 필자 작성(2024).

④ 2050 수소에너지로 움직이는 대부분의 운송수단

　25년 후 2050년경에는 디젤, 가솔린, LPG 등 화석연료 운송수단은 모두 없어지고 순수전기로 움직이는 전기차나 수소에너지로 움직이는 운송수단밖에 존재하지 않을 것으로 예상된다. 기후변화 대응, 탄소중립 이행과 온실가스 감축 규제 강화로 더 이상 화석연료 운송수단은 갈수록 시장에서 퇴출되는 속도가 빨라질 것이 틀림없다. 제조사들도 이러한 흐름에 발빠르게 적응하여 시장에서 살아남기 위해 수소 기반 운송수단에 내폭 투자를 할 것이다. 전기차가 있지만 충전인프라와 수소가격만 경쟁력을 갖는다면 더 친환경적인 수소에너지 계열 운송수단이 대부분 지배할 것으로 보인다.

2050년 육상, 해상, 하늘에는 수소연료전지시스템을 사용한 수소승용차, 수소택시, 수소버스, 수소트럭, 수소열차, 수소트램, 수소선박, 수소항공기, 수소드론, 수소 UAM, 수소지게차 등이 마치 지금의 화석연료 운송수단처럼 일상화되어 전혀 낯설지 않은 풍경이 전개되어 있을 것으로 예상된다. 이처럼 수소모빌리티가 세상을 지배할 것으로 보인다.

2050 수소에너지로 움직이는 운송수단

수소 승용차

수소 버스

수소 트럭

수소 열차

수소 트램

수소 선박

수소 항공기

수소 드론

수소 UAM

수소 지게차

⑤ 2050 수소에너지로 움직이는 대부분의 국토공간과 도시생활

2050년에는 지금 보다 상당수 도시가 석탄, 석유, 천연가스 등 화석연료 에너지 사용을 통한 주거생활, 경제활동을 멀리하고, 친환경 수소에너지 사용을 통해 주거, 경제 등의 각종 도시생활을 영위하는 국토공간과 지역이 30% 이상 이르지 않을까 가상해 본다.

각종 사업장에서 필요한 전기를 지역 내 가까운 분산전원 수소연료전지발전소에서 나오는 것을 주로 사용하고 있을 것이며, 가가호호 각 가정에서 쓰는 전기도 인근 수소연료전지발전소 전력을 써서 주방에서 밥을 짓고 냉난방을 하며, 여러 전기전자 장비들을 사용하고 있을 것이다. 지금의 도시가스배관이 2050년경에는 수소가 운송되는 수소배관으로 상당수 교체되어 있을 것이다. 그야말로 수소에너지로 움직이는 수소도시가 광범위하게 확산되어 있을 것이 분명하다. 왜냐하면 탄소규제 강화로 화석연료 에너지 사용은 급격히 줄어들 것이며, 이를 수소 등 신재생에너지가 빠르게 대체해 나갈 것이기 때문이다.

기술의 발달로 국토 및 지역 내에서 어디서든 청정수소 생산이 훨씬 더 용이해지고, 수소생산에서 유통, 활용까지 수소생태계가 원활하게 이루어져 미래 도시라는 공간은 수소에너지로 움직이는 생활이 활발히 펼쳐지고 있을 것이다. 예를 들면 도시 내 곳곳에 있는 정수장을 이용해 그린수소를 생산해 내고, 도시가스정합소는 개질과 CCUS를 통한 블루수소 생산의 기지들로 진화해 있을 것이다. 이렇게 생산된 수소는 배관을 통해 운송되어 도시민들의 생활과 각종 기업, 사회의 활동에 발전용, 수송용, 가정/건물용으로 다양하게 활용되는 '수소에너지 기반 수소도시'가 널리 펼쳐지고 있을 것이다.

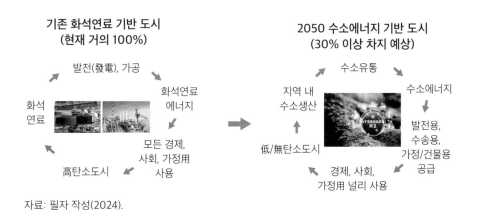

자료: 필자 작성(2024).

⑥ 세계 최고수준 수소경제 선도국가 도약

그간 정부가 발표한 각종 수소경제 관련 정책을 계획대로 추진할 경우 우리나라는 2040~2050년쯤 수소차·연료전지 세계시장 점유율 1위 달성, 화석연료 자원 빈국에서 그린수소 산유국으로 진입하여 세계 최고수준의 수소경제 선도국가로 노약안 것으로 예상된다.

우리나라의 2050년 직접적인 분야 수소시장 규모는 총 408조 원으로 추산
되며, 이 중 수소생산 55조 원, 수소유통 81조 원, 수소활용 272조 원에 이를 것
으로 보인다.[4]

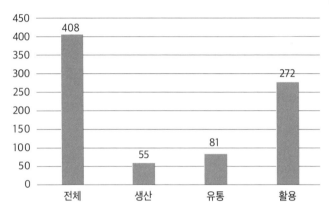

2050 우리나라의 직접적인 수소시장 규모 예상

(단위: 조 원)

자료: 황준석 외(2023). "수소산업 경쟁력 강화를 위한 정책 연구: ③ 주요국 수소 활용 정책 비교 및 개
선방안", 『TRADE FOCUS』 2023년 16호, 한국무역협회 국제무역통상연구원에서 재가공.

수소가 2050년 국내 최종에너지 소비의 33%, 발전량의 23.8%의 비중을 차
지할 전망이며, 1,319조 원의 직간접 경제효과와 56.7만 명의 일자리를 창출하
고, 온실가스는 약 2억 톤 이상의 저감효과가 기대된다. 이를 통해 수소는 현재
최대 에너지원인 석유(49.3%)를 제치고 2050년에는 단일 에너지원으로서는 최
대 에너지원으로 자리 잡을 것으로 예상된다. 또한 2050년에는 청정수소 자급율
60% 달성, 수소충전소 2,000기, 전국 거점별 수소배관망 구축, 수소승용차 515만
대, 수소상용차 11만 대, 수소연료전지 발전 20GW(원전 15기 규모), 청정수소 비
중 100% 형성이 예상된다.

---

4   세계 수소시장 규모 전망에서 생산 553조 원 중 우리나라가 10% 점유, 유통 809조 원 순 10%
    점유, 활용 1,358조 원 중 20% 점유를 전제로 한 것임.

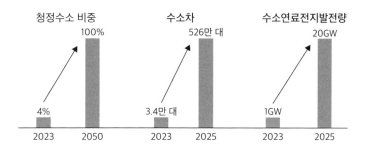

2050 우리나라의 수소경제 주요 지표 변화

청정수소 비중
100%
4%
2023 2050

수소차
526만 대
3.4만 대
2023 2025

수소연료전지발전량
20GW
1GW
2023 2025

자료: 정부자료를 토대로 필자 작성(2024).

2050 우리나라의 수소경제 위상

청정수소 비중 100%

수소차 세계 1위
(526만 대)

수소연료전지발전 세계 1위
(20GW)

자료: 정부자료를 토대로 필자 작성(2024).

2050년 우리나라의 수소경제 이정표

현재	2030	2050

생산

청정수소 자급률 0%

2020년
H₂ 공급량
0.22백만 톤

그레이 0.22백만 톤

청정수소 자급률 34%

2030년
H₂ 공급량
3.9백만 톤

그린 0.25백만 톤 / 블루 0.75백만 톤
그레이 0.94백만 톤 / 해외 1.96백만 톤

청정수소 자급률 60%

2050년
H₂ 공급량
27.9백만 톤

그린 3백만 톤
블루 2백만 톤 / 해외 22.9백만 톤

부생·추출수소 생산　CCUS 상용화　블루수소 최초생산('25~)

MW급 수전해시스템 실증　10MW 수전해시스템 상용화　GW급 수전해시스템 상용화

암모니아 해외생산('25)　암모니아 해외도입('27)　암모니아 비축기지(30)　해외공급망 40개 구축

유통

기체튜브 트레일러 운영　액화·액상 탱크로리('23)

수소충전소 70기　수소충전소 660기　수소충전소 2,000기 이상

천연가스 배관망에 수소혼입 실증('22)　수소액화플랜트('23)　수소항만('28)　수소배관망 구축(거점별)

활용

10만 대/년 생산능력 확보

수소 승용차 1만여 대　수소 승용차 85만 대　수소 승용차 515만 대

2천 대/년 생산능력 확보　수소 트램　수소 선박

수소 상용차 75대　수소 상용차 3만 대　수소 상용차 11만 대

수소연료전지 발전　암모니아 20% 혼소발전('27)　수소 50% 혼소발전　암모니아전소 발전　수소전소 발전

2020년
H₂ 수요량
0.22백만 톤

수송 0.002백만 톤
발전 0.22백만 톤

청정수소 비중 0%

※ 산업 자체 소비량 180만 톤 별도

2030년
H₂ 수요량
3.9백만 톤

수송 0.37백만 톤 / 발전 3.53백만 톤
기타 0.0005백만 톤

청정수소 비중 75%

2050년
H₂ 수요량
27.9백만 톤

기타 1.6백만 톤 / 산업 10.6백만 톤
수송 2.2백만 톤 / 발전 13.5백만 톤

청정수소 비중 100%

자료: 관계부처 합동(2021). 『제1차 수소경제 이행 기본계획』.

강원도(2021).『2030 강원형 액화수소산업 육성 추진계획(로드맵)』.

강철구·고재경·이현우·권경락 외(2023).『경기도 기후대응기금 조성 및 운용방안 연구』, 경기도·경기연구원.

강철구 외(2022).『경기북부지역 수소산업 육성 방안』, 경기연구원.

강철구·김군수(2021).『파주시 수소경제 활성화 방안 연구』, 경기연구원.

강철구·왕광익(2024).『경기도 개발사업지구 수소에너지(수소도시) 도입 방안 연구』, 경기연구원.

강철구·채희근·전소영(2023),『경기도 수소경제 클러스터 조성 방안 연구』, 경기연구원.

경기도 내부자료(2023).

경상북도 내부자료(2023).

고재경 외(2021).『경기도 탄소중립 추진전략과 과제』, 경기연구원.

고재경·강철구 외(2022).『접경지역·DMZ 탄소중립 추진전략』, 10개 접경지역시장군수협의회.

과학기술정보통신부·한국과학기술기획평가원·정보통신기획평가원(2023).『과학기술&ICT 정책·기술 동향』, No.242.

관계부처 합동(2021). 제1차 수소경제 이행 기본계획.

관계부처 합동(2021). 탄소중립 산업 대전환 비전과 전략.

관계부처 합동(2021). 수소항만 조성방안.

관계부처 합동(2022). 수소기술 미래전략.

관계부처 합동(2022). 청정수소 생태계 조성방안.

관계부처 합동(2022). 탄소중립 녹색성장 기술 혁신 전략.

관계부처 합동(2023). 수소산업 소부장 육성 전략.

관계부처 합동(2023). 수소전기자동차 보급 확대 방안.

관계부처 합동(2023). 탄소중립·녹색성장 국가전략 및 제1차 국가 기본계획(중장기 온실가스 감축목표 포함)

국립연구개발법인 신공정연구소·산업기술종합개발기구 북경사무소(2023). 중국 물 및 물 산업 동향.

국무조정실(2022). "제5차 수소경제위원회 회의자료".

국토교통부 도시활력지원과(2022). 수소도시사업 가이드라인.

국토교통부 도시활력지원과(2024). 수소도시 조성사업 가이드라인.

국토교통부(2023). 『국토교통 통계누리』.

글로벌과학기술정책정보서비스(2021). "일본, 2050년 탄소중립에 따른 녹색성장전략 발표".

김인중(2022). 『스마트공항 4.0 기술개발 기획』, 한국과학기술정보연구원.

김재덕(2023). "중국 수소에너지 발전 현황과 시사점", 『중국산업경제 브리프』.

김혜경 외(2021). 『울산광역시 수소산업 육성 방안v, 울산연구원.

당진시 내부자료(2019~2023).

대한민국 정책브리핑(www.korea.kr).

獨 에너지 컨설팅社 Ludwig − Bölkow − Systemtechnik GmbH 운영 정보사이트.

딜로이트 고객산업본부(2021). "2050 탄소중립 로드맵", 『Deloitte Insights』, No.19.

딜로이트 고객산업본부(2023). "수소경제 실현을 위한 딜로이트의 솔루션 제안 Hydrogen: Making it Happen", 『Deloitte Insights』.

딜로이트(2022). "기후기술과 수소경제의 미래", 『Deloitte Insights』, 2022 No.24.

박상혁 국회의원(2023). "OECD 국가별 수소충전소 현황(산업통상자원부 요구자료)".

산업통상자원부 내부자료(2021).

산업통상자원부(2019). 『수소경제 활성화 로드맵』.

산업통상자원부·H2KOREA(2023). 『수소산업실태조사(2022년 기준)』.

삼정KPMG 경제연구원(2021). "수소생산에서 활용까지 수소경제에서 찾는 기회", 『Samjong INSIGHT』, Vol.79.

세계은행. GDP 자료.

수소융합얼라이언스추진단(2020). "수소에너지·수소경제 30문30답".

신희성. 뮌헨공항의 수소 사업(www.reseat.re.kr).

안성배 외(2020). "주요국 수소전략의 추진 방향과 시사점", 『KIEP 오늘의 세계경제』, Vol.20(20), 대외경제정책연구원.

예광호(2021). 『호주 수소경제 동향 및 우리기업 협력 방향』, Kotra.

오채운 외(2023). IPCC 제6차 평가보고서 종합보고서 기반, 기후기술 대응 시사점 : 탄소중립 10대 핵심기술을 중심으로 『NIGT FOCUS 2023 Vol.1 No.1』, 국가녹색기술연구소.

"유럽 수소산업의 중심, 네덜란드 로테르담", kotra 해외시장뉴스(2023.1.31.).

유진투자증권(2022). "수소산업".

윤은주(2021). 국내외 수소도시 정책동향과 시사점, 『국토이슈리포트』, 제45호, 국토연구원.

이기영·강철구·고재경 외(2021). 『전환과 환경위기 시대의 혁신전략 연구』, 경기연구원.

이동현(2021). "독일 주요 지자체 수소경제 동향", 『분권레터』, Vol.88, 대한민국시도지사협의회.

이민정(2015). 일본 후쿠오카현의 수소프로젝트 사례와 시사점, 『충남리포트』, 제187호, 충남연구원.

이슬기 외(2022). 『미래전략산업 브리프(Future Strategic Industry Brief)』, 2022년 5·6월 제25호, 산업연구원.

이정찬 외(2019). 국외출장 결과보고서, 국토연구원.

이정찬(2023). 『수소도시 현황 진단 및 개선방안 연구』, 국토연구원.

일본 경제산업성(2023). 『수소기본전략』.

임지훈 외(2023). "수소산업 경쟁력 강화를 위한 정책 연구: ② 수소 저장·운송 산업 육성 현황과 정책과제", 『TRADE FOCUS』, 2023년 14호, 한국무역협회 국제무역통상연구원.

장현숙 외(2023). "수소산업 경쟁력 강화를 위한 정책 연구: ① 친환경 수소생산을 위한 주요국 정책 비교", 『TRADE FOCUS』, 2023년 12호, 한국무역협회 국제무역통상연구원.

전력거래소(2023). "전력통계정보시스템".

제러미 리프킨(글)·이진수 번역(2020). 수소 혁명: 석유시대의 종말과 세계경제의 미래, 민음사.

주호주 대한민국 대사관(2022). 『호주 수소 정책 동향 – 청정수소허브 지원 프로그램』.

중국 정부(2022). 『수소에너지 산업발전보고서』.

최규현(2023). "백색수소가 갖는 시사점", 『SECTOR REPORT』, 신한투자증권.

파주시 내부자료(2020).

파주시(2020). 『2020 규제개혁 및 적극행정 우수사례집』.

포스코그룹 내부자료(2021).

포스코홀딩스(2022). 기업시민보고서.

한국은행. 국민계정.

한국전력(2023). 연료전지발전 자료.

호주 NSW주 기획산업환경부(2021). 『뉴사우스웨일즈(NWS) 수소 전략』.

환경부. 온실가스 종합정보센터 온실가스 배출량 자료.

황준석 외(2023). "수소산업 경쟁력 강화를 위한 정책 연구: ③ 주요국 수소 활용 정책 비교 및 개선방안", 『TRADE FOCUS』 2023년 16호, 한국무역협회 국제무역통상연구원.

"EU, 수소 밸리 확대를 위한 공동 선언문 발표", S&T GPS(2023.3.2.).

2050 탄소중립위원회(2021). 『2050 탄소중립 시나리오』.

Deloitte(2023). 그린수소(Green Hydrogen): 넷제로(Net Zero) 실현 가속화 동인 － 딜로이트가 전망하는 2023 글로벌 그린수소 시장 －, 2023년 06월 『Deloitte Insights』.

Eric Vennix 외(2021). "2050 탄소중립 로드맵 － 실행 가능한 수소경제 창조", 『딜로이트 인사이트』, 19호.

e－Fuel 연구회(2022). 『재생합성연료(e－Fuel) 연구보고서』.

H2KOREA(2021). 『제1차 수소경제 이행 기본계획』.

H2리서치(2023). "2021~2022년 세계 수소차 판매 현황".

(주)한양 내부자료(2023).

"2023년 액화수소 시대 본격 개막", 산업통상자원부 보도자료(2023.3.9.).

"국내 최초 액화수소 플랜트 본격 가동", 산업통상자원부 보도자료(2024.1.31.).

"규제혁신으로 세계 1등 수소산업 육성한다", 산업통상자원부 보도자료(2024.2.2.).

"민선0기, 경남도 '세계 1등 수소산업 육성' 선두한다", 경남도 보도자료(2023.3.14.).

"세계 1등 수소산업 이끌 수소전문기업 본격 육성", 산업통상자원부 보도자료(2023.3.3.).

"세계 최고수준의 수소경제 선도국가로 도약, 정부, 「수소경제 활성화 로드맵」 발표", 산업
    통상자원부 보도자료(2019.1.16.).

"수소 클러스터 구축사업, 예비타당성조사 대상사업으로 선정", 산업통상자원부 보도자료
    (2021.8.24.).

"수소연료전지 산업 초격차 유지 기반 확충, 「경북 수소연료전지 발전 클러스터 구축사업」
    예비타당성 조사 통과", 산업통상자원부 보도자료(2023.7.20).

"수소연료전지 산업 초격차 유지 기반 확충", 산업통상자원부 보도자료(2023.7.20.).

"수소연료전지 클러스터 예타 통과로 세계적 연료전지 비즈니스 모델 탄력", 포항시 보도
    자료(2023.8.1.).

"수소전문기업 기술경쟁력 제고 지원", 산업통상자원부 보도자료(2023.5.10.).

"수소특화단지 지정 공모 개시", 산업통상자원부 보도자료(2024.4.30.).

"수소특화단지 지정을 향한 첫발을 내딛다", 산업통상자원부 보도자료(2023.3.16.).

"여수시, (주)한양&린데 블루수소 생산 클러스터 조성 '8억 불' 투자유치", 여수시 보도자
    료(2023.5.4.).

"인천시, 인천형 수소생태계 구축을 통한 수소산업 성장기 주도권 선점", 인천시 보도자료
    (2021.4.28.)

"충북도, 수소특화단지 지정을 위해 시동 건다", 충북도 보도자료(2023.4.20.).

"탄소포집·저장·활용기술(CCUS) 기술혁신·상용화를 지원하기 위한 제도적 기반 마련에
    본격 나선다", 산업통상자원부 보도자료(2022.5.13.).

"환경부장관, 수소버스 보급 확대에 대비해 액화수소 생산시설 현장 점검", 환경부 보도자료
    (2023.8.2.).

ABA Legal Group. "https://abalegalgroup.com.au/townsville−hydrogen−hubs−
    program−grant−opportunity/"(2023.7.6. 검색).

Center for Houston's Future, Greater Houston Partnership, and Houston Energy Transition
    Initiative(2022). Houston as the epicenter of a global clean hydrogen hub.

CSIRO HyResource. "https://research.csiro.au/hyresource/hubs/" (2023.8.8. 검색).

Deloitte(2022). Low−Carbon Industrial Hubs: Driving Deep Decarbonization for Industry.

EC(2022). IMPLEMENTING THE REPOWER EU ACTION PLAN: INVESTMENT NEEDS, HYDROGEN ACCELERATOR AND ACHIEVING THE BIO−METHANE TARGETS.

European Hydrogen Backbone(2023). EHB initiative to provide insights on infrastructure development by 2030.

European Parliament(2023). What is carbon neutrality and how can it be achieved by 2050?, Article 12−04−2023.

"Hydrogen Hubs: Get to Know the Encouraged Applicants", Resources(2023.2.7).

H₂stations.org. "H2stations.org" (2023.6.30. 검색).

H₂ValleyCat(2021). Hydrogen Valley of Catalonia.

HPA·HPC(2023). The Hamburg Hydrogen Hub − Experience and Lessons Learned for Cluster Development around Ports, Workshop Kerala, 22.

HYDROGEN FUEL CELL PARTNERSHIP. "https://h2fcp.org/stationmap".

Hydrogen Council(2023). Hydrogen Insights 2023.

IEA(2023). Hydrogen patents for a clean energy future: A global trend analysis of innovation along hydrogen value chains.

IEA(2024). CO_2 Emissions in 2023 − A new record high, but is there light at the end of the tunnel?.

IEA. 온실가스 배출량 자료.

IPCC(2023). IPCC SIXTH ASSESSMENT REPORT (AR6) "CLIMATE CHANGE 2023" SYNTHESIS REPORT.

McKinsey & Company(2023). What is hydrogen energy?, McKinsey Explainers.

QYResearch(2023). MEA & PEM Fuel Cell − Global Market Share and Ranking, Overall Sales and Demand Forecast 2024−2030.

QYResearch(2022). Global Fuel Cell Market Size, Manufacturers, Supply Chain, Sales Channel and Clients, 2022 2028.

"PROPOSAL HYDROGEN CATALONIA SOUTH", somfets(2020.9.8.).

"Regional Hydrogen Hubs Program", CSIRO HyResource(2023.8.7. 검색).

Recent Advances in White Hydrogen Exploration and Production: A Mini Review(Amazon Web Services. Ms_JENRR_99222%20(4).pdf).

The Federal Government(2023). National Hydrogen Strategy Update.

"The Hamburg Hydrogen Hub − Experience and Lessons Learned for Cluster Development around Ports", HPA·HPC(2023.3.22.).

United Nations Statistics Division(2023). Global Set of Climate Change Statistics and Indicators : Implementation Guidelines.

USDA(2023). U.S. National Clean Hydrogen Strategy and Roadmap.

Valeriy A. Yakovlv, and Gavril A. Belyaev(2023). Global climate, its consequences and ways to solve the problem, E3S web of conferences 390, 04007(2023) AGRITECH−Ⅷ.

Xiaohan Gong & Rainer Quitzow(2022). KAS−CUHK−IASS Webinar on "China in the Emerging Hydrogen Economy".

RE100 정보플랫폼. "https://www.k−re100.or.kr/"(2022.12.20. 검색).

SK 뉴스룸. "https://news.skecoplant.com/plant−tomorrow/9349/"(2024.3.7. 검색).

가스신문. "http://www.gasnews.com/news/articleView.html?idxno=111495"(2024.3.7. 검색).

경향신문. "https://m.khan.co.kr/economy/economy−general/article/202212201645001"(2024.3.8. 검색).

동아일보. "https://www.donga.com/news/Economy/article/all/20240606/125309177/2"(2024.6.7.검색).

수소경제 종합정보포털. "https://h2hub.or.kr/main/info/policy−industry−techinfo.do"(2024.4.17. 검색).

매일일보. "https://www.m−i.kr/news/articleView.html?idxno=8231387"(2024.4.6. 검색).

머니투데이. "https://news.mt.co.kr/mtview.php?no＝2020110912440342570"(2024.3.8. 검색).

무공해차 통합누리집. "https://ev.or.kr/nportal/monitor/evMapH2.do#"(2024.3.7. 검색).

브릿지경제. "http://m.viva100.com/view.php?lcode＝&series＝&key＝2023051101000 3204"(2024.4.6. 검색).

포스코 뉴스룸. "https://newsroom.posco.com/kr/%EA%B3%B5%EC%9B%90－%EC% 86%8D－%EC%A0%9C%EC%B2%A0%EC%86%8C/"(2024.4.6. 검색).

수소경제 종합정보포털. "https://h2hub.or.kr/main/stat/stat_abroad_ecosystem.do"(2023.6.27. 검색).

수소경제 종합정보포털. "https://h2hub.or.kr/main/stat/stat_product_method.do" (2024.3.12. 검색).

수소뉴스. "http://www.h2news.co.kr/news/articleView.html?idxno＝201731" (2024.4.6. 검색).

에너지신문. "https://www.energy－news.co.kr/news/articleView.html?idxno＝87041" (2024.3.7. 검색).

에너지정책소통센터. "https://e－policy.or.kr/info/list.php?admin_mode＝read&no＝1 0619&make＝&search＝&prd_cate＝2"(2023.7.8. 검색).

"수소차 못 따라가는 충전소 보급… 안전 홍보 부족", 연합뉴스(2023.3.22.).

시사위크. "https://www.sisaweek.com/news/articleView.html?idxno＝139008" (2024.5.6. 검색).

월간수소경제. "https://www.h2news.kr/news/articleView.html?idxno＝10751" (2024.1.14. 검색).

월간수소경제. "https://www.h2news.kr/news/articleView.html?idxno＝11251" (2024.3.8. 검색).

전기신문. "https://www.electimes.com/news/articleView.html?idxno＝224765" (2024.2.21. 검색).

전기에너지뉴스. "https://www.elec－inews.co.kr/news/articleView.html?idxno＝9679" (2024.3.8. 검색).

제주경제일보. "http://www.jejukyeongje.com/news/articleView.html?idxno=34707" (2024.3.8. 검색).

조선일보. "https://www.chosun.com/economy/industry−company/2024/03/18/SBJF UB2KTZD4VKPP3MVGZ63J4A/"(2024.3.18. 검색)

중앙일보. "https://www.joongang.co.kr/article/23645958#home"(2024.3.8. 검색).

평택시사신문. "https://www.ptsisa.com/news/articleView.html?idxno=36738" (2024.3.8. 검색).

한겨레. "https://www.hani.co.kr/arti/economy/economy_general/1028447.html" (2024.3.8. 검색).

한겨레. "https://www.hani.co.kr/arti/science/science_general/1129799.html"(2024.3.9. 검색).

한겨레. "https://www.hani.co.kr/arti/economy/economy_general/1028447.html" (2024.4.6. 검색).

"호주 정부, 퀸즐랜드 '녹색수소 허브' 7천만 불 지원", 한호일보(2023.1.16.).

헤럴드경제(https://heraldk.com/)(2024.3.8. 검색).

"환경파괴 주범이 '수소경제 심장'으로⋯ 함부르크의 역발상", 머니투데이(2022.1.25.).

https://albertainnovates.ca/wp−content/uploads/2023/02/Bremner−A−Strathcona− County−Hydrogen−Community.pdf(2024.1.14. 검색).

https://www.businesspost.co.kr/BP?command=article_view&num=345000(2024.3. 28. 검색).

https://www.carbonbrief.org/analysis−uk−emissions−in−2023−fell−to−lowest− level−since−1879/(2024.3.22. 검색).

https://dreamcometures.tistory.com/357(2024.1.14. 검색).

https://en.wikipedia.org/wiki/Lolland_Hydrogen_Community(2024.1.14. 검색).

https://www.mckinsey.com/capabilities/sustainability/our−insights/an−affordable− reliable−competitive−path−to−net−zero(2024.3.26. 검색).

https://www.mckinsey.com/capabilities/sustainability/our−insights/navigating−americas−
    net−zero−frontier−a−guide−for−business−leaders#/(2024.3.28. 검색).

https://privateequity.weil.com/insights/doe−selects−seven−h2hubs−across−the−u−s−
    whats−next/(2023.10.27. 검색).

https://www.autoelectronics.co.kr/article/articleView.asp?idx=3511(2024.1.15. 검색).

https://www.chemistryworld.com/features/the−hunt−for−natural−hydrogen−
    reserves/4017747.article(2024.3.9. 검색).

http://www.globalislands.net/greenislands/docs/norway_14Nakken.pdf(2024.3.26. 검색).

https://www.hydrogen_phase2_uk_low.pdf(2024.1.15. 검색).

https://www.japanfs.org/en/news/archives/news_id030826.html(2024.1.15. 검색).

https://www.kaia.re.kr/webzine/2018_04/sub/sub1.html(2024.1.15. 검색).

https://www.mckinsey.com/capabilities/sustainability/our−insights/five−charts−
    on−hydrogens−role−in−a−net−zero−future(2024.3.24. 검색).

https://www.monitoringmatters.org/ppdfc/bass.pdf(2024.1.14. 검색).

https://www.northerngasnetworks.co.uk/2023/12/14/redcar−hydrogen−
    community−update/(2024.1.16. 검색).

https://www.northerngasnetworks.co.uk/wp−content/uploads/2023/04/
    RHC−Network−Element−Application−Publication−_FINAL−April_23.
    pdf(2024.1.16. 검색).

https://www.redcarhydrogencommunity.co.uk/redcar−hydrogen−community−
    update/(2024.1.16. 검색).

https://www.sherwoodparknews.com(2024.1.14. 검색).

https://www.smarttoday.co.kr/news/articleView.html?idxno=20840(2024.1.15. 검색).

https://www.teesvalleymonitor.com/redcar−hydrogen−trial−scheme−in−jeopardy−
    from−local−protest−and−government−ineptitude(2024.1.16. 검색).

Hydrogeninsight. "https://www.hydrogeninsight.com/analysis/exclusive−the−
    top−ten−us−hydrogen−hub −most−likely−to−win−7bn−of−government−

funding/2－1－1493421"(2023.8.3. 검색).

NEOM. "https://www.neom.com/en－us/newsroom/neom－accelerates－green－ hydrogen－future"(2023.8.9. 검색).

NEOM. "https://www.neom.com/en－us/regions/oxagon"(2023.8.9. 검색).

NEOM. "https://www.neom.com/en－us"(2023.8.9. 검색).

Northern Gas Networks. H21－Leeds－City－Gate－Report.pdf(2024.1.15. 검색).

OCED. "https://www.energy.gov/sites/default/files/2023－06/OCED_H2Hubs_0. pdf"(2023.7.5. 검색).

Port of Rotterdam. "https://www.portofrotterdam.com/sites/default/files/2022－05/ europe－hydrogen－hub.pdf"(2023.7.8. 검색).

저자 약력

강철구

경기도의 싱크탱크인 경기연구원에서 선임연구위원으로 근무하고 있다. 경제와 환경, 개발과 보전 등 환경을 보전하면서 도시발전과 경제성장도 도모할 수 있는 정책 분야에 관심을 두고, 관련 연구활동을 주로 해왔다. 이번 『수소경제론』도 기후위기 대응 탄소중립을 달성하면서 동시에 지속적인 경제성장(GDP)도 도모하는 고민 차원에서 펴낸 것이다. 화석연료를 대체하고 친환경 미래 신산업을 선도할 수소와 수소경제를 이해하는 데 도움이 되었으면 한다. 주요 연구활동으로는 경기도 수소경제 클러스터 조성 방안 연구(2023), 경기도 ESG 행정체계 구축방안 연구(2023), 경기북부지역 수소산업 육성 방안(2022), 경기도 환경산업 육성 종합계획(2020), 경기도 수소차 보급 활성화를 위한 충전인프라 구축 방안 연구(2019), 경기도 녹색일자리 실태 및 창출방안 연구(2016), 경기도의 기업 환경경영 지원 정책방안 연구(2015) 등이 있다.

수소경제론

초판발행	2024년 8월 30일
지은이	강철구
펴낸이	안종만·안상준
편 집	이혜미
기획/마케팅	정연환
표지디자인	BEN STORY
제 작	고철민·김원표
펴낸곳	(주) 박영사
	서울특별시 금천구 가산디지털2로 53, 210호(가산동, 한라시그마밸리)
	등록 1959. 3. 11. 제300-1959-1호(倫)
전 화	02)733-6771
f a x	02)736-4818
e-mail	pys@pybook.co.kr
homepage	www.pybook.co.kr
ISBN	979-11-303-2022-9 93320

* 파본은 구입하신 곳에서 교환해 드립니다. 본서의 무단복제행위를 금합니다.

정 가   29,000원